रामकृष्ण परमहंस

"किसी धर्म को जानने, समझने व उसके बारे में निर्णय करने अथवा यदि आवश्यकता हो तो उसको दोषी ठहराने के लिए सबसे पहली शर्त धार्मिक चेतना के सम्बन्ध में व्यक्तिगत रूप से परीक्षण करना है। और तो क्या, जिन्होंने धर्म को पेशे के रूप में ग्रहण किया है, उनमें से भी सबको धर्म के बारे में सम्मति देने का अधिकार नहीं है। कारण, यदि वे वस्तुतः निष्कपट व सच्चे हैं तो वे यह स्वीकार करेंगे कि धर्म का पेशा और धर्म-चेतना—यह दो पृथक वस्तु है। बहुत-से ऐसे श्रद्धेय पादरी व धर्मयाजक हैं, जो कि केवल परम्परावश या किसी स्वार्थवश या सिर्फ आलस्यवश ही धर्म में विश्वास रखते हैं, उन्होंने धार्मिक अनुभूति की या तो कभी आवश्यकता ही अनुभव नहीं की और या पर्याप्त चरित्र-बल न होने के कारण वे उसे पाने से कतराते हैं। इसके विपरीत बहुत-से वे व्यक्ति हैं, जो सब धार्मिक विश्वासों से रहित हैं, अथवा अपने-आपको उनसे रहित समझते हैं; किन्तु वास्तव में वे एक अति-तार्किक चेतना में निमग्न रहते हैं और उस चेतना को वे समाजवाद, कम्यूनिज्म, मानव-हितवाद, राष्ट्रीयतावाद और यहाँ तक कि बुद्धिवाद की संज्ञा देते हैं। जिस वस्तु के बारे में विचार किया जा रहा है, उस वस्तु से नहीं, अपितु किस प्रकार विचार किया जाता है, इसके द्वारा ही विचार के मूल का निर्धारण होता है और इसके द्वारा ही हम यह जान सकते हैं कि कौन-सा विचार धर्ममूलक है। यदि कोई विचार किसी प्रकार की भी क्षति की परवाह किये बिना, निर्भीक रूप से एकान्त एकाग्रता के साथ स्वार्थरहित होकर सत्य की खोज में अग्रसर होता है तो उस विचार को ही मैं धर्ममूलक कहता हूँ।"

—इसी पुस्तक से

रोमां रोलां

रामकृष्ण परमहंस

अनुवाद
धनराज विद्यालंकार

संपादक
डॉ. रघुराज गुप्त

लोकभारती पेपरबैक्स

लोकभारती पेपरबैक्स में
प्रथम संस्करण : 2008
चतुर्थ संस्करण : 2021
अनुवाद : धनराज विद्यालंकार
सम्पादक : डॉ. रघुराज गुप्त

लोकभारती पेपरबैक्स : उत्कृष्ट साहित्य के लोकप्रिय संस्करण

लोकभारती प्रकाशन
पहली मंजिल, दरबारी बिल्डिंग, महात्मा गाँधी मार्ग
इलाहाबाद-211 001

वेबसाइट : www.lokbhartiprakashan.com
ईमेल : info@lokbhartiprakashan.com

शाखाएँ : 1-बी, नेताजी सुभाष मार्ग, दरियागंज नई दिल्ली-110 002
अशोक राजपथ, साइंस कॉलेज के सामने पटना-800 006 (बिहार)
36-ए, शेक्सपियर सरणी, कोलकाता-700 017

आस्था पेपर कन्वर्टर
प्रयागराज द्वारा मुद्रित

मूल्य : ₹ 175

RAMKRISHNA PARAMHANSA
by Romain Rolland
Translated by Dhanraj Vidyalankar
Edited by Dr. Raghuraj Gupta

ISBN : 978-81-8031-231-1

आत्मा की
इस तीर्थयात्रा में
मेरी विश्वस्त संगिनी,
जिसके बिना इस दीर्घ यात्रा
को समाप्त करना मेरे लिए संभव न था,
उस स्नेहमयी भगिनी मैदालिन के चरणों में अर्पित।

रो० रो०, जनवरी, १९२९

''महापुरुषों के उन जीवित जलाशयों पर, जिनमें शाश्वत शक्ति का निवास है, मनुष्य को विश्राम करना ही होगा, साँस लेनी होगी एवं स्नान करके व उनका पवित्र जलपान करके तरोताजा होना होगा। यदि मनुष्य जाति की आदि जन्मभूमि में, उन पर्वत-शिखरों पर, जिनके एक पार्श्व में गंगा व सिन्धु की जलधाराएँ प्रवाहित हो रही हैं और दूसरी तरफ सुरधुनी के सदृश ईरान की जलधाराएँ बह रही हैं—उन जलाशयों का पता न लग सके तो और कहाँ लग सकता है? पश्चिम अत्यन्त संकीर्ण है। ग्रीस क्षुद्र है; वहाँ मेरा दम घुटने लगता है। इजरायल शुष्क प्रदेश है; वहाँ मैं हाँफने लगता हूँ। इसलिए मैं कुछ देर के लिए एशिया व महाप्राच्य की तरफ देखना चाहता हूँ। भारत महासागर के समान विशाल है। वहीं मेरा काव्य निहित है। उस महाकाव्य में छन्दोभंग नहीं है, स्वर की विषमता नहीं है, उनमें स्वरसंगीत का स्वर्गीय माधुर्य है। वह सूर्य की सुनहरी किरणों की छटा से उज्ज्वल है, देवताओं के आशीर्वाद से विभूषित है। वहाँ निर्मल शान्ति का राज्य है और सब विरोधों व संघर्षों के ऊपर एक अनन्त माधुर्य तथा असीम भ्रातृभाव विराजमान है, जो सभी जीवित प्राणियों तक फैला हुआ है। यह प्रेम, दया व करुणा का एक अगाध व असीम समुद्र है। मैं इतने दिनों से जिस वस्तु की तलाश में था—आज वह मुझे प्राप्त हो गई है। यह करुणा की बाइबिल है।''

मिशलेट : 'मानवता की बाइबिल', १८६४

अनुक्रम

लेखक की भूमिका

इन दोनों ग्रन्थों[1] की रचना में मैं निरन्तर रामकृष्ण मिशन से परामर्श लेता रहा हूँ। उन्होंने कृपा करके सब आवश्यक पुस्तकों व अन्य लेख सामग्री के उपयोग का सुअवसर देकर मुझे अनुगृहीत किया है। विशेष रूप से मैं निम्नलिखित महानुभावों का ऋणी हूँ जिनसे मुझे अत्यन्त सहायता प्राप्त हुई है :—

सर्वप्रथम, बेलूर मठ के वर्तमान[2] श्रद्धास्पद प्रधान स्वामी शिवानन्द। उन्होंने अपनी व्यक्तिगत स्मृति के आधार पर 'ठाकुर' के सम्बन्ध में मुझे अनेक बहुमूल्य तथ्यों से अवगत किया है। दूसरे, ठाकुर के अन्तरंग शिष्य तथा धर्मप्राण महेन्द्रनाथ गुप्त; इन्होंने विनयवश अपना सम्पूर्ण नाम प्रकाशित न करके अपने नाम के 'म' इस आदि अक्षर से ही अपना परिचय दिया है। तीसरे, धर्मप्राण, ज्ञानवृद्ध तरुण श्रीमान् वशीसेन, जो कि सर जगदीशचन्द्र वसु के छात्र हैं और विवेकानन्द के भक्त हैं। आपने भगिनी क्रिस्टिनरचित अप्रकाशित स्मृति कथा को, उनकी अनुमति लेकर मुझे दिखाया था। बहिन क्रिस्टिन, बहिन निवेदिता के समान स्वामी विवेकानन्द के अनेक पाश्चात्य शिष्य व शिष्याओं में सर्वापेक्षा अन्तरंग शिष्य थीं। चौथी, मिस जौसेफिन मैकलियड, जो कि महान् स्वामीजी की कर्मशील और विश्वस्त बन्धु और अनुरक्त मित्र थीं। पाँचवें, और सबसे अधिक, 'प्रबुद्ध भारत' पत्रिका के सम्पादक स्वामी अशोकानन्द, जिन्होंने मेरे अनेक अथक प्रश्नों का उत्तर देने में कभी क्लान्ति का अनुभव नहीं किया और प्रत्येक प्रश्न का उत्तर पूर्ण पाण्डित्य के साथ दिया। उनके द्वारा ही मुझे रामकृष्ण मिशन के सम्बन्ध में सम्पूर्ण तथ्यों का संग्रह करने का मौका मिला है।

श्रीयुत धनगोपाल मुखोपाध्याय और मेरे विश्वस्त मित्र डॉक्टर कालिदास का भी मैं अत्यन्त कृतज्ञ हूँ। श्रीयुत मुखोपाध्याय ने ही मुझे पहले-पहल श्री रामकृष्ण के अस्तित्व के बारे में अवगत किया था और डॉक्टर नाग ने इस बारे में मुझे अनेक बार अनेक परामर्श व उपदेश दिये हैं।

यदि मैं अपने इन निपुण पथदर्शकों की सहायता को, अपने चिर आदरणीय भारतवर्ष तथा मानवता की सेवा में उपयुक्त रूप से व्यवहार में ला सकूँ तो मैं अपने आपको धन्य समझूँगा।

दिसम्बर, १९२८

—रोमां रोलां

---

१. **रोलां ने रामकृष्ण एवं विवेकानन्द इन दोनों महापुरुषों की जीवनी लिखी है।—अनु०**

२. **इस स्थल पर तथा इस पुस्तक के अन्य स्थलों पर भी 'वर्तमान' शब्द से सन् १९२८ ईस्वी का बोध करना चाहिए, क्योंकि इसी सन् में यह पुस्तक लिखी गई है।—अनु०**

अपने प्राच्य पाठकों से

'ज्ञानी के चरणों में मेरा प्रणाम है, भक्त के चरणों में प्रणाम है, साकारवादी भक्त व निराकारवादी भक्त, दोनों के चरणों में प्रणाम है; पुरातन ब्रह्मज्ञानियों के चरणों में प्रणाम है, इदानींतन सत्यज्ञानियों के चरणों में प्रणाम है।'

(रामकृष्ण, २८ अक्टूबर, १८८२)

यदि मुझसे प्रमादवश कोई भूल हो गई हो, तो भारतीय पाठकगण से मेरा हार्दिक अनुरोध है कि वे उसकी उपेक्षा करेंगे। इस गुरु दायित्व को वहन करने के लिए मैंने अकुंठित भाव से कठोर परिश्रम किया है। परन्तु ऐसा होने पर भी भारतवर्ष की अनेक सहस्र वर्ष प्राचीन विचारधारा की सर्वथा सही अर्थों में व्याख्या कर सकना एक योरोपवासी के लिए संभव नहीं है। कारण, इस प्रकार की व्याख्या प्राय: भ्रमात्मक हो सकती है। तथापि एक बात मैं निश्चयपूर्वक कह सकता हूँ कि जीवन की विभिन्न प्रकार की समस्याओं के बीच प्रवेश करने के लिए मैंने विशुद्ध व विनयावनत चित्त के साथ जो प्रयास किया है, उसमें किसी प्रकार के कपट व कृत्रिमता का लेश नहीं है।

इसके साथ ही मैं यह स्वीकार करता हूँ कि पश्चिमी देशवासी होने के कारण जिस स्वतन्त्र विचार-बुद्धि का मेरे अन्दर जन्म हुआ है, उसका भी मैंने कणमात्र परित्याग नहीं किया है। सभी के विश्वासों के प्रति मैं श्रद्धा रखता हूँ, और प्राय: मैं उनको प्यार भी करता हूँ। किन्तु मैं कभी भी उन्हें अपना मत नहीं कह सकता। श्रीरामकृष्ण को अपना अन्तरंग अनुभव करता हूँ। इसका कारण यह नहीं है कि उनके शिष्यों के समान मैं भी उन्हें भगवान् का अवतार समझता हूँ। उसका कारण यह है कि मैं उनके अन्दर मनुष्य का दर्शन करता हूँ। वेदान्तियों के समान, आत्मा में भगवान् वास करते हैं और आत्मा सर्वत्र विद्यमान है, इसलिए आत्मा ही ब्रह्म है, इस बात को स्वीकार करने के आग्रह में मैं किसी भाग्यवान् पुरुष में भगवान् को सीमाबद्ध करने का कोई प्रयोजन नहीं देखता। कारण, अज्ञात रूप में ही सही, परन्तु यह आध्यात्मिक राष्ट्रवाद का ही एक रूप है, इसलिए मैं इसे स्वीकार नहीं कर सकता। जो कुछ भी मौजूद है, मैं उसमें ही भगवान् को प्रत्यक्ष करता हूँ। अखण्ड विश्व के मध्य जिस प्रकार मैं पूर्ण भाव से उसका दर्शन करता हूँ, उसी प्रकार क्षुद्रतम खंड के बीच भी मैं उसको देखता हूँ। मूल सत्ता के मध्य कोई भेद नहीं है और समस्त विश्व में ही यह शक्ति अनन्त व सीमाहीन है। सामान्यतम परमाणु के बीच जो शक्ति गुप्त रूप से विद्यमान है, उसे यदि हम केवल एक मात्र जान सकें, तो उसके द्वारा ही समस्त विश्व को उड़ाकर ध्वंस कर सकना संभव है। भेद केवल यही है कि यही शक्ति अल्पाधिक रूप में मनुष्य के विवेक में, अहम् में, शक्ति की इकाई में निहित है। श्रेष्ठतम मनुष्य भी उस सूर्यालोक के ही स्वच्छतर व स्पष्टतर प्रतिबिम्ब मात्र हैं, जो प्रत्येक ओस के कण में झिलमिल करता है।

इसलिए ही मैं आध्यात्मिक महापुरुषों के और उनके पूर्ववर्ती व समसामयिक हजार-हजार अज्ञातनामा सहयात्रियों के बीच किसी प्रकार का कोई भेद-भाव नहीं देख पाता हूँ। भक्त लोग अवश्य इस प्रकार के पवित्र भेद को मानकर चलना पसन्द करते हैं। आत्मा की जो विपुलवाहिनी युग-युग से अभियान करती चली आ रही है, उससे मैं जिस प्रकार बुद्ध व ईसा को तिल मात्र पृथक् करके नहीं देखता हूँ, उसी प्रकार रामकृष्ण व विवेकानन्द को भी अलग नहीं देख पाता। गत शताब्दी के नवजागृत भारत में जिन समस्त प्रतिभावान् व्यक्तियों ने जन्मलाभ करके, अपने देश की प्राचीन शक्ति को पुनर्जीवित किया है, देश में सर्वत्र विचार के वसन्त की बहार लाये हैं, इस पुस्तक में मैं उन्हें यथायोग्य स्थान देने का प्रयत्न करूँगा। उनमें से प्रत्येक का ही कार्य निर्माणशील था और उसमें से प्रत्येक को कुछ विश्वासी मनुष्यों के दल ने घेर लिया था,—जिन्होंने अपना अलग-अलग एक-एक सम्प्रदाय खड़ा कर लिया और अज्ञात रूप में यह सोचने लगे कि यह सम्प्रदाय ही वह मन्दिर है, जो एकमात्र श्रेष्ठतम देवता की अधिष्ठान-भूमि है।

इस दूर प्रदेश से मैं उनके उस पार्थक्य व अनैक्य के संग्राम की धूलराशि को प्रत्यक्ष नहीं करना चाहता। इस दूर देश से उनकी वह काँटेदार बाड़ें मुझे दृष्टिगोचर नहीं होतीं। दिखलाई देता है, केवल एक अनवरुद्ध, विशाल व विस्तृत मैदान। दिखलाई देती है, निरवच्छिन्न निरवधि एक नदी, पास्कल के शब्दों में "गतिशील पथ (chemin qui marche)"—जिस ईश्वररूपी महानदी में सब नालों व नदियों का महासंगम होता है, उसकी श्रीरामकृष्ण ने औरों की अपेक्षा अपने मन में पूर्णतर रूप से कल्पना ही नहीं की है, उसने अपने अन्दर उसकी साक्षात् अनुभूति की है। यही कारण है कि मैं उसे प्रेम करता हूँ, और इसीलिए मैंने उसके अन्दर से कुछ विशुद्ध जल, पृथ्वी की महातृष्णा को दूर करने के लिए आहृत किया है।

किन्तु मैं इस नदी के किनारे पर ही घुटने टेककर न बैठा रहूँगा। मैं इस नदी की धारा के साथ-साथ सीधा समुद्र को लक्ष्य करके अविराम यात्रा करूँगा। इस नदी के प्रत्येक मोड़ पर, जहाँ पर कि मृत्यु ने हमारे अन्यतम पथ-प्रदर्शक नेता को आह्वान करके वहीं पर रुकने का आदेश किया था, मैं अपने सहयात्रियों की श्रद्धालु मण्डली को पीछे छोड़कर आगे बढ़ता चला जाऊँगा; मैं धारा के प्रवाह के साथ-साथ चलूँगा और उसके निर्गम-स्रोत से लेकर संगम तक उसे अर्घ्य प्रदान करूँगा। नदी का निर्गम स्थान पवित्र है, इसका प्रवाह पवित्र है, इसका संगम-स्थल भी पवित्र है। और हम इस नदी में, इससे मिलने वाले छोटे-बड़े नालों में और इस महासमुद्र में भी—जीवित भगवान् की गतिमान मूर्ति का आलिंगन करेंगे।

—रोमां रोलां

विलेन्यू क्रिस्मस, १९२८

पाश्चात्य पाठकों के प्रति

मैंने अपना समस्त जीवन मानव जाति में मेल साधन के लिए समर्पित कर दिया है। योरोप की विभिन्न जातियों में विशेषत: योरोप की दो श्रेष्ठ जातियों में, जो कि भाई-भाई होते हुए भी परस्पर शत्रु हैं, मेल कराने के लिए मैंने भरसक चेष्टा की है। इसी प्रकार गत दस वर्ष से मैंने पूर्व और पश्चिम में समझौते के लिए भी पूरी कोशिश की है। भूल से पूर्व व पश्चिम के जिन दो विरोधी आदर्शों का—तर्क व विश्वास का—परन्तु जो वास्तव में विरोधी न होकर दो विभिन्न आदर्श हैं—अनुयायी समझा जाता है, मैं उनमें भी मेल स्थापित करने की इच्छा रखता हूँ; कारण पूर्व और पश्चिम दोनों में ही विश्वास और तर्क इन दोनों विभिन्न आदर्शों को समान रूप से ही ग्रहण किया जाता है, यद्यपि कुछ व्यक्ति इस बारे में सन्देहशील हैं।

हमारे युग में आत्मा के इन दो अर्धांशों के बीच एक विचित्र वाहियात भेद खड़ा कर दिया गया है और यह मान लिया गया है कि इनमें मेल असंभव है। इसका कारण केवल हमारी दृष्टि की संकीर्णता है जो कि उन दोनों पक्षों में, जो इन आदर्शों के प्रतिनिधि होने का दावा करते हैं, समान रूप से विद्यमान है।

एक तरफ वे लोग, जो अपने को धार्मिक कहते हैं, अपने आपको अपने धर्म-मन्दिर की चारदीवारी के अन्दर कैद किए रहते हैं और न केवल उससे बाहर आने से ही इंकार करते हैं (ऐसा करने का उनका अधिकार है), अपितु यदि उसका वश चले तो वे उस चारदीवारी से बाहर रहने वालों को जीवित रहने के अधिकार से ही वंचित कर दें। दूसरी तरफ, तर्कवादी स्वतन्त्र विचारक लोग, जिनके अन्दर किसी प्रकार की धार्मिक भावना का एक प्रकार से सर्वथा अभाव है, (जिसका कि उन्हें अधिकार है) धार्मिक आत्माओं के विरुद्ध लड़ना ही अपने जीवन का एक मुख्य व पवित्र लक्ष्य समझते हैं और उन्हें जीवित नहीं रहने देना चाहते। इसका परिणाम मनुष्य के पक्ष में धर्म को बाकायदा नष्ट करने का निरर्थक तमाशा होता है। वे यह नहीं देख पाते कि वे उस वस्तु पर आक्रमण कर रहे हैं, जिसे कि वे समझ नहीं पाते। उन ऐतिहासिक व तथाकथित ऐतिहासिक पुस्तकों के आधार पर जो कि बहुत काल गुजर जाने के कारण सर्वथा निर्वीर्य हो चुकी हैं और जिनके ऊपर काल की काई जम चुकी है, धर्म की आलोचना करना उसी प्रकार निरर्थक है, जिस प्रकार कि उन शारीरिक अवयवों के छेदन से, जिनके द्वारा मानसिक क्रियाएँ प्रवाहित होती हैं, आन्तरिक मानसिक तथ्यों की व्याख्या असंभव है। मेरा ख्याल है कि जिस प्रकार प्राचीन समय में प्राय: सभी धर्मों ने जादू-शक्ति तथा उसको अभिव्यक्त करने वाले शब्द, अक्षर व वर्णों को एक समझ कर एक प्रकार की भूल की है, उसी प्रकार आजकल के युक्तिवादियों ने विचार-शक्ति तथा उनकी अभिव्यक्ति में भेद न करके एक भ्रम को जन्म दिया है।

किसी धर्म को जानने, समझने व उसके बारे में निर्णय करने अथवा यदि आवश्यकता हो तो उसको दोषी ठहराने के लिए सबसे पहली शर्त धार्मिक चेतना के सम्बन्ध में व्यक्तिगत रूप से परीक्षण करना है। और तो क्या, जिन्होंने धर्म को पेशे के रूप में ग्रहण किया है, उनमें से भी सबको धर्म के बारे में सम्मति देने का अधिकार नहीं है। कारण, यदि वे वस्तुतः निष्कपट व सच्चे हैं तो वे यह स्वीकार करेंगे कि धर्म का पेशा और धर्म-चेतना यह दो पृथक वस्तु है। बहुत से ऐसे श्रद्धेय पादरी व धर्मयाजक हैं, जो कि केवल परम्परावश या किसी स्वार्थवश या सिर्फ आलस्यवश ही धर्म में विश्वास रखते हैं, उन्होंने धार्मिक अनुभूति की या तो कभी आवश्यकता ही अनुभव नहीं की और या पर्याप्त चरित्र-बल न होने के कारण वे उसे पाने से कतराते हैं। इसके विपरीत बहुत से वे व्यक्ति हैं, जो सब धार्मिक विश्वासों से रहित हैं, अथवा अपने-आपको उनसे रहित समझते हैं; किन्तु वास्तव में वे एक अति-तार्किक चेतना में निमग्न रहते हैं और उस चेतना को वे समाजवाद, कम्यूनिज्म, मानव-हितवाद, राष्ट्रीयतावाद और यहाँ तक कि बुद्धिवाद की संज्ञा देते हैं। जिस वस्तु के बारे में विचार क्रिया जा रहा है, उस वस्तु से नहीं, अपितु किस प्रकार विचार किया जाता है, इसके द्वारा ही विचार के मूल का निर्धारण होता है और इसके द्वारा ही हम यह जान सकते हैं कि कौन-सा विचार धर्ममूलक है। यदि कोई विचार किसी प्रकार की भी क्षति की परवाह किये बिना, निर्भीक रूप से एकान्त एकाग्रता के साथ स्वार्थरहित होकर सत्य की खोज में अग्रसर होता है तो उस विचार को ही मैं धर्ममूलक कहता हूँ। कारण, यह मानवीय प्रयत्न के एक ऐसे लक्ष्य में विश्वास की पूर्व कल्पना करता है जो कि व्यक्ति के जीवन से ऊँचा है, अनेक समय प्रचलित समाज के जीवन से भी ऊँचा है और यहाँ तक कि समग्र मानवता के जीवन से भी अधिक ऊँचा है। और तो क्या, संशयवाद भी जब किसी शक्तिशाली मानव के अन्तस्तल से निर्गत होता है, जब वह दुर्बलता का सूचक न होकर शक्ति का द्योतक होता है, तो वह भी धार्मिक आत्माओं की महती सेना के अभियान में सम्मिलित हो जाता है।

दूसरी तरफ गिरजाघरों में हजारों भीरु विश्वासी व्यक्ति एकत्रित होते हैं; वे चाहे धर्मयाजक पादरी हों या साधारणजन हों, परन्तु वे धार्मिक कहलाने के योग्य नहीं होते। वे इसलिए विश्वास नहीं करते, क्योंकि उन्होंने अपनी स्वतन्त्र इच्छानुसार विश्वास करना पसन्द किया है, अपितु इसलिए विश्वास करते हैं, क्योंकि वे उस घुड़साल में बँधे हुए हैं, जहाँ पर कि अनायास लब्ध विश्वास के दाने व चारे से भरी हुई नाँद जन्म से ही उनके सम्मुख रहती है और उन्हें उसकी जुगाली के सिवाय और कुछ कार्य नहीं है।

ईसा के सम्बन्ध में यह करुण कथा प्रचलित है कि 'वह संसार के अन्त तक वेदना का भार वहन करेगा।' किसी वेदना को वहन करने वाले परमात्मा में विश्वास करना तो दूर की बात है, परन्तु मैं तो किसी देहधारी परमात्मा में ही विश्वास नहीं करता। परन्तु मेरा विश्वास है कि सुख-दुःख सहित प्रत्येक वस्तु, जिसका कि अस्तित्व है, उसमें और प्रत्येक प्रकार के जीवधारियों, मनुष्य जाति और मनुष्यों में, और समस्त विश्व में केवल वही परमात्मा है जो निरन्तर जन्मशील है। क्षण-क्षण में नई सृष्टि का निर्माण हो रहा है। धर्म कभी पूर्ण नहीं होता।

यह अविराम कर्म है,अविराम संघर्ष की कामना है—एक जलप्रपात की निरन्तर प्रवहमान धारा है, एक बद्ध जलाशय नहीं है।

नदियों के देश में मेरा जन्म हुआ है। मैं उन्हें जीवित प्राणियों के समान ही प्यार करता हूँ, और मेरे पूर्वज इन नदियों को सुरा व दुग्ध की अंजलि क्यों प्रदान करते थे, इसे मैं अच्छी तरह समझता हूँ। और सब नदियों में पवित्रतम नदी वह है, जो कि आत्मा के अन्तरतम प्रदेश से, आत्मा की चट्टानों, बालू व हिमशैलों से अनन्तकाल से प्रवाहित हो रही है। उसी में वह आदिमतम शक्ति निहित है और उसे ही मैं धर्म कहता हूँ। सब पदार्थ इसी आत्मा की स्रोतस्वनी के अन्तर्गत हैं। यह आत्मा की स्रोतस्विनी हमारी सत्ता के गम्भीर अगाध रस-भण्डार से निःसृत होकर, अनिवार्य ढलानों को पार करती हुई उसी चिन्मय, अनुभूत नियन्त्रित व समाधिमय महासत्ता के समुद्र में विलीन हो जाती है। और जिस प्रकार नदियों के शून्य जल-भण्डार को पूर्ण करने के लिए समुद्र का जल घनीभूत होकर वाष्प बनकर मेघों के रूप में आकाश में एकत्र हो जाता है, सृष्टि का यह अविराम चक्र भी ठीक इसी प्रकार घूमता रहता है। मूल स्रोत से महासागर तक, और महासागर से मूल स्रोत तक यह सब एक ही शक्ति है, एक ही सत्ता है—जो अनादि और अनन्त है। इस सत्ता को भगवान् (और कौन-सा भगवान्?) कहें या शक्ति (और कौन-सी शक्ति?) कहें, इससे मुझे कोई प्रयोजन नहीं है। इस सत्ता को प्रकृति भी कह सकते हैं, (परन्तु यह किस प्रकार की प्रकृति है, जब कि इसमें आत्मा की शक्तियाँ भी विद्यमान हैं?) शब्द! शब्द! शब्दों के सिवाय यह और कुछ नहीं है। एकता, अमूर्त एकता नहीं, अपितु प्राणमय जीवित एकता, यही इस सबका सार है। इस एकता का ही मैं पुजारी हूँ, और यही वह एकता है जिसकी सब धार्मिक विश्वासी और वे सब संशयवादी भी, जो ज्ञात या अज्ञात रूप से अपने अन्दर इसे वहन किये हुए हैं, समान रूप से पूजा करते हैं।

वह अदृश्य, सर्वव्यापिनी महादेवी—जिसने अपने सुवर्ण बाहुपाश में बहुरूपमय, बहुवर्णमय, बहुस्वरमय संगीत को आहृत किया है—उस एकता रूपी महादेवी के चरणों में मैं इस नूतन ग्रन्थ को समर्पित करता हूँ।

नव जागृत भारत में लगभग एक शताब्दी से समस्त लक्ष्यवेधियों का यह एकता ही लक्ष्य-बिन्दु रहा है। इस समस्त शताब्दी में भारत की पुण्यभूमि से बहुत से अग्निगर्भ तेजस्वी महापुरुषों का जन्म हुआ है—अजस्र मानवता व विचार की जाह्नवी धारा का अभ्युदय हुआ है। उनमें और चाहे जो भी विभिन्नता व मतभेद रहे हों, परन्तु उनका लक्ष्य एक ही रहा है—और वह भगवान् के द्वारा मानवता का मिलन है। और इस एकता के साधकों में जितना ही परिवर्तन हुआ है, उतना ही इस एकता का विस्तार हुआ है और वह अधिक स्पष्टतर हो गयी है।

प्रारम्भ से लेकर अन्त तक यह विराट् आन्दोलन प्रतीच्य और प्राच्य, युक्ति और विश्वास के ऊपर पूर्णतया समान रूप से आश्रय करके सहयोग के रूप में ही संगठित हुआ है और यह विश्वास अवश्य ही वह विचारशून्य अन्ध स्वीकृति मात्र नहीं है, जिसका कि गुलामी के युग में पददलित निर्वीर्य जातियों के बीच विचारहीन अन्ध स्वीकृति की भावना से जन्म हुआ

है—अपितु यह विश्वास एक जीवित व ज्ञानमय अन्तः अनुभूति है; यह साइक्लप्स[१] के तृतीय नेत्र के समान है, जो अन्य दोनों नेत्रों को अर्थशून्य नहीं बनाता, अपितु उन्हें पूर्णता प्रदान करता है।

इन आध्यात्मिक महापुरुषों[२] के शानदार जुलूस में से (जिनके बारे में मैं आगे चलकर आलोचना करूँगा) मैंने केवल दो महापुरुषों को चुना है, जिन्होंने अतुलनीय शक्ति व सौंदर्य के द्वारा विश्वात्मा की इस अनुपम स्वर-संगति को उपलब्ध किया है और इसीलिए जिनके प्रति मेरा हृदय विशेष रूप से श्रद्धान्वित है उन्हें इस स्वर-संगति के मोजार्त[३] व बिथोवन[४] कहा जा सकता है—वे देवाधिदेव[५] और वज्रधारी देवराज—रामकृष्ण और विवेकानन्द हैं।

इस पुस्तक[६] के आलोच्य विषय तीन हैं, अथवा एक भी कहा जा सकता है। हमारे युग में हमारे समक्ष उद्‌घाटित दो असामान्य जीवनों की कहानी इसमें वर्णित है। उस कहानी का अर्ध अंश दन्तकथा प्रधान है और अर्धांश एक महाकाव्य के रूप में है। और उसके साथ उस महामहिमान्वित विचारधारा का वर्णन है जो कि जहाँ एक तरफ धार्मिक व दार्शनिक है, वहीं दूसरी तरफ नैतिक व सामाजिक है। यह अतीत भारत के गर्भ से वर्तमान मानवता के लिए सन्देह वहन करके लाई है।

यद्यपि इन दोनों जीवनों की दर्दनाक कहानी का अपरूप काव्यमय सौंदर्य तथा होमरिक[७] गाम्भीर्य ही यह स्पष्ट करने के लिए पर्याप्त है (जैसा कि आप स्वयं लक्ष्य करेंगे) कि मैंने आप लोगों को दिखाने के लिए, इन दो जीवनों के गतिपथ के अन्वेषण व सन्धान में अपने दो वर्ष क्यों व्यतीत किए हैं, तथापि मैं यह कहना उचित समझता हूँ कि केवल एक साहसी

---

१. दन्तकथाओं में वर्णित राक्षसों की एक जाति का नाम है। यह सिसिली द्वीप के निकट रहती थी; और यह कथा प्रचलित है कि इनके ललाट के बीच एक नेत्र होता था।

२. इस खण्ड का छठा अध्याय 'एकता के निर्माता' देखिये—(राममोहन राय, देवेन्द्रनाथ टैगोर, केशवचन्द्र सेन, दयानंद)। और इसके साथ 'रिव्यू योरोप' पत्रिका के १५ दिसम्बर, १९२८ के अंक में 'अग्रगामी भारत' शीर्षक प्रबन्ध से तुलना कीजिए, जिसमें मैंने अपने सम-सामयिक महापुरुष श्री अरविन्द की भी आलोचना की है।

३. मोजार्त—वुल्फगैंग ऐमेडियस मोजार्त : यह विख्यात आस्ट्रियन संगीतज्ञ है। सन् १७५६ की २७ जनवरी को इनका जन्म हुआ एवं सन् १७९१ की ५ दिसम्बर को इनकी मृत्यु हुई थी।—अनु०

४. बिथोवन—लुडविग वान बिथोवन : यह उन्नीसवीं शताब्दी के सर्वश्रेष्ठ स्वर संगीतज्ञ हैं। बिथोवन जर्मन थे। सन् १७७० के १७ दिसम्बर को इनका जन्म हुआ और सन् १८२७ की २६ मार्च को इनका देहावसान हुआ।

५. मूल पुस्तक में 'Pater Seraphicus' यह पाठ है, जिसका अर्थ 'देवताओं का पिता' है।

६. दोनों खण्ड।

७. ग्रीक महाकवि होमर के काव्य में जो महान् गाम्भीर्य देखा जाता है, उसके समान।

अन्वेषक के कौतूहलवश मैं इस यात्रा में प्रवृत्त नहीं हुआ हूँ।

मैं एक उपन्यास लेखक नहीं हूँ, जो कि क्लान्त व थके हुए पाठकों को आत्मविस्मृत करने के लिए लिखता है। मैं इसलिए लिखता हूँ कि जिससे मेरे पाठक अपने आपको खोज सकें, मिथ्या के आवरण से मुक्त अपनी सत्ता को, अपने स्वरूप को पहचान सकें। मेरे जीवित या मृत सभी सहयात्री इसी लक्ष्य को लेकर अग्रसर हुए हैं और मेरे निकट शताब्दियों व जातियों की सीमाओं का कोई अर्थ नहीं है। आवरणमुक्त आत्मा के लिए प्राच्य व प्रतीच्य का कोई बन्धन नहीं है; ये वस्तुएँ उसके बाह्य आवरण मात्र हैं। समस्त विश्व ही आत्मा का निवास स्थान है। और हममें से प्रत्येक में ही जब आत्मा का निवास है, तब हम सभी उसके समान अधिकारी हैं।

जिस आन्तरिक विचार ने मुझे इस ग्रन्थ की रचना के लिए प्रेरित किया है उसका मूल स्रोत कहाँ है, इसकी व्याख्या करने के लिए यदि मैं अपने आपको कुछ क्षण के लिए रंगमंच पर लाता हूँ, तो आशा है पाठकगण मुझे क्षमा करेंगे। केवल दृष्टान्त के लिए ही मैं ऐसा कर रहा हूँ, क्योंकि वास्तव में मैं कोई असाधारण पुरुष नहीं हूँ। मैं एक अत्यन्त साधारण फ्रांसीसी हूँ। मैं जानता हूँ कि मैं उन हजारों पश्चिम देशवासियों का, जिनके पास अपने को प्रकट करने के न साधन हैं और न समय ही है, एक प्रतिनिधि मात्र हूँ। जब हममें से कोई व्यक्ति अपने आपको मुक्त करने के लिए अपने हृदय के गंभीरतम अन्तःप्रदेश से कुछ कहता है, तो उसका वह शब्द उन हजारों मूक कण्ठस्वरों को ही मुक्त करता है। इसलिए आप मेरी आवाज को नहीं, अपितु उन्हीं के कण्ठों की प्रतिध्वनि को सुनें।

मध्य फ्रांस के जिस अंचल में मेरा जन्म हुआ है और जहाँ मैंने अपने बचपन के चौदह वर्ष व्यतीत किये हैं, मेरे पूर्वपुरुष शताब्दियों से वहीं रहते चले आये हैं। मेरा वंश विशुद्ध फ्रांसीसी तथा विशुद्ध कैथोलिक है। उसमें किसी प्रकार का कोई विदेशी मिश्रण नहीं हुआ। सन् १८८० में मेरे पेरिस आने से पूर्व तक मेरे जीवन का प्रभात समय निवर्नायस जिले की सीमाओं में ही आबद्ध था। और इस जादूपूर्ण प्रदेश में बाह्य संसार के प्रभावों का प्रवेश सर्वथा निषिद्ध था।

सुतरां इस फ्रांसभूमि के धूसर नील आकाश के नीचे और उसकी नदियों की रेखाओं की सीमाओं से घिरे हुए इस मृण्मय पात्र में बन्दी होकर मैंने अपने शैशवकाल में विश्व के नाना वर्णों का आविष्कार किया है। जब मैंने अपनी युवावस्था में दण्डपाणि होकर विचार-पथ पर यात्रा प्रारम्भ की, तो मैंने किसी भी देश में कोई अजनबी या अज्ञात वस्तु नहीं पायी। मन के जो विभिन्न प्रकार मैंने पाये, व अनुभव किये, वे मूलतः मेरे मन के ही अनुरूप थे। बाह्य की अभिज्ञता ने मुझे केवल अपने मन को ही समझना सिखाया, मैं अपने मन की उन विभिन्न अवस्थाओं को समझने लगा--जिन्हें मैं इससे पूर्व भी लक्ष्य करता था, परन्तु समझ न पाता था। शेक्सपियर, बिथोवन, टाल्स्टाय व रोम आदि सब शिक्षकों ने—जिनकी रसधारा द्वारा मेरा जीवन अनुप्राणित हुआ है, मुझे अपने अन्तर के इस गुप्त नगर के—इस लावा-स्रोत के नीचे

प्रसुप्त भूमिनिमग्न हरक्यूलिनियम[१] के अवरुद्ध द्वार में प्रवेश की विधि के अतिरिक्त और कुछ नहीं सिखाया है। और मेरा दृढ़ विश्वास है कि मेरे अनेक पड़ोसियों के अन्तर में भी यह इसी प्रकार प्रसुप्त है। वे केवल इसके अस्तित्व से अभिज्ञ नहीं हैं, जैसा कि एक दिन मैं भी अनभिज्ञ था। इस सुगुप्त नगर के उद्‌घाटन में, साधारण व्यवहार-बुद्धि ने उन्हें उनके दैनिक प्रयोजन के लिए जितना आवश्यक बतला दिया है, उस प्राथमिक प्रयत्न से अधिक साहसिक प्रयत्न भी उनमें से शायद ही किसी ने किया है। और वे उन व्यक्तियों के समान, जिन्होंने कि पहले राजकीय और बाद में जैकोबिन[२] (विप्लवी) फ्रान्स का ऐक्य-विधान किया है, अत्यन्त मिताचारी है। ऐसे निर्माण का मैं प्रशंसक हूँ। एक पेशेवर ऐतिहासिक होने के कारण मैं इसमें भी आत्मा के प्रकाश से प्रेरित मानव-प्रयत्न की एक श्रेष्ठतम रचना को देखता हूँ। "Aere Perrenius" ''काल की अपेक्षा भी अधिक शाश्वत और सनातन''[३]—परन्तु इस प्राचीन किंवदन्ती के अनुसार कि किसी श्रेष्ठ रचना को चिरस्थायी बनाने के लिए दीवार के अन्दर जीवित शरीर को निमग्न करना चाहिए, हमारे यह निपुण कारीगर भी अपनी रचनाओं को चिरस्थायी बनाने के लिए अपनी कीर्ति की दीवार में हजार-हजार जीवित मानवात्माओं को चुन गये हैं। संगमरमरी सतह पर आज उनका कोई चिह्न दिखाई नहीं देता परन्तु तो भी मुझे उनका कण्ठस्वर सुनाई देता है! और मेरे समान जो कोई और भी उन्हें सुनना चाहता है, वह विचार के पुण्य इतिहास में कान लगाकर उन्हें सुन सकता है। गिरजा की उच्च वेदी पर जो उपासना अनुष्ठित होती है, उसमें उनका स्थान नहीं है; किन्तु जो शान्त, भीरु व अनवहित विश्वासी जनसमुदाय पादरियों के संकेत पर नीचे झुकता व ऊपर उठता है, वह अपने स्वप्नों में सेण्ट जौन[४] की सर्वथा भिन्न प्रकार की सब्जियों का चर्वित-चर्वण करता है। फ्रान्स देश आत्माओं से समृद्ध है। परन्तु वह उन्हें इस प्रकार गुप्त रखता है, जैसे कोई कृषक पत्नी अपने धन को छुपाकर रखती है।

इस निर्वासित आत्माओं में से कुछ तक पहुँचने की सीढ़ियों की खोयी हुई चाबियों को मैंने हाल ही में पुनः खोज निकाला है। अहम् के भूतल गर्भ से उठकर प्राचीर के गात्र पर सर्प के समान कुण्डलाकार होती हुई यह सोपान-श्रेणी, नक्षत्र मुकुटित प्रासादों के शिखर पर पहुँचती है। परन्तु वहाँ पहुँचकर मुझे जिस देश के दर्शन हुए हैं, वह मेरे लिए अपरिचित नहीं है। मैंने उसे पहले भी देखा है, और मैं इसे अच्छी तरह जानता हूँ, परन्तु मुझे यह याद

---

१. **हरक्यूलिनियम—रोम राज्य का एक प्राचीन नगर। सन् ७९ ईस्वी में विसुरियस ज्वालामुखी के विस्फोट के कारण पम्पेइ शहर के साथ यह नगर भी पृथ्वी के गर्भ में समा गया था।—अनु०**

२. **जैकोबिन=विप्लवी। पेरिस नगर के जैकोबिन क्लब के सदस्यों ने ही फ्रांसीसी विप्लव का पथ-प्रदर्शन किया था। इसलिए जैकोबिन से विप्लवी का ही बोध होने लगा।**

३. **'Aere Perrenius'—काल की अपेक्षा भी शाश्वत व सनातन।—होरेस**

४. **सेण्ट जौन के पर्व के दिन मेले में तथाकथित जादू-शक्ति-सम्पन्न सब प्रकार की शाक-सब्जी बिकती है।**

नहीं कि मैंने उसे पहले कहाँ देखा था। मैंने 'विचार' का जो पाठ कभी पहले सीखा था, उसे यद्यपि पूर्णरूप से नहीं तो भी अपनी स्मरणशक्ति से कई बार दोहराया है। (परंतु किससे यह पाठ मैंने सीखा था? अपनी किसी अति प्राचीन आत्मा से....) अब मैं पुनः वही पाठ रामकृष्ण की निरक्षर प्रतिभा द्वारा, जिसे यह सब कण्ठस्थ था, मुझे दी हुई जीवन की पुस्तक में पढ़ रहा हूँ, और उसका प्रत्येक शब्द मेरे सम्मुख स्पष्ट व पूर्ण हो उठा है।

और आज मैं उसे आप लोगों के सम्मुख एक नयी पुस्तक के रूप में नहीं, अपितु एक अत्यन्त प्राचीन पुस्तक के रूप में रखता हूँ, जिस ग्रन्थ को आप सबने ही पढ़ने की भरसक चेष्टा की है, (यद्यपि बहुतों ने वर्ण परिचय तक ही पढ़कर छोड़ दिया है) तथापि यह वही एक ग्रन्थ है, यद्यपि लेख में अन्तर है। मनुष्य की दृष्टि साधारणतया ऊपर के आवरण पर ही जाकर रुक जाती है, छिलके के अन्दर छिपी हुई सार वस्तु तक नहीं घुस पाती।

यह सर्वदा वही ग्रन्थ है। यह सर्वदा वही मनुष्य है—यही शाश्वत, सनातन, 'मानव पुत्र' हमारा पुत्र, हमारा पुनर्जात भगवान् है। और प्रत्येक पुनर्जन्म में वह अपने-आपको पहले की अपेक्षा अधिक पूर्णतर रूप में और विश्व की सम्पत्ति से समृद्ध रूप में प्रकट करता है।

देश व काल के पार्थक्य को दृष्टि से ओझल करके देखने पर रामकृष्ण ईसा के कनिष्ठ भ्राता हैं।

आजकल के स्वतन्त्र विचारक जिस प्रकार यह दिखाने की चेष्टा करते हैं, उसी प्रकार इच्छा करने पर हम भी यह दिखा सकते हैं कि ईसा द्वारा प्रतिपादित सम्पूर्ण सिद्धान्त, उससे पहले भी पूर्वदेशीय लोगों में प्रचलित थे। और इन सिद्धान्तों को कैलडिया, मिस्र, एथेन्स और आयोनिया के विचारशील व्यक्तियों ने जन्म दिया था। परन्तु हम मानव इतिहास में ईसा के व्यक्तित्व को—चाहे वह वास्तविक हो या काल्पनिक ही क्यों न हो—(वास्तविक तथा काल्पनिक व्यक्तित्व एक ही सत्ता के दो रूप होते हैं)[१] एक प्लेटो के व्यक्तित्व से अधिक

---

१. **काल्पनिक किंवदन्तियों के प्रति धर्मभीरु भारतवासियों का रुख विश्वास के अनुसार एक कौतूहल व समालोचना का रुख है। यह अत्यन्त लक्षणीय है कि जिन सब व्यक्तियों की भारतवासी देवता समझकर पूजा करते हैं, उन सबके ऐतिहासिक अस्तित्व के बारे में वे एक प्रकार से उदासीन रहते हैं—उनके लिए यह एक सर्वथा गौण वस्तु है। जहाँ तक वे आध्यात्मिक रूप से सत्य हैं, वहाँ तक उनकी बाह्य वास्तविकता कोई महत्व नहीं रखती। सर्वश्रेष्ठ विश्वासी रामकृष्ण ने कहा है, "जो अपने अन्दर ऐसे विचारों की कल्पना कर सकते हैं, वे अपने-आपको उन्हीं विचारों में परिणत भी कर सकते हैं।" और विवेकानन्द जो कि कृष्ण तथा ईसा के बाह्य अस्तित्व में सन्देह करते थे, (ईसा की अपेक्षा भी कृष्ण के दैहिक अस्तित्व में अधिक संशयालु थे) उन्होंने इस प्रकार कहा है—"परन्तु आज कृष्ण सब अवतारों में पूर्णतम अवतार हैं।"**

और वह उसकी पूजा करते थे। (भगिनी निवेदिता के 'स्वामी विवेकानन्द के साथ परिभ्रमण' सम्बन्धी नोट्स, में देखिए)।

प्रभावशाली होने से कभी नहीं रोक सकते। और इसमें कोई न्याय-रहित बात भी नहीं है। यह मानवात्मा की एक अतुलनीय व आवश्यक सृष्टि है। यह मानवात्मा की शरद् का एक सुन्दरतम फल है। प्रकृति के एक ही नियम के अनुसार एक ही वृक्ष में जीवन व किंवदन्ती का जन्म हुआ है। एक ही जीवित देह की दृष्टि, निःश्वास और शैत्य व सजलता से दोनों की उत्पत्ति हुई है।

मैं योरोप के सम्मुख रामकृष्ण नामधारी शरद् ऋतु के एक नये फल, आत्मा के एक नवीन सन्देश, भारत के एक महासंगीत को ला रहा हूँ। यह दिखाया जा सकता है, (और मैं इसे दिखाना भूलूँगा भी नहीं) कि हमारी प्राचीन संगीत प्रतिभाओं के जन्म के समान, यह महासंगीत भी अतीत से संगृहीत अनेक प्रकार के विभिन्न स्वरों के समावेश से ही बना है। इस सृष्टि के पीछे बहुत सी पीढ़ियों का अक्लान्त श्रम विद्यमान है। किन्तु यह सब होने पर भी जो सार्वभौम व्यक्तित्व विभिन्न स्वरों के साजबाज को अपने में संगृहीत करके, उन्हें एक राजसिक स्वर-संगीत का रूप देता है, उसका ही नाम उस सृष्टि के ऊपर आरोपित होता है, और उसके गौरवमय नाम के द्वारा ही एक नवयुग का निर्देश होता है।

जिस मनुष्य की मूर्ति की मैं यहाँ स्थापना करना चाहता हूँ, वह तीस करोड़ नर-नारियों के दो सहस्र वर्षव्यापी आध्यात्मिक जीवन का परिपूर्ण रूप है। यद्यपि चालीस वर्ष हुए उसका देहावसान[१] हो चुका है, तथापि उसकी आत्मा आधुनिक भार.. को प्राणदान कर रही है। वह गांधी के समान कर्मवीर नहीं था, कला या विचार में गेटे[२] व टैगोर के समान प्रतिभाशाली नहीं था। वह बंगाल के एक छोटे से गाँव का रहने वाला ब्राह्मण था, जिसका बाह्य जीवन संकीर्ण रूढ़ियों की सीमा में आबद्ध था। उसमें उल्लेख योग्य कोई विशेष घटना न थी, और तात्कालिक सामाजिक व राजनैतिक हलचल से वह सर्वथा पृथक् था;[३] परन्तु उसके आन्तरिक

सच्चे धर्मप्राण व्यक्ति जिस प्रकार अवतार की वास्तविकता में भगवान् को प्रत्यक्ष करते हैं, ठीक उसी प्रकार विचारशील व्यक्तियों के अन्दर भी जीवित भगवान् को प्रत्यक्ष देखते हैं। एक श्रेष्ठ विश्वासी की दृष्टि में यह दोनों चीजें ही समान रूप से वास्तविक हैं। कारण, उसके निकट जो भी वास्तव है, वही भगवान् है। इसके अतिरिक्त वह यह भी निर्णय नहीं कर पाता कि इन दोनों चीजों में किसका महत्व अधिक है—जिसे एक जाति ने जन्म दिया है, वह अधिक महत्वपूर्ण है अथवा जिसे एक युग ने जन्म दिया है, वह अधिक महत्व रखता है?

१. सन् १८८६ में। उस समय वह ५० वर्ष के थे। उनके महान् शिष्य विवेकानन्द की सन् १९०२ में ३९ वर्ष की अवस्था में मृत्यु हुई थी। यह नहीं भूलना चाहिए कि उनका जीवन हमारे कितना निकटवर्ती है। एक ही सूर्य के हमने दर्शन किये हैं, और एक ही काल की नौका पर हम सवार हैं।

२. गेटे—जर्मनी का सर्वश्रेष्ठ कवि।

३. विवेकानन्द का जीवन उनके जीवन से सर्वथा भिन्न था। कारण उसने नव व पुरातन दोनों संसार का परिभ्रमण किया था।

जीवन में नाना देवताओं और मानवों का एक विचित्र समावेश था। उसका अभ्यन्तरीय जीवन उस सकल शक्ति की मूलाधार स्वरूपिणी दैवी 'शक्ति' का अंशमात्र था—जिस दैवी शक्ति की मिथिला के प्राचीन कवि विद्यापति[१] और बंगाल के कवि रामप्रसाद ने वन्दना की है।

कदाचित् बिरले ही मूलस्रोत तक पहुँचने का यत्न करते हैं। बंगाल के इस क्षुद्र ग्राम्यवासी ने अपने हृदय की वाणी को सुना था और उसे सुनकर वह अन्तर्वर्ती के पथ का अनुसन्धान करने के लिए बढ़ा था। वहीं समुद्र के साथ उसका मिलन हुआ और उपनिषद् की यह वाणी सत्य सिद्ध हुई :—

''मैं ज्योतिर्मय देवताओं की अपेक्षा भी प्राचीन हूँ। मैं सत्ता की प्रथम सन्तान हूँ। मैं अमरत्व-शोणितवाही धमनी हूँ।''[२]

इसलिए मैं ज्वरविकार से लुप्तनिद्र योरोप के कानों में इसी धमनी के स्पन्दन की ध्वनि को प्रविष्ट करना चाहता हूँ, और उसके शुष्क अधरोष्ठों को अमरता की शोणित धारा से सिक्त करना चाहता हूँ।

सन् १९२८। —रोमां रोलां

---

१. ''हे निविड़ कुन्तला महादेवी! तुम अपने स्वरूप को प्रकट करो। तुम्हीं एक हो, तुम्हीं अनेक हो, तुम्हारे अन्दर ही सहस्त्र निहित हैं, तुम्हीं संग्राम काल में रणभूमि को शत्रुओं से पूर्ण करती हो।'' (शक्ति देवी का स्तुति गान) यहाँ पर रोलां ने विद्यापति की जिस कविता के बारे में कहा है, वह नगेन्द्र गुप्त द्वारा संकलित 'विद्यापति की पदावली' के ४९९ पृष्ठ पर पायी जाती है। जो इस प्रकार है :—

विदिता देवी, विदिता हो, अविरल केस सोहन्ती।
अनेकानेक सहस को धारिणि, जरिमंगा पुनरन्ति॥

—अनुवादक

५. तैत्तिरीय उपनिषद्।

वेदान्त के अनुसार जब परमब्रह्म सगुण हो जाता है और प्राणमय विश्व का उद्वर्तन आरम्भ कर देता है, तो पहले वह स्वयं ही उद्वर्तित होता है, वही सर्वप्रथम उत्पन्न सत्ता है, जो कि समस्त दृश्य व अदृश्य पदार्थों का सार है। जो इस प्रकार कहते हैं, वही परब्रह्म के साथ एकान्वित होते हैं—ऐसा कहा जाता है।

२. इस स्थान पर सम्भवतः रोलां तैत्तिरीय उपनिषद् के दशम अनुवाक में वर्णित श्लोक की बात कहते हैं :—

'अहमस्मि प्रथमजा ऋतस्य।
पूर्वं देवेभ्योऽमृतस्य ना भायि॥'

—अनुवादक

प्राक्कथन

एक काल्पनिक नीति कथा के समान मैं अपनी कहानी प्रारम्भ करता हूँ। किन्तु यह एक असाधारण बात है कि नीति-कथा आपाततः पौराणिक-जगत् के अन्तर्गत प्रतीत होने पर भी, वास्तव में ऐसे मनुष्यों की कहानी है, जो कल तक जीवित थे, जो हमारी ''शताब्दी'' के ही पड़ोसी हैं, और जिन्हें आज के बहुत से जीवित मनुष्यों ने स्वयं प्रत्यक्ष देखा है।[१] उनके पास से मैंने बहुत से ज्वलन्त प्रमाण संग्रह किये हैं। उनमें से कइयों के साथ मैंने स्वयं वार्तालाप भी किया है। वे सभी इस रहस्यमयी सत्ता के—इस मानव-देवता के सहचर थे। रामकृष्ण के प्रति उनकी प्रीति एवं विश्वस्तता के सम्बन्ध में मुझे तिल भर भी सन्देह नहीं है। इसके अलावा, ये सब प्रत्यक्षदर्शी, ईसा की जीवन की कहानी के साक्षी मछुआरों के समान अशिक्षित न थे। उनमें से कुछ व्यक्ति तो अत्यन्त मेधावी, विचारवान्, योरोपीय शिक्षा में दीक्षित तथा योरोपीय विचारधारा से सुपरिचित थे। तथापि वे इस प्रकार बात करते हैं कि मानो वे तीन सहस्र वर्ष पहले के मनुष्य हैं।

प्राचीन काल में ग्रीक युग में देवता व देवीगण नश्वर मनुष्यों के साथ एक शय्या व आहार का अंश ग्रहण करते थे। इसी प्रकार गैलीली के युग में निदाघ के धूसर आकाश में पक्षसंचारी देवदूत प्रकट होते थे और वे नीचे उतरकर विनय व आदरपूर्वक माता मेरी के चरणों में स्वर्ग के उपहारों की भेंट चढ़ाते थे। एक ही मस्तिष्क में बीसवीं शती के वैज्ञानिक बुद्धिवाद में और पुरातन काल की दार्शनिक कल्पनाओं का एक साथ निवास सम्भव है, इसकी आज के बुद्धिमान् मनुष्य कल्पना भी नहीं कर सकते। अब वे इतने पागल नहीं हैं, जो ऐसी कपोल कल्पनाओं में विश्वास करें। किन्तु इसमें ही वह सचमुच का आश्चर्यमय चमत्कार है—विश्व की अनन्त सम्पद है—जिसे कि वे भोग करना नहीं जानते। विचारशील योरोपीय व्यक्तियों में अधिकांश विचारक अपने आपको मानव-जाति रूप घर की अपनी-अपनी विशेष मंजिल तक सीमाबद्ध रखते हैं। अतीत काल में इस घर की और मंजिलों में कौन रहते थे,

---

१. **यह पुस्तक सन् १९२८ के शरत् काल में लिखी गयी है। उस समय रामकृष्ण के कई शिष्य जीवित थे। उनके नाम इस प्रकार हैं :—**

कलकत्ता के समीपवर्ती बेलूर केन्द्रीय मठ के अध्यक्ष एवं रामकृष्ण मठ तथा मिशन के सभापति स्वामी शिवानन्द। स्वामी अभेदानन्द। स्वामी अखण्डानन्द। स्वामी निर्मलानन्द। स्वामी विज्ञानानन्द। 'रामकृष्ण कथामृत' शीर्षक से प्रकाशित प्रभु के साथ आलापों के सम्पादक श्री महेन्द्रनाथ गुप्त। रामकृष्ण के भतीजे रामलाल चट्टोपाध्याय। इसके अतिरिक्त रामकृष्ण के अनेक अन्य साधारण शिष्य जिनका संधान व नामोल्लेख यहाँ सम्भव नहीं है।

उसका इतिहास संभवतः उनकी अपनी मंजिल के पुस्तकालय में ही विद्यमान हो, किन्तु तथापि उन्हें इस घर की बाकी सब मंजिलें निर्जन व वीरान ही मालूम पड़ती हैं। अपनी मंजिल से ऊपर व नीचे की मंजिलों में रहने वाले अपने पड़ोसियों की पदध्वनि कभी नहीं सुन पाते। विश्व-स्वरसंगति को पैदा करने वाला वाद्यसंगीत अतीत व वर्तमान की शताब्दियों के मिश्रण से बनता है। उस संगीत में अतीत व वर्तमान सब शताब्दियों की झंकार एक ही साथ बजती है—यद्यपि प्रत्येक वादक की दृष्टि अपनी-अपनी स्थिति तथा निर्देशक के दंड पर रहती है और प्रत्येक वादक अपने यन्त्र के सिवाय और किसी की ध्वनि नहीं सुनता है।

परन्तु आओ, हम सब वर्तमान की उस अपूर्व स्वरसंगीत को सुनें, जिसमें सब जातियों और सब युगों के अतीत के स्वप्न तथा भविष्यत् की आकांक्षाएँ और आशाएँ सम्मिलित हैं। जिनके कान सुनने में समर्थ हैं, उनके लिए आदिम जन्म से लेकर अन्तिम मृत्यु पर्यन्त प्रतिक्षण मानवता का एक अखंड संगीत बज रहा है और कालचक्र के गोल आवर्त में वह संगीत चमेली के पुष्पों की तरह खिल रहा है। मनुष्य की विचारधारा किस मार्ग द्वारा अग्रसर हुई है, इसे जानने के लिए भोजपत्र के अस्पष्ट लेखों का अर्थ ढूँढ़ने की आवश्यकता नहीं है। हजारों वर्षों के विचार हमारे चारों ओर निरन्तर व्याप्त हैं। उनमें से कुछ भी विलुप्त या नष्ट नहीं हुआ है। सुनो! अपने कानों से सुनो। ग्रन्थों को मौन रहने दो। वे अत्यन्त मुखर हैं...

मनुष्य ने जब से अपने अस्तित्व का स्वप्न देखा है। उस आदिमतम काल से लेकर आज तक मनुष्य ने जितने भी स्वप्न देखे हैं, उन सब स्वप्नों को यदि पृथ्वी के किसी एक स्थान पर आश्रय मिला है, तो वह भारतवर्ष है। बार्थ[१] ने अत्यन्त स्पष्टरूप से यह प्रमाणित कर दिखाया है कि भारतवर्ष को एक ज्येष्ठ सहोदर का सुयोग व सम्मान प्राप्त है। भारतवर्ष का आध्यात्मिक विकास उस पुष्प के समान हुआ है—जो पुष्प अपने आप ही मेथूसला[२] के समान अविरत व अव्याहत रूप से सुदीर्घ जीवन में प्रस्फुटित है। यह उष्ण भारत-भूमि देवताओं के गर्भाशय के समान है; जिसकी उष्ण मृत्तिका में से तीन सहस्र वर्ष से भी अधिक समय से दिव्यदृष्टि का विशाल महातरु उत्थित हुआ है और हजारों शाखाओं व कोटिशः प्रशाखाओं के रूप में उसने अपना विस्तार किया है। उसमें जरा व मृत्यु का कोई लक्षण नहीं है। यह नित्य नये-नये रूप में अपने-आपको प्रकट करता है। उसकी विभिन्न शाखाओं में एक ही समय में अनेक प्रकार के फल पकते हैं; बर्बरतम देवता से लेकर—नामहीन, सीमाहीन, निराकार, ब्रह्म, परम पुरुष, ईश्वर तक सबका ही इस महातरु पर साक्षात्कार मिल सकता है। परन्तु यह सर्वदा वही एक ही महातरु है।

और यह सब जटिल शाखा प्रशाखाएँ, जिनके अन्दर एक ही प्राणरस प्रवाहित हो रहा है, उनका सारतत्व तथा विचार परस्पर इतने घनिष्ठ रूप से सम्बद्ध हैं कि इस महातरु की निम्नतम जड़ से लेकर उर्ध्वतम किसलय गुच्छों तक पृथ्वीरूपी महापोत के मस्तूल की तरह

---

१. बार्थ, The Religions of India. १८७९।

२. **मेथूसला—बाइबिल में सबसे अधिक आयुष्मान् व्यक्ति के रूप में इसका वर्णन है। 'जेनेसिस' या उत्पत्तिकाल में यह ९६७ तक जीवित रहा था।**

एक ही प्राण के आवेग से कम्पित होते हैं; और यह मानव-जाति के हजारों स्वरों व हजारों विश्वासों के सम्मिश्रण से बने हुए एक महासंगीत का गान करता है। उसका बहु विचित्र ध्वनि समन्वय, अनभ्यस्त कानों को शुरू में बेसुरा मालूम होता है, परन्तु अभ्यस्त व शिक्षित कानों के लिए यह स्वर की सुगुप्त सीढ़ियों व विशालरूप को प्रकट करता है। इसके अतिरिक्त जिन्होंने एक बार इस संगीत को सुन लिया है, वे पाश्चात्यों के परस्पर विरोधी तर्क, विश्वास, व विश्वासावलि के बल पर आशा व आश्रयरहित मनुष्यों के ऊपर आरोपित रूढ़ कृत्रिम व्यवस्था को लेकर सन्तुष्ट नहीं हो सकते। कारण, पाश्चात्य तर्क तथा विश्वास, समान रूप से ही परस्परविरोधी तथा परस्पर असहिष्णु हैं। जिस पृथ्वी के अधिकांश निवासी गुलाम हैं, अध:पतित तथा विध्वस्त हैं, उस पर साम्राज्य स्थापति करने से मनुष्य को क्या लाभ है? इसकी उपेक्षा एकमात्र परिपूर्ण, प्रतिष्ठित एवं समग्रसंहत जीवन के ऊपर अधिकार करना कहीं अधिक श्रेयस्कर है। कारण, ऐसा करने से अवश्य ही मनुष्य को स्वत: विरोधी शक्तियों के बीच सामंजस्य स्थापित करना सीखना पड़ेगा।

यही वह परम ज्ञान है, जिसे हम विश्वात्माओं के पास से सीख सकते हैं; और इस प्रकार की विश्वात्माओं के कुछ सुन्दर दृष्टांत मैं इस पुस्तक में चित्रित करना चाहता हूँ। उन विश्वात्माओं की प्रतिष्ठा तथा सौम्य गंभीरता का गूढ़ रहस्य इसमें नहीं है कि 'मैदान में कमल खिले हुए हैं, जो किसी तरह का परिश्रम नहीं करते, सूत भी नहीं कातते, परन्तु उनकी महिमा का कोई अन्त नहीं है।' वे वस्त्रहीनों के लिए वस्त्र बुनते हैं, और हम लोगों को भूल-भुलैया का जटिल पथ दिखाने के लिए एरियाड्न[१] का सूत कातते हैं। हम लोगों को सही मार्ग पर चलने के लिए उनके काते हुए सूत का एक सिरा ही केवल अपने हाथ में लेने की आवश्यकता है और हमारा यह मार्ग उस सुदूरवर्ती पंकिल दलदल भूमि से...जिस दलदल भूमि में आज भी आदिमयुग के अनेक देवी-देवता मजबूती के साथ चिपटे हुए हैं, प्रारम्भ होकर उस शिखरवर्ती प्रदेश में जाकर समाप्त होता है, जहाँ पर विपुल पक्ष विस्तारी स्वर्गभूमि—(Titan Ether)[२] महाव्योम—विराजमान है—जहाँ तक स्पर्शातीत आत्मा का निवास है।

---

१. **एरियाड्न—यह ग्रीक पुराण में वर्णित क्रीट के राजा मिनस की कन्या और सूर्य-देवता हेलिअस की दोहती हैं। जब मिनस का वध करने के लिए थेसिअस क्रीट द्वीप में आया, तो एरियाड्न उसके प्रेमपाश में फँस गयी और मिनस की हत्या में उसने उसकी सहायता की। एक दुर्गम भूल-भुलैया में, जिससे थेसियस मार्ग न भूल जाये और इच्छित स्थान पर पहुँच सके, इसके लिए एरियाड्न ने थेसिअस को एक सुदीर्घ सूत दिया; इस सूत के एक सिरे को पकड़कर थेसिअस मार्ग की खोज कर सका।**

—अनु०

२. **एम्पिडक्लिस 'Titan Ether' महाव्योम। एम्पीडक्लिस : ग्रीक दार्शनिक एवं राजनीतिज्ञ; यह सिसिली द्वीप का निवासी था। उसका जन्म ईसा पूर्व ४९० में हुआ था, और ईसा पूर्व ४३० में उसकी मृत्यु हुई।—अनु०**

और मानव देवता रामकृष्ण की जीवनी में मैं जैकोब की उस सीढ़ी का वर्णन करूँगा, जिस सीढ़ी के द्वारा मनुष्य के अन्दर, स्वर्ग से मर्त्य तथा मर्त्य से स्वर्ग, दोनों तरफ ले जाने वाला एक दिव्य मार्ग निरन्तर उतरता व चढ़ता रहता है।

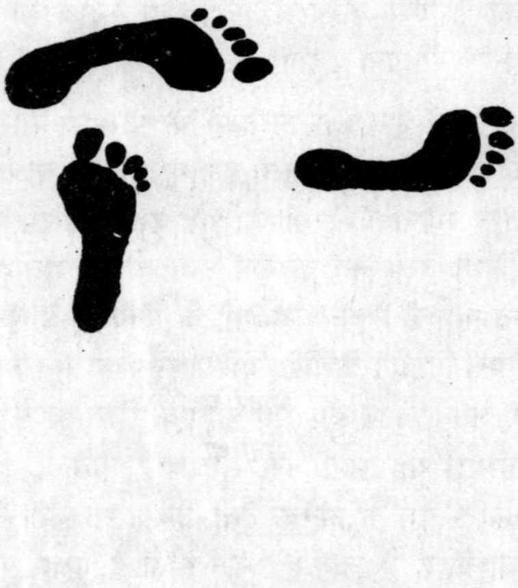

१
शैशवलीला[१]

तमालतरु, तालाब तथा धानों के खेतों से घिरा हुआ 'कामारपुकुर' नामक बंगाल प्रान्त का एक छोटा सा ग्राम है। वहाँ एक वृद्ध ब्राह्मण दम्पति रहते थे, जिन्हें चट्टोपाध्याय कहते थे। वे

---

१. अपने पाश्चात्य पाठकों को पहले ही सावधान कर देना चाहता हूँ कि इस शैशवलीला का वर्णन करते समय मैं अपनी आलोचनात्मक शक्ति का उपयोग न करूँगा। (यद्यपि मेरी समालोचना-दृष्टि अवश्य ही हर समय जागृत रहती है।) कृष्ण के हाथ की बाँसुरी के समान मैं केवल प्रचलित किंवदन्ती को ही शब्द रूप दूँगा। यहाँ पर इसकी वास्तविक सत्यता के सम्बन्ध में व्यस्त होने की आवश्यकता नहीं है, अपितु जीवित मनोभावों की मानसगत सत्यता ही पर्याप्त है। वेलनोप के जाल[१] को उधेड़ना यहाँ सर्वथा निरर्थक है। एक दक्ष कलाकार ने अपने चतुर हाथों से जो स्वप्नरचना की है, उससे ही मैं अपने-आपको सम्बद्ध रखूँगा। इस बारे में महान् मनीषी मैक्समूलर ने एक दृष्टांत स्थापित किया है। मैक्समूलर जहाँ समालोचनात्मक पाश्चात्य विचारशैली के कट्टर व विश्वस्त अनुयायी थे, वहीं दूसरे प्रकार के विचारों के प्रति भी वैसा ही आदर प्रदर्शित करते थे। उन्होंने श्रीरामकृष्ण के जीवन के बारे में विवेकानन्द के मुख से जो कुछ भी सुना था, हू-बहू वही अपनी कीमती पुस्तक[२] में लिपिबद्ध कर दिया है। उनका यह विश्वास था कि उनके समकालीन व्यक्तियों ने जो सब घटनाएँ प्रत्यक्ष की हैं व अपने जीवन में अनुभव की हैं, इतिहास की रचना में वे सब घटनाएँ अपरिहार्य हैं। इस प्रणाली को उन्होंने डायालौजिक व डायालैक्टिक (संभाषणात्मक) नाम दिया है। और इस प्रणाली में विश्वास योग्य जीवित व्यक्तियों की साक्षी के द्वारा वास्तविकता का एक प्रकार से निवर्तन (inversion) होता है। वास्तविकता का समस्त ज्ञान मन व इन्द्रियों द्वारा अनुष्ठित एक प्रकार का निवर्तन (inversion) मात्र है। इसलिए अकपट भाव से अनुष्ठित समस्त निवर्तन ही वास्तव है। बाद में अवश्य समालोचनात्मक युक्ति द्वारा इस दृष्टि के कोण तथा दूरत्व का माप करना होगा, और मन के विकृत दर्पण में बिम्बित प्रतिबिम्ब के बारे में सचेत रहना होगा।

---

१. वेनेलोपा का जाल—ग्रीक वीर इयुलिसेस की स्त्री का नाम वेनेलोप था। इयुलिसेस के बहुत दिनों तक युद्ध में व्यस्त रहने के कारण अनेक लोगों की यह धारणा हो गयी कि उसकी मृत्यु हो गयी है। इसलिए वेनेलोप के अनेक पाणिग्रहणार्थी पैदा हो गये। वेनेलोप ने अपने उन सब पाणिग्रहणार्थियों को, अटकाये रखने के लिए उनसे कहा कि वह एक जाल की बुनाई खत्म होने पर विवाह करेगी। इसलिए वह दिन में जितना जाल बुनती थी, रात्रि में उसे ही उधेड़ देती थी।—अनु०

२. मैक्समूलर—रामकृष्ण की जीवनी व वाणी, १८९८।

अत्यन्त दरिद्र तथा धर्मभीरू थे और मर्यादा पुरुषोत्तम राम के उपासक थे। श्रीरामकृष्ण के पिता पुराने जमाने के मनुष्यों के समान ही सीधे-सच्चे थे। एक पड़ोसी जमींदार के पक्ष में झूठी साक्षी न देने के कारण वह अपना सर्वस्व खो चुके थे। एक दिन उन्हें स्वप्न में भगवान् के दर्शन हुए। उस समय यद्यपि उनकी आयु ६० वर्ष की थी तथापि वह तीर्थयात्रा के लिए गयाजी गये। गयाजी में भगवान् विष्णु[१] का पदचिह्न अंकित है। रात्रि के समय भगवान् उनके सम्मुख प्रकट हुए और कहा : 'मैं विश्व की मुक्ति के लिए शीघ्र ही पुनः जन्म धारण करूँगा।'

उसी समय कामारपुकुर में उनकी पत्नी चन्द्रमणि ने भी स्वप्न देखा कि एक देवता ने उसके अन्दर प्रवेश किया है। उसकी कुटिया के सम्मुख मन्दिर में शिव की मूर्ति एक क्षण में सजीव हो गयी। उसके बाद एक आलोक-रश्मि आकर चन्द्रमणि के देह में प्रविष्ट हुई। इस आलोड़न से अभिभूत होकर चन्द्रमणि मूर्छित हो गयी। इसके बाद जब उसे संज्ञालाभ हुआ तब वह गर्भवती[२] थी! स्वामी ने तीर्थयात्रा से लौटकर देखा कि चन्द्रमणि में बहुत परिवर्तन हो गया है। चन्द्रमणि को प्रायः ही यह देववाणी सुनाई देने लगी कि उसके गर्भ में भगवान् हैं।

रामकृष्ण नाम से विश्व में विख्यात बालक का जन्म १८ फरवरी, सन् १८३६ में हुआ। परन्तु बचपन में उसका प्यार का नाम गदाधर था। बाल्यावस्था में रामकृष्ण जितने ही चंचल व हँसमुख थे, उतने ही नटखट व सुन्दर थे। और उनके अन्दर एक नारीसुलभ माधुर्य था, जो अन्त समय तक अक्षुण्ण बना रहा। इस हँसमुख बालक के छोटे से देह में असीम विस्तार एवं अनन्त गम्भीरता छिपी हुई थी, उसे वह बालक तो क्या ही जानता था, अन्य किसी ने भी उस समय उसकी कल्पना न की थी। जब उसकी आयु केवल छः वर्ष की थी, तब पहली बार उसे उसका बोध हुआ। सन् १८४२ के जून व जुलाई मास में एक दिन बालक रामकृष्ण अपने कुर्ते के पल्ले में कुछ चिवड़े लेकर इधर-उधर खेतों में घूम रहा था, उस समय यह घटना घटी :—

'एक दिन प्रातःकाल के समय मैं पल्ले में कुछ चिवड़े लेकर खाता हुआ धानों के खेतों की पगडंडी पर से गुजर रहा था। मैंने आकाश की तरफ नजर उठायी, एक तरफ से जल भरी श्यामल मेघ-घटा ऊपर उठ रही थी, मैं उसकी तरफ देखता जाता था और चिवड़े खाता जाता था—देखते ही देखते सारा आकाश मेघाच्छन्न हो गया, ऐसे समय दुग्ध के समान एक सफेद सारस-पंक्ति बादलों से छूती हुई मेरे ऊपर से गुजरी। वह दृश्य ऐसा लुभावना था कि मैं अपनी सुधबुध खो बैठा और संज्ञाहीन होकर पृथ्वी पर गिर पड़ा। चिवड़े इधर-उधर बिखर गये। किसी मुसाफिर ने मुझे इस अवस्था में पड़ा देखकर गोदी में उठाकर मेरे घर पहुँचा दिया। एक आनन्द व भावातिरेक ने मुझे विवश कर दिया...। यही सबसे प्रथम अवसर था जब मैं इस प्रकार भावाविष्ट हुआ।'

इसी प्रकार उसका लगभग आधा जीवन व्यतीत होने वाला था।

---

१. **बहुत से आदमी भगवान् बुद्ध को विष्णु के अनेक अवतारों में से एक अवतार मानते हैं।**

२. **भारतीय पौराणिक गाथाओं में अनेक अमैथुन निष्कलंक गर्भों का वर्णन है।**

इस प्रथम भावावेश में बालक की आत्मा के ऊपर सचमुच का एक दिव्य प्रभाव लक्षित होता था। कलात्मक अनुभूति द्वारा, सौन्दर्य के लिए आन्तरिक सहज प्रेरणा के मार्ग द्वारा ही श्री रामकृष्ण का भगवान् के साथ प्रथम मिलन हुआ। भगवान् के साथ मिलने के भक्ति, ज्ञान, आत्मसंयम, निष्काम कर्म, दया व ध्यान समाधि आदि और भी अनेक मार्ग हैं, जैसा कि हम आगे देखेंगे। इन सब मार्गों को भी रामकृष्ण जानते थे। किन्तु भगवान् का सौन्दर्यरूप देखकर आनन्दविह्वल हो जाने का मार्ग उनके निकट सर्वापेक्षा स्वाभाविक व सरल था। समस्त पदार्थों में ही रामकृष्ण भगवान् के सुन्दर रूप को देखते थे। वे जन्मसिद्ध कलाकार थे। इस बारे में भारत की एक अन्य महान् विभूति महात्मा गाँधी से, जिनका कि मैं योरोप में पहले ही प्रचारक रह चुका हूँ—उनका कितना अधिक अन्तर है! गाँधी एक कलारहित और स्वप्नरहित मनुष्य हैं। वे उनकी कामना भी नहीं करते, अपितु उन्हें सन्देह की दृष्टि से देखते हैं। वे युक्तिमय कर्म के द्वारा भगवान् तक पहुँचना चाहते हैं। किसी जाति का नेतृत्व करने के लिए यह गुण अपरिहार्य है। किन्तु रामकृष्ण का मार्ग कहीं अधिक भयानक है, तथापि यह सुदूरव्यापी है। यह सत्य है कि यह मार्ग एक ऊँचे पहाड़ की फिसलने वाली देह पर होकर आगे बढ़ता है, किन्तु यही मार्ग अन्ततः निःसीम क्षितिज पर जाकर उत्तीर्ण होता है। यह प्रेम का मार्ग है।

बंगाली जाति एक कलाकारों व प्रेम-कवियों की जाति है, इसलिए बंगदेशवासियों ने इस पथ को ही विशेषरूप से अपनाया है। कृष्णप्रेम में पागल, भावोन्मत्त श्री चैतन्य[१] ने इस पथ का नेतृत्व व प्रदर्शन किया है। चण्डीदास[२] और विद्यापति[३] ने—अपने मधुमिश्रित गानों में इस पथ

---

१. एक बंगाली ब्राह्मण परिवार में श्री चैतन्य का (१४८५-१५३३) जन्म हुआ था। धर्मशास्त्र एवं संस्कृत में अपने पाण्डित्य के लिए अत्यन्त ख्याति प्राप्त करने के बाद उन्होंने रूढ़ि-अनुष्ठान के भार से विकृत व निष्प्राण प्राचीन हिन्दू धर्म का परिष्कार किया। उन्होंने भगवान् के इन्द्रियातीत मिलन पर आश्रित प्रेम के एक नवीन संदेश का प्रचार किया। समस्त धर्म और समस्त जातियों के नर-नारियों के लिए इस प्रेम-संदेश की वाणी का द्वार खुला हुआ था; वे सब भाई के समान थे; यहाँ तक कि जिन लोगों की कोई जाति न थी उनके लिए भी यह वाणी अव्याहत थी। हिन्दू, मुसलमान, अस्पृश्य, भिक्षुक, तस्कर, गणिका सब एक साथ ही उनकी यह दिव्य वाणी सुनने के लिए आते थे, और सभी उससे शुद्ध व शक्तिशाली होकर जाते थे।

२. एक शताब्दी तक असामान्य प्रतिभा-सम्पन्न कवियों के एक दल ने एक असाधारण जागृति का शंखनाद बजाया। उनमें सर्वश्रेष्ठ चण्डीदास थे। वे एक भग्न देवमन्दिर के दरिद्र पुरोहित थे। वे एक ग्राम्य तरुणी के प्रति आसक्त थे। उन्होंने अपनी कुछ अमर कविताओं में रहस्यमय रूप से इस नारी का स्तुतिगान किया। हमारे योरोपीय गीतिकाव्य के भण्डार में ऐसी कोई वस्तु नहीं है, जो इन स्तुतिगानों के मर्मस्पर्शी स्वर्गीय सौन्दर्य की तुलना कर सके।

चैतन्य के शिष्य समस्त बंगाल में फैले हुए थे। वे गाँव-गाँव घूम-घूमकर नाचते और गाते हुए कीर्तन करते थे। वे मानवात्मारूपी भटकती हुई वधू थे जो स्वर्गीय प्रियतम की

की संगीत रचना की है। वे देवताओं के अंश थे, बंगाल की भूमि के सुवासित पुष्प थे—उनकी सुगंध बंगभूमि को अनेक शताब्दियों से सुवासित व मस्त करती चली आ रही है। रामकृष्ण की आत्मा भी उसी तत्व से बनी हुई थी, उन्हीं के रक्त-मांस से उन्होंने भी अपना रक्तमांस आहरण किया था। इसीलिए उन्हें चैतन्यतरु[१] की एक कुसुमित शाखा कहकर पुकारा जाता है।

यह दिव्य सौंदर्य का प्रेमी, कलात्मक प्रतिभा, अभी तक अपने बारे में अनभिज्ञ होने पर भी, कुछ दिन बाद पुनः भावाविष्ट हो गया। उस समय उसकी अवस्था आठ वर्ष की थी। शिशुकाल से ही रामकृष्ण संगीत और काव्य के प्रति अत्यन्त अनुरक्त थे, वे अत्यन्त निपुणता के साथ मूर्ति का निर्माण करते थे, और अपने समवयस्क बालकों का नेतृत्व करते थे। एक बार वे शिवरात्रि के अवसर पर शिव की पवित्र भूमिका अभिनीत कर रहे थे, अकस्मात् शिव ने उनके अन्दर प्रवेश किया; उनके दोनों कपोलों से हर्षाश्रुओं की अविरल धारा बहने लगी और

खोज में दर-ब-दर फिरते थे। इस जाग्रत-सुषुप्त के स्वप्न को किसान व माँझी सभी ग्रहण करते थे। रवीन्द्रनाथ की अतुलनीय कला में, विशेषतः उनके गार्डनर तथा गीतांजलि काव्य में भी इसी की प्रतिध्वनि गूँज रही है। इसी कीर्तन के प्रत्येक ताल पर बालक रामकृष्ण के पदयुगल नाचने लगते थे। उन्होंने इसी वैष्णव संगीत का स्तन्यपान किया था और यह कहना असंगत न होगा कि वे स्वयं भी इसी संगीत की एक सुन्दरतम अभिव्यक्ति थे। उनका जीवन इसी की एक सुन्दरतम कविता था।

३. एक संभ्रान्त वंश में विद्यापति का जन्म हुआ था। उनकी कविता को प्रेरणा देने वाली एक राजमहिषी थी। उसने सुकुमार कला के अभ्यास द्वारा चण्डीदास के काव्य की स्वाभाविक सहज पूर्णता को प्राप्त किया था। किन्तु उसके संगीत का मूल स्वर आनन्द था। (मेरी यह एकान्त अभिलाषा है कि कोई सच्चा पश्चिमीय कवि हमारे काव्योद्यान में इन कविताओं का रोपण करे। यहाँ वे प्रेमिक युगल के अन्तस्तल में पुनः नये-नये रूप में प्रस्फुटित होंगे।)

१. रामकृष्ण के मेधावी शिष्य और रामकृष्ण जीवनी के रचयिता महेन्द्रनाथ गुप्त के एक पत्र से इस प्रश्न की कई गुत्थियाँ सुलझ जाती हैं :—

रामकृष्ण वैष्णव महाकवियों की रचनाओं से परिचित थे, परन्तु ऐसा प्रतीत होता है कि यह परिचय अधिकतर यात्रा के अभिनयों में लोकप्रिय गानों द्वारा ही हुआ था। रामकृष्ण बचपन में ही यात्रा-गान में शिव का पार्ट खेला करते थे। सन् १८५८ के बाद वे विशेष रूप से चैतन्य महाप्रभु से प्रभावित हुए थे और अंत में वे अपने-आपको चैतन्य से अभिन्न ही समझने लगे थे। युवक नरेन्द्र (विवेकानन्द) के साथ अपनी प्रथम मुलाकातों में से एक मुलाकात में उन्होंने कहा था कि पूर्वजन्म में वे चैतन्य के रूप में अवतरित हुए थे। यह सुनकर युवक विवेकानन्द मोहग्रस्त हो गया। रामकृष्ण ने चैतन्य की रहस्यमय वाणी को पुनरुज्जीवित करने के लिए भरसक प्रयत्न किया, जिसे कि बंगवासी भूल गये थे।

देवमहिमा में रामकृष्ण ने अपनी संज्ञा खो दी। जिस प्रकार वज्रवाही 'ईगल' गेनीमिड[१] को वहन करने लाया था, उसी प्रकार वे भी न मालूम कहाँ ले जाये जाने लगे। सभी सोचने लगे कि रामकृष्ण की मृत्यु हो गयी है।

इसके बाद से रामकृष्ण और भी जल्दी-जल्दी भावाविष्ट होने लगे। यदि वह योरोप में होते तो उनकी बड़ी दुर्दशा होती। वहाँ इस बालक को निश्चय ही मानसिक चिकित्सा के कठोर कानून के अनुसार किसी पागलखाने में भेज दिया जाता। और इस प्रकार जानबूझकर कुछ ही दिनों में धीरे-धीरे यह अग्निशिखा शान्त कर दी जाती। जादू का दीपक बुझ जाता! "चिराग गुल है।"[२] और कभी-कभी तो बालक की मौत हो जाना भी संभव था। और तो क्या, भारतवर्ष में भी जहाँ पर कि जादू-प्रदीप (मैजिक लैण्टर्न) के ऐसे नाना चमत्कार अनेक शताब्दियों से बराबर दृष्टिगोचर होते चले आ रहे हैं, उस बालक के माता-पिता मन में चिन्तित व उद्विग्न हो उठे। स्वप्नादेश के बारे में अपनी अभिज्ञता होने पर भी वे बालक के इस भावावेश को देखकर भयभीत हो गये। परन्तु इस सामयिक संकटों के अवसरों को छोड़कर रामकृष्ण का स्वास्थ्य सर्वथा हृष्ट-पुष्ट था। उनमें अनेक अप्राकृतिक गुणों का निवास होने पर भी कोई अस्वाभाविकता न थी। वे अपने निपुण हाथों से देवताओं की मूर्ति बनाते थे; पौराणिक कहानियाँ उनके मन में प्रस्फुटित होती रहती थीं; श्रीकृष्ण के धेनु चराने के गीत बड़ी मधुरता के साथ गाते हुए वे इधर-उधर फिरते थे। और कभी-कभी वे अपनी अकाल परिपक्व बुद्धि का आश्रय लेकर बड़े-बड़े पण्डितों के साथ शास्त्रार्थ में जुट जाते थे और उन्हें अपने पाण्डित्य से विस्मित कर देते थे। ईसा भी ठीक इसी तरह किया करते थे। इस प्रकार वे भी यहूदी पण्डितों को आश्चर्यचकित कर देते थे। बालक रामकृष्ण की देह का वर्ण गौर था, ललाट पर कुंचित केशपाश शोभित थे, होंठों पर मधुर हास्य खेलता था, कण्ठस्वर मधुर था, और उसका मनोभाव अत्यन्त स्वच्छन्द व विशाल था। वे पाठशाला से भगोड़े लड़कों की तरह भाग आते थे और वायु के समान स्वतंत्र थे। वे अपने जीवन के अन्त समय तक बालक मोजार्त के समान बालक ही बने रहे। तेरह वर्ष की अवस्था तक वे स्त्रियों व बालिकाओं के अत्यन्त आदर के पात्र थे। वे उसमें एक प्रकार की नारीत्व के दर्शन करती थीं। कृष्ण व गोपियों की कहानियों व दन्तकथाओं में बचपन से ही लालित होने के कारण उनके बचपन का यह भी एक स्वप्न था कि वे बाल-विधवा के रूप में जन्मग्रहण करें और उनके घर में कृष्ण भगवान् प्रेमी के रूप में दर्शन दें। इसी प्रकार वह न जाने अपने कितने ही जन्मों की कल्पना किया करते थे। उनकी आत्मा प्रोटियस[३] के समान थी। वह जिस सत्ता की भी कल्पना करते या जिसका स्वप्न देखते थे, वह स्वयं ही उनके अन्दर प्रकट हो जाती थी। इस प्रकार रूपग्रहण की शक्ति कमोबेश

---

१. तरुण बालक गेनीमिड जिउस का सारथी था। जिउस का वाहन ईगल गेनीमिड को आकाश-मार्ग से लाया था। जिउस ने हिवि के स्थान में गेनीमिड को अपना करंकवाहक नियुक्त किया था।—अनु०

२. प्रसिद्ध फ्रांसीसी लोकगीत "Au Clair de la lune" में यह कथा सुपरिचित है।

३. प्रोटियस—यह समुद्र-देवता है। इसके सम्बन्ध में यह कहानी प्रसिद्ध है कि वह अपने आपको असंख्य रूपों व आकृतियों में प्रकट कर सकता है।

सभी के अन्दर पायी जाती है। इसका निम्नतर प्रकाश उन नक्काल व अभिनेताओं के अन्दर देखा जाता है, जो मुख की भावभंगी व मानसिक अभिव्यक्तियों का अनुकरण करते हैं। और इसका उच्चतम प्रकाश (यदि इस प्रकार कहा जा सके) भगवान् के अन्दर होता है, वह भगवान् जो कि स्वयं विश्व-नाटक का अभिनय करते हैं। रूप-ग्रहण की यह शक्ति कला व प्रेम का चिह्न है। रामकृष्ण के अन्दर सारे विश्व की समस्त सत्ता को अपना कर लेने की जो विस्मयोत्पादक शक्ति बाद में दिखायी देती है, उसका पूर्वाभास रामकृष्ण के बाल्यजीवन में ही पाया जाता है।

सात वर्ष की अवस्था में उनके पिता का देहान्त हो गया है। धनाभाव के कारण आगामी कई वर्ष उनके परिवार को बहुत कठिनाइयों का सामना करना पड़ा। ज्येष्ठ पुत्र रामकुमार[१] कलकत्ता चले गये और वहाँ जाकर एक पाठशाला स्थापित की। सन् १८५२ में उन्होंने रामकृष्ण को भी वहीं बुला भेजा, परन्तु उन्होंने अपनी चंचल व दुर्दान्त प्रकृति तथा आन्तरिक प्रेरणा के वश वहाँ पढ़ने से इन्कार कर दिया।

इस समय निम्न जाति की एक सम्पन्न महिला रासमणि ने कलकत्ता से लगभग चार मील दूर गंगा के पूर्वीय तट पर दक्षिणेश्वर में काली महादेवी का एक मन्दिर बनवाया था। वहाँ पुरोहित का कार्य करने के लिए उसे एक ब्राह्मण की अत्यन्त आवश्यकता थी। धर्मभीरु भारत देश में साधु-संन्यासियों के प्रति जनसाधारण के मन में प्रचुर श्रद्धा होने पर भी, वेतनभोगी पुरोहित पद के प्रति वहाँ किसी की विशेष श्रद्धा नहीं है। योरोप की तरह वहाँ मन्दिर देवता के शरीर व हृदय नहीं है, जहाँ पर उसे प्रतिदिन नवीन बलि दी जाती है। वहाँ पर धनी महाजन पुरुष भगवान् के दरबार में सुख-सुविधा प्राप्त करने की आशा से देवता के मन्दिर का निर्माण करते हैं। किन्तु वास्तविक धर्म सर्वथा एक वैयक्तिक वस्तु है, इसका मन्दिर प्रत्येक की व्यक्तिगत आत्मा है। इसके अतिरिक्त यहाँ पर मन्दिर की प्रतिष्ठात्री एक शूद्राणी थी। इसलिए उस मन्दिर का दायित्व अपने ऊपर लेने में ब्राह्मण के लिए जातिच्युत होने की संभावना थी। पर सन् १८५५ में रामकुमार उस पद को ग्रहण करने को राजी हो गया। किन्तु उसका छोटा भाई जो जाति-पाँति के मामले में अत्यन्त कट्टर था—इसके लिए कठिनाई से तैयार हो सका। परन्तु धीरे-धीरे उसकी जुगुप्सा समाप्त हो गयी। और जब अगले वर्ष उसके बड़े भाई की मृत्यु हो गयी, तब रामकृष्ण ने उक्त पद को स्वीकार करने का निश्चय कर लिया।

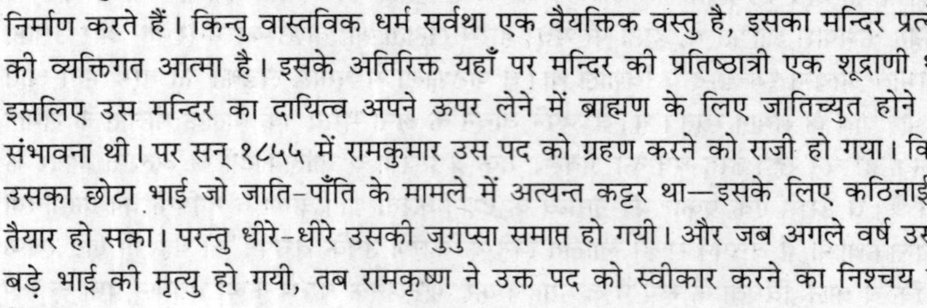

१. पिता की पाँच संतानों में से रामकृष्ण चौथी संतान थे।

२
माँ काली

उस समय माँ काली के पुरोहित की आयु केवल बीस वर्ष थी। वह यह न जानता था कि किस भयानक स्वामिनी की सेवा का भार उसने अपने ऊपर लिया है। वह देवी आनन्द से गर्जना करती हुई सिंहनी के समान थी—जिसका गर्जन शिकार को मुग्ध कर लेता है। रामकृष्ण के सुदीर्घ दस वर्ष देवी की ज्योतिर्मय मूर्ति के चरणों में सम्मोहित के समान व्यतीत हो गये। ग्रास करने से पूर्व मानो देवी उनके साथ क्रीड़ा कर रही थीं। मन्दिर में देवी के साथ रामकृष्ण अकेले ही रहते थे, यद्यपि चारों तरफ झंझावात बहता था। स्वप्नदर्शियों के दल के दल आते थे, और उनके उत्तप्त निःश्वासों से उत्थित धूल-तरंगों का प्रवाह द्वार मार्ग से आकर मन्दिर में प्रवेश करता था। भगवत्प्रेम में उन्मत्त[१] सभी तरह के असंख्य मनुष्यों के तीर्थयात्रियों के दल, हिन्दू, मुसलमान, साधु, संन्यासी, फकीर, दरवेश व मुसाफिर वहाँ आते थे।

पाँच गुम्बदवाला यह एक विशाल मन्दिर था। प्रत्येक गुम्बद के ऊपर एक विशाल चूड़ाकलश था, गंगा के किनारे से लेकर मन्दिर तक एक प्रशस्त आँगन था, जिसके दोनों तरफ छोटे-छोटे गुम्बदवाले बारह शिव मन्दिर थे। प्रस्तर निर्मित चतुष्कोण प्रांगण के दूसरी तरफ राधाकृष्ण का एक विशाल मन्दिर[२] था, जहाँ पर समस्त विश्व को एक सांकेतिक मूर्तरूप दिया

---

१. यह उन्मत्तगण बाइबिल में वर्णित भगवद्-उन्मत्तों के समान थे। एकमात्र 'ओम्' का शब्द ही उन्हें नियन्त्रित रखता है। वे कभी नाचते थे, कभी हँसते थे, और कभी महामाया की जय-जयकार करते थे। उनमें अनेक सर्वथा नग्न थे, जो फेंकी हुई जूठन उठाकर खाते थे, राह में फिरने वाले कुत्तों के साथ रहते थे; वे वस्तुओं के बीच में किसी प्रकार का भेद न देखते थे, और सब हालतों में सर्वथा निर्लिप्त व निर्विकार रहते थे। उनमें अतीन्द्रिय साधक भी आते थे। सुरासेवी तान्त्रिक भी आते थे। रामकृष्ण उन सबको ही सतर्क तथा उद्विग्न चक्षुओं से और घृणा और आकर्षण के एक मिश्रण के साथ देखते थे। बाद में उन्होंने उनका व्यंग्य व रसिकता मिश्रित वर्णन किया है।

(श्री रामकृष्ण की जीवनी)

२. मन्दिर अब भी विद्यमान है। रामकृष्ण का निवास-स्थान प्रांगण के उत्तर-पश्चिम कोण में बारह मन्दिरों के ठीक पास में ही था। उसके आगे एक वृत्ताकार बरामदा था। उसकी छत कई खम्भों पर टिकी हुई थी। पश्चिम दिशा में गंगा की तरफ खुला था। एक सुवृहत् नाट्य मन्दिर भी था जिसके आगे प्रशस्त प्रांगण था। दोनों तरफ अतिथिशालाएँ व देवताओं व अभ्यागन्तुकों के लिए भोग-शालाएँ थीं। पश्चिम में यत्नपूर्वक सुरक्षित सुगन्धित पुष्पों से भरी छाया शीतल एक सुन्दर वाटिका थी, उत्तर

गया था :—स्वर्ग व मर्त्यलोक की शून्यता को व्याप्त करने वाली त्रिशक्ति—प्रकृतिमाता (काली), परम पुरुष (शिव) और प्रेम (राधाकृष्ण) को प्रतीकरूप में अंकित किया गया था। तथापि इस स्थान की अधिष्ठात्री देवी काली थीं।

मन्दिर के अन्दर काले पत्थर से बनी वह देवी मूर्ति, बहुमूल्य बनारसी साड़ी पहने हुए विश्वसम्राज्ञी इन्द्राणी के रूप में निवास करती थी। वह शिव के भूलुण्ठित देह के ऊपर नृत्य कर रही थी, उसके दोनों वाम हस्तों में से एक में तलवार, दूसरे में छिन्न मुण्ड था और उसके दो दक्षिण करों में से एक में प्रसाद और दूसरे में 'मा भैः' की वराभय मुद्रा थी। वह महाप्रकृति है—जो सृष्टिस्वरूपिणी तथा प्रलयंकरी दोनों ही है। यही नहीं, अपितु जिनके कान सुनने में समर्थ हैं, उनके लिए वह उससे भी कहीं अधिक है। वह विश्व जननी है। "वह सर्वशक्तिमयी मेरी जननी है, वह अपनी सन्तानों के सम्मुख विभिन्न रूपों व दिव्य अवतारों के रूप में आत्मप्रकाश करती है।" वह दृश्यमान देवता है, जो अपने कृपापात्रों को अदृश्य ईश्वर की तरफ पथ-निर्देश करती हुई ले जाती है। "और यदि उसकी वैसी इच्छा हो तो वह समस्त सृष्टिभूतों के अहंकार का अन्तिम चिह्न तक भी नष्ट करती है और उन्हें निर्विकार अगम्य ब्रह्म के चैतन्य में विलीन कर देती है। उसकी कृपा से सीमाबद्ध अहम् असीम अहम्—आत्मा—ब्रह्म में विलीन हो जाता है।"[१]

किन्तु अभी तक यह बीस वर्ष का तरुण पुरोहित, जिस स्थान पर सब सत्ताओं का सम्मिश्रण हो जाता है, उस अन्तरतम लोक तक, बुद्धि के वक्र पथ द्वारा भी नहीं पहुँच पाया था। तब तक वह उस स्थान से बहुत दूर था। उसके सम्मुख एकमात्र वही स्वर्गीय व मानवीय सत्ता अधिगम्य थी, जिसे वह देख, सुन व स्पर्श कर सकता था। इस बारे में अन्य नर-नारियों से उसका कोई अन्तर नहीं था। भारतीय विश्वासी जनों को जिस धार्मिक दर्शन की प्राप्ति हुई है, उसकी यथार्थता योरोपीय विश्वासियों को अत्यन्त अद्‌भुत प्रतीत होगी; कैथोलिकों की अपेक्षा प्रोटैस्टेण्ट ईसाइयों को वह और भी अधिक विस्मय कर प्रतीत होगी। इसके बहुत दिनों बाद जब विवेकानन्द ने रामकृष्ण से पूछा :

"क्या आपने भगवान् को देखा है?"

उत्तर में रामकृष्ण ने कहा :

"मैं जिस प्रकार तुम्हें देख रहा हूँ, उसी तरह उसे भी देखता हूँ; पर केवल अधिक तीव्रतर रूप में।" इसका अर्थ था कि अशरीरधारी व भावमय रूप में नहीं। यद्यपि उस रूप में भी भगवान् को देखने की चेष्टा और अभ्यास उन्होंने किया था।

और यह कुछ प्रेरणा प्राप्त मनुष्यों का ही विशेषाधिकार है, ऐसी बात नहीं है। प्रत्येक श्रद्धालु हिन्दू भक्त सहज में ही यह अवस्था प्राप्त कर लेता है; आज भी उनमें सृजनात्मक

और पूर्व में दो पुष्करिणियाँ थीं। उद्यान के एक तरफ पाँच वट के वृक्ष थे, जो कि रामकृष्ण की इच्छानुसार लगाये गये थे। बाद में यह पाँचों वृक्ष पंचवटी के नाम से प्रसिद्ध हो गये हैं। इस स्थान पर ही रामकृष्ण माँ की उपासना व ध्यान में दिन व्यतीत करते थे। नीचे कलरव करती हुई गंगा बहती थी।

१. रामकृष्ण।

जीवन का स्रोत पर्याप्त मात्रा में अविरल रूप से बह रहा है। मेरे एक बन्धु नेपाल की एक बुद्धिमती सुन्दरी शिक्षिता व तरुणी राजकन्या के साथ एक मन्दिर में गये थे। मन्दिर के बीच में केवल एक दीपक जल रहा था। उसके निष्प्रभ आलोक में उस कन्या को धूप व धूनी की गन्ध से मस्त निर्जनता में उपासना के लिए अकेला छोड़कर वे बाहर आ गये। बाद में बाहर आने पर राजकन्या ने शान्त स्वर में कहा :

"मैंने राम के दर्शन किये हैं।"

इसलिए कालीमाता को कृष्णत्वक्धारी शरीर के रूप में देखे बिना रामकृष्ण कैसे रह सकते थे? वह दृश्यमाना थी। प्राकृतिक व ईश्वरीय शक्ति ने एक नारी के रूप में मूर्तिलाभ किया था, जो इसी तरह मनुष्यों के साथ योग स्थापित करती है, वही काली हैं। अपने मन्दिर के अन्दर उसने रामकृष्ण को अपनी देह की गन्ध से सम्मुग्ध कर दिया, उसे अपने बाहुपाश में आवेष्टित कर लिया और अपने जटिल केशजाल में बन्दी बना लिया। वह अपने हास्यांकित मुख के साथ एक प्राणहीन मूर्तिमात्र न थी। सिर्फ शास्त्रीय प्रार्थनाओं से उसकी क्षुधा न मिट सकती थी। वह जीवित थी, श्वास-प्रश्वास लेती थी, शय्या त्याग कर उठती थी, भोजन करती थी, विहार करती थी और पुनः शयन करती थी। दिन के समय उसकी दिनचर्या के अनुसार मन्दिर में उसकी सेवा का कार्य नियमित रूप से चलता था। प्रत्येक प्रातःकाल घंटा बजता था, आरती का दीपक जलता था। नाट्य मन्दिर में शहनाई बजती थी, करताल और मृदंग बजते थे। माँ विनिद्र होकर उठ जाती थीं। माँ के शृंगार के लिए उद्यान से गुलाब, रजनीगन्धा व चम्पक के फूल आते थे। प्रातः नौ बजे बाजे के साथ-साथ पूजा का घंटा बजता था और माँ आकर उपस्थित हो जाती थीं। दोपहर के समय, जब सूर्य प्रखर हो उठता, पुनः घण्टा बजता और माँ अपनी रजतशय्या पर शयन करने के लिए चली जातीं।[१] सायंकाल छः बजे फिर घंटा बजता और माँ उपस्थित होतीं। सन्ध्या की आरती के दीपक के साथ-साथ वाद्यों की ध्वनि फिर बज उठती। शंख बजाये जाते, घण्टियाँ बजतीं। और रात्रि के नौ बजे इस वाद्य-ध्वनि के साथ ही माँ के शयन की घोषणा होती। माँ सो जातीं।

रामकृष्ण सारा दिन माँ के आहार-विहार में, उसके समस्त कार्यों में उसके साथ ही साथ रहते। वही उसे वस्त्र पहनाते, उसके वस्त्र उतारते। वही उसे अर्घ्य चढ़ाते, भोग लगाते। शयन-उत्थान सभी समय वह माँ के साथ ही साथ रहते। ऐसी दशा में रामकृष्ण के हस्त, चक्षु और मन धीरे-धीरे देवी के रक्तमांस के साथ घनिष्ठता सम्पादन किये बिना कैसे रह सकते थे? देवी का प्रथम स्पर्श रामकृष्ण के हाथ में दंशन के समान लगा—और उस दंशन ने उन्हें हमेशा के लिए माँ से संयुक्त कर दिया।

किन्तु प्रथम दंशन के बाद देवी अन्तर्हित हो गयीं और रामकृष्ण से दूर-दूर रहने लगीं। देवी ने रामकृष्ण को प्रेम का दंशन देकर, पाषाण के आवरण में आत्मगोपन कर लिया। उसे संजीवित करने की रामकृष्ण की सारी चेष्टाएँ बेकार गयीं। मूक देवी की कामना दिन-रात उसे जलाने लगी। देवी का स्पर्श पाने के लिए उसके आलिंगन के लिए, एक बार उसकी

---

१. मन्दिर के उत्तर-पश्चिम कोण में।

दृष्टि, उसका नि:श्वास, उसका मधुर हास्य, यहाँ तक कि जीवन का कोई भी चिह्न देखने के लिए रामकृष्ण ने अपने जीवन की सारी चेष्टाएँ लगा दीं। उन्हें अपने अस्तित्व का यही एकमात्र लक्ष्य प्रतीत होने लगा। उद्यान के वनाकीर्ण भाग में रामकृष्ण उन्मत्त की भाँति पृथ्वी पर लोटते हुए, ध्यान में मग्न रहने लगे, प्रार्थना करने लगे और अपनी देह के सब कपड़े, यहाँ तक कि यज्ञोपवीत भी जिसे कि ब्राह्मण किसी अवस्था में भी अपने शरीर से अलग नहीं करते, उन्होंने चिथड़े-चिथड़े करके फेंक दिया। माँ के प्रेम ने ही उन्हें यह शिक्षा दी कि मनुष्य तब तक भगवान् का ध्यान नहीं कर सकता, जब तक कि वह सब पूर्व-संस्कारों से मुक्त नहीं हो जाता। दिशा भूलकर भटकते हुए बालक के समान माँ को देखने के लिए आतुर रामकृष्ण व्याकुल होकर 'माँ माँ' पुकारने लगे। धीरे-धीरे वह और भी अधिक उन्मत्त हो गये—और अन्त में अपने ऊपर उनका कोई वश न रहा। हताश होकर वह यात्रियों के सामने भूमि में लोट-लोटकर रोने लगे और इस प्रकार वे दया, विद्रूप और यहाँ तक कि निन्दा के पात्र भी हो गये। किन्तु रामकृष्ण को इसकी तनिक परवाह न थी। उन्हें केवल एक ही वस्तु की चाहना थी। वे जानते थे कि परमानन्द के कूल पर पहुँच चुके हैं, केवल एक सूक्ष्म आवरण ने बीच में रुकावट खड़ी की हुई है, परन्तु वह आवरण अत्यन्त सूक्ष्म होने पर भी वे उसे छिन्न-भिन्न न कर पाते थे। भावावेश को किस प्रकार नियन्त्रित करना चाहिए, इसकी रीति वे न जानते थे, यद्यपि भारत के धर्मज्ञानियों ने चिकित्साशास्त्र व धर्मशास्त्र के समान ही उसकी रीतियाँ भी अनेक शताब्दियों से विस्तारपूर्वक लिपिबद्ध कर रखी थीं। और इसीलिए वे उग्र सन्निपात रोगी के समान दिशाज्ञान-शून्य होकर इधर-उधर पथ की खोज में भटकते फिरते थे। भावोच्छ्वास के सम्पूर्णतया अनियन्त्रित हो जाने पर रामकृष्ण की मृत्यु की भी संभावना हो सकती थी। बहुत से अनभिज्ञ योगियों को, जो इस पिच्छल मार्ग द्वारा अग्रसर हुए हैं, मृत्यु का सामना करना पड़ा है। रामकृष्ण को इस दिग्भ्रान्त उन्मत्त की अवस्था में जिन्होंने देखा है, उनका कथन है कि रामकृष्ण का मुखमण्डल और वक्षःस्थल रुधिर से लाल हो उठता था, दोनों नेत्रों से अविरल अश्रुधारा बहती थी, और उनका सर्वांग कम्पित रहता था। वे सहन-शक्ति की चरम सीमा पर पहुँच गये थे। इस अवस्था में पहुँच जाने पर मूर्च्छारोग के सर्वव्यापी अन्धकार में गिर जाने अथवा दिव्य दर्शन का आलोक प्राप्त करने के अतिरिक्त अन्य कोई तीसरा विकल्प नहीं है।

अन्त में, अकस्मात् ही आवरण खिसक गया और रामकृष्ण को दर्शन हुए। उसकी कहानी मैं उन्हीं के शब्दों में कहूँगा।[१] हमारे योरोप के भगवत्-उन्मत्त द्रष्टाओं के समान उनका उदात्त कण्ठस्वर भी हमारे कानों में ध्वनित हो रहा है:

''एक दिन मैं असह्य यन्त्रणा से व्याकुल हो रहा था। मेरा हृदय जैसे गीले वस्त्र को ऐंठा जाता है, उसी प्रकार ऐंठने लगा।—मैं पीड़ा से बेचैन हो गया। मेरे मन में यह भाव उठने के साथ ही कि मैं अब कभी देवी के दर्शन न पा सकूँगा—एक भयानक पागलपन मुझ पर सवार

---

१. **मैंने इस वर्णन के लिए स्वयं रामकृष्ण द्वारा वर्णित तीन पृथक् वर्णनों की सहायता ली है। इन तीनों में एक ही कहानी वर्णित है। परन्तु प्रत्येक कहानी अपने किसी विशेष विशद् विवरण द्वारा अन्य दोनों को समृद्ध बनाती है।**

हो गया। सोचने लगा, यदि यही होना है तो जीवन से क्या लाभ है? देवी के मन्दिर में तलवार झूल रही थी। वह दिखाई पड़ी और उसके साथ ही विद्युत के समान एक विचार मेरे मन में खेल गया। 'खड्ग! इस खड्ग से ही मैं अपने जीवन का अन्त कर दूँगा।' मैंने एकदम दौड़कर उन्मत्त के समान तलवार अपने हाथ में ले ली। .....और आश्चर्य कि एक क्षण में मेरे आगे दरवाजा, जंगला, यहाँ तक कि मन्दिर पर्यन्त समस्त दृश्य विलुप्त हो गया....ऐसा प्रतीत होने लगा कि किसी वस्तु का भी अस्तित्व नहीं रहा है। उसके स्थान में मुझे केवल एक असीम ज्योतिष्मान् आत्मा का महासमुद्र दिखाई देने लगा। जिधर भी देखता, उधर ही वही ज्योतिर्मयी तरंगें उठती दिखाई देती थीं। और वह तरंगमाला गर्जन करती हुई मुझे ग्रास करने के लिए बढ़ी चली आ रही थी! एक-क्षण में तरंगों ने मुझे चारों तरफ से घेर लिया, मेरे ऊपर थपेड़े मारने लगीं—और मुझे अपने अन्दर निमग्न कर लिया। मेरा श्वास रुक गया। मैं संज्ञाहीन[१] होकर भूमि पर गिर पड़ा।...वह दिन और उससे अगला दिन मेरा किस तरह कटा यह मैं नहीं जानता। मेरे चारों तरफ एक अक्षय आनन्द का समुद्र निरन्तर डोलने लगा। अपनी आत्मा के अन्दर मैं यह अनुभव करने लगा कि देवी माँ वहाँ विराजमान हैं।''

यहाँ यह बात ध्यान देने योग्य है कि इस सुन्दर वर्णन के बीच अन्त के सिवाय देवी माँ का कहीं उल्लेख नहीं है; वह महासमुद्र में ही विलीन थीं। रामकृष्ण के शिष्यों ने बाद में उनसे पूछा कि क्या उन्होंने सचमुच ही माँ को देखा था? उत्तर में उन्होंने रामकृष्ण के ही शब्दों को उद्धृत कर दिया है। 'उन्होंने कोई उत्तर नहीं दिया, परन्तु भावावेश से मुक्त होकर प्रकृतिस्थ होने पर उन्होंने अभियोग के स्वर में केवल इतना ही अस्फुट स्वर में कहा था 'माँ...माँ'।[२]

यदि उद्दण्डता को क्षमा करें, तो मैं यह कहने का साहस करता हूँ कि मेरा अपना व्यक्तिगत विचार यह है कि उन्होंने ऐसा कुछ नहीं देखा था। केवल देवी के सर्वव्यापी अस्तित्व का ही उन्हें बोध हुआ था और महासमुद्र को ही उन्होंने 'माँ' कहकर पुकारा था। एक छोटे से दृष्टान्त के रूप में उनके दर्शन को, एक प्रकार का स्वप्न कहा जा सकता है, जिसमें मनुष्य का मन एक सर्वथा विभिन्न प्रकार की वस्तु को भी अपने विचार में घूमने वाली किसी सत्ता का नाम दे देता है, और उसमें किसी प्रकार की विषमता या विरोध का अनुभव नहीं करता। हमारी प्रीति का पात्र समस्त पदार्थों में ही विद्यमान है, आकार की भिन्नता उसके बाह्य आवरणमात्र है। जिस महासमुद्र ने रामकृष्ण को आप्लावित किया था,

---

१. पुस्तक में ठीक इस प्रकार है ''मेरी प्राकृतिक चेतना विनष्ट हो गयी।'' यह बात महत्वपूर्ण है, क्योंकि शेष कहानी से यह प्रकट होता है कि दूसरी तरफ आन्तरिक जगत् का एक अन्य उच्चतर चैतन्य तीव्रता के साथ दृष्टिगोचर हो रहा था।

२. स्वामी सारदानन्द रचित 'महाप्रभु रामकृष्ण' द्वितीय खण्ड। यह पुस्तक सन् १९२० में मद्रास के मैलापुर रामकृष्ण मठ से प्रकाशित हुई थी। सारदानन्द श्री रामकृष्ण के अन्तरंगों में से थे। रामकृष्ण के समान ही वे भारतीय धार्मिक व दार्शनिक पुरुषों में अन्यतम थे। उनकी लिखी हुई रामकृष्ण की जीवनी जिस प्रकार कौतूहलोद्दीपक है, उसी प्रकार विश्वास योग्य भी है। किन्तु दुर्भाग्य से यह ग्रन्थ पूर्ण नहीं हो सका है।

उसके तट पर मैं एविला की सेण्ट थेरेसा को अवस्थित देखता हूँ। सेण्ट थेरेसा ने भी पहले इसी प्रकार का अनुभव किया था, उसने अपने-आपको चारों तरफ से आक्रान्त हुआ अनुभव किया था। बाद में अवश्य उसे अपने ईसाई विश्वास और सतर्क पथदर्शकों के कठोर तिरस्कार से विवश होकर अपनी अनुभूति व धारणा के विरुद्ध ईश्वर को मानवपुत्र ईसा की मूर्ति तक ही सीमित रखना पड़ा।[१]

परन्तु प्रेमी रामकृष्ण को अपनी मानसिक रुचि के विरुद्ध संग्राम नहीं करना पड़ा, अपितु इसी मानसिक वृत्ति ने उन्हें निराकार से, अपने प्रेम-पात्र की साकार मूर्ति तक पहुँचा दिया। वे यही चाहते थे; कारण, एक बार उसे देख चुकने व अपने अन्दर धारण कर लेने के बाद, उसे छोड़कर एक क्षण भी जीवित रहना उनके लिए संभव न था। उस दिन से लेकर यदि वे इस दिव्य दर्शन को निरन्तर नित्य नूतन रूप में न देख पाते तो उनकी मृत्यु हो जाती। इसके बिना उसके लिए समस्त विश्व ही निष्प्राण व मृत के समान था, और जीवित मनुष्य निरर्थक

---

१. **थेरेसा ने भी जब इस अदृश्य शक्ति का आकस्मिक प्लावन व आक्रमण अनुभव किया था, तब वह अत्यन्त दुर्बल थी। परन्तु बाद में सालसेडो और गास्पर्ड डाजा के कठिन निर्देशों से बाध्य होकर, पर्याप्त कष्ट सहन का मूल्य चुकाने पर उसे असीम ईश्वर को ईसा के शरीर की सीमाओं में बाँधना पड़ा।**

इसके अतिरिक्त, रामकृष्ण के भावावेश में जो कुछ घटित हुआ था, वह सब स्वाभाविक रूप से ही हुआ था। इस विषय में मिस्टर स्टारवाक ने The Psychology of Religion (धर्म का मनोविज्ञान) में जो सब तर्क और युक्ति संगृहीत किये हैं वह द्रष्टव्य हैं। मिस्टर विलियम जेम्स ने भी उसी संग्रह का व्यवहार किया है। प्रायः प्रत्येक बार यह देखने में आया है कि जब चेष्टाओं का अन्त हो जाता है, तभी वेदना के बीच से आत्मा की विजय होती है। निराशा ही पुरातन आत्मा को विनष्ट करके नूतन आत्मा का पथ निर्देश करती है।

और यह भी देखने योग्य है कि समस्त दिव्य दर्शन प्रायः आलोक और सामुद्रिक आप्लावन द्वारा ही प्रकट होते हैं। मिस्टर विलियम जेम्स रचित 'Varieties of Religious Experiences' (धार्मिक अनुभूतियों के प्रभेद) में प्रेजीडैण्ट फेनी के दिव्यदर्शन का वर्णन इस बारे में पढ़ने योग्य है :

''सचमुच ऐसा प्रतीत होता था कि द्रवीभूत प्रीति के समुद्र की तरंगों पर तरंगें थपेड़े मार रही हैं।...यह तरंगमाला एक के बाद एक बार-बार मेरे ऊपर आक्रमण करने लगी, यहाँ तक कि इसने मुझे निमग्न कर लिया और अपना ग्रास बना लिया। अन्त में किसी तरह साहस करके चिल्लाया 'हे ईश्वर! मैं और सहन नहीं कर सकता; यदि ये तरंगें इसी तरह मेरे ऊपर से गुजरती रहेंगी तो मैं बच न सकूँगा' तथापि मुझे मृत्यु का भय न था।''

इसके साथ टामस फ्लोर्नो द्वारा संगृहीत व वर्णित रहस्यवादी साधकों की चमत्कारिक कहानियाँ भी पठनीय हैं।

परछाईं या पर्दे पर अंकित निस्सार मूर्तियों के समान थे।

परन्तु जिसने भी असीम का दर्शन किया है, उसे उसका दण्ड भी भुगतना पड़ा है। प्रथम दर्शन का प्रभाव इतना भयंकर था कि रामकृष्ण का शरीर कई दिन तक कम्पमान अवस्था में ही रहा। अपने चारों ओर रहने वालों को वे अग्नि स्फुलिंगों से युक्त द्रवीभूत चाँदी की तरंगों के एक उड़ते हुए कोहरे के पर्दे में से देखते थे। अपनी आँखों, देह और मन के ऊपर उनका कोई काबू न रहा। कोई अन्य शक्ति ही उन्हें चालित कर रही थी। इस प्रकार एक भयानक हालत में उनका समय गुजरने लगा। उन्होंने माँ से सहायता की प्रार्थना की।

इसके बाद अचानक ही उनकी समझ में आ गया। माँ ने उनके अन्दर प्रवेश किया है। उन्होंने विरोध समाप्त कर दिया। "Fiat voluntas tua!" (तेरी ही इच्छा पूर्ण हो!) माँ ने उन्हें पूर्णतया व्याप्त कर लिया था। और उस कोहरे में धीरे-धीरे देवी माँ शरीरधारी मूर्ति प्रकट हुई, पहले एक साथ, फिर उसका प्रश्वास, उसका शब्द और अन्त में उसकी पूर्ण देह प्रकट हुई। नीचे कवि के सैकड़ों आश्चर्यमय दिव्यदर्शनों में से एक का वर्णन है:—

सन्ध्या का समय था। दिन के सब अनुष्ठान समाप्त हो चुके थे। 'माँ' सो गयी हैं, यह सोचकर रामकृष्ण मन्दिर के बाहर आकर गंगा के किनारे अपने कक्ष में आ गये। परन्तु उन्हें नींद नहीं आयी। उन्हें कुछ आहट सुनाई दी, उन्होंने ध्यान से सुना, देखा, माँ शय्या त्याग करके उठ खड़ी हुई हैं; और एक युवती बालिका के समान प्रसन्न मुद्रा में मन्दिर की ऊपरली मंजिल पर चढ़ गयी हैं। जब वह चलती थीं, उसके चरणों के नूपुर बज उठते थे। रामकृष्ण को आश्चर्य हुआ कि क्या वह स्वप्न देख रहे हैं? उनका दिल धक्-धक् करने लगा। वह बाहर आँगन में आ गये और सिर उठाकर ऊपर देखने लगे। उन्होंने देखा, माँ के केश खुले हुए हैं, और वह पहली मंजिल के बरामदे में खड़ी हुई, इस सुन्दर रजनी में कलकत्ते के दीपकों के प्रकाश की तरफ बहती हुई जाह्नवी की जलधारा को निहार रही हैं।...

उस दिन से रामकृष्ण के दिन-रात निरन्तर माँ के सहवास में ही कटने लगे। नदी की जलधारा के समान उनका भावविनिमय निर्वच्छिन्न रूप से जारी रहने लगा। अन्त में रामकृष्ण माँ के साथ एकाकार हो गये और धीरे-धीरे उनकी अन्तर्दृष्टि की आलोक-प्रभा बाहर भी प्रकट होने लगी। अन्य व्यक्ति जो उनकी तरफ देखते थे, उन्हें भी वही वस्तु दिखाई देने लगती जिसे वे खुद देखते थे। उनका शरीर एक प्रकार का झरोखा बन गया था, जिसमें से नाना देवताओं के रूप दृष्टिगोचर होते थे। एक दिन मन्दिर की प्रतिष्ठात्री रानी रासमणि के जामाता माथुर बाबू रामकृष्ण के कक्ष के ठीक विपरीत दिशा में अवस्थित अपने कक्ष में बैठे हुए थे। वे ओट में बैठकर रामकृष्ण की तरफ देख रहे थे। रामकृष्ण बरामदे में इधर-उधर टहल रहे थे। माथुर बाबू अकस्मात् ही चीत्कार कर उठे, क्योंकि उन्होंने देखा कि एक तरफ जाते हुए रामकृष्ण शिव का रूप धारण किये दिखाई देते हैं, और दूसरी तरफ जाते समय काली के रूप में दिखाई देते हैं।

बहुत से लोगों के निकट रामकृष्ण का यह प्रेमोन्माद एक अत्यन्त निन्दास्पद वस्तु थी। वह मन्दिर के नैत्यिक अनुष्ठानों को अब ठीक प्रकार नहीं कर पाते थे। अनुष्ठान के बीच में ही वे अकस्मात् संज्ञाहीन होकर पृथ्वी पर लोटने लगते थे। उनके अंग-प्रत्यंगों के संधिस्थल पत्थर के समान कठोर हो जाते। और कभी-कभी वे देवी के साथ इस प्रकार घनिष्ठता का

व्यवहार करते कि जो देखने में अत्यन्त विस्मयकारी प्रतीत होता।[१] उनकी दैहिक चेष्टाएँ कभी-कभी सामयिक रूप से रुक जातीं। उनके नेत्रों के पलक गिरने बन्द हो जाते। वे खाना-पीना बन्द कर देते। उनका एक भतीजा इन दिनों उनके साथ रहता था। यदि वह इस समय रामकृष्ण की अपरिहार्य आवश्यकताओं की तरफ उचित ध्यान न देता तो उनकी मृत्यु निश्चित थी। इन हालत में उसके परिणामस्वरूप होने वाले कुफल भी दृष्टिगोचर होने लगे। पश्चिम-देशीय द्रष्टाओं को भी यह सब कुफल भोगने पड़े हैं। उनके शरीर को भेदन करके रुधिर के छोटे-छोटे कण चूने लगे। ऐसा प्रतीत होने लगा कि उनका सारा शरीर आग में जल रहा है। उनकी आत्मा एक प्रज्वलित अग्नि-कुण्ड के समान थी, जिसमें से ऊँचे उठती हुई अग्नि-शिखाएँ एक-एक देवता के सदृश थीं। कुछ काल के बाद जब वे अपने आस-पास के सब मनुष्यों में भी देवता के ही दर्शन करने लगे, तो वे स्वयं भगवान् रूप हो गये। (एक वेश्या में उन्होंने सीता के और एक पेड़ के सहारे पैर के ऊपर पैर रखकर खड़े हुए अंग्रेज में श्रीकृष्ण के दर्शन किये थे।) काली, राम, श्रीकृष्ण की प्रेमिका राधा,[२] सीता और महावीर हनुमान्[३] सभी का रूप उन्होंने धारण किया। समस्त देवताओं को आत्मसात् करने की यह एक अतृप्त उत्कृट लालसा थी—आवेगों की ताड़ना से उन्मत्त तथा भयंकर तरंगाघातों से प्रताड़ित दोलायमान आत्मा का प्रलाप था जिसका न कोई निर्देशक था, न नियन्त्रक था। मैं इस पर हलके हृदय से कोई आलोचना नहीं करना चाहता। बाद में देवताओं ने भी अवश्य अपना

---

१. जिन सब पृष्ठपोषक सहायकों ने विश्वासपूर्वक उनकी इन सब आक्रमणों से रक्षा की थी, उनके प्रति भी वे किसी प्रकार का पक्षपात न दिखाते थे। एक दिन जब मन्दिर की प्रतिष्ठात्री, धनी भक्त, रानी रासमणि उनके साथ प्रार्थना कर रही थी, उसका ध्यान कहीं बाहर चला गया। रामकृष्ण ने फौरन उसके मन के विचारों को ताड़ लिया और सबके सामने ही उसका तिरस्कार करने लगे। यह देखकर सभी उपस्थित जन विक्षुब्ध व उत्तेजित हो उठे, परन्तु रासमणि शान्त रही। उसने सोचा कि साक्षात् माँ ही उसका तिरस्कार कर रही है।

२. बाद में रामकृष्ण ने छः महीने के लिए कृष्ण-प्रेमिका गोपी का रूप धारण किया था।

३. रूप ग्रहण का यह क्रम अत्यन्त सुन्दर है। पहले उन्होंने रामचन्द्र जी के सेवक हनुमान् से प्रारम्भ करके धीरे-धीरे उन्हीं के द्वारा राम रूप धारण किया। इसके फलस्वरूप, जैसा कि उनका अपना विश्वास था, उन्हें सीता के दर्शन हुए। इस बार उन्होंने नेत्र बन्द किये बिना दिव्य दर्शन लाभ किया। इसके बाद भी उन्होंने जो दर्शन प्राप्त किये, वे भी इसी प्रकार विभिन्न स्तरों के द्वारा प्राप्त किये। पहले उन्होंने मूर्तियों को बाहर प्राप्त किया, बाद में वे मूर्तियाँ उनके अन्दर आ गयीं। और अन्त में वे उनके साथ एकरूप हो गईं। यह अक्लान्त सृजन कार्य अत्यन्त विस्मय कर प्रतीत होता है। परन्तु उन जैसी रूप-कलाकार प्रतिभा के लिए यही स्वाभाविक है। वे जिस क्षण भी किसी विचार को किसी मूर्ति में प्रत्यक्ष देखना चाहते थे, उसी क्षण वह मूर्तिमान् हो उठता था। मानो रामकृष्ण इस सतत चित्र रचना के समय एक शेक्सपियर की अन्तरतम सत्ता में वास करते थे।

बदला चुकाया, वे सभी रामकृष्ण को अपना ग्रास बनाने को उत्सुक हो गये। मैं अपने पश्चिमीय पाठकों को किसी प्रकार का धोखा नहीं देना चाहता। इस भगवत्-उन्मत्त को पागलखाने में पहुँचाना उचित था या नहीं, यह वे स्वयं ही विचार करेंगे। इस बारे में अपना[१] मत देने की मेरे समान ही उन्हें भी स्वतन्त्रता है। कारण, पागलखाने में भेजने के पक्ष में भी कुछ युक्तियाँ पाई जा सकती हैं। और तो क्या, भारतवर्ष के भी कुछ श्रद्धेय साधु व्यक्तियों ने इसके पक्ष में अपना मत प्रकट किया था। उस समय रामकृष्ण ने धैर्य के साथ अपने-आपको चिकित्सकों के हाथ में सौंप दिया था और उनके सब व्यर्थ उपचारों व आदेशों का पालन किया था। बाद में जब रामकृष्ण अपने अतीत के दिनों की बातें याद किया करते थे, और जिस अगाध गर्त से वे बचकर निकल आये थे उसका अन्दाजा करते थे, तब वे अवाक् होकर सोचने लगते थे कि वे पागल होने व काल का ग्रास बनने से कैसे बच गये।

किन्तु पागल होने के स्थान पर रामकृष्ण एक विजयी के समान गौरव के साथ 'झंझा के अन्तरीप' की प्रदक्षिणा करके वापस आ गये। हमारे लिए यह एक असामान्य वस्तु होने के साथ ही एक मूल्यवान् वस्तु भी है। ऐसा प्रतीत होता है की रामकृष्ण को अपने उच्चतर लक्ष्य तक पहुँचने के लिए इस मतिभ्रम की भी एक सीढ़ी के रूप में आवश्यकता थी। इस सीढ़ी के द्वारा ही उनकी आत्मा पूर्ण आनन्द और सुसंगत शक्ति के बीच से मानव-कल्याण के लिए एक प्रचण्ड वास्तविकता में परिणत हो सकी। यह एक ऐसा विषय है, जो मन और शरीर दोनों के ही चिकित्सकों को खोज के लिए प्रलुब्ध करता है। ऊपर की नजर से देखने पर, उनके समस्त मानसिक संगठन का जो विध्वंस और मन के मूलतत्वों का जो स्थानभ्रंश प्रकट रूप में दिखाई देता है, उसे प्रमाणित करना भी विशेष कठिन नहीं है। परन्तु वे पुनः किस तरह से एकत्र होकर एक उच्चतम श्रेणी की पूर्णसत्ता के रूप में परिणत हो गये? किस प्रकार यह विध्वस्त गृह केवल इच्छा-शक्ति से ही एक नवीन प्रसाद के रूप में खड़ा हो गया? हम आगे चलकर देखेंगे कि रामकृष्ण ने अपने पागलपन और बुद्धि—भगवान् और मनुष्य दोनों के ऊपर ही समान रूप से आधिपत्य स्थापित कर लिया। कभी वह अपनी आत्मारूपी समुद्र के गम्भीर द्वार मुक्त कर देते थे, और कभी वह एक आधुनिक सुकरात के समान अपने शिष्यों के साथ हँसते हुए व्यंग्यमिश्रित ज्ञान और सद्भावनापूर्ण वार्तालाप में निमग्न हो जाते थे।

परन्तु सन् १८५८ में, जिस समय की घटनाओं का मैंने यहाँ वर्णन किया है, रामकृष्ण ने वह प्रभुत्व प्राप्त नहीं किया था। अभी उन्हें बहुत लम्बा मार्ग तय करना बाकी था। मैंने इस स्थान पर रामकृष्ण की मृत्यु का जो इंगित दिया है, वह अपने योरोपीय पाठकगण को उनके प्रथम निर्णय के विरुद्ध सतर्क करने के लिए ही किया है, क्योंकि मेरा भी पहले वही निर्णय था।

---

१. **मैं यह बात स्पष्ट कर देना चाहता हूँ कि यहाँ तक पहुँचकर मैंने पुस्तक रचना बन्द कर दी थी—और बाद में रामकृष्ण ज्ञान के जिस उच्च शिखर पर पहुँच गये थे, उसका कोई संकेत यदि मुझे न मिलता, तो संभवतः इस पुस्तक की रचना का कार्य बहुत काल तक बन्द ही पड़ा रहता।**

इसके लिए धैर्य की आवश्यकता है। आत्मा के कार्यकलाप अत्यन्त गूढ़ व हैरान करने वाले हैं। हमें धैर्यपूर्वक अन्त की प्रतीक्षा करनी चाहिए!

वस्तुतः इस समय भगवत्पथिक रामकृष्ण अन्धे के समान आँखें बन्द करके चल रहे थे। उनका कोई पथप्रदर्शक उनके साथ न था। वे सीधे पथ को छोड़ कर काँटों की बाड़ फाँदकर, आगे बढ़ना चाहते थे, और इसीलिए खन्दकों में गिर पड़ते थे। जो भी हो, तो भी वह आगे बढ़ते रहे। जितनी दफे भी वे ठोकर खाकर जमीन पर गिर पड़े, उतनी दफे ही वे उठ खड़े हुए और फिर आगे चलने लगे।

इससे यह कल्पना न करनी चाहिए कि वे दाम्भिक या दुराग्रही थे। वे अत्यन्त ही सरल व्यक्ति थे। यदि उन्हें कोई कहता कि वे रोगग्रस्त हैं, तो वे फौरन उससे उसकी औषधि पूछते, और उसे इलाज करने से कभी न रोकते।

कुछ समय के लिए उन्हें अपने घर कामारपुकुर भेज दिया गया। उनकी माता ने उनका विवाह करने की इच्छा प्रकट की, कारण उसने सोचा कि शायद इससे ही उनका भगवत्-उन्माद शान्त हो जाये। रामकृष्ण ने कोई आपत्ति नहीं की। बल्कि यह सुनकर उन्होंने एक निर्दोष आनन्द का अनुभव किया। परन्तु यह एक कैसा विचित्र विवाह था! देवी के साथ उनका जो सम्बन्ध था, उसकी अपेक्षा यह अधिक वास्तविक न था। (बल्कि अल्प ही वास्तविक था।) उनकी पत्नी उस समय (१८५९) केवल पाँच वर्ष की बालिका थी। मैं यह अनुभव करता हूँ कि मेरे पाश्चात्य पाठकों को यह पढ़कर बड़ा धक्का पहुँचेगा। परन्तु पहुँचने दो। बाल्य-विवाह की भारतीय प्रथा की योरोप व अमेरिका में प्रायः ही निन्दा की जाती है। हाल ही में मिस मेयो ने यह निन्दा की जयध्वजा फहराई है, यद्यपि यह सर्वथा चिथड़े-चिथड़े हो चुकी है। कारण, भारत के श्रेष्ठ विचारकगण—रवीन्द्रनाथ, गान्धी[१]—एवं ब्रह्म समाज आदि सभी ने काफी पहले से ही इस प्रथा की निन्दा की है। और असल में इस प्रथा को वास्तविक विवाह कहने की अपेक्षा, एक वैवाहिक अनुष्ठान कहना ही अधिक उपयुक्त है। पश्चिमदेशीय वाग्दान की प्रथा के समान, यह भी सीधा-सादा, सरल धर्मानुष्ठान मात्र है। वास्तव में दोनों के यौवन लाभ कर लेने से पूर्व तक यह पूर्ण नहीं होता। मिस मेयो की दृष्टि में रामकृष्ण का विवाह तो एकदम ही निन्दनीय था। पाँच वर्ष की बालिका के साथ तेईस वर्ष

---

१. गान्धीजी बाल्य-विवाह के बारे में पूर्ण अभिज्ञता रखते हैं। कारण वे उन बालकों में से एक हैं, जिन्होंने बाल्य-विवाह की अकाल पक्व अभिज्ञता के जटिल प्रश्न को जीवन पर्यन्त जीवित रखा है। वे बाल्य-विवाह की कुप्रथा के नितांत निन्दक थे। तथापि, उन्होंने भी यह स्वीकार किया है कि कुछ 'अपवाद स्वरूप' धर्म व नीतिपरायण मनुष्यों के पक्ष में इस बाल्य-विवाह के अत्यन्त विशुद्ध व लाभकारी फल भी दृष्टिगोचर होते हैं। वयस्कता की अवस्था में जो अस्वास्थ्यकर विचार नवयुवकों व नवयुवतियों के मनों को प्रायः विकृत करते हैं, उनको यह दूर करता है और स्त्री-पुरुष के मिलन को एक पवित्र बन्धुत्व का रूप देता है। जिस बालिका के साथ गान्धीजी के भाग्य का गठबन्धन हुआ था, उसने उनके जीवन के कठिन अवसरों पर उनकी जो अमूल्य सहायता की थी, वह किसी से छिपी नहीं है।

के युवक का विवाह! यह सुनकर जिन्हें लज्जा अनुभव होती है, वे जरा शान्त होकर देखें! यह विवाह दो आत्माओं का विवाह था। यौन मिलन की दृष्टि से यह विवाह हमेशा के लिए ही अपूर्ण था। 'अर्ली चर्च' के दिनों में जिसे ईसाई विवाह कहकर पुकारा जाता था—वैसा ही यह विवाह है। बाद में रामकृष्ण का यह विवाह एक सुन्दर वस्तु में परिणत हो गया। फल के द्वारा ही वृक्ष को पहचाना जाता है। इस विवाह का फल दिव्य फल था—विशुद्ध निष्काम प्रेम। बालिका शारदामणि[१] एक वयस्क बन्धु की विशुद्धमति श्रद्धास्पदा भगिनी के रूप में परिणत हो गयी—जो कि रामकृष्ण की सब परीक्षाओं और विश्वासों में उनकी निष्कलंक सहचरी थी। रामकृष्ण के शिष्य, उनके नाम के साथ, शारदामणि को भी माँ [२] के पवित्र नाम से पुकारते थे।

विवाह-संस्कार का अनुष्ठान हो जाने के बाद प्रथानुसार बालिका शारदामणि को उसके माता-पिता के घर भेज दिया गया, और आठ या नौ वर्ष की एक लम्बी अवधि तक वह अपने पति को न देख सकी। इस बीच में रामकृष्ण ने अपनी माता के पास रहकर कुछ शान्ति व स्वास्थ्य लाभ कर लिया है, ऐसा प्रतीत होने लगा, और वे फिर मन्दिर में आ गये।

परन्तु काली रामकृष्ण की प्रतीक्षा में ही थीं। मन्दिर के दरवाजे में प्रविष्ट होते ही रामकृष्ण के अन्दर पूर्वापेक्षा भी अधिक वेग से भावोन्माद दिखाई दिया। नेसास[३] की पोशाक

---

१. शारदामणि के पितृकुल की पदवी मुखोपाध्याय थी। बाद में वह शारदा देवी के नाम से विख्यात हुईं।

२. उसे 'माँ' कहकर ही पुकारा जाता था। श्रेष्ठवंशीय भारतीय लोगों में उमर में छोटी होने पर भी स्त्रियों को माँ कहकर सम्बोधन करने की सुन्दर प्रथा चिरकाल से चली आ रही है।

३. हरक्युलीस ग्रीक पुराणों में वर्णित सर्वश्रेष्ठ वीर हुआ है। यह पुराण में वर्णित कहानी के अनुसार देवपुत्र कहलाता है। इसकी दूसरी पत्नी डिआनेरा, कैलीडन के राजा एनिउस की कन्या थी। पतिगृह को जाते हुए डिआनेरा का मार्ग में नेसास राक्षस से साक्षात्कार हुआ। डिआनेरा के रूप पर मुग्ध होकर नेसास ने उनके साथ बलात्कार करने की चेष्टा की। इसके फलस्वरूप हरक्युलीस ने विषाक्त बाण से नेसास की हत्या कर दी। मरते समय नेसास ने डिआनेरा को अपने रुधिर की सावधानी से रक्षा करने को कहा। उसने कहा इस रक्त में वस्त्र रँगकर किसी के पास भेजने से, वह अपनी प्रेमिका का अनादर नहीं कर सकता।

बाद में हरक्युलीस एकलिया के राजा इउरिटस की कन्या इअल के प्रेमपाश में फँस गया। डिआनेरा ने यह समाचार सुनकर नेसास के रक्त में भीगा हुआ एक वस्त्र अपने स्वामी हरक्युलीस के पास पहनने के लिए भेजा। नेसास के रुधिर में कोई वास्तविक जादू-शक्ति न थी; वह भयंकर मारात्मक विष था। हरक्युलीस के ऊपर उस विष की क्रिया प्रारम्भ हो गयी। यंत्रणा से पीड़ित होकर हरक्युलीस 'एटा' पर्वत की चोटी पर पहुँचा और वहाँ एक चिता तैयार करके उसमें बैठ गया। हरक्युलीस के अनुरोध करने पर एक गड़रिये ने चिता में आग लगा दी। हरक्युलीस जलकर स्वाहा हो

पहने हुए हरक्युलीस के समान वह एक जीवित चिता में वास करने लगे। देवताओं की फौजों ने तूफान के समान उन पर आक्रमण किया। रामकृष्ण छिन्न-भिन्न हो गये। उनकी उन्मत्तता दस गुनी होकर वापस लौट आयी। उन्होंने देखा कि उनके बीच से राक्षसगण बाहर निकल रहे हैं। पहले पाप का प्रतीकरूप एक कृष्णमूर्ति दानव बाहर आया। इसके बाद एक संन्यासी आया, जिसने देवदूत के समान उस पाप की हत्या कर दी। (हम भारतवर्ष में हैं या आज से सहस्र वर्ष पूर्व के किसी पाश्चात्य ईसाई मठ में हैं?) रामकृष्ण निस्तब्ध व निश्चल बने रहे। अपने शरीर से निकलती हुई उन सब वस्तुओं को वे प्रत्यक्ष देखने लगे। भय से उनके सब अंग अवश हो गये। और फिर एक बार दीर्घकाल तक उनके नेत्रों के पलक गिरने बन्द हो गए।[१] उन्माद रोग के लक्षण दिखाई दे रहे हैं, रामकृष्ण ने ऐसा अनुभव किया। भयभीत होकर एक बार फिर वह माँ से प्रार्थना करने लगे। काली का ध्यान ही उनका एकमात्र भरोसा था। इस प्रकार मानसिक उन्माद व नैराश्य की अवस्था में ही रामकृष्ण के दो वर्ष व्यतीत हो गये।

अन्त में उन्हें सहायता मिल गयी।[२]

गया। इस प्रकार उसका नश्वर पार्थिव अंश नष्ट हो गया, और अनश्वर दिव्य अंश स्वर्ग में चला गया। स्वर्ग में पहुँचकर हरक्युलीस पुनः पूर्व देवता रूप में परिणत हो गया, और वहाँ उसने हिवि के साथ विवाह किया। —अनुवादक

१. वह कहते थे कि छः वर्ष तक यह अवस्था रही।

२. सन् १९६१ में रामकृष्ण की रक्षिका रानी रासमणि का देहान्त हो गया। सौभाग्य से रानी रासमणि के जामाता माथुर बाबू रामकृष्ण के प्रति अनुरक्त थे।

३
ज्ञान के दो पथ-प्रदर्शक
भैरवी ब्राह्मणी और तोतापुरी

अब तक रामकृष्ण केवल भाग्य के भरोसे पर, अकेले ही गरजती हुई लहरों व भँवरों से संकुल आत्मा के अगाध व निःसीम समुद्र में तैरने का प्रयत्न कर रहे थे। वह प्रायः सर्वथा थक चुके थे जब कि उन्हें दो व्यक्तियों के दर्शन हुए, जिन्होंने उनके सिर को पानी के ऊपर थामे रखा और उन्हें यह दिखाया कि किस प्रकार जलधार को पार करने के लिए उनकी लहरों का प्रयोग किया जाता है।

भारत का युगव्यापी आध्यात्मिक इतिहास उन असंख्य मनुष्यों का इतिहास है, जो परम सत्ता पर विजय प्राप्त करने के लिए निरन्तर अभियान करते आये हैं। विश्व के सभी महान् पुरुषों का ज्ञात व अज्ञातरूप से यही मूल लक्ष्य रहा है। वे उन विजेताओं में से हैं जो कि प्रत्येक युग में उस सत्ता पर, जिसके कि वे स्वयं एक अंश हैं, और जो उन्हें निरन्तर प्रयत्न करने व ऊपर चढ़ने के लिए प्रलुब्ध करती रहती है, आक्रमण करते हैं। अनेक बार वे थककर गिर पड़ते हैं, परन्तु वे पुनः शक्ति संग्रह करके अदम्य उत्साह के साथ तब तक बराबर ऊपर चढ़ते रहते हैं जब तक कि वे विजयी या पराजित नहीं हो जाते। परन्तु उनमें से प्रत्येक उस परम सत्ता का एक ही रूप नहीं देख पाता। यह एक ऐसे नगर-दुर्ग के समान है, जिसे विभिन्न दिशाओं से अनेक ऐसी सेनाओं ने घेरा हुआ है, जिनमें कि परस्पर कोई मेल व सामंजस्य नहीं है। प्रत्येक सेना अपनी स्वतन्त्र अस्त्र-सज्जा व रणनीति के अनुसार अपनी आक्रमण की समस्याओं का हल खोजती है। हमारी पाश्चात्य जातियाँ दुर्ग के बाह्य पृष्ठ व बाहिरी किलेबन्दी पर आक्रमण करती हैं। वे प्रकृति की भौतिक शक्तियों पर विजय प्राप्त करना चाहते हैं, और उसके नियमों को अपने वश में करके ऐसे शस्त्रों का निर्माण करना चाहते हैं जिससे कि वे दुर्ग के अन्दर प्रवेश कर सकें और समस्त दुर्ग को अपने अधीन कर सकें।

परन्तु भारत दूसरे मार्ग का अनुसरण करता है। वह सीधा दुर्ग के मध्य में अवस्थित प्रधान सेनापति के अदृश्य कार्यालय में घुस जाता है; क्योंकि वह जिस परम सत्ता का अनुसन्धान करता है, वह भौतिक नियमातीत है। तथापि हमें पश्चिमीय यथार्थवाद को भारतीय आदर्शवाद का विरोधी समझने की भूल नहीं करनी चाहिए। दोनों ही यथार्थवाद हैं। भारतीय भी मूलतः यथार्थवादी हैं, क्योंकि वे भी केवल अमूर्त भावमात्र से सन्तुष्ट नहीं हो जाते और आनन्द एवं अनुभूति के स्वतन्त्र साधनों द्वारा अपने आदर्श को प्राप्त करने की चेष्टा

करते हैं। उन्हें भी भावों को देखने, सुनने, उनका आस्वाद लेने व स्पर्श अनुभव करने की आवश्यकता होती है। अनुभव-सम्पत्ति तथा अपूर्व कल्पना शक्ति इन दोनों बातों में वे पश्चिम देशवासियों से बहुत आगे बढ़ गये हैं।[१] ऐसी अवस्था में पाश्चात्य तर्क के नाम पर हम उनकी साक्षी को किस प्राकार अग्राह्य कह सकते हैं। हमारी दृष्टि में तर्क एक अवैयक्तिक तथा निष्पक्ष साधन (Objective) है जो कि प्रत्येक मनुष्य के लिए खुला हुआ है। परन्तु क्या तर्क वास्तव में ही निष्पक्ष है? विशेष उदाहरणों में यह कहाँ तक सत्य है? इसकी क्या कोई वैयक्तिक सीमाएँ नहीं हैं? और फिर क्या यह भी लक्ष्य किया गया है कि भारतीय ऋषियों की जो उपलब्धियाँ हमें अति आत्मपरक (Ultra Subjective) प्रतीत होती हैं, वे भारतीयों के निकट वैसी नहीं हैं। भारतवर्ष में वे अनेक शताब्दियों से परीक्षित व लिपिबद्ध वैज्ञानिक प्रणालियों तथा सतर्क निरीक्षण व परीक्षण का ही युक्तिसंगत परिणाम हैं। प्रत्येक तत्ववेत्ता ऋषि अपने शिष्यों को वह मार्ग दिखाने में समर्थ हैं, जिसके द्वारा वे भी बिना किसी सन्देह के उसी दिव्यदृष्टि को प्राप्त कर सकते हैं। पूर्वीय तथा पाश्चात्य दोनों प्रणालियों में ही वैज्ञानिक सन्देह तथा सामयिक विश्वास के लिए एक सी गुंजाइश है। आज के वास्तविक वैज्ञानिक मानस की दृष्टि में निष्कपट भाव से सामान्यीकृत एवं मूल स्थापना भी एक आपेक्षिक सत्य है। यदि दिव्य दर्शन मिथ्या है, तो उक्त दृष्टिभ्रम के कारण की खोज और अन्य आधारभूत हेतुओं के द्वारा उच्चतर सत्ता पर पहुँचने की ही आवश्यकता है।

भारतीय चाहे इस बात को स्पष्ट रूप में समझें या अस्पष्टरूप से ही अनुभव करें, परन्तु उन सबका यह विश्वास है कि विश्वात्मा—अव्यय परम ब्रह्म से भिन्न व पृथक् किसी वस्तु का अस्तित्व नहीं है।[२] विश्व में प्रत्येक वस्तु की जो भी विभिन्न मूर्तियाँ दृष्टिगोचर हो रही हैं, उनका जन्म उसी से हुआ है; इस विश्व कि वास्तविकता भी उस विश्वात्मा के ही कारण है, जिसका कि यह एक भाव-मात्र है। हम वैयक्तिक आत्माएँ जो कि विश्वात्मा के ही एक जीवित व घनिष्ठ अंश हैं, विश्व की बहुरूपता व परिवर्तनशीलता का भाव देखते हैं—और उसे एक स्वतन्त्र सत्ता मान लेते हैं। जब तक हम अद्वितीय ब्रह्म का ज्ञान प्राप्त नहीं कर पाते, तब तक हम माया व अविद्या द्वारा भ्रान्त होते रहते हैं। यह माया अनादि है और काल की सीमा से रहित है। सुतरां हम जिसे चिरन्तन सत्य मानकर ग्रहण करते हैं, वह उस अद्वितीय सत्ता के अदृश्य स्रोत से उद्‌गत होते हुए क्षणिक मूर्तियों के सतत प्रवाह के अतिरिक्त और

---

१. मेरा यह अभिप्राय कदापि नहीं है कि भारतीय विचारकगण अपनी बौद्धिक विचार-शक्ति को परम सत्य के चिन्तन में केन्द्रित नहीं कर सकते। परन्तु उन्होंने अद्वैत वेदान्त के निराकार को भी किसी अंश तक अपनी तीव्र अनुभव चेतना के द्वारा ही उपलब्ध किया है और निराकार सत्ता यदि निर्गुण तथा दर्शनातीत भी है तथापि क्या यह भी उतना ही निश्चित है कि यह निराकार ब्रह्म किसी प्रकार के अतीन्द्रिय स्पर्श के भी अगोचर है? क्या दिव्यदर्शन (Revelations) अपने आपमें एक प्रकार का भयंकर स्पर्श नहीं है?

२. सूक्ष्म व स्थूल सब पदार्थ ही ब्रह्म हैं। केवल मात्र एक एवं अखण्ड ब्रह्म के मध्य में ही सब पदार्थों का निवास है।

कुछ नहीं है।[१]

इसलिए हमें, उस माया के प्रवाह के थपेड़ों से, जो कि हमें चारों तरफ से घेरे हुए हैं, बचने और एक कछुवे के समान बाधाओं की दीवारों को फाँदते हुए और जलप्रपातों को तैरते हुए स्त्रोत के आदि उद्गम-स्थान तक पहुँचने की आवश्यकता है। यही हमारा अनिवार्य लक्ष्य है, यही हमारी मुक्ति का मार्ग है। इस कष्टमय किन्तु वीरतापूर्ण एवं शानदार संघर्ष को ही साधना के नाम से पुकारा जाता है। जो इस संग्राम में भाग लेते हैं; वही साधक कहलाते हैं। उनकी क्षुद्र वाहिनी में प्रत्येक युग में निर्भय आत्माओं की नयी भरती होती रहती है। उन्हें युगव्यापी परीक्षणों द्वारा प्रमाणित व्यवस्था-प्रणाली तथा कठोर अनुशासन के सामने आत्म-समर्पण करना पड़ता है। उन्हें दो मार्गों व अस्त्रों[२] में से एक को ग्रहण करना पड़ता है, परन्तु इन दोनों के लिए ही निरन्तर अभ्यास तथा साधना की आवश्यकता है। पहला "नेति! नेति!"[३] ("यह नहीं! यह नहीं!") का मार्ग है, जिसे मौलिक निषेध द्वारा ज्ञान-प्राप्ति का मार्ग या ज्ञानियों का अस्त्र कहा जा सकता है। दूसरा मार्ग "यह! यह" का मार्ग है, जिसे क्रमिक स्वीकृति द्वारा ज्ञानप्राप्ति का मार्ग या भक्तों का मार्ग कहा जा सकता है। पहला मार्ग केवल बौद्धिक ज्ञान के ऊपर विश्वास करता है, और जो कुछ भो इसके बाहर होता है; वह चाहे वास्तविक हो या मिथ्या हो, उस सबको अग्राह्य करके यह दृढ़संकल्प के साथ अपने परम लक्ष्य की तरफ दृष्टि गड़ाकर उसकी तरफ अग्रसर होता है। दूसरा मार्ग प्रेम का मार्ग है। परम प्रेमास्पद का प्रेम (जिसका रूप जितना ही वह शुद्धतर होता है, उतना ही परिवर्तित हो जाता है) अन्य सब पदार्थों का त्याग करना सिखाता है। ज्ञान का मार्ग अव्यय निराकार ब्रह्म का मार्ग है। भक्तिमार्ग देहधारी साकार भगवान् का मार्ग है—इस पथ के यात्री ज्ञानपथ के यात्रियों से मिलने से पूर्व दीर्घकाल तक इसी पथ पर प्रतीक्षा करते हैं।

रामकृष्ण की अन्ध सहज प्रेरणा ने प्रारम्भ से ही अज्ञातरूप से भक्ति-मार्ग का आश्रय लिया था। परन्तु वह इस पथ के एक टेढ़े-मेढ़ेपन व छिपी झाड़ियों से परिचित न थे। यह

---

१. स्वामी शारदानन्द ने अपने 'Shri Ramakrishna, The Great master' नामक ग्रन्थ के प्रारम्भ में जो अधिकारपूर्ण व्याख्या की है, उसका मैंने यहाँ संक्षिप्त सार दिया है।

२. और भी अनेक अस्त्र व मार्ग हैं। उनके सम्बन्ध में मैं इस ग्रन्थ के द्वितीय खण्ड में विवेकानन्द की दार्शनिक व धार्मिक विचारधारा के प्रसंग में आलोचना करूँगा। वहाँ मुझे भारतीय योग के बारे में विस्तृत विवरण देने का सुअवसर होगा।

३. उपनिषत्कार ऋषियों ने ब्रह्म को 'नेति' (यह नहीं) यह संज्ञा दी है। इसके साथ अतीन्द्रियवादी ईसाई सेण्ट डेनिस दि एरियोपिजट रचित 'Treatise on Mystic Theology' अध्याय ५, की तुलना कीजिए, जहाँ वह लिखता है कि बुद्धि ग्राह्य पदार्थों का जो परम स्त्रष्टा है, उसे किसी प्रकार भी बुद्धि द्वारा जानना संभव नहीं है। वहीं, उस ब्रह्मज्ञानी ने भगवान् का वर्णन करने के लिए एक पृष्ठ पर सम्पूर्ण निषेधों का संग्रह किया है।

ठीक है कि पेरिस से लेकर यरूशलम[१] तक यात्रा करने वालों के लिए यात्रा-कार्यक्रम विद्यमान था, जिसमें कि यात्रा के प्रारम्भ से लेकर अंतिम चौकी तक का पूर्ण विवरण अत्यन्त सावधानी के साथ अंकित था, रास्ते की सारी कठिनाइयाँ, पर्वत तथा घाटियाँ, खतरनाक स्थान तथा विश्रामस्थल सब का पहले से ही पूरा-पूरा विवरण अत्यन्त सावधानी व बुद्धिमत्ता के साथ दिया हुआ था। परन्तु कामारपुकुर के इस यात्री को इसका कुछ पता नहीं था। उसका उन्मत्त हृदय व उसकी टाँग जहाँ ले गयीं, वह वहीं जाता रहा। और अन्त में ऐसे अवसर भी आये जब कि उसने किसी सहायक व पथप्रदर्शक के न होने के कारण अपने अतिमानवीय प्रयत्नों से शिथिल व क्लान्त होकर गम्भीर अरण्य की शून्यता में उन्मत्त की भाँति भटकते हुए पथ मिलते की आशा भी त्याग दी। इस हालत में जबकि वह प्रायः अपने अन्तिम कठोर पड़ाव पर पहुँच गया था, तब एक स्त्री के द्वारा उसे सहायता प्राप्त हुई।

एक दिन रामकृष्ण ऊँचे तट पर खड़े हुए रंग-बिरंगी पतवारों के साथ गंगा की छाती पर इधर-उधर तैरती हुई नौकाओं को देख रहे थे। उन्होंने देखा कि एक नौका ठीक उनके तट के नीचे आकर रुक गयी, और उसमें से एक स्त्री उतर कर ऊपर चढ़ आयी। वह सुन्दर व दीर्घकाय थी, उसके लम्बे खुले केश पीछे लटक रहे थे और वह संन्यासी के गेरुवे वस्त्र पहने हुए थी।[२] उसकी आयु पैंतीस से चालीस के बीच थी, परन्तु देखने में वह कम आयु की प्रतीत होती थी। उसके चेहरे को देखकर रामकृष्ण विस्मित हो गये और उसे अपने निकट बुलाया। रामकृष्ण को देखते ही उसके नेत्रों से आँसू बहने लगे और उसने कहा :

"वत्स! न मालूम कितने दिनों से मैं तुम्हें तलाश कर रही हूँ!"[३] वह बंगाल के एक कुलीन ब्राह्मण परिवार की सन्तान थी, और विष्णु[४] की उपासिका थी। वह अत्यन्त सुशिक्षिता

---

१. श्यातोब्रियांद रचित प्रसिद्ध 'भ्रमण-कथा' की तरफ निर्देश है।

२. मैक्समूलर के मतानुसार संन्यासी वह व्यक्ति है, जिसने अपनी सब सांसारिक इच्छाओं तथा वस्तुओं का परित्याग कर दिया है। भगवद्गीता में संन्यासी का लक्षण इस प्रकार है:—"जो न किसी वस्तु से प्यार करता है और न किसी से घृणा करता है।" इस महिला को अभी तक वह दिव्य उदासीनता की अवस्था प्राप्त नहीं हुई थी, जैसा कि हमें आगे मालूम हो जायेगा।

३. अलिफलैला में वर्णित किस्से के समान सहज सुन्दर रूप में वर्णित यह मिलन कथा योरोपीय पाठकों के मन में सन्देह पैदा करती है। मैक्समूलर के समान वे इस दन्तकथा में रामकृष्ण के मानसिक विकास का प्रतीक देखते हैं। किन्तु छः वर्ष के दीर्घकाल तक जो यह शिक्षिका रामकृष्ण के साथ रही, इस समय में उसके व्यक्तित्व में अनेक ऐसे व्यक्तिगत लक्षण दृष्टिगोचर होते हैं (और जो कि सर्वदा ही उनके लिए गौरवसूचक नहीं हैं) जिससे कि इस बात में कोई सन्देह नहीं रहता कि वह वास्तव में एक महिला थी, और स्त्रीसुलभ दुर्बलताएँ भी उसमें विद्यमान थीं।

४. वैष्णव सम्प्रदाय मूलतः एक प्रेम का मार्ग है। रामकृष्ण ने स्वयं भी एक वैष्णव परिवार में जन्म लिया था। विष्णु प्राचीन सूर्य देवता है जो कि अपने अवतारों द्वारा संसार पर अपना प्रभुत्व स्थापित करते हैं। राम और कृष्ण उनके प्रधान अवतार हैं। वर्तमान कहानी

तथा धर्म-शास्त्रों, विशेषतः भक्ति-शास्त्र की पूर्ण पंडिता थी। उसने कहा कि वह एक ऐसे मनुष्य की तलाश में है जो भगवत्प्रेरणा से आदिष्ट हो। उसकी अन्तरात्मा ने उसे यह निश्चय करा दिया है कि ऐसे व्यक्ति का जन्म हो चुका है और उक्त व्यक्ति को एक विशेष संदेश देने का कार्यभार उसे सौंपा गया है। केवल इतनी ही भूमिका व परिचय के साथ, यहाँ तक कि उसका नाम जानने से पूर्व ही (भैरवी ब्राह्मणी के अतिरिक्त अन्य किसी नाम से उसे कोई न जानता था) उक्त धर्म-परायण महिला तथा काली के पुरोहित के बीच तत्काल व उसी स्थान पर माता और पुत्र का सम्बन्ध स्थापित हो गया। रामकृष्ण ने एक बालक के समान पूर्ण विश्वास के साथ उसे अपने भागवत जीवन के समस्त कष्टमय अनुभव, अपनी साधना और उसके साथ ही अपनी शारीरिक व मानसिक यातनाएँ भी सुना दीं। उन्होंने कहा कि बहुत से आदमी उन्हें पागल कहते हैं, और वे बड़ी नम्रता व उत्सुकता से उससे पूछने लगे कि क्या यह सत्य है। भैरवी ने रामकृष्ण की सब स्वीकारोक्तियों को सुनकर माता के समान स्नेह भरे शब्दों में उन्हें सान्त्वना दी और कहा कि उन्हें किसी प्रकार के भय की आशंका न करनी चाहिए, क्योंकि वे अपने अनिर्देशित प्रयत्नों से ही भक्तिशास्त्र में वर्णित साधना के एक उच्चतम स्तर पर पहुँच गये हैं। उन्हें जो कष्ट व यन्त्रणाएँ प्राप्त हुई हैं, वे उनकी ऊर्ध्व गति की ही निर्देशक हैं। उसने शारीरिक स्वास्थ्य की ओर ध्यान दिया और उनके मानसिक अंधकार को दूर कर दिया। जिस ज्ञानमार्ग पर वे पहले रात्रि के अंधकार में बन्द आँखों से अकेले ही गुजरे थे, उसी मार्ग पर दिन के विस्तृत आलोक में वह उन्हें ले गयी। जिन उपलब्धियों को प्राप्त करने में रहस्यवादी विज्ञान की कई शताब्दियाँ गुजर गई हैं, उन्हें रामकृष्ण ने केवल अपने सहजबोध से कुछ ही वर्षों में प्राप्त कर लिया था, परन्तु उनका तब तक उन पर वास्तव में पूर्ण अधिकार न हो सका था, जब तक कि उन्हें यह न दिखाया गया कि वे किस मार्ग द्वारा वहाँ तक पहुँच सके हैं।

भक्त को प्रेम के मार्ग से ही ज्ञान की उपलब्धि हो जाती है वह प्रारम्भ में भगवान् की किसी एक विशिष्ट मूर्ति को ही अपना आदर्श के रूप में स्वीकार कर लेता है। रामकृष्ण ने माँ को अपने आदर्शरूप में स्वीकार किया था। बहुत समय तक वे अपने इस एकनिष्ठ प्रेम में ही निमग्न रहे। शुरू में वे अपनी भक्ति व श्रद्धा के लक्ष्य को प्राप्त न कर सके, परन्तु धीरे-धीरे वे उसे देखने, स्पर्श करने व उससे वार्तालाप करने में समर्थ हो गये। उसके बाद भगवान का जीवित अस्तित्व अनुभव करने के लिए क्षणिक मनोनिवेश ही उनके लिए पर्याप्त होता था। सब वस्तुओं व सब आकृतियों के अन्दर भगवान् का वास है, यह विश्वास हो जाने पर रामकृष्ण ने अनुभव किया कि भगवान् के नाना रूप उनकी प्रियतम माँ की मूर्ति में से ही उद्गत हो रहे हैं। इस दिव्य बहुरूपता से उनकी दृष्टि ओतप्रोत हो गयी, और अंत में इसके मधुर संगीत से वे इस प्रकार परिपूर्ण हो गये कि उनके अन्दर अन्य किसी वस्तु के लिए कोई स्थान शेष नहीं रहा। भौतिक संसार उनकी दृष्टि से विलुप्त हो गया। इस अवस्था का नाम ही सविकल्प समाधि—अथवा अतिचेतन भावावेश की अवस्था है, जिसमें आत्मा विचार के

के नायक के नाम में उक्त दोनों देवताओं का समावेश है। बाद में रामकृष्ण भी अपने जीवन-काल में ही एक नये अवतार व नरनारायण के रूप से पूजे जाने लगे।

आंतरिक संसार से संयुक्त रहता है, और ईश्वर के साथ अपने जीवन के एकात्म होने के भाव का आनन्दोपभोग करता है। परन्तु जब कोई एक भाव आत्मा को आविष्ट कर लेता है, तब अन्य सब भाव मुरझा व विनष्ट हो जाते हैं; और उसकी आत्मा अपने अंतिम लक्ष्य अर्थात् निर्विकल्प समाधि—या ब्रह्म के साथ अंतिम मिलन के समीपतर पहुँच जाती है। पूर्ण त्याग के द्वारा विचारों की शून्यता के मध्य अव्यय के साथ पूर्ण एकता की जो अन्त में उपलब्धि होती है, उससे यह दूर नहीं है।[१] रामकृष्ण ने अपनी आध्यात्मिक यात्रा का लगभग तीन-चौथाई भाग एक अंधे के समान ही पार किया था।[२] भैरवी ने, जिसे कि उन्होंने अपनी आध्यात्मिक माता व गुरु तथा शिक्षक के रूप में स्वीकार किया था, उन्हें उक्त पथ के सब पहलुओं तथा उनके अर्थों को ठीक-ठीक समझा दिया। भैरवी स्वयं धर्मानुष्ठान व साधनाओं में प्रवीण थी, और ज्ञान के सब मार्गों से परिचित थी। इसलिए विभिन्न साधना के मार्गों की एक-एक करके शास्त्रोक्त विधि के अनुसार परीक्षा करने के लिए उसने रामकृष्ण को प्रोत्साहित किया। यहाँ तक कि वह तांत्रिक साधना, जो कि सबसे अधिक खतरनाक है, और जिसमें इन्द्रिय और आत्मा को रक्तमांस की अनुभूति व कल्पना पर विजय प्राप्त करने के लिए अपने को उनके प्रभाव में छोड़ना होता है, वह भी उसने रामकृष्ण को सिखा दी। परन्तु यह मार्ग अत्यन्त पिच्छल तथा दुर्गम है, जिससे गुजरते हुए हर समय अध:पतन तथा पागलपन की गंभीर खंदक में गिरने का भय है। इस पथ पर चलने का जिन्होंने भी साहस किया है, उनमें से बहुत ही कम व्यक्ति वापस आ सके हैं। परन्तु पवित्र रामकृष्ण उक्त पथ पर यात्रा करने से पूर्व जिस प्रकार निष्कलंक थे, उसी निष्कलंक अवस्था में, बल्कि अग्नि में तपाये हुए इस्पात के समान पहले से भी दृढ़तर होकर वापस आये।

---

१. **यह व्याख्या भी स्वामी शारदानन्द की पुस्तक के आधार पर ही लिख रहा हूँ। राइसब्रुक रचित "De Ornatu Spiritalism Nuptiarum" से तुलना कीजिए: ''आगे बढ़ो! भगवान् स्वयं ही कह रहे हैं।...वे ही अंधकार के बीच से आत्मा के साथ आलाप करते हैं, और आत्मा निमग्न हो जाती है तथा दूर खिसक जाती है। इस पवित्र अंधकार में ही आत्मा को विलीन होना होगा, जहाँ पर आनन्द मनुष्य को अपने-आपसे मुक्त करता है, ताकि वह फिर कभी अपने-आपको मानवीय विचारों के अनुकूल न पा सके। उस गह्वर में जहाँ पर कि प्रेम मृत्यु की अग्नि को प्रज्वलित करता है, मैं शाश्वत जीवन के प्रभात के दर्शन करता हूँ।...मूल तत्व के महासमुद्र और प्रज्वलित अंधकार में, अपने-आपको विलीन करने के लिए ही इस अनन्त प्रेम के द्वारा हम अपने लिए मरने और अपनी कारागार से मुक्ति के आनन्द को स्वीकार करते हैं।''**

२. **परन्तु उनकी प्रकृति ने उन्हें अपने मार्ग के अंतिम मील के उस चौराहे पर जहाँ कि मनुष्य साकार भगवान् व उसके प्रेम से विदा लेता है, रोक लिया। उनकी आध्यात्मिक माता भैरवी ने भी उन्हें इससे आगे बढ़ने के लिए प्रेरित नहीं किया। वे दोनों ही अपने सहज बोध से विवश होकर निराकार के उस अंधकारमय दृश्य, तथा गम्भीर गह्वर में प्रविष्ट होने से घबड़ाते थे।**

प्रेम के द्वारा भगवान् से मिलने के जितने भी तरीके हैं, भक्तगण स्वामी भृत्य भाव, माता-पुत्र भाव, सखा भाव, पति-पत्नी भाव आदि जिन उन्तीस भावों में से किसी एक का आश्रय लेकर भगवान् से अपना संबंध स्थापित करते हैं, उन सब पर रामकृष्ण का पूरा अधिकार हो गया। दिव्य दुर्ग के सब पार्श्वों पर उन्होंने विजय प्राप्त कर ली। और वह व्यक्ति जो भगवान् पर विजय प्राप्त कर लेता है, वह भगवत्-प्रकृति का अंश भी ग्रहण कर लेता है।

रामकृष्ण की दीक्षागुरु—भैरवी ने रामकृष्ण के अंदर भगवान् के अवतार का दर्शन किया। इसलिए उसने दक्षिणेश्वर में पण्डितों की एक सभा बुलाई, जिसमें विद्वानों के पाण्डित्यपूर्ण वाद-विवाद के पश्चात् भैरवी ने धार्मिक सम्प्रदायों के आचार्यों से यह अनुरोध किया कि वह रामकृष्ण को नव अवतार के रूप में घोषित करें।

इसके अनन्तर उनकी ख्याति दिन-प्रति-दिन बढ़ने लगी। चारों तरफ दूर-दूर से उस आश्चर्यजनक व्यक्ति के दर्शनों के लिए, जिसने न केवल एक ही साधना में, अपितु साधना के सभी मार्गों पर उनके संधिस्थल पर बैठकर अपना अधिकार जमा लिया था, आने लगे। भगवान् के विभिन्न पथों के सभी यात्री, साधु, संन्यासी फकीर व विचारक उनसे सलाह व शिक्षा लेने के लिए उनके पास आने लगे। वे सभी अपने वर्णनों में रामकृष्ण के उस देहलावण्य का उल्लेख करते हैं, जो कि दीर्घकाल तक भावावेश की अग्नि में तपने के कारण वह्नितप्त सुवर्ण[१] के समान चमकता था। दांते[२] के समान रामकृष्ण नरक से लौटकर नहीं आये थे; वे समुद्र से रत्नराशि का अपहरण करके लौटे थे। परन्तु अपने जीवन के अंतिम दिन तक रामकृष्ण एक सरल व्यक्ति ही बने रहे; उनके अंदर दम्भ व गर्व का लेश-मात्र भी न था। वे भागवत् उन्मत्तता में इस प्रकार विलीन रहते थे कि अपने बारे में सोचने का अवसर ही उन्हें न मिलता था। उन्होंने क्या प्राप्त कर लिया है, इसकी अपेक्षा उन्हें और क्या करना शेष है, इस बात का ध्यान ही उन्हें व्यस्त किये रखता था। 'यह अवतार है'—इस प्रकार की प्रशंसा को वह एकदम नापसंद करते थे। और जब वे उस उच्च स्थान पर पहुँच गये, जिसे कि अन्य सब व्यक्ति, यहाँ तक कि उनकी पथप्रदर्शिका गुरु भैरवी भी अन्तिम शिखर मानती थी, तो वे वहाँ भी नहीं रुके और आरोहण की अन्य चोटी, अन्तिम तीव्र ढलानदार पर्वत-शिखर की ओर देखने लगे, और वे उस शिखर तक पहुँचने के लिए बाध्य थे।

परन्तु इस अन्तिम आरोहण के लिए पुराने पथदर्शक पर्याप्त न थे। और इसलिए उनकी वह आध्यात्मिक माता, जिसने कि तीन वर्ष तक बड़े यत्न तथा गौरव के साथ उनका लालन किया था, वह अब रामकृष्ण को एक कठोरतर व उच्चतर गुरु से निर्देश ग्रहण करते देखकर

---

१. भारतवर्ष के योगी गण भावावेश से होने वाले इस रक्त-प्रवाह के तीव्रोच्छ्वास को निरन्तर लक्ष्य करते रहते हैं। जैसा कि हम आगे देखेंगे, रामकृष्ण जब किसी धार्मिक व्यक्ति से मिलने के लिए जाते थे, तब उनकी छाती को देखकर यह बतला देते थे कि वह ईश्वरीय अग्नि में से गुजरा है या नहीं!

२. दांते : यह इटली के सर्वश्रेष्ठ कवि हुए हैं। 'डिविना कमेडिआ' इनकी सर्वश्रेष्ठ रचना है।

उसे सहज में सहन न कर सकीं। जब कोई सन्तान एकमात्र अपनी माता के दूध पर निर्भर नहीं रहती, तो अनेक माताएँ इसी प्रकार अनुभव करती हैं।

सन् १८६४ के अन्त में ठीक उस समय जबकि रामकृष्ण ने साकार भगवान् पर विजय प्राप्त कर ली थी, निराकार भगवान् का वह संदेशवाहक, जिसे अभी तक अपने मिशन का बोध न था, दक्षिणेश्वर में आया। यह अनन्य साधारण वैदान्तिक पण्डित व साधक—(दिगम्बर) तोतापुरी थे। वे एक परिव्राजक संन्यासी थे, जिन्होंने निरन्तर चालीस वर्ष की साधना के बाद सिद्धि प्राप्त की थी। वे मुक्तात्मा थे—उनकी अवैयक्तिक दृष्टि सर्वथा निर्लिप्त भाव से इस मायामय विश्व का अवलोकन करती थी।

बहुत दिनों से रामकृष्ण वेदना के साथ यह अनुभव कर रहे थे कि उनके चारों तरफ निराकार ब्रह्म और उसके दूतगणों[१] की एक अमानुषिक व अतिमानुषिक निर्लिप्तता व्याप्त हो रही है। यह दूतगण वे परमहंस हैं, जिन्होंने व्योमस्पर्शी उच्चता प्राप्त की है; जिन्होंने सब वस्तुओं का हमेशा के लिए त्याग कर दिया है; और जो ऐसे भयानक विरक्त हैं कि जिन्होंने देह और आत्मा को भी त्याग दिया है, और जो कि हृदय की अन्तिम निधि स्वरूप, भगवत्प्रेम के अमूल्य रत्न को भी छोड़ चुके हैं। दक्षिणेश्वर में आकर रहने के प्रथम दिनों में रामकृष्ण को इन जीवित शवों के प्रति एक भयानक आकर्षण पैदा हुआ था और यह सोचकर कि सम्भव है कि उनकी भी एक दिन ऐसी ही अवस्था न हो जाये, वे भय से रोने लगे थे। रामकृष्ण के समान एक आजन्म प्रेमिक व कलाप्रेमी के लिए, जिसे कि मैंने प्रेमोन्मत्त कहकर वर्णन किया है, ऐसा विचार कितना कष्टदायक है, यह कल्पना करने की बात है। उन्हें अपने प्रेमपात्र को देखने, स्पर्श करने व आत्मसात् करने की आवश्यकता अनुभव होती थी; और वह तब तक सन्तुष्ट न होते थे जब तक कि वे उसकी जीवित मूर्ति को अपने आलिंगन-पाश में न आबद्ध कर लेते थे। एक नदी के समान उसमें स्नान न कर लेते थे, और उसकी दिव्य मूर्ति तथा सौन्दर्य को अपने अन्दर प्रतिष्ठित न कर लेते थे। ऐसे व्यक्ति को आज अपने इष्टतम गृह का त्याग करना होगा; और अपने समस्त मन और देह को भावमय और निराकार में लीन करना होगा? ऐसी विचार-धारा हमारे किसी पाश्चात्य वैज्ञानिक के प्रति जितनी पीड़ादायक है व उसकी प्रकृति के प्रतिकूल है, रामकृष्ण के लिए वह उससे कहीं अधिक कष्टदायक व प्रतिकूल थी।[२] किन्तु इस विचार से छुटकारा पाने का उनके पास कोई मार्ग न था। उसका भय ही विषधर के तीव्र नेत्रों के समान उन्हें अपनी ओर आकृष्ट करने लगा। यद्यपि ऊँचाइयों के विचार से उनका मस्तिष्क चकरा रहा था, तथापि जब वे पर्वत की चोटियों पर पहुँच चुके थे, तो उनके अन्तिम सिरे तक पहुँचने के लिए मजबूर थे। भगवत्रूपी महाप्रदेश का अन्वेषक तब तक अपनी यात्रा समाप्त न कर सकता था जब तक कि वह रहस्यमय नील नदी के उद्गम

---

१. मूल पुस्तक में **Missi Dominici** शब्द है, जिसका अर्थ है—प्रभु के दूत।

२. यह एक ध्यान देने की बात है कि रामकृष्ण में कविता तथा कला की उत्कृष्ट प्रतिभा के होते हुए भी वे गणितशास्त्र में रुचि नहीं रखते थे। विवेकानन्द का मन दूसरे प्रकार का था। कला के प्रति उनका अनुराग रामकृष्ण की अपेक्षा कम न होने पर भी विज्ञान के प्रति भी उनकी पर्याप्त रुचि व प्रेम था।

स्थान पर न पहुँच जाए।

मैं पहले ही कह चुका हूँ कि निराकार भगवान् अपने सब आकर्षक तथा आतंक के साथ रामकृष्ण की प्रतीक्षा कर रहा था। परन्तु रामकृष्ण उसके पास नहीं गये। इसलिए तोतापुरी इस काली के प्रेमिक को लेने के लिए आये।

पास से गुजरते हुए तोतापुरी ने ही रामकृष्ण को पहले देखा, यद्यपि रामकृष्ण ने उनकी तरफ ध्यान नहीं दिया। तोतापुरी तीन दिन से अधिक एक स्थान पर नहीं ठहर सकते थे। उन्होंने देखा, मन्दिर का तरुण पुरोहित [१] मंदिर की सीढ़ी पर बैठा हुआ अपने ध्यान के गुप्त आनन्द में निमग्न है। तोतापुरी उसे देख कर विस्मित हो गये।

उन्होंने कहा, 'वत्स! मैं देखता हूँ कि तुम पहले ही सत्य के मार्ग पर काफी दूर तक अग्रसर हो चुके हो। यदि तुम चाहो तो मैं तुम्हें इससे भी अगली मंजिल पर पहुँचा सकता हूँ। मैं तुम्हें वेदान्त की शिक्षा दूँगा।'

रामकृष्ण ने सहज सरल भाव से उत्तर दिया, 'माँ से पूछ लूँ।' उनकी इस सरलता ने उस कठोर संन्यासी को भी मुग्ध कर लिया और वह मुस्कराने लगा। माँ ने अनुमति दे दी, और रामकृष्ण ने अत्यन्त नम्रतापूर्वक इस भगवत्-प्रेरित गुरु के चरणों में पूर्ण विश्वास के साथ आत्मसमर्पण कर दिया।

परन्तु दीक्षा लेने से पूर्व रामकृष्ण को परीक्षा देनी पड़ी। पहली शर्त यह थी कि उन्हें अपने सब विशेषाधिकार व संकेतचिह्न, ब्राह्मण का उपवीत, पुरोहित की पदमर्यादा एवं अन्यान्य सब सुविधाएँ त्याग करनी होंगी। रामकृष्ण के लिए यह अत्यन्त तुच्छ वस्तुएँ थीं। परन्तु केवल यही नहीं, रामकृष्ण अब तक जिस वस्तु को लेकर जीवित थे, उस साकार भगवान् तथा उसके प्रति स्नेह, ममता-माया—एवं यहाँ पर तथा अन्यत्र भी प्रेम व त्याग के द्वारा उन्होंने अब तक जो कुछ प्राप्त किया था, उस सबको भी उन्हें एक ही क्षण में चिरकाल के लिए विसर्जन करना होगा। पृथ्वी के समान नग्न होकर उन्हें प्रतीक के रूप में स्वयं अपना शवदाह करना होगा। अपने अहंकार व हृदय के अन्तरतम अवशेष को भी उन्हें दफनाना होगा। तभी वे संन्यासी के उन गैरिक वस्त्रों के अधिकारी हो सकेंगे जो कि उनके नवजीवन के प्रतीक हैं। अब तोतापुरी उन्हें अद्वैत वेदान्त[२] के मुख्य सिद्धान्तों, एक अद्वितीय एवं अभिन्न

---

१. **रामकृष्ण की आयु उस समय केवल २८ वर्ष की थी।**

२. **वेदान्त में अद्वैत वेदान्त (जहाँ दूसरा नहीं है) ही सर्वापेक्षा कठिन एवं अमूर्त है। यह पूर्णरूप से द्वैतवाद की अस्वीकृति है। एकमात्र एक अनन्य सत्ता के अतिरिक्त और कुछ नहीं है। चिन्मय, भगवान्, असीम, अव्यय ब्रह्म, आत्मा आदि इस परमतत्त्व के ही नाम हैं, क्योंकि इस सत्ता को अपने लक्षण में सहायता प्रदान करने के लिए किसी गुण की आवश्यकता नहीं है। इसके लक्षण के लिये किये गए प्रत्येक प्रयत्न का शंकर ने डेनिस दि एरियोपेजिट के समान केवल एक ही उत्तर दिया है 'नेति नेति'। प्रत्येक प्रतीयमान वस्तु, हमारे मन तथा इन्द्रियानुभूति का जगत्, यह सब एक भ्रान्ति (अविद्या) से समाच्छन्न अव्यय सत्ता के अतिरिक्त और कुछ नहीं है। इस अविद्या के प्रभाव से**

ब्रह्म तथा किस प्रकार अहम् के सन्धान में गंभीर में गोता लगाना होगा, जिससे कि ब्रह्म के साथ उसकी एकरूपता की उपलब्धि हो सके और समाधि के द्वारा उसे ब्रह्म में प्रतिष्ठित किया जा सके, आदि की शिक्षा देने लगे।

यह सोचना भूल होगी कि उस व्यक्ति के लिए जिसने समाधि की अन्य सब मंजिलों को पार कर लिया था, उसकी अन्तिम मंजिल तक पहुँचाने वाले संकीर्ण द्वार की कुंजी का पा लेना एक सरल कार्य था। यहाँ पर उनका अपना ही विवरण उद्धृत करना उचित है। कारण, यह भारतीय धर्मशास्त्रों से ही सम्बद्ध नहीं है, अपितु अतिप्राचीन पश्चिमदेशीय धर्मशास्त्रों से भी सम्बन्ध रखता है, जिनमें कि आत्मा के दिव्य दर्शन से सम्बन्ध रखने वाली सब वैज्ञानिक प्रणालियों का लिपिबद्ध संग्रह है।

''नग्न तोतापुरी ने मुझे मन को सब वस्तुओं से हटाकर उसे आत्मा के गभीर में निमग्न करने की शिक्षा दी। परन्तु मेरे सब प्रकार के प्रयत्नों के बावजूद मैं नाम और रूप की सीमा का उल्लंघन कर निरपेक्ष अवस्था में अपनी आत्मा को न ले जा सका। अवश्य ही ज्योतिर्मयी माँ[१] की सुपरिचित मूर्ति के अतिरिक्त अन्य सब पदार्थों से मन को पृथक् करने में मुझे कोई असुविधा अनुभव नहीं हुई। परन्तु माँ तो ज्ञान का सार है, और वह मेरे सम्मुख एक जीवित वास्तविकता के रूप में प्रकट हुई। उसने परम के पथ को रोक दिया। मैंने अनेक बार अद्वैत वेदान्त के आदेशों पर अपने मन को केन्द्रित करने की चेष्टा की, परन्तु हर दफे माँ ने बीच में आकर दखल दिया। अन्त में हताश होकर मैंने तोतापुरी से कहा, 'इससे कुछ लाभ नहीं। मैं अपनी आत्मा को अनपेक्ष अवस्था की उच्चता तक पहुँचने व परमात्मा के सम्मुख उपस्थित करने में कभी सफल न हो सकूँगा।' तोतापुरी ने भर्त्सना के स्वर में कहा, 'क्या कहा? तुम नहीं कर सकोगे? तुम्हें करना होगा।' यह कहकर उन्होंने अपने इधर-उधर नजर दौड़ायी और एक काँच के टुकड़े को उठाकर और उसे मेरे दोनों नेत्रों के ठीक बीच में रखकर कहने लगे, 'अपने मन को इस स्थान पर केन्द्रित करो।' मैंने पुनः अपनी शक्ति के साथ ध्यान करना प्रारम्भ किया, और जैसे ही दिव्य माँ की सुन्दर मूर्ति मेरी आँखों के सामने प्रकट हुई, मैंने विचार की तलवार से उसे खण्डित कर दिया। इस प्रकार अन्तिम बाधा भी विनष्ट हो गयी, और मेरी आत्मा तत्काल व्यग्रतापूर्वक अपेक्षित की सीमा को पार करने के लिए

ही, जिसकी कि शंकर व उनके अनुयायी कोई स्पष्ट व्याख्या नहीं कर पाये हैं, ब्रह्म नाना रूप व नाम धारण करता है—जो कि वास्तव में नास्तित्व के अतिरिक्त और कुछ नहीं हैं। इस 'अहम्' माया मूर्तियों के विश्वप्लावन के नीचे जो एकमात्र अस्तित्व है वही सत्य सत्ता, परमात्मा है, जो एक है। इस परमात्मा की उपलब्धि में सत्कर्म कोई सहायता प्रदान नहीं करते। तथापि सत्कर्मों द्वारा एक ऐसे अनुकूल वातावरण की सृष्टि हो सकती है जिससे चैतन्य का उदय हो सकता है। परन्तु एकमात्र एवं सीधे चैतन्य के द्वारा ही आत्मा की मुक्ति हो सकती है। इसीलिए ग्रीक लोगों का 'अपने आपको जानो' यह वाक्य भारतीय वेदान्तियों के 'अपने आपको देखो, अपना आप हो जाओ' का विरोधी है।...'तत्वमसि' (तू ही वह है)।

१. प्रेमाधार काली माँ।

दौड़ी और मैं समाधिस्थ हो गया।'

अनधिगम्य का प्रवेशद्वार अत्यन्त कठोर परिश्रम तथा अनेक कष्टों के द्वारा ही उन्मुक्त किया जा सकता है। परन्तु रामकृष्ण इस प्रवेश-द्वार में प्रवेश करने के साथ ही समाधि की अंतिम मंजिल—निर्विकल्प समाधि पर—जिसमें कि द्रष्टा और दृश्य दोनों का ही लोप हो जाता है—पहुँच गये।

'विश्व का लोप हो गया। स्थान का भी विलय हो गया। प्रारम्भ में मन की अस्पष्ट गंभीरता में विकारों की परछाइयाँ तैरने लगीं। अहम् की एक दुर्बल चेतना अविराम रूप से स्पन्दित होने लगी। परन्तु बाद में वह शान्त हो गयी। अस्तित्व के अतिरिक्त और कुछ भी शेष न रहा। आत्मा परमसत्ता में विलीन हो गयी। द्वैत का लोप हो गया। ससीम व निःसीम का विस्तार एकाकार हो गया। शब्द और विचार से अतीत होकर उसने ब्रह्मत्व को प्राप्त कर लिया।'

जिस सिद्धि को प्राप्त करने के लिए तोतापुरी को सुदीर्घ चालीस वर्ष का समय लगा था, रामकृष्ण ने वह एक ही दिन में प्राप्त कर ली। जिस परम ज्ञान की प्राप्ति के लिए संन्यासी तोतापुरी ने रामकृष्ण को प्रबुद्ध किया था, उसके फल को देखकर वे स्वयं विस्मित व भयभीत हो गये। कई दिन तक रामकृष्ण का शरीर एक शव के समान कठोर अवस्था में बना रहा, जिसमें से ज्ञान की चरम सीमा को प्राप्त आत्मा के प्रशान्त प्रकाश की ज्योति विकीर्ण हो रही थी।

तोतापुरी अपने नियम के अनुसार तीन दिन से अधिक कहीं नहीं ठहर सकते थे। परन्तु जो शिष्य अपने गुरु से भी कहीं आगे बढ़ गया था, उससे आलाप करने के लिए ग्यारह मास तक वहीं बने रहे। अब उनके सम्बन्ध विपरीत हो गये। तरुण विहंग आकाश के ऊर्ध्वतर लोक से नीचे उतर आया था, जहाँ पर उसने पर्वतों की उच्चतम शृंखला से भी ऊपर दृष्टिनिक्षेप किया था। वृद्ध नागा[१] संन्यासी के तीक्ष्ण संकीर्ण चक्षुओं की अपेक्षा इस तरुण पक्षी के आयत नेत्रों ने एक विस्तृततर दृश्य का अवलोकन किया था। इसलिए अब वह विहंग सर्प को शिक्षा देने लगा। परन्तु बिना पर्याप्त विरोध के यह संभव न हो सका।

आओ! हम दोनों द्रष्टाओं का आमने-सामने अवलोकन करें।

रामकृष्ण का कद छोटा, रंग भूरा व छोटी दाढ़ी थी। उनकी सुन्दर आँखें, 'विस्तृत काली आँखें, जो प्रकाश से परिपूर्ण, तनिक तिरछी व अर्धनिमीलित मुद्रा में रहती थीं,'[२] कभी पूरी न खुलती थीं; परन्तु अर्धमुदित अवस्था में भी वह बाहर और भीतर दूर-दूर तक देख सकती थीं। उनका मुख उनकी शुभ्रदन्तावलि पर एक जादूभरी मुस्कान[३] के साथ, जो एक साथ ही

---

१. **तोतापुरी 'नागा' सम्प्रदाय के अनुयायी थे। नाग शब्द का अर्थ सर्प भी है। यहाँ रोलां ने समझने में भूल की है। नागा शब्द नग्न शब्द का अपभ्रंश है, नाग व सर्प का नहीं।**

—अनुवादक

२. मुखर्जी। (धनगोपाल मुखोपाध्याय)—अनु०

३. महेन्द्रनाथ गुप्त

स्नेह और सम्भ्रमपूर्ण होती थी, अर्धविकसित अवस्था में रहता था। वे मझोले कद के थे। क्षीणकाय व अत्यन्त कोमल थे।[१] उनकी प्रकृति असाधारण रूप से भावुक थी; कारण वे शारीरिक व नैतिक सब प्रकार के सुख-दुःखों के प्रति अत्यन्त अनुभूतिशील थे। निःसन्देह, जो कुछ भी उनकी आँखों के दर्पण के सामने घटित होता था, वे उसके जीवित प्रतिबिम्ब थे; उनकी आँखें उस द्विपार्श्व दर्पण के समान थीं, जिसमें बाहर और भीतर दोनों पार्श्व की घटनाएँ प्रतिबिम्बित होती हैं। उनकी अद्‌भुत नमनीय शक्ति अपनी आत्मा को, तत्काल दूसरों की आत्मा के अनुसार ढाल लेती थी, परन्तु ऐसा करते हुए वह अपने सुदृढ़ नगरदुर्ग[२] (Feste Burg)—अन्तहीन गतिशीलता के अपरिवर्तनशील व असीमित केन्द्र को विनष्ट न होने देते थे। 'उनकी बोली घरेलू बँगला थी...जिसमें एक हल्का सा आनन्ददायक तोतलापन था। परन्तु उनके शब्द, आध्यात्मिक अनुभव की समृद्धि, उपमा व रूपक के अक्षय कोष, विलक्षण निरीक्षण-शक्ति, उज्ज्वल तथा सूक्ष्म व्यंग्य परिहास, आश्चर्यजनक सहानुभूति की उदारता और ज्ञान के अनन्त प्रवाह के द्वारा अपने श्रोता को अपने वश में कर लेते थे।[३]

इस गंभीर व नाना प्रतिबिम्बधारी गंगा के सम्मुख, जो अपने तरल पृष्ठ व जलतरंगों एवं अनेक घुमाव व मोड़ों के साथ, अपने अन्दर लाखों प्राणियों को धारण व पोषण करती हुई बह रही थी, तोतापुरी जिब्राल्टर की चट्टान के समान थे। वे अति विशालकाय तथा बलिष्ठ थे। उनका शारीरिक गठन बड़ा शानदार था। सिंहाकृति चट्टान के समान एकदम कठोर व दुर्धर्ष थे। उनका मन और शरीर दोनों ही लोहे के बने हुए थे। कष्ट व बीमारी क्या वस्तु है, यह वे जानते ही न थे। और उन्हें तुच्छ व उपहासास्पद समझते थे। वे मनुष्यों के नेता थे। परिव्राजक का जीवन व्यतीत करने से पूर्व वे पंजाब में एक मठ के सर्वेसर्वा थे, जिनमें सात सौ साधु रहते थे। वे एक ऐसी साधन-प्रणाली के गुरु थे, जो कि मनुष्यों के शरीर व मन को पत्थर के समान कठोर बना देती थी।[४] उनके मस्तिष्क में यह बात कभी घुसने ही न पाती थी कि कोई भी

---

१. बाद में माथुर बाबू के साथ जो तीर्थयात्राएँ उन्होंने कीं, उनमें वे एक दफे बहुत थक गये और चलने में असमर्थ होने के कारण उन्हें सवारी में ले जाना पड़ा।

२. अर्थात् जब वे नाम और रूपों के समस्त सूत्रों को उनके केन्द्रभूत ब्रह्म में संयुक्त करने में समर्थ हो गये। इसके पूर्व वे इनमें से प्रत्येक से पृथक्-पृथक् रूप से प्रभावित हुए थे।

(Eain Feste Burg) वह प्रसिद्ध गान है, जो कि प्रोटैस्टैण्ट धर्म के प्रचारक लूथर ने सन् १५२० में, जब उन्हें जर्मनी के राजदरबार में विचारार्थ लाया गया, तब गाया था। उसकी प्रथम कड़ी इस प्रकार है 'Eain feste Burg ist unser Gott'—जिसका अर्थ है, 'ईश्वर ही हमारा निश्चित सुदृढ़ दुर्ग है'। संभवतः उसी का यहाँ निर्देश किया गया है।—अनु०

३. इस विवरण का अन्तिम अंश एक प्रत्यक्षदर्शी नरेन्द्रनाथ गुप्त की स्मृति से लिया गया है, जो कि अभी तक जीवित हैं। 'प्रबुद्ध भारत' मार्च १९२७ तथा मॉडर्न रिव्यू, मई सन् १९२७ देखिए।

४. वर्तमान युग के शिक्षा सम्बन्धी मनोदैहिक विज्ञान (Psycho-Physiology) को ध्यान मार्ग में प्रयुक्त होने वाली भिन्न शैलियों का अनुशीलन करना चाहिए :—पहले

भावोद्वेग, आपत्ति, इन्द्रियों के तूफान या ईश्वरीय माया की जादू-शक्ति, जो कि समग्र अस्तित्व की कोलाहलकारी तरंगों को पैदा करती है, कभी उनकी इच्छा में बाधक हो सकती है। उनके लिए माया अस्तित्वहीन, शून्य और मिथ्या थी और वह हमेशा के लिए निन्दनीय व त्याज्य थी। रामकृष्ण के लिए माया स्वयं भगवान् है, क्योंकि प्रत्येक वस्तु ही भगवान् है। यह भी ब्रह्म का ही एक चेहरा है। इसके अतिरिक्त रामकृष्ण जब तूफानों के बीच से गुजरते हुए एक चोटी पर पहुँच गये, तो वे चढ़ाई में होने वाली वेदना, भावावेश तथा आकस्मिक आपत्तियों को भूल नहीं गये। उनकी यात्रा के अत्यन्त महत्त्वशून्य चित्र भी अपनी किस्मों के अनुसार, अपने उचित समय व स्थान पर, शिखरों के आश्चर्यजनक दृश्य के साथ उनकी स्मृति में जड़े हुए थे। परन्तु उस नग्न मनुष्य के पास अपने स्मृति-कोष में रखने के लिए क्या वस्तु थी? उसका मन भी उनके समान ही सब प्रकार के भावों व प्रेम-भावनाओं से शून्य था—एक इटालियन के शब्दों में, जैसा कि उसने अम्ब्रिया के एक 'सर्वश्रेष्ठ चित्रकार'[१] के बारे में कहा था, वह "एक पत्थर का दिमाग था।" उस संगमरमर को फलप्रसू वेदना की छेनी से काटकर सुन्दर मूर्ति का रूप देने की आवश्यकता थी। और ऐसा ही हुआ।

महान् तीक्ष्ण बुद्धि के होते हुए भी वे यह समझने में असमर्थ थे कि परमात्मा की तरफ ले जाने के लिए प्रेम भी एक मार्ग हो सकता है। उन्होंने रामकृष्ण के अनुभवों को चुनौती दी और उच्च स्वर से कही हुई प्रार्थनाओं तथा अन्य सब गायन, स्तोत्र तथा धार्मिक नृत्य आदि बाह्य चेष्टाओं के प्रति तीव्र घृणा प्रकट की। सायंकाल के समय जब रामकृष्ण करतल-ध्वनि के साथ ईश्वर का नाम लेने लगे, तब उन्होंने व्यंग्ययुक्त हँसी के साथ कहा, "क्या रोटी पका रहे हो?"

परन्तु उनके न चाहते हुए भी उनके अन्दर जादू अपना कार्य करने लगा। उनके साथी द्वारा मधुर स्वर में गाये हुए कुछ स्तोत्रों ने उन्हें यहाँ तक प्रभावित किया कि उनके नेत्रों में अश्रु दिखाई देने लगे। बंगाल की वंचक व दुर्बलकारी जलवायु ने इस पंजाबी पर भी अपना असर किया, यद्यपि उसने उसकी उपेक्षा करने की चेष्टा की। उनकी शिथिल शक्ति अब उनके भावोद्वेगों पर पूर्ण नियन्त्रण करने में असमर्थ हो गई। बलिष्ठतम मनों में कभी-कभी ऐसे विरोध होते हैं, जिन्हें कि उनके स्वामी प्रायः लक्ष्य नहीं कर पाते। कर्मकाण्डों के इस मजाक उड़ाने वाले के मन में भी अग्नि के रूप में एक प्रतीक की पूजा करने की कमजोरी थी। और वे हर समय अपने पास अग्नि प्रज्वलित रखते थे। एक दिन एक नौकर उनकी धूनी में से कुछ जलती हुई लकड़ी लेने के लिए आया, तोतापुरी ने उसके इस अश्रद्धायुक्त व्यवहार का

सुविधाजनक आसन, पुनः धीरे-धीरे कठोर एवं कठोरतर और फिर सर्वथा खुली भूमि पर आसन, और साथ ही भोजन और आच्छादन का तब तक धीरे-धीरे त्याग जब तक कि सर्वथा नग्नता तथा उपवास की स्थिति न प्राप्त हो जाए। इस दीक्षा के अनन्तर नवदीक्षितों को पहले कुछ साथियों के साथ और फिर अकेले ही तब तक देश पर्यटन के लिए इधर-उधर भेज दिया जाता है; जब तक कि उन्हें बाह्य संसार से बाँधने वाले सब बन्धन न टूट जाएँ।

१. राफेल का गुरु पीड्रो पीरुजिनो। उसके सम्बन्ध से यह वासारि की आलोचना है।

प्रतिवाद किया। रामकृष्ण यह देखकर अपने बालसुलभ स्वभाव के अनुसार हँस पड़े। "देखो देखो!" उन्होंने कहा, "आप भी माया की दुर्दमनीय शक्ति के आगे हार मान गये हैं!"

तोतापुरी स्तम्भित रह गये। क्या वे वास्तव में बिना जाने ही माया के वशवर्ती हो चुके थे? बीमारी ने भी उनकी गर्वीली आत्मा को अपनी कमजोरियाँ अनुभव करने के लिए बाध्य किया। बंगाल में कई महीनों के लगातार निवास ने उन पर अतिसार का तीव्र आक्रमण किया। उन्हें बाहर चला जाना चाहिए था, परन्तु उनका यह कार्य कष्ट व दुःख से डरकर भागना होता। वे जिद पकड़ गये "मैं अपने शरीर का दास न बनूँगा।" बीमारी बढ़ती गयी और उनकी आत्मा अपने-आपको उससे पृथक् न रख सकी। उन्होंने चिकित्सा कराना स्वीकार किया, परन्तु कुछ लाभ न हुआ। दिन प्रतिदिन, दिन के बढ़ने के साथ क्रमशः बढ़ती हुई परछाईं की तरह बीमारी उग्ररूप धारण करती चली गयी, यहाँ तक कि उस संन्यासी के लिए ब्रह्म में ध्यान लगाना असंभव हो गया। अपने शरीर द्वारा इस प्रकार अपने क्षय को लक्ष्य करके वह उसे त्याग देने के लिए गंगा पर गये। परन्तु एक अदृश्य हाथ ने उन्हें रोक दिया। जब वे जलप्रवाह के अन्दर प्रविष्ट हुए तो या तो उनकी डूबने की इच्छा ही न रही, या अपने को डुबाने की सामर्थ्य। वे सर्वथा निराश होकर वापस लौट आये। उन्होंने माया की शक्ति का अनुभव कर लिया। जीवन में, मृत्यु में, दुःख के अंतराल में—सब जगह यह दिव्य माता माया विद्यमान है। वह रात उन्होंने अकेले ध्यान में व्यतीत की। जब प्रातःकाल हुआ तो वे एक और ही व्यक्ति थे। उन्होंने रामकृष्ण के सम्मुख स्वीकार किया कि ब्रह्म, शक्ति[१] या माया सब एक और अभिन्न वस्तु हैं। देवी माँ सन्तुष्ट हो गयीं और उन्हें रोगमुक्त कर दिया। उन्होंने अपने उस शिष्य को, जो कि अब उनका गुरु हो गया था, प्रणाम किया और ज्ञान के आलोक के साथ अपने मार्ग पर चले गये।[२]

बाद में रामकृष्ण ने तोतापुरी के द्विविध अनुभवों का निम्न शब्दों में वर्णन किया है:—

"जब मैं परम सत्ता की निष्क्रिय रूप में कल्पना करता हूँ—जब वह सृष्टि का निर्माण नहीं करती, रक्षा नहीं करती अथवा ध्वंस नहीं करती—तब मैं उसे ब्रह्म वा पुरुष—निराकार भगवान् कहता हूँ। और जब मैं उसकी सक्रिय-रूप में कल्पना करता हूँ, अर्थात् जब वह सृष्टि करती है, रक्षा करती है या ध्वंस करती है, तब मैं उसे माया या शक्ति प्रकृति[३]—साकार भगवान् कहता हूँ। परन्तु उनकी इस विभिन्नता का अर्थ पृथकता नहीं है। साकार तथा

---

१. शक्ति अर्थात् ईश्वरीय शक्ति, ब्रह्म की ज्योति।

२. तोतापुरी सन् १८६५ के अन्त के लगभग रामकृष्ण से विदा हुए थे। संभव है कि उन्होंने ही खुदाराम के पुत्र को, संन्यास की दीक्षा देते समय यह प्रसिद्ध रामकृष्ण नाम, जिसके कि वे अब विख्यात हैं, दिया हो। शारदानन्द-कृत 'साधक भाव' पृष्ठ २८५, नोट १, देखिए।

३. प्रकृति का अर्थ है "शक्ति, दृश्य जगत् की आत्मा' (The Soul of Nature), विश्व में कार्य करने का संकल्प।" (अरविन्द घोष प्रतिपादित लक्षण, जो कि उसे "निष्क्रिय और प्रसुप्त पुरुष का विरोधी" निर्देश करते हैं।)

निराकार एक ही सत्ता है, यह उसी प्रकार एक है जैसे दूध और उसकी धवलता, हीरा और उसकी चमक अथवा सर्प और उसकी वक्रता। एक के बिना दूसरे का विचार ही असंभव है। माँ और ब्रह्म दोनों एक ही हैं।''[१]

१. रामकृष्ण के काली के प्रति इस प्रेम-धर्म, और आपाततः प्रतीयमान मूर्ति-पूजा की तह में विद्यमान गम्भीर एकता की भावना के सम्बन्ध में हमारा क्या निर्णय होना चाहिए, इसके लिए इसकी तुलना एक और विवरण से कीजिए, जो कि यद्यपि इतना अधिक विख्यात नहीं है तथापि इससे भी अधिक विस्मयकर है:—

''काली, उसके अतिरिक्त और कुछ नहीं हैं, जिसे तुम ब्रह्म कहते हो। काली आदि-शक्ति हैं। जब वह निष्क्रिय होती हैं, तब हम उसे ब्रह्म कहते हैं (यह उसका शब्दार्थ है...)। परन्तु जब वह सर्जन, रक्षण व संहार का कार्य करती है, तब हम उसे शक्ति या काली कहते हैं। जिसे तुम ब्रह्म कहते हो, तथा जिसे मैं काली कहता हूँ, यह दोनों एक-दूसरे से उसी प्रकार अभिन्न हैं, जिस प्रकार अग्नि व उसका दहन-कार्य। यदि तुम एक का चिन्तन करते हो तो स्वभावतः ही दूसरे का भी स्वयं चिन्तन हो जाता है। काली को स्वीकार करना ब्रह्म को स्वीकार करना है और ब्रह्म को स्वीकार करना काली को स्वीकार करना है। ब्रह्म और उसकी शक्ति अभिन्न हैं। इसे ही मैं शक्ति या काली कहता हूँ।''—शंकराचार्य और रामानुज के दार्शनिक विचारों के सम्बन्ध में नरेन (विवेकानन्द) तथा महेन्द्रनाथ गुप्त के साथ रामकृष्ण का आलाप। वेदान्त केसरी पत्रिका, नवम्बर १९१६ में प्रकाशित।

४

ब्रह्म के साथ ऐक्य-बोध

यह महान् विचार किसी भी माने में नया नहीं था। भारत की आत्मा का अनेक शताब्दियों से इसी के द्वारा पोषण हुआ है और इस सुदीर्घ काल में वेदान्त दर्शनशास्त्र द्वारा इसे निरन्तर ढाला, गूँधा व तैयार किया गया है। शंकराचार्य के विशुद्ध अद्वैतवाद तथा रामानुज के विशिष्टाद्वैतवाद, इन दोनों वैदान्तिक सम्प्रदायों में यह एक अन्तहीन विवाद का विषय रहा है। विशुद्ध अद्वैतवादियों का प्रथम दल संसार को मिथ्या मानता है और एक निरपेक्ष को ही परम सत्ता स्वीकार करता है। दूसरा आपेक्षिक अद्वैतवादी दल ब्रह्म को एक परम सत्ता मानता है, परन्तु प्रतीयमान संसार व वैयक्तिक आत्माओं को भी उसी का रूपान्तर व विभिन्न रूप बतलाता है, जो कि भ्रमात्मक नहीं हैं, अपितु ब्रह्म के गुणों से प्रकाशित है। यह है विचार और शक्ति--जो जीवन्त अनेकता का बीज वपन करती है।[१] ये दोनों सम्प्रदाय ही एक दूसरे के प्रति सहिष्णु हैं, तथापि प्रथम दल के उग्रवादी द्वितीय दल के अनुयायियों को एक प्रकार का स्थायी समझौता करने के कारण मानवीय दुर्बलता के साथ पथ्य के समान अथवा कष्टदायक चढ़ाई में लाठी का सहारा लेने के समान घृणा व अवज्ञा की दृष्टि से देखते हैं। पेचीदा समस्या हमेशा यह रही है कि, ''दृश्यमान'' भ्रान्ति व माया का लक्षण क्या है? क्या यह सापेक्ष है अथवा निरपेक्ष है! शंकर ने स्वयं माया का कोई लक्षण नहीं किया है। उन्होंने केवल इतना ही कहा है कि माया विद्यमान है, और अद्वैत दर्शनशास्त्र का लक्ष्य उसका ध्वंस करना है। दूसरी तरफ रामानुज के विशिष्टाद्वैत का उद्देश्य वैयक्तिक आत्माओं के विकास में उसका किसी प्रकार उपयोग करना है।

ऐसी अवस्था में इन दोनों सम्प्रदायों के बीच रामकृष्ण की क्या स्थिति थी? उनके स्वभाव की नमनीयता उनको रामानुज से समन्वयात्मक समाधान की ओर आकृष्ट करती थी। परन्तु दूसरी तरफ उनके विश्वास की तीव्रता उन्हें अद्वैतवाद के उग्रतम रूप को स्वीकार करने के लिए बाध्य करती थी। उन्होंने अपनी प्रतिभा द्वारा ऐसी सजीव अभिव्यक्तियों तथा अत्यन्त विलक्षण रूपकों का आविष्कार किया, जिससे न केवल यह सुस्पष्ट हो जाता था कि शब्दों द्वारा उसकी व्याख्या असंभव है, अपितु यहाँ तक कि बुद्धि द्वारा भी उस तक पहुँचना संभव नहीं है। उन्होंने उस 'निरपेक्ष अव्यय सत्ता' रूपी सूर्य के साथ, जिसके बारे में इस आक्षेप का उत्तर देते हुए कि बुद्धि का विषय न होते हुए विशुद्ध बौद्धिक निरपेक्ष सत्ता की कल्पना असम्भव

---

१. इस प्रकार प्रकृति जो प्रकृति का निर्माण करती है, उसकी एक सीढ़ी का निर्माण हुआ है, जो कि निरन्तर गतिशील है व ऊपर चढ़ने की गुप्त शक्ति से युक्त है। इसमें ही मैक्समूलर और उनके बाद विवेकानन्द ने विकासवाद के सिद्धान्त की झाँकी देखी है।

हैं, शंकराचार्य ने कहा था कि, ''प्रकाशित होने वाले पदार्थों के अभाव में भी सूर्य चमकता रहता है,'' एक प्रकार का प्रायः दैहिक संपर्क स्थापित कर लिया था। परन्तु रामकृष्ण की शाब्दिक अभिव्यक्ति में अन्तर था। उनकी दृष्टि इतनी तीव्र थी कि वे प्रकाशित होने वाले पदार्थों को उस अवस्था में भी, जबकि वे उनके अस्तित्व से इनकार करते थे, बिना लक्ष्य किये न रह सकती थी। वे अपने सूर्य के बारे में कहा करते थे कि वह अच्छे व बुरे सबको एक-सा प्रकाश देता है—वह एक ऐसा दीपक है, जिसके प्रकाश के द्वारा एक मनुष्य धार्मिक पुस्तकों का अध्ययन कर सकता है, और दूसरा व्यक्ति जाली दस्तावेज बना सकता है—यह एक ऐसा चीनी का पर्वत है, जिससे चीनी के छोटे-छोटे कणों को लेकर जब चींटियाँ अघा जाती हैं, तो वे समझती हैं कि उन्होंने पर्वत को ही समाप्त कर दिया है, परन्तु जबकि वास्तव में वे उसके कुछ कण ही ले सकी हैं—यह एक ऐसा समुद्र है कि जिसके तट पर एक नमक की पुतली उसकी गहराई नापने के लिए उतरती है; परन्तु जिस क्षण उसके पैर समुद्र के पानी का स्पर्श करते हैं, उसी क्षण वह पिघल जाती है, विलीन हो जाती है और अदृश्य हो जाती है।[१] ''निरपेक्ष सत्ता'' वह सत्ता है, जिसे हम पकड़ नहीं सकते। यह हमारे हाथ नहीं आती, परन्तु इसका यह अर्थ नहीं है कि हमारा अस्तित्व ही नहीं है। यह हमारी चेष्टाओं, हमारे अज्ञान, हमारी बुद्धिमत्ता व हमारे अच्छे व बुरे कार्यों को आलोकित करती है। हम इसके बाहरी खोल को ही खटखटाते हैं, परन्तु एक सम्मिलन का क्षण आता है, जबकि वह हमें पुनः अपने विशाल मुख में ले लेती है और अपने अन्दर विलीन कर लेती है। परन्तु सम्मिलन के क्षण से पूर्व वह नमक की पुतली कहाँ थी? वे चींटियाँ कहाँ से आई थीं? और दीपक के प्रकाश में कार्य करने वाले उस धार्मिक सन्त व जाली दस्तावेज के लेखक का घर कहाँ है तथा उसकी पाठ्य सामग्री और उसकी आँख की बिनाई ही कहाँ है?

रामकृष्ण हमें बतलाते हैं कि सब धार्मिक शास्त्र भी किसी अंश तक अपवित्र हैं, कारण वे मानवीय मुखों से झूठे हो चुके हैं। परन्तु क्या यह अपवित्रता वास्तविक है! (क्योंकि यह पहले से ही ब्रह्मरूपी पवित्रता को स्वीकार करके चलते हैं) उन होंठों और मुखों का अस्तित्व कहाँ है, जिन्होंने भगवान के भोजन का कुछ अंश भक्षण किया है?

इसलिए जब अन्ततः सम्मिलन ही लक्ष्य है,—तो ''पृथकीकृत'' चाहे कैसा ही सम्पर्कहीन क्यों न हो, वह निश्चय ही अपृथकीकृत का कोई अंश होना चाहिए।[२] रामकृष्ण के

---

१. ''एक समय की बात है कि एक नमक की पुतली समुद्र की गहराई को मापने के विचार से, हाथ में एक मापने की यष्टिका लेकर समुद्र के किनारे पहुँची। जब वह समुद्र के जल के किनारे पर पहुँची, उसने विशाल समुद्र की ओर देखा। तब तक वह नमक की पुतली थी, परन्तु यदि वह केवल एक कदम और आगे बढ़ाती और समुद्र के अन्दर अपना पैर रख देती, तो वह समुद्र में ही विलीन हो जाती। वह नमक की पुतली, समुद्र की गहराई को हमें बतलाने के लिए कभी वापस नहीं आती।''

—रामकृष्ण वचनामृत

२. यहाँ यह देखने योग्य है कि निरपेक्ष सत्ता की प्रतिपादक अद्वैत दर्शनशास्त्र की विचारधारा का सुकरात के पूर्ववर्ती दार्शनिकों से कितना सादृश्य है! उदाहरणार्थ :

शब्दों में, "पृथकीकृत के साथ अपृथकीकृत का मिलन ही वेदान्त का अन्तिम लक्ष्य है।"[१]

वस्तुतः रामकृष्ण दर्शन के दो विभिन्न स्तरों व मंजिलों में स्पष्ट भेद करते हैं—एक माया के संकेत से आदिष्ट है, जो कि पृथकीकृत विश्व की वास्तविकता की सृष्टि करती है, दूसरा परिपूर्ण ध्यान (समाधि) का दर्शन है, जिसमें अनन्त के साथ एक क्षण का मिलन भी हमारे अपने व दूसरों से भी पृथकीकृत अहम् की भ्रान्ति को तत्काल विलुप्त कर देता है। परन्तु रामकृष्ण स्पष्ट कहते हैं कि जब तक हम संसार का एक अंश हैं, और उससे अपने ऐक्य-बोध के लिए उसकी वास्तविकता का कभी न बुझने वाला विश्वास (चाहे वह हमारे अपने ही दीपक में छिपा हुआ क्यों न हो) कायम रखते हैं, तब तक यह दावा करना कि संसार मिथ्या है, सर्वथा बेहूदा है। वह ऋषि जो समाधि से साधारण जीवन में आता है, उसे भी पुनः अपने पृथकीकृत अहम् के आवरण में चाहे वह कैसा ही सूक्ष्म व पवित्र क्यों न हो, आने के लिए बाध्य होना पड़ता है। उसे आपेक्षिकता के संसार में धकेल दिया जाता है। "जहाँ तक उसका अहम् आपेक्षिक रूप से, उसके लिए सत्य है, वहाँ तक यह संसार से भी सत्य है; परन्तु जब उसका अहम् पवित्र हो जाता है, तब उसकी इन्द्रियाँ समस्त बाह्य जगत् का निरपेक्ष की बहुरूप अभिव्यक्ति के रूप में देखने लगती हैं।

उस समय माया असली रूपों में प्रकट होती है। यह एक ही समय में सत्य और मिथ्या, ज्ञान और अज्ञान, (विद्या और अविद्या) परमात्मा की तरफ ले जाने वाली प्रत्येक वस्तु और उससे दूर ले जाने वाली प्रत्येक वस्तु के रूप में प्रकट होती है। इसलिए इसका अस्तित्व है।

रामकृष्ण के इस वैयक्तिक साक्षात्कार का भी वही मूल्य है, जो कि धर्मप्रचारक सेण्ट टामस के साक्षात्कार का है, क्योंकि उन्होंने भी स्वयं भगवान् का दर्शन व स्पर्श करके ही उन विज्ञानियों व परम ज्ञान के अधिकारियों के अनुभव की पुष्टि की थी जिन्होंने स्वयं साकार व निराकार भगवान् का साक्षात्कार किया था। और रामकृष्ण भी उन्हीं में से एक थे।

उन्होंने बाह्य व आभ्यन्तर दोनों तरह से भगवान् के दर्शन किये थे। भगवान् ने अपने-आपको उनके सम्मुख उद्घाटित कर दिया था। साकार भगवान् ने उनसे कहा था—"मैं ही निरपेक्ष हूँ। मैं ही पृथकीकरण का मूलाधार हूँ।" निरपेक्ष पुरुष से जो दिव्य शक्ति विकीर्ण होती है, उसके मूल में उन्होंने उसी तत्त्व को देखा था, जो कि परमात्मा और विश्व को पृथक करता है, जो कि निरपेक्ष भगवान् और माया में सामान रूप से विद्यमान है। माया, शक्ति,

---

आयोनिआ के एनैक्जीमैण्डर का "अनधिगम्यवाद" (Indeterminate) जिसमें उसने प्रतिपादन किया है कि सब पदार्थ पृथक्करण द्वारा उत्पन्न होते हैं। अथवा जेनोकेन और ईलीयेट्स का "एक अद्वितीयवाद" जो कि सब गति, सब परिवर्तन, सब भविष्य तथा सब अनेकता को भ्रान्ति बतलाता है। इन प्रथम युग के ग्रीक दार्शनिकों की दार्शनिक विचारधारा के साथ भारतीय विचारधारा की अटूट शृंखला को पुनः स्थापित करने के लिए अभी बहुत खोज की आवश्यकता है।

१. इसके लिए मैं उनकी १८८२ की मुलाकातों पर निर्भर करता हूँ, जब कि उनके जीवन का अन्तिम समय निकट था और इसलिए जिनमें उनके विचार का सार निहित है।

प्रकृति यह भ्रान्ति नहीं है। विशुद्ध अहम् के लिए वह उस परम-आत्मा की ही अभिव्यक्ति है, जो कि जीवात्माओं तथा विश्व का मूलस्रोत है।

उस क्षण के बाद से प्रत्येक वस्तु सहज व स्पष्ट हो गयी। ब्रह्म के अग्निसमुद्र से एकदम वापिस आने पर उस द्रष्टा ने उल्लासपूर्वक देखा कि किनारे पर प्रेमास्पद दिव्य माँ उसकी प्रतीक्षा कर रही है। परन्तु इस बार उसने उसे नयी आँखों से देखा, क्योंकि उसने उसके गूढ़ अर्थ को—निरपेक्ष के साथ उसकी एकता को समझ लिया था। मनुष्यों के निकट अपना स्वरूप अभिव्यक्त करने के लिए ही उस निराकार निरपेक्ष ने साकार मनुष्य या माता का रूप धारण किया था।[१] वही सब अवतारों का मूल तथा असीम व ससीम के मध्य दिव्य सम्पर्क-स्थापिका है।[२] इसलिए रामकृष्ण माँ का स्तुतिगान करने लगे :

---

१. भारतवर्ष में साकार भगवान् की नारी रूप में भी कल्पना की जाती है : प्रकृति, शक्ति।

२. ईसाई रहस्यवाद में पुत्र की भूमिका से इसकी तुलना कीजिए :—

''(भगवान् कहते हैं) वह प्यारा पुत्र मेरे यश का प्रकाश है, उसके चेहरे पर अदृश्य दृश्य रूप में प्रकट हो रहा है, जैसा कि मैं देवता रूप में हूँ, और जिसके हाथ में मैं अपने आदेश से द्वितीय सर्वशक्तिमत्ता को देता हूँ।''

—मिल्टन Paradise Lost, सर्ग ६, ६८०।

संभवतः रामकृष्ण भी 'द्वितीय' शब्द को छोड़कर, जो कि अभिव्यक्ति को, उसे उत्पन्न करने वाले भागवत संकल्प के अधीन कर देता है, यही बात कहते। परन्तु वे दोनों एक ही सर्वशक्तिमत्ता हैं। मिल्टन का भगवान् भी रामकृष्ण के ब्रह्म के समान निरपेक्ष पुरुष है, जो कि अभिव्यक्त नहीं है, और वह कर्म नहीं कर सकता। उसने इच्छा की, फलस्वरूप उसका 'पुत्र' ही जो कि स्रष्टा भगवान् है, उसका प्रतिनिधि होकर कार्य करता है (रामकृष्ण के लिए वही काली माँ हैं। पुत्र ही शब्द है, वही बात कहता है, उसका जन्म होता है, मृत्यु होती है, वही अभिव्यक्त होता है। परम पुरुष अदृश्य भगवान् है।

"Fountain of light Thyself invisible..."

प्रकाश का आदि स्रोत जो कि स्वयं अदृश्य है.....

(Paradise Lost 3, 374)

वह विचार और स्पर्श के अतीत है। वह अचल है तथापि सर्वव्यापक है, कारण वह सब पदार्थों में विद्यमान है :

''पिता की सन्तान वह शक्ति आयी और अपने महान् पिता के समीप बैठ गयी; वह भी अदृश्य हो गयी, परन्तु फिर भी उपस्थित रही (सर्वव्यापकता का यह विशेष अधिकार है)।'' 'Paradise Lost सर्ग ७, ५८८।

डैनिस सौरेट कृत Milton and Material Christianity in England १९२८, देखिए। इन दोनों रहस्यवादों में सादृश्य सुस्पष्ट व स्वाभाविक है। दोनों का ही जन्मस्थान प्राच्य में है, और दोनों ही मनुष्य के एक ही सीमाबद्ध क्रिया के फल हैं।

"मेरी दिव्य माँ निरपेक्ष से भिन्न नहीं हैं। वह एक साथ ही एक और अनेक है, वह एक और अनेक की अपेक्षा भी महान् है। मेरी माँ कहती है, "मैं ही विश्व की जननी हूँ, मैं ही वेदान्त का ब्रह्म हूँ, मैं ही उपनिषद् का आत्मा हूँ। मैं ही वह ब्रह्म हूँ जिसने पार्थक्य की सृष्टि की है। अच्छा व बुरा सभी समान भाव से मेरे आदेश का पालन करते हैं। कर्म[१] का नियम वस्तुतः विद्यमान है। मैं ही नियमों की निर्मात्री हूँ। अच्छे व बुरे सब कर्म मेरे ही आदेशों का पालन करते हैं। मेरे पास आओ। चाहे प्रेम (भक्ति) के द्वारा आओ, चाहे ज्ञान के द्वारा आओ या कर्म के द्वारा आओ; सभी भगवान् की तरफ ले जाते हैं। मैं इस संसार के बीच से, इस कर्म-समुद्र के मध्य से तुम्हें पथप्रदर्शन कराऊँगी। और यदि तुम चाहो तो मैं तुम्हें निरपेक्ष पुरुष का ज्ञान भी प्रदान करूँगी। तुम मुझे छोड़कर भाग नहीं सकते। जिन्होंने समाधि में निरपेक्ष पुरुष (परब्रह्म) के दर्शन कर लिये हैं, वे भी मेरी इच्छा की प्रेरणा से पुनः मेरे पास वापस आ जाते हैं।" मेरी माँ आदिमतन दिव्य शक्ति हैं। वह सर्वव्यापक हैं। वह समस्त दृश्य जगत् के अन्दर व बाहर विद्यमान हैं। वह जगत् की जननी है, और यह जगत् अपने हृदय में उसे धारण किये हुए हैं। वह मकड़ी है, और यह जगत् वह जाल है जिसे कि उसने स्वयं बुना है। मकड़ी अपने अन्दर से तार को बाहर निकालती है, और उससे अपने चारों तरफ जाल का निर्माण करती है। मेरी माँ एक साथ ही धृता एवं धारिणी[२] हैं। वही छिलका है और वही गूदा भी है।"

इस ओजस्वी मन्त्र का सार भारतवर्ष के प्राचीन उपादानों से ही संगृहीत है। रामकृष्ण व उनके अनुयायियों ने कभी यह दावा नहीं किया कि उनका यह विचार[३] एक नया विचार है। रामकृष्ण की प्रतिभा सर्वथा एक भिन्न प्रकार की थी। उन्होंने विचार में निद्रित देवताओं की तन्द्रा को भंग करके उन्हें मूर्तिमान् बना दिया। उन्होंने सुषुप्त अरण्य[४] के शुष्क स्रोतों को पुनः उद्बुद्ध किया और अपने चमत्कारिक व्यक्तित्त्व से उन्हें उष्णता प्रदान की। और इस प्रकार उनका यह ओजस्वी मंत्र अपने उच्चारण, अपने भावावेश, अपनी लय, अपने राग और अपने

---

१. कर्म—क्रमिक अस्तित्वों का उत्पादक शक्ति।

२. रामकृष्ण के प्रिय शिष्य 'म' रचित रामकृष्ण कथामृत। स्वामी विवेकानन्द की जीवनी के १९२२-२४ के अन्तिम संस्करण में।

३. इसके विपरीत उनकी यह प्रवृत्ति रही है कि वे जहाँ पर मौलिकता का दावा भी कर सकते थे, वहाँ भी उन्होंने इसे अस्वीकार ही किया है। मेरा विश्वास है कि आधुनिक भारत व अन्य देशों के भी समस्त महान् धार्मिक मनीषीगण की यह सामान्य धारणा है कि उनकी शक्ति इसी निश्चय में निहित है कि उनका सत्य एक प्राचीन सत्य व एक सनातन सत्य है। आर्यसमाज के प्रतिष्ठाता दयानन्द को यदि किसी नये विचार के प्रवर्तक की उपाधि दी जाती थी, तो वे अत्यन्त कुपित हो जाते थे।

४. अरण्य सौन्दर्य नामक प्रसिद्ध परियों की तरफ निर्देश है।
(फ्रान्सीसी कहानी का शीर्षक है **La Belle au Bois Dormant**)
जिनका शब्दार्थ है : 'सुषुप्त अरण्य का सौन्दर्य'।—अनुवादक)।

उत्कट प्रेम के गान में स्वयं एक विलक्षण वस्तु है।[१]

इस संगीत को कान लगाकर सुनिए। यह एक अपूर्व महान् संगीत है। यह निःसीम है, परन्तु साथ ही स्वरसंगति से पूर्ण है। यह किसी कविता के छन्द के ढाँचे में बँधा नहीं है परन्तु स्वयं ही एक नियमित सौन्दर्य और आनन्द में अपने-आपको ढाल लेता है। निरपेक्ष की उपासना बिना किसी प्रयत्न के ही माया की आवेगमय भक्ति से ओतप्रोत है। जब तक हम विवेकानन्द की वाणी को सुनकर इसकी गहराई को नहीं नाप सकते, तब तक आओ, इस प्रेम की पुकार को ही अपने कानों में भर लें। माया के बन्धनों में जकड़ा हुआ वह महान् योद्धा उनसे मुक्ति पाने के लिए निरन्तर प्रयत्न करता रहा, माया और उसमें निरन्तर संघर्ष चलता रहा। परन्तु रामकृष्ण के लिए यह स्थिति सर्वथा अजनबी थी। उनका किसी के साथ कोई संघर्ष न था। वे अपने शत्रु को भी मित्र की तरह प्यार करते थे, और कोई भी उनके आकर्षण का विरोध न कर सकता था। उनका शत्रु अन्त में उनसे प्रेम करने के लिए बाध्य हो जाता था। माया ने भी उन्हें अपने आलिंगन पाश में बाँध लिया। उन दोनों के ओष्ठाधर एक हो गये। आर्मीडा को उसका रैनाड[२] मिल गया। वह सर्सि[३] जो अपनी पाणिग्रहणार्थी अन्य जनता को

---

१. यह स्मरण रखने योग्य है कि इसके कवित्व व संगीतमय उपादान आंशिक रूप से बँगला की लोक-परम्परा से ही लिये गये हैं। प्राचीन वैष्णव कवियों के यात्रा व नाट्याभिनयों में प्रयुक्त गानों से उनका मन कितना प्रभावित हो चुका था, यह हम पहले ही देख चुके हैं। कबीर का एक दोहा वे प्रायः गाया करते थे। परन्तु आधुनिक कवियों व रागियों की बहुत सी रचनाओं ने भी उनके मन में काफी स्थान पाया था। (रामकृष्ण कथामृत—द्रष्टव्य) प्राचीन कवियों में, अठारहवीं शताब्दी के कवि रामप्रसाद उनके एक अति प्रिय कवि थे। रामकृष्ण 'माँ' के प्रति उनके स्तोत्रों को निरन्तर गाया करते थे व अपने प्रवचनों में उनका हवाला दिया करते थे। रामकृष्ण ने रामप्रसाद से अनेक चमत्कारिक उपमाएँ संगृहीत की थीं। यथा :—पतंग की उपमा जिसका कि आगे उल्लेख है। माँ के कुछ विशेष रूपों का वर्णन भी उन्होंने रामप्रसाद से ही लिया है। (उदाहरणार्थ :—माँ जब अपनी प्रिय सन्तान को भ्रान्त करने के लिए 'माया' का प्रयोग करती हैं, उस समय उसके नेत्रों में एक प्रकार की दुष्टतापूर्ण व्यंग हँसी छिपी रहती है।)

कथामृत में अन्य जिन गायक कवियों का उल्लेख है, उनमें निम्न उल्लेख-योग्य हैं :—उन्नीसवीं शताब्दी के पूर्वचरण के माँ के उपासक कवि कमलाकान्त; उन्हीं के समकालीन काली के उपासक नरेशचन्द्र; उसी युग के वैष्णव कवि एवं लोकप्रिय गीति रचयिता कुवीर; अपेक्षाकृत आधुनिक काल के कवि, केशवचन्द्र के शिष्य प्रेमदास (जिनका असली नाम त्रैलोक्य सान्याल था) जिन्होंने रामकृष्ण की अनेक नवीन रचनाओं से प्रेरणा प्राप्त की थी; एवं विख्यात नाटककार व रामकृष्ण के शिष्य गिरीशचन्द्र घोष (उनके 'चैतन्य लीला' व 'बुद्ध-चरित' प्रभृति नाटकों के गान)।

२. इस स्थान पर टारक्वेटो टासो चरित 'यरूशलम की मुक्ति' शीर्षक कविता के दो पात्रों की ओर निर्देश है।

मायामुग्ध कर देती थी, उसने उसके निकट उस आरियाडने का रूप धारण कर लिया, जो कि थीसिस को हाथ से पकड़कर भूलभुलैया के चक्कर से बाहर ले गयी थी। वह सर्वशक्तिशालिनी माया जो बाज की आँखों पर पर्दा डाल देती है, उसने रामकृष्ण के नेत्रों को खोल दिया, और उसे अपनी हथेली से विस्तृत आकाश में विचरण करने के लिए ऊपर फेंक दिया। माया वह माँ[१] है, जो अपनी सन्तान के सम्मुख अपना स्वरूप प्रकट करने के लिए नाना ऐश्वर्यशाली दिव्य मूर्तियों में अपने आपको अभिव्यक्त करती है। वह अपने प्रेम द्वारा, अपने हृदय की अग्नि द्वारा मनुष्य के अहम् के आवरण को इस प्रकार ढाल देती है कि वह "उस वस्तु के समान जिसकी लम्बाई है, परन्तु कोई चौड़ाई नहीं है" केवल एक रेखा व बिन्दुमात्न रह जाती है, और जो कि उस उत्कृष्ट जादूगर की उँगली के स्पर्श मात्न से ही ब्रह्म में घुलमिल जाती है।

इसलिए वे उँगलियाँ और वह जल धन्य हैं। वह चेहरा और वह आवरण भी धन्य है। सभी पदार्थ भगवान् हैं। भगवान् ही सब पदार्थों में हैं। वह प्रकाश में भी हैं, और परछाईं में भी हैं। सत्नहवीं शताब्दी[२] के अंग्रेज नीतिवादियों से प्रभावित होकर ह्यूगो ने कहा था कि सूर्य

कहानी में इस प्रकार वर्णन है कि ग्यारहवीं शताब्दी में दमिश्क में आर्मीडा नामक एक मायाविनी रहती थी। रैनाड नामक एक अति साहसी वीर के साथ उसका परिचय हुआ। रैनाड अत्यन्त आत्मविश्वासी था—वह सोचता था कि आर्मीडा की जादू-शक्ति उस पर कोई असर नहीं डाल सकती। परन्तु धीरे-धीरे आर्मीडा का जादू उस पर अपना असर करने लगा—और रैनाड पूर्णतया वशीभूत हो गया। आर्मीडा उसकी हत्या करना चाहती थी, परन्तु जब वह उसकी हत्या करने के लिए तैयार हुई—वह न कर सकी। उसके काँपते हुए हाथ से छुरी पृथ्वी पर गिर पड़ी। तब आर्मीडा को मालूम हुआ कि वह रैनाड के प्रेमपाश में बँध गयी है। इसके बाद से आर्मीडा ने जादू-विद्या छोड़कर ईसाई धर्म स्वीकार कर लिया। —अनुवादक

३. सर्सि एक पाश्चात्य पौराणिक कथा में यह वर्णन है कि एयेआ द्वीप में एक सर्सि नाम की जादूगरनी रहती थी। ग्रीक योद्धा यूलिसिस भ्रमण करता हुआ उस द्वीप में पहुँच गया। उसने अपने कुछ आदमियों के साथ इयुरिलकास को उक्त द्वीप की छानबीन करने के लिए भेजा, परन्तु सर्सि ने अपने जादू के बल से इयुरिलकास के सब सहचरों को सम्मोहित कर छुपा दिया। इसके बाद यूलिसिस ने सर्सि का दमन करके अपने साथियों को उसके चंगुल से छुड़ाया। यह कहानी 'ओडसी' काव्य में वर्णित है। —अनुवादक

१. अथवा "ज्येष्ठ भगिनी"। एक स्थान पर रामकृष्ण ने केशवचन्द्र से कहा था : "दिव्य माँ ने विश्व की अपनी रचना के अंग के रूप में माया की सृष्टि की है।" माँ विश्व के साथ खेल करती है। यह विश्व उसका खिलौना है। "वह ऊपर उड़ती हुई आत्मा रूपी पतंग को, जो माया की डोरी से बँधी है, ढीला छोड़ देती है।" —अक्टूबर १८८२

२. डेनिस सौरेट : **Milton and Christian Materialism in England**, पृष्ठ ५२।

केवल ईश्वर की छाया मात्र है।[१] परन्तु रामकृष्ण यह कहना अधिक पसन्द करते कि छाया भी प्रकाश है।

सच्चे भारतीय मनीषियों की तरह वह अपनी समग्र सत्ता द्वारा जब तक किसी वस्तु की उपलब्धि नहीं कर लेते थे, तब तक उस पर विश्वास नहीं करते थे। उनके सभी विचार जीवन के रस से परिपुष्ट थे। इसलिए उनके अन्दर जब किसी विचार का संचार होता था, तो वह उनके लिए एक सुस्पष्ट दैहिक रूप धारण कर लेता था। विश्वास का अर्थ अपने हृदय में धारण करना और उसके बाद परिपक्व फल को अपने अन्दर संग्रह करना है।

रामकृष्ण जब भी किन्हीं ऐसे निविड़ सत्यों का स्पर्श अनुभव करते थे तो वह उनके अन्दर केवल विचार मात्र नहीं रह जाते थे। वे जीवन धारण करने के लिए अंकुरित होने लगते थे और उनके विश्वास से सिंचित होकर उपलब्धियों के उद्यान में पल्लवित व विकसित होकर फलों की सृष्टि करते थे। तब वे केवल भावमय व विच्छिन्न विचार नहीं रह जाते थे, अपितु वे एक सुनिर्दिष्ट आकृति धारण कर लेते थे और मनुष्यों की क्षुधानिवृत्ति के लिए उनकी व्यावहारिक उपयोगिता होती थी। जिस 'दिव्य मांस' का उन्होंने आस्वादन किया था, वही विश्व का उपादान है; सब धर्मों व सब भोजनों में वे उसी का एकरस आस्वाद पायेंगे। वे प्रभु के रात्रि-भोज[२] में अमरत्व का आहार भी ग्रहण करेंगे, परन्तु उस समय उनके साथ केवल बारह धर्मप्रचारक, शिष्य ही न होंगे, परन्तु समस्त विश्व व उसकी असंख्य बुभुक्षित आत्माएँ उनके साथ होंगी।

सन् १८६५ के अन्त के लगभग तोतापुरी के विदा हो जाने के पश्चात्, रामकृष्ण छः महीने से अधिक समय तक, इस जादू-शक्ति-सम्पन्न अग्निमण्डल के अन्दर ही रहे। और जब तक उनका शरीर सहन कर सका, उन्होंने निरपेक्ष सत्ता के साथ एकत्व सम्पादन जारी रखा। यदि यह वर्णन विश्वसनीय है तो छः महीने तक वे अंग-संचालन-शून्य समाधि-अवस्था में बने रहे। इसे सुनकर प्राचीन फकीरों के वर्णन याद आ जाते हैं—जिनकी आत्मा अपने शरीर को एक खाली घर की तरह छोड़कर प्रकृति की ध्वंस-क्रीड़ा का खिलौना बना देती थी। यदि रामकृष्ण का एक भतीजा उनके इस प्रकार स्वामिहीन शरीर की रक्षा और उसकी शक्तियों का पोषण न करता रहता तो वह जीवित न रह सकते थे।[३] 'निराकार' के साथ और अधिक काल

---

१. मिल्टन : "Dark with excessive light the skirts appear."

(Paradise Lost, सर्ग ३, ३७४)

२. ईसा व उनके शिष्यों के अन्तिम रात्रि-भोजन की तरफ संकेत है।

३. ऐसी किंवदन्ती है कि इस समय एक संन्यासी अकस्मात् दक्षिणेश्वर में आये, उस समय रामकृष्ण प्रायः अन्तिम श्वास ले रहे थे; उन्होंने रामकृष्ण की देह पर इस प्रकार मुट्ठी से प्रहार किये कि उनका पलायमान चैतन्य वापस आ गया।

रामकृष्ण के अन्यतम श्रेष्ठ शिष्य, और हिन्दू अध्यात्म विद्या (Metaphysics) के परम विद्वान् स्वामी शारदानन्द, रामकृष्ण के सम्पर्क में आने वाले उनके शिष्यों में रामकृष्ण की मानसिक रचना को सबसे अधिक समझने वाले थे। उन्होंने इस छः महीने की निर्विकल्प समाधि का वर्णन दिया है। उन्होंने लिखा है कि इस अचेतन

तक समाधि-मिलन में रहना संभव न था। इसके अतिरिक्त उनके यौगिक भावावेश का यही चरमकाल था, जो कि उन फ्रांसीसी पाठकों को जो कि ठोस जमीन पर चलने के अभ्यस्त हैं, और जिन्होंने चिरकाल से आध्यात्मिक विद्युत् के धक्कों का अनुभव नहीं किया है, चकित व विरक्त कर सकता है। परन्तु उन पाठकों को कुछ देर और धैर्य रखने की आवश्यकता है। हम सिनी के पर्वत से शीघ्र ही नीचे—मनुष्यों के अन्दर आने वाले हैं।

बाद में रामकृष्ण ने स्वयं यह अनुभव किया कि वे ईश्वर को प्रलुब्ध कर रहे थे और यह एक आश्चर्य है कि वे कैसे वापस लौट आये। उन्होंने इस बात का हमेशा ध्यान रखा कि उनके शिष्य कभी किसी ऐसी परीक्षा में प्रविष्ट होने का प्रयत्न न करें। उन्होंने विवेकानन्द को भी यह कहकर इनकार कर दिया कि यह एक ऐसा आनन्द है, जिसका उपभोग उन उच्च आत्माओं के लिए निषिद्ध है, जिनका यह पुनीत कर्तव्य है कि वे दूसरों की सेवा के लिए अपने सुखों का त्याग कर दें।[१] जब युवक नरेन (विवेकानन्द) ने उसे निर्विकल्प समाधि—

अवस्था में रामकृष्ण के अहम् का चैतन्य पूर्ण रूप से अन्तर्हित हो गया था। वह केवल बीच-बीच में कुछ समय के लिए धीरे से आकर सूक्ष्म रूप में उनकी पूर्ण ''उपलब्धि'' को आवृत कर लेता था। शारदानन्द के मतानुसार रामकृष्ण को इस अर्ध-चेतनावस्था में विश्वात्मा का आदेश प्राप्त हुआ। (इसे हम विश्वात्मा का निर्देश न कहकर जीवनी-शक्ति की वापसी की अस्पष्ट पुकार या उत्पीड़न भी कह सकते हैं।) ''इस आदेश ने उन्हें भावमुक्त अवस्था में रहने के लिए बाध्य किया।'' इसने उनसे कहा, ''अहम् की पूर्ण चेतना को विलुप्त न होने दो, परम निरपेक्ष सत्ता के साथ एकत्व सम्पादन मत करो, किन्तु यह अनुभव करो कि वह विश्वात्मा जिसके बीच विश्व के अनन्त रूप जन्म ग्रहण करते हैं, वह तुम्हारे अन्दर विद्यमान है; जीवन के प्रत्येक मुहूर्त में तुम उसका दर्शन करते हुए विश्व का कल्याण करो।''

इस प्रकार इस दीर्घ समाधि से अवतरण काल में रामकृष्ण ने अपने जीवन के दिव्य लक्ष्य की उपलब्धि की थी। यह एक ही दिन में व अकस्मात् न हो गयी थी, परन्तु धीरे-धीरे ही हुई थी। हर हालत में यह १८६६ के पूर्वार्ध में हो गयी थी।

१. ऐसी अवस्था में वह साधारण मनुष्य को इससे विरत होने के लिए कितने आग्रहशील होंगे! जीवन में जिनका गतिपथ अत्यन्त संकीर्ण है, उनके इसकी तीव्र लहरों की बाढ़ में निमग्न हो जाने और इस प्रकार अपने-आपको व अपने समाज को हानि पहुँचाने की आशंका है। उन्होंने अपने साँचो पांजा तरुण भतीजे 'हृदय' एवं अपने पृष्ठपोषक माथुर बाबू को इस समाधि के निषिद्ध फल के भक्षण से किस प्रकार विरत किया उससे उनकी सर्वेण्टीज के सदृश रसिकता व सुबुद्धि का परिचय मिलता है।

हृदय अत्यन्त पार्थिव मनुष्य था। वह अपने चाचा का परम भक्त था। वह अपने चाचा की ख्याति में हिस्सेदार होना चाहता था। वह सोचता था कि उत्तराधिकार के नियमानुसार उसे रामकृष्ण की आध्यात्मिक सुविधाओं से लाभ उठाने का अधिकार है। रामकृष्ण की विरक्ति उससे सहन न होती थी। उसके चाचा के भावावेश के परीक्षणों से उसे विरत करने के सब प्रयत्न निष्फल हो गये। परिणाम यह हुआ कि

निरपेक्ष की खाड़ी में ले जाने वाले भयानक द्वार—को खोलने की प्रार्थना की तो रामकृष्ण ने, जो कभी भी अपना मानसिक संतुलन न खोते थे, और अपने प्रिय पुत्र के भावों को कभी ठेस न पहुँचाते थे, एकदम क्रुद्ध होकर इनकार कर दिया। उन्होंने आवेश में आकर कहा 'बड़ी शर्म की बात है! मैं सोचता था कि तुम वह वट वृक्ष हो, जिसकी छाया में हजारों थकी हुई आत्माएँ विश्राम लेंगी। परन्तु तुम उसके स्थान पर केवल अपना ही भला चाहते हो। इन क्षुद्रवस्तुओं का ख्याल छोड़ दो। इस एकपार्श्वीय आदर्श से तुम कैसे सन्तुष्ट हो सकते हो? तुम्हें सर्वदर्शी होना होगा। सब रूपों में भगवान् का उपभोग करो।' (इससे उनका अभिप्राय था कि कर्म और विचार दोनों के द्वारा, जिससे कि वह अपने उत्कृष्टतम ज्ञान का मनुष्य-जाति की उत्कृष्टतम सेवा में उपयोग कर सके।)

त्याग के कठिन कर्तव्य से भग्नहृदय व अपमानित होकर नरेन रोने लगा। उसने स्वीकार किया कि गुरु की ताड़ना सर्वथा न्याययुक्त थी और उसने अपने जीवन को नम्रता, 'सहिष्णुता व साहस के साथ मानव-सेवा में अर्पित कर दिया। परन्तु फिर भी उसके हृदय में जीवन के अंत समय तक अगम्य भगवान् से मिलने के लिए एक रुग्ण अभिलाषा निरन्तर बनी रही।

परन्तु हमें यह स्मरण रखना चाहिए कि हम कथा के जिस अंश तक पहुँचे हैं, वहाँ तक रामकृष्ण ने अपनी शागिर्दी की अवधि समाप्त न की थी। और यह भी ध्यान देने योग्य है कि साधारणतया हम सब लोग जिस प्रकार सम्मिलित अनुभव से अपनी वैयक्तिक अभिज्ञता प्राप्त करते हैं, रामकृष्ण ने उस प्रकार अपनी अभिज्ञता व अनुभव प्राप्त नहीं किया था। उन्होंने अपने ही वैयक्तिक श्रम व कष्टों से उसका मूल्य चुकाया था।

उसका मस्तिष्क सर्वथा विकृत हो गया और उसे मिरगी के-से दौरे आने लगे और वह चीत्कार करने लगा।—रामकृष्ण ने कहा 'ओ माँ! इस मूर्ख के ज्ञान को लुप्त कर दो।' हृदय मिट्टी में लोटने लगा और अपने चाचा को गालियाँ बकने लगा। 'चाचा तुमने क्या कर दिया! इन अवर्णनीय आनन्दों को मैं फिर कभी अनुभव न करूँगा।' रामकृष्ण ने उसे उसकी इच्छानुसार कार्य करने के लिए अकेला छोड़ दिया। हृदय के मस्तिष्क को तत्काल भयानक स्वप्नों ने घेर लिया। और उसे बाध्य होकर रामकृष्ण से अपने-आपको उनसे मुक्त करने के लिए प्रार्थना करनी पड़ी।

धनी माथुर बाबू को भी इसी प्रकार के अनुभवों का शिकार होना पड़ा। उन्होंने रामकृष्ण से उन्हें समाधि अवस्था की प्राप्ति तक पहुँचाने के लिए इच्छा प्रकट की। रामकृष्ण बहुत दिनों तक इनकार करते रहे, परन्तु अन्त में उन्होंने कहा, 'बहुत अच्छा दोस्त! ऐसा ही हो।' वांछित समाधि के परिणामस्वरूप माथुर बाबू की व्यापार सम्बन्धी सब वैषयिक बुद्धि एवं उत्साह विनष्ट हो गया। यह उनकी अभिलाषा से बहुत आगे था; वे अत्यंत उद्विग्न हो गये और इस दिशा में और आगे न बढ़ना चाहते थे। इसलिए उन्होंने रामकृष्ण से प्रार्थना की कि वे उन्हें समाधि-अवस्था से सर्वदा के लिए मुक्त कर दें। रामकृष्ण मुस्कराये और उन्हें स्वस्थ कर दिया।

उनकी समाधि अवस्था से पुनरावृत्ति उनकी अपनी इच्छा व योग्यता के कारण नहीं हुई थी। वे कहते थे कि माँ ने शारीरिक कष्ट द्वारा उन्हें उनके कर्तव्य का बोध कराया था। निर्विकल्प समाधि अवस्था से वे अतिसार के प्रबल आक्रमण द्वारा पुनः पीछे लौटने के लिए बाध्य हुए थे। यह अतिसार छः महीने तक उन्हें कष्ट देता रहा।

शारीरिक एवं मानसिक दोनों प्रकार के कष्टों ने उन्हें पृथ्वी के साथ सम्बद्ध रखा। उनको जानने वाले एक फकीर ने कहा था कि ब्रह्म के साथ मिलन की इस समाधि से प्रत्यावृत्त होने के कुछ दिनों के अन्दर ही जब रामकृष्ण ने दो माँझियों को परस्पर गुस्से से लड़ते देखा, तो वे अत्यन्त वेदना के साथ चीत्कार करने लगे। उन्होंने समस्त विश्व की वेदना से चाहे वह कैसी ही अपवित्र व प्राणघाती क्यों न हो—अपने-आपको एकाकार कर लिया था और उससे उनका समस्त हृदय क्षत-विक्षत हो गया था। परन्तु इसके साथ ही वह यह भी जानते थे कि मनुष्य के जितने भी मतभेद व पारस्परिक कलह हैं, वे भी उस माँ की ही संतान हैं; यह सर्व-शक्तिमान् पार्थक्य परमात्मा का ही प्रकार है और इसलिए उन्हें भगवान् को मनुष्य की अवस्थाओं व सब रूपों में चाहे वे परस्पर कितने ही विरोधी क्यों न हों, और कैसी ही विरोधी विचारधाराओं से उनका पोषण क्यों न होता हो, प्रेम करना चाहिए। सबसे बढ़कर उन्हें उनके सब भगवानों में प्रेम करके ही भगवान् को प्रेम करना चाहिए।

संक्षेप में उन्होंने यह अच्छी तरह अनुभव कर लिया कि सभी धर्म भिन्न-भिन्न मार्गों द्वारा उसी परमात्मा की तरफ ले जाते हैं। इसलिए वह उन सबकी छान-बीन करने के लिए व्यग्र हो उठे, क्योंकि उनके लिए समझने का अर्थ ही अस्तित्व एवं कर्म था।

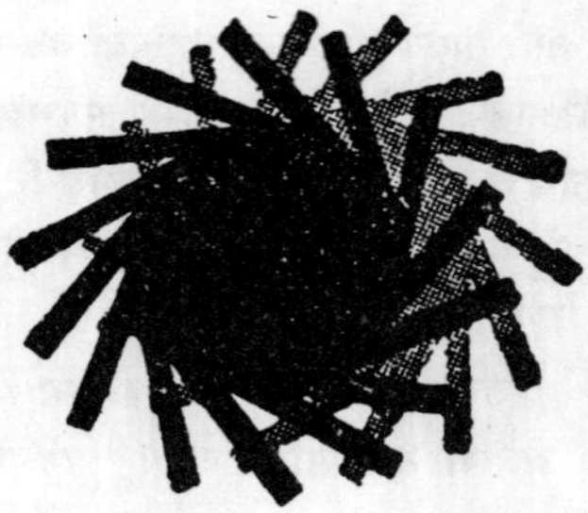

५
मनुष्य में प्रत्यावर्तन

सबसे प्रथम मार्ग जिसकी उन्होंने छान-बीन की, वह इस्लाम धर्म था। सन् १८६६ के अन्त में जब कि वे अभी पूर्णतया स्वस्थ भी न हो पाये थे, उन्होंने उन पर चलना प्रारम्भ कर दिया।

मन्दिर से वे बहुत से मुसलमान मुसाफिरों को आते-जाते देखा करते थे। कारण उदारहृदया, दक्षिणेश्वर की प्रतिष्ठात्री रानी रासमणि ने, जो कि नीच जाति की 'नई रईस' थी, धर्म-परायणतावश अपने मन्दिर के साथ सभी धर्मों व वर्णों के अतिथियों के आश्रय के लिए अतिथिशाला का भी निर्माण कराया था। वहीं पर एक दिन रामकृष्ण ने गोविन्दराय नामक एक गरीब मुसलमान को पूजा व प्रार्थना करते हुए देखा, और उसके भूलुण्ठित शरीर के बाह्य पृष्ठ को ही देखकर उन्होंने जान लिया कि इस मनुष्य ने इस्लाम के द्वारा भगवान् को पा लिया है। उन्होंने गोविन्दराय से दीक्षा देने के लिए कहा और कुछ दिनों के लिए वह काली का पुरोहित अपने सब देवताओं को एकदम भूल गया। उन्होंने उनकी पूजा करनी छोड़ दी, उनका विचार तक भी त्याग दिया। वे मन्दिर की सीमा से बाहर रहने लगे, अल्लाह का नाम जपने लगे और मुसलमानों की पोशाक धारण कर ली—और कल्पना कीजिए कि कहाँ उस महापातक—पवित्र गोमाता के निषिद्ध गोमांस के भक्षण तक के लिए भी उस उद्यत हो गये? उनके स्वामी माथुर बाबू यह देखकर भयभीत हो गये और उनसे इस कार्य से विरत रहने के लिए प्रार्थना करने लगे। उन्होंने रामकृष्ण को अपवित्रता व भ्रष्टाचार से बचाने के लिए एक मुसलमान के आदेशानुसार अपने एक ब्राह्मण से गुप्त रूप से भोजन बनवाकर देने की व्यवस्था कर दी। एक भिन्न विचारधारा के प्रति अपने पूर्ण आत्मसमर्पण का परिणाम जैसा कि इस भावुक कलाकार की आध्यात्मिक यात्रा में सदा ही होता आया है, उक्त विचार की प्रत्यक्ष स्थूलरूप में परिणित के रूप में प्रकट हो गया। उन्हें गम्भीर मुद्रा धारण किये हुए एक शुभ्र श्मश्रुधारी ज्योतिर्मय पुरुष के दर्शन हुए (इस प्रकार सम्भवतः उन्हें पैगम्बर दृष्टिगोचर हुए)। वह रामकृष्ण के निकट आकर उन्हीं में विलीन हो गया। रामकृष्ण ने मुसलमानों के परमात्मा "सगुण ब्रह्म" का साक्षात्कार किया। वहाँ से वे पुनः निर्गुण ब्रह्म में पहुँच गए। इस प्रकार इस्लाम की नदी ने उन्हें पुनः समुद्र तक पहुँचा दिया।

निरपेक्ष ब्रह्म में समाधि के तत्काल बाद इस्लाम साधना के इस अनुभव की उनके व्याख्यातागण एक महत्वपूर्ण अर्थ में इस प्रकार व्याख्या करते हैं कि भारत की दो परस्पर विरोधी हिन्दू और मुसलमान संतानों का केवल अद्वैत व निराकार ब्रह्म के आधार पर ही परस्पर पुनर्मिलन हो सकता है। इसीलिये उनकी स्मृति में रामकृष्ण निशन ने हिमालय की

गहराई में एक उपासना केन्द्र स्थापित किया है, जो कि सब धर्मों के विशाल समन्वय-मन्दिर की आधारशिला है।

सात वर्ष बाद, (स्पष्टता के लिये ही मैंने सब घटनाओं का संग्रह किया है) इसी प्रकार के एक अनुभव द्वारा रामकृष्ण को ईसाई धर्म की भी साक्षात् उपलब्धि हो गयी। सन् १८७४ के नवम्बर महीने के लगभग, मल्लिक नाम के, कलकत्ता के एक हिन्दू ने, जिसका कि दक्षिणेश्वर के समीप ही एक बगीचा था, रामकृष्ण को बाइबिल पढ़कर सुनायी। यह पहला ही अवसर था जब कि रामकृष्ण को ईसा का परिचय प्राप्त हुआ था। थोड़ी ही देर बाद शब्दों ने रक्तमांसमय शरीर का रूप धारण कर लिया। ईसा का जीवन गुप्तरूप से उनमें व्याप्त हो गया। एक दिन जबकि वे अपने मित्र, एक धनी हिन्दू के घर में बैठे हुए थे, उन्होंने दीवार पर टँगा हुआ मेरी व उसके पुत्र का चित्र देखा। चित्र की मूर्तियाँ जीवित हो गयीं। और आत्मा के अपरिवर्तनशील नियम के अनुसार जिसकी आशा थी, वही हुआ। वे दृश्य मूर्तियाँ उनके समीप आयीं, और इस प्रकार उनके अन्दर प्रविष्ट हो गयीं कि उनकी समस्त सत्ता में व्याप्त हो गयीं। इस बार यह अन्तःप्लावन पहले इस्लामिक अन्तःप्लावन की अपेक्षा कहीं अधिक शक्तिशाली था। इसने समस्त बन्धनों को तोड़कर उनकी समस्त आत्मा को आच्छन्न कर लिया, हिन्दू विचारों को दूर बहा दिया। भयभीत होकर, तरंगमालाओं से संघर्ष करते हुए रामकृष्ण ने क्रन्दन किया, "ओ! माँ तुम क्या कर रही हो? मेरी मदद करो!" परन्तु यह व्यर्थ था। ज्वार की लहर जो कुछ भी उसके सम्मुख आया, उसे बहा चुकी थी। हिन्दू की आत्मा परिवर्तित हो चुकी थी। ईसा के अतिरिक्त अन्य किसी के लिए वहाँ कोई स्थान नहीं था। कई दिनों तक वह ईसाई चिन्तन और ईसा के प्रेम में ही निमग्न रहे। उनके दिल से मन्दिर में जाने का विचार निकल गया। इस अवस्था में एक दिन अपराह्न बेला में दक्षिणेश्वर के बगीचे में उन्होंने देखा कि एक आयतलोचन, शान्त मूर्ति, गौरांग पुरुष उनकी तरफ चला आ रहा है। यद्यपि वे यह न जानते थे कि वह कौन है, तथापि वे अपने अज्ञात अतिथि के जादू के वशीभूत हो गये। वह उनके समीप आया, और रामकृष्ण की आत्मा की गहराई में किसी का सुमधुर कण्ठस्वर सुनाई दिया।

"उस ईसा के दर्शन करो, जिसने विश्व की मुक्ति के लिए अपने हृदय का रक्त दिया है, जिसने मनुष्य के प्रेम के लिए असीमित वेदना को सहन किया है। यही वह श्रेष्ठ योगी है, जो भगवान् के साथ शाश्वत रूप से संयुक्त है। यही ईसा हैं जो प्रेम के अवतार हैं.....।"

मानव-पुत्र ने भारत के महर्षि, माँ के पुत्र को आलिंगनपाश में बाँधकर अपने में समा लिया। रामकृष्ण भावाविष्ट हो गये। और एक बार फिर ब्रह्म के साथ एकरूप हो गये। धीरे-धीरे वे पुनः पृथ्वी पर लौट आये, परन्तु उस समय से भगवान् के अवतार ईसा के देवत्व में विश्वास करने लगे। परन्तु उनके निकट केवल ईसा ही भगवान् के अवतार न थे। बुद्ध व कृष्ण भी अवतार[१] थे :

---

१. **वे 'अवतार' शब्द का बहुत ही कम प्रयोग करते थे। वे तीर्थंकर (जैन धर्म के संस्थापक) तथा दस सिक्ख गुरु आदि सन्तों के लिए भी अपने हृदय में बड़ा आदर रखते थे, यद्यपि वे उन्हें अवतार नहीं मानते थे। उनके अपने कमरे में देवताओं के चित्रों**

यहाँ पर मैं अपने कल्पना-नेत्रों से देख सकता हूँ कि वे कट्टर ईसाई जो कि अपने एक ही परमात्मा के शरीर की पूजा करते हैं, गरूर के साथ अपनी भवें टेढ़ी करके कहते हैं :—

"परन्तु वह हमारे ईश्वर के सम्बन्ध में क्या जानता था? यह केवल उसका एक स्वप्न था, एक मिथ्या कल्पना थी। उसके लिए यह इतना सुगम इसीलिए हो गया, क्योंकि वह हमारे सिद्धान्त से एकदम अनभिज्ञ था।"

यह सत्य है कि वे बहुत कम जानते थे, परन्तु वे एक भक्त थे, जो प्रेम के द्वारा विश्वास करते थे। वे बुद्धि द्वारा विश्वास करने वाले ज्ञानियों के ज्ञान का अधिकारी होने का दावा कभी नहीं करते थे। परन्तु जब दृढ़ता से धनुष को पकड़ लिया जाता है, तब क्या दोनों में से प्रत्येक बाण एक ही लक्ष्य का बेध नहीं करता? और क्या एक ही लक्ष्य की ओर ले जाने वाले व्यक्ति के लिए दोनों पथ परस्पर मिल नहीं जाते? रामकृष्ण के विद्वान् शिष्य विवेकानन्द ने इनके बारे में कहा था :

"वे बाहर से भक्त थे, परन्तु अन्दर से ज्ञानी थे।"[१] तीव्रता से एक विशेष शिखर पर पहुँचकर उत्कृष्ट प्रेम में ज्ञान का उदय हो जाता है, और महान् बुद्धि हृदय के कपाट खोल देती है। इसके अलावा ईसाइयों के लिए तो प्रेम की शक्ति को अस्वीकार करना और भी कठिन है। प्रेम के कारण ही गैलिली के गरीब मछियारों की उनके परमात्मा के अन्तरंग शिष्यों व उसके चर्च के प्रतिष्ठापकों में गिनती हुई है। और उस अनुतप्त पापी[२] के अतिरिक्त, जिसकी केवल मात्र योग्यता उसके वह प्रेमाश्रु थे, जिससे उसने ईसा के चरणों को धोया था और अपनी केशराशि से उन्हें पोंछा था और जिसे महात्मा ईसा ने प्रथम दर्शन दिया था?

और अन्ततः किसी मनुष्य का ज्ञान इस बात पर निर्भर नहीं है, कि उसने कितनी संख्या में पुस्तकें पढ़ी हैं। प्राचीन काल की तरह रामकृष्ण के युग में भी भारत में संस्कृति व ज्ञान का प्रसार मुख्यतः मौखिक रूप से ही होता था और रामकृष्ण ने अपने जीवन में सहस्रों साधु, तीर्थयात्री, पण्डित एवं धर्मसम्बन्धी नाना समस्याओं से सम्बद्ध और धर्मज्ञान के विश्वकोश तथा धार्मिक दर्शन-शास्त्र से सम्बद्ध समस्याओं के समाधान में व्यस्त सब प्रकार के मनुष्यों से

के साथ ईसा का चित्र भी विद्यमान था, और वे प्रतिदिन प्रातः व सायंकाल उसके सम्मुख धूप जलाया करते थे। बाद में भारतीय ईसाई रामकृष्ण में ईसा का प्रत्यक्ष प्रकाश देखने लगे और उन्हें देखकर भावाविष्ट होने लगे।

१. **और विवेकानन्द कहते हैं, "किन्तु मेरे सम्बन्ध में इसके सर्वथा विपरीत है। भारत के एक अन्य महान् धार्मिक विचारक, केशवचन्द्र सेन जो कि अपने समसामयिक विद्वानों में योरोपीय विचारों के प्रभाव से सबसे अधिक प्रभावित हुए थे, इतने विनयशील थे कि वह उस भक्त के चरणों में जिसके हृदय की अन्तर्दृष्टि ने उसके अन्दर रहने वाली आत्मा को आलोकित कर दिया था, भक्तिपूर्वक बैठते थे।**

२. **मेरी मैगडैनल। ईसा की जीवनी में कई 'मेरियों' का वर्णन है। इसलिए उनसे इसे पृथक् करने के लिए उसके निवास-स्थान व जन्म-स्थान के अनुसार मेरी मैगडैनल संज्ञा दी गयी है।**

ज्ञान की प्राप्ति की थी—और निरन्तर ध्यान व मनन[१] द्वारा वह और गंभीरतर हो गया था। "एक दिन उनके एक शिष्य ने उनके ज्ञान से विस्मित होकर उनसे प्रश्न किया, 'आपने यह इतना ज्ञान किस तरह प्राप्त कर लिया है?' रामकृष्ण ने उत्तर दिया, "मैंने पढ़ा नहीं है, केवल विज्ञानियों के मुख से सुना है। उनके ज्ञान की ही माला गूँथकर मैंने अपने गले में डाल ली है, और उसे अर्घ्य के रूप में माँ के चरणों में समर्पित कर दिया है।"

वे अपने शिष्यों को कह सकते थे :

"मैंने हिन्दू, मुसलमान, ईसाई सभी धर्मों का अनुशीलन किया है, हिन्दू-धर्म के विभिन्न सम्प्रदायों के भिन्न-भिन्न पथों का भी अनुसरण किया है.... मैंने देखा है कि उसी एक भगवान् की तरफ ही सबके कदम बढ़ रहे हैं, यद्यपि उनके पथ भिन्न-भिन्न हैं। तुम्हें भी एक बार प्रत्येक विश्वास की परीक्षा तथा भिन्न-भिन्न पथों पर पर्यटन करना चाहिए।[२] मैं जिधर भी दृष्टि डालता हूँ उधर ही हिन्दू, मुसलमान, ब्राह्म, वैष्णव व अन्य सभी सम्प्रदायवादियों को धर्म के नाम पर परस्पर लड़ते हुए देखता हूँ। परन्तु वे कभी इस बात पर विचार नहीं करते कि जिसे हम कृष्ण के नाम से पुकारते हैं, वही शिव है, वही आद्य शक्ति है, वही ईसा है, वही अल्लाह है, सब उसी के नाम हैं—एक ही राम के सहस्रों नाम हैं। एक तालाब के अनेक घाट हैं। एक घाट पर हिन्दू अपने कलसों में पानी भरते हैं और उसे 'जल' कहते हैं, और दूसरे घाट पर मुसलमान अपने मश्कों में पानी भरते हैं और उसे 'पानी' नाम देते हैं; तीसरे घाट पर ईसाई लोग जल लेते हैं और वे उसे 'वाटर' की संज्ञा देते हैं। क्या हम कभी यह कल्पना कर सकते हैं कि यह वारि 'जल' नहीं है, अपितु केवल 'पानी' अथवा 'वाटर' ही है? कितनी हास्यास्पद बात है! भिन्न नामों के आवरण के नीचे एक ही वस्तु है, और प्रत्येक उसी वस्तु की खोज कर रहा है; जलवायु, स्वभाव तथा नाम ही भिन्न हैं, अन्यथा और कोई भेद नहीं है।[३] प्रत्येक मनुष्य को अपने मार्ग पर चलने दो। यदि उसके अन्दर हार्दिक भाव से भगवान् को जानने की उत्कट लालसा है, तो उसे शान्तिपूर्वक चलने दो। वह अवश्य ही उसे पा लेगा।"

सन् १८६७ के बाद रामकृष्ण के आन्तरिक ज्ञान-भण्डार[४] में कोई विशेष वृद्धि नहीं हुई, परन्तु जो अमूल्य रत्न उन्होंने संग्रहीत किये थे, उनका उपयोग करना उन्होंने सीख लिया।

---

१. **रामकृष्ण संस्कृत समझ लेते थे, यद्यपि बोल न सकते थे। वे कहा करते थे कि "मेरे बाल्यकाल में एक पड़ोसी के मकान में साधु जो कुछ पढ़ा करते थे, मैं वह सब समझ जाता था। यद्यपि यह ठीक है कि पृथक्-पृथक् शब्दों का अर्थ मेरी समझ में न आता था। यदि कोई पण्डित संस्कृत में वार्तालाप करते थे तो मैं उनके भाव को समझ लेता था—परन्तु मैं स्वयं संस्कृत में न बोल सकता था।" —कथामृत २, १७**

२. **रामकृष्ण कथामृत २, १७।**

३. **इस ग्रन्थ का द्वितीय भाग, पृष्ठ २४८।**

४. **उनके ईसाई धर्म सम्बन्धी अनुभव के अतिरिक्त, जिसका कि मैंने इससे पूर्वपृष्ठों में उसके उपयुक्त स्थान पर वर्णन किया है, यद्यपि यह अनुभव वास्तव में सन् १८७४ में हुआ था।**

दिव्य दर्शन द्वारा जो कुछ उन्होंने देखा था, उसे बाह्य जगत् के सम्पर्क में लाये, और अपनी आत्मिक विजयों को अन्य मानवीय अनुभवों की सफलताओं के सम्मुख लाकर उन्होंने जो अद्वितीय पुरस्कार उन्हें मिला था, उसके मूल्य को और अच्छी तरह समझ लिया। इन्हीं वर्षों में उन्हें अपने वास्तविक मिशन व कर्तव्य कर्म का बोध हुआ।

असीसी के दरिद्र, क्षुद्र मनुष्य के साथ रामकृष्ण का नैतिक व दैहिक अनेक प्रकार का सादृश्य दृष्टिगोचर होता है। वह भी प्रत्येक प्राणी के साथ सुकोमल भ्रातृभाव का अनुभव करते थे और स्नेह एवं सहानुभूति की रसधारा से इस प्रकार पुष्ट हुए थे कि वे दूसरों को अपने आनन्द का अंश दिये बिना सन्तुष्ट न हो सकते थे। गंभीरतम समाधि के प्रवेशद्वार पर जब माँ उन्हें अपनी तरफ आकृष्ट कर रही थीं, उन्होंने माँ से प्रार्थना की :

"ओ! माँ मुझे मनुष्यों के संसर्ग में रहने दो। मुझे एक शुष्क तपस्वी मत बनाओ!"

और माँ ने उन्हें महासमुद्र के गर्भ से जीवन के तट पर वापस फेंकते हुए उत्तर दिया (जो कि अर्ध-चेतनावस्था में उन्होंने सुना)।

"मानव-प्रेम के लिए आपेक्षिक चैतन्य के द्वार पर खड़े रहो।"[१] और इस प्रकार वह मानव-संसार में वापस आ गये और उनका पहला अनुभव मानवता के उष्ण व सहज स्रोत में स्नान था। सन् १८६७ के मई मास में, जब कि वह अपने ऊपर बीते संकट के कारण अभी अत्यन्त दुर्बल थे, वे आठ वर्ष बाद फिर अपनी जन्मभूमि कामारपुकुर में छः या सात महीने के लिये विश्राम करने के लिये चले गये।[२] अपने छोटे से गदाधर को देखकर, जिसकी विचित्र

---

१. **इस समय के बाद से रामकृष्ण ने समाधिस्थ होने के सब प्रलोभनों से अपने-आपको मुक्त रखने की चेष्टा की और उसके खतरों से बचते रहे। अनेक विपज्जनक भावावेश के अवसरों से वे अपनी रक्षा करते रहे—यथा, सन् १८६८ में गया दर्शन से उन्होंने इसीलिए इनकार कर दिया, क्योंकि उसके साथ अनेक प्राचीन स्मृतियाँ सम्बद्ध थीं, और वे जानते थे कि उसके दर्शन करने पर वे अपनी आत्मा को पुनः साधारण जीवन के क्षेत्र में न ला सकेंगे। उन्हें अपनी अन्तरात्मा से वह आदेश प्राप्त हुआ था कि वे दूसरों की सहायता के लिए प्रतिदिन की वस्तुओं के जीवन में ही वास करें।**

२. **भैरवी ब्राह्मणी भी उनके साथ गयी, परन्तु यात्राकाल के अनुभव भैरवी ब्राह्मणी के लिए गौरवास्पद नहीं हैं। इस प्रसिद्ध ब्राह्मणी का चरित्र उसकी बुद्धि के अनुकूल न था और उसकी ध्यान-साधना उसे मानवीय दुर्बलताओं से ऊपर न उठा सकी थी। रामकृष्ण को दीक्षा देकर उन्हें अपने ज्ञान का प्रकाश देकर वह उन पर अपने एकाधिकार का दावा करती थी। वह रामकृष्ण के ऊपर तोतापुरी की प्रधानता से पहले ही पर्याप्त यातना भोग चुकी थी, और वह नहीं चाहती थी कि रामकृष्ण अपने जन्मस्थान में जाकर फिर अपने उन पुराने साथियों के एकाधिकार में चले जायें, जिनके सम्मुख वह एक अपरिचित के अतिरिक्त और कुछ न थी। इसके अतिरिक्त, रामकृष्ण की पत्नी यद्यपि अत्यन्त विनम्र व स्नेहशील थी, तथापि उसकी उपस्थिति से भैरवी को अत्यन्त कष्ट हुआ और वह अपने इस भाव को गुप्त भी न रख सकी। फलस्वरूप कुछ**

ख्याति उन तक पहुँच चुकी थी और जिसके कारण वे उसके दर्शन के लिये व्यग्र हो उठे थे, अत्यन्त प्रफुल्लित सीधे-सादे ग्रामवासियों की सहृदयता के बीच रामकृष्ण एक बाल-सुलभ आनन्द का अनुभव करने लगे। और यह सीधे-सादे किसान अपनी स्वाभाविक सरलता के कारण ही शहर के पण्डितों व मन्दिरों के भक्तों की अपेक्षा उनके विश्वासों की गहराई के अधिक निकट थे।

इस ग्रामवास के अवसर पर ही उन्हें अपनी किशोरी स्त्री को समझने का अवसर प्राप्त हुआ। शारदा देवी की आयु उस समय केवल चौदह वर्ष थी। वह अपने माता-पिता के पास रहती थी, परन्तु अपने पति के आगमन का समाचार सुनकर वह कामारपुकुर आ गयी। इस पवित्रहृदया किशोरी पत्नी का आध्यात्मिक विकास उसकी आयु की तुलना में कहीं अधिक था, और उसने तत्काल अपने पति के मिशन एवं उनके जीवन में जो विशुद्ध प्रेम तथा कोमल स्वार्थशून्यता का भाग उसे अदा करना है, इसे खूब अच्छी तरह समझ लिया। वह उन्हें अपना पथप्रदर्शक जानकर तन-मन से उनकी सेवा में लग गयी।

शारदामणि के स्वार्थ को बलि देने के कारण, रामकृष्ण को काफी निन्दित एवं कठोर शब्दों में लांछित[१] होना पड़ा है। परन्तु शारदामणि ने अपने व्यवहार में इसका लेशमात्र भी कभी इंगित नहीं किया। उसके समस्त जीवन में जो व्यक्ति भी उसके संपर्क में आये, उन सबको उसने समान भाव से सौम्य एवं प्रशांत किरणमाला के आलोक से आलोकित किया। इसके अतिरिक्त एक और भी तथ्य है, जिसे कि विवेकानन्द के सिवाय अन्य किसी ने प्रकट नहीं किया है। रामकृष्ण अपने दायित्व को खूब समझते थे, और उन्होंने अपनी पत्नी से कहा था कि यदि वह कहे तो वह अपनी सबसे अधिक प्रिय वस्तु—अपने मिशन (आदर्श) को भी उसके लिए त्याग कर सकते हैं।

उन्होंने अपनी पत्नी से कहा था : 'मैंने प्रत्येक स्त्री को माता की दृष्टि से देखना सीखा। यही भाव मैं तुम्हारे प्रति भी रख सकता हूँ। परन्तु यदि तुम अपने साथ विवाहित होने के कारण मुझे संसार (माया के संसार) में खींचना चाहती हो तो मैं तुम्हारी सेवा के लिए तैयार हूँ।"[२]

कष्टदायक घटनाओं के बाद, जिनसे कि उसके सम्बन्ध अधिक मधुर न हो सके, उसने अपनी दुर्बलता का अनुभव किया। तब उसने रामकृष्ण से अपनी गलती के लिए क्षमा-याचना की और हमेशा के लिए उनसे विदा ले ली। बनारस में उसकी रामकृष्ण के साथ फिर अन्तिम भेंट हुई, जहाँ कि वह अपना शेष जीवन सत्य की खोज में व्यतीत करने के लिये चली गयी थी। कुछ दिन बाद उसका वहीं देहांत हो गया।

१. विशेषतः इस सम्बन्ध में कुछ ब्रह्मसमाजी उल्लेखनीय हैं। वे रामकृष्ण के प्रभाव को केशवचन्द्र से अधिक बढ़ा हुआ देखकर उनसे विरक्त हो गये थे—और रामकृष्ण की व्यापक लोकप्रियता को सहन न कर पाते थे।

२. विवेकानन्द—'मेरे प्रभु' पुस्तक से। विवेकानन्द की सम्पूर्ण ग्रन्थावली का चतुर्थ खण्ड, सप्तम संस्करण, १९५५ का पृष्ठ १७३।

भारतीय आध्यात्मिकता के इतिहास में यह एक नवीन घटना है। हिन्दू-प्रथा के अनुसार धार्मिक जीवन मनुष्य को उसके अन्य कर्तव्यों से स्वत: ही मुक्त कर देता है। परन्तु रामकृष्ण के अन्दर मानवता की भावना अति प्रबल थी, इसलिए वे यह अनुभव करते थे कि उनकी पत्नी का भी उन पर अधिकार है। परन्तु दूसरी तरफ शारदामणि भी इतनी उदार थी कि वह अपने पति के मिशन के लिए अपने अधिकारों को सहर्ष त्यागने व उन्हें प्रोत्साहित करने के लिये उद्यत थी। परन्तु विवेकानन्द स्पष्ट रूप से लिखते हैं कि रामकृष्ण को 'अपनी पत्नी की अनुमति' से ही अपनी पसंद का जीवन व्यतीत करने की स्वतन्त्रता प्राप्त हुई थी। उसकी सरलता एवं आत्मत्याग से मुग्ध होकर, रामकृष्ण उसके साथ ज्येष्ठ भ्राता की तरह व्यवहार करते थे। जितने महीने वे एक साथ रहे, रामकृष्ण उसे एक कर्मपरायण पत्नी व निपुण प्रबन्धक बनाने के लिए धैर्यपूर्वक शिक्षा देते रहे। उनके अन्दर साधारण व्यवहार-बुद्धि इतनी अधिक मात्रा में थी कि उनकी रहस्यवादी प्रकृति के साथ उसका कैसे मेल बैठता था, यह देखकर आश्चर्य होता है। ग्राम्य बालक ने एक ऐसे स्कूल में शिक्षा प्राप्त की थी कि गृहस्थ व ग्राम्य जीवन के प्रत्येक भेद से वे सुपरिचित थे। रामकृष्ण के जानकार लोग उनके घर की सुव्यवस्था व स्वच्छता को देखकर प्राय: कहा करते थे कि इस सम्बन्ध में यह दरिद्र, क्षुद्र व ईश्वर-परायण व्यक्ति अपने शिक्षित एवं धनी शिष्यों को शिक्षा दे सकता है।

सन् १८६७ के अन्त में वे दक्षिणेश्वर वापस आ गये, और आगामी वर्ष में उन्होंने मन्दिर के स्वामी व अपने संरक्षक माथुर बाबू के साथ कई तीर्थ-यात्राएँ कीं। सन् १८६८ के प्रारम्भ के महीनों में उन्होंने शिव की नगरी काशी-धाम, गंगा और यमुना के संगम पर अवस्थित प्रयागतीर्थ एवं पौराणिक कथाओं तथा परम संगीत के आदिस्थल और कृष्ण की प्रेमलीला के निकेतन वृन्दावनधाम की यात्रा की। उनके भावावेश व उन्माद की सहज ही में कल्पना की जा सकती है। जब उन्होंने काशीधाम के निकट गंगा को पार किया, तो उन्हें वह 'परमात्मा की नगरी' पत्थरों से निर्मित नहीं प्रतीत हुई, अपितु एक स्वर्गीय यरूशलम की तरह 'आध्यात्मिकता के एक घनीभूत स्तूप' के रूप में दिखायी देने लगी। काशी के श्मशान घाटों में उन्होंने धवल देह एवं पिंगल जटा-जूटधारी शिवमूर्ति और चिताश्रेणी के ऊपर आनत एवं मृत पुरुषों को मोक्षदान करती हुई काली माँ के दर्शन किये। गोधूलि के समय जमुना के तट पर ग्वाल बालकों को अपनी गउओं के साथ वापस आते हुए देखकर वह भाव-विमुग्ध हो गये और व्याकुल होकर चीत्कार करने लगे : 'कृष्ण! कृष्ण कहाँ हैं?'

इस तीर्थ-यात्रा के समय यदि रामकृष्ण ने भगवान् का साक्षात्कार न भी किया हो तो भी उन्होंने किसी एक ऐसी वस्तु के दर्शन अवश्य किए थे जो कि हम पश्चिमवासियों के लिए एक उत्कृष्टतर महत्त्व तथा गम्भीरतर अर्थ रखती है। उन्होंने मानवीय दु:ख-यन्त्रणा का साक्षात्कार किया था। अब तब वे अपने मन्दिर के स्वर्णिम पिंजरे में समाधि-तन्द्रा में विभोर रहते थे, जहाँ काली ने अपने केशपाश से विश्ववेदना को उनके नेत्रों से ढका हुआ था। रामकृष्ण जब अपने धनी साथी के साथ देवघर पहुँचे, वहाँ उन्होंने नग्न, जीर्ण-शीर्ण व क्षुधापीड़ित सांथालों को देखा, जो कि भयानक दुर्भिक्ष के नग्न शिकार बने हुए थे। उन्होंने माथुर बाबू से उन लोगों के भोजन का प्रबन्ध करने के लिए कहा। माथुर बाबू ने आपत्ति प्रकट करते हुए उत्तर दिया कि वे इतने धनी नहीं हैं कि सारी दुनिया को भोजन दे सकें। वह

सुनकर रामकृष्ण उन भूखे लोगों के बीच में बैठकर रोने लगे और कहने लगे कि वे वहाँ से न हिलेंगे और उनके कष्टों में हिस्सा लेंगे। अन्त में क्रोसस[१] को हार माननी पड़ी और अपने गरीब पुरोहित की इच्छा पूरी करनी पड़ी।

सन् १८७० में माथुर बाबू ने लगान वसूली के समय, रामकृष्ण को अपने साथ अपनी एक जमींदारी में ले जाकर फिर गलती की। दो वर्ष से लगातार सूखा पड़ने के कारण, फसल नहीं हुई थी और किसान बड़े कष्ट से अपने दिन व्यतीत कर रहे थे। रामकृष्ण ने माथुर बाबू से, किसानों का लगान माफ करने, उन्हें सहायता देने और उन्हें एक भोज देने की सिफारिश की। माथुर बाबू ने प्रतिवाद किया, परन्तु रामकृष्ण टलने वाले न थे।

उन्होंने धनी जमींदार से कहा, ''तुम केवल माँ की जागीर के प्रबन्धक हो। वे माँ के आसामी हैं। तुम्हें माँ का पैसा खर्च करना चाहिए। जब उसके आसामी कष्ट भोग रहे हैं, तुम उनकी सहायता से कैसे इनकार कर सकते हो! तुम्हें सहायता करनी ही होगी।''

माथुर बाबू को स्वीकार करना पड़ा।

यह सब बातें भूलने लायक नहीं हैं। रामकृष्ण मठ एवं मिशन के वर्तमान अध्यक्ष व ठाकुर के सर्वप्रथम शिष्यों व सन्देशवाहकों में से अन्यतम स्वामी शिवानन्द ने, अपनी आँखों देखी घटना का वर्णन इस प्रकार दिया है :

एक दिन दक्षिणेश्वर में रामकृष्ण ने भावाविष्ट अवस्था में कहा :

''जीव ही शिव है (सब जीवित प्राणी भगवान् हैं)।[२] उन पर दया-प्रदर्शन का दुःसाहस कौन कर सकता है? दया नहीं, परन्तु सेवा; मनुष्य की सेवा ही भगवान् की सेवा है।''

विवेकानन्द भी उस समय उपस्थित थे। उन्होंने यह अर्थपूर्ण शब्द सुनकर शिवानन्द से कहा :

आज मैंने एक महान् सत्य को सुना है। मैं इस जीवित सत्य की सारे संसार में घोषणा करूँगा।''

और स्वामी शिवानन्द ने कहा :

---

१. क्रोसस ईसा से ५६० वर्ष पूर्व लिडिया का राजा था। उसने दार्शनिक सलन से अपने भविष्य के सम्बन्ध में प्रश्न किया। सलन ने कहा कि उसके भविष्य के बारे में वह कुछ नहीं कह सकता। इस पर क्रोसस अत्यन्त कुपित हो गया। इसके बाद फारस के राजा साइरास ने उसे अपना बन्दी बना लिया और क्रोसस को मृत्युदंड दिया गया। जलती हुई चिता में उसे जलाकर मार देने की आज्ञा हुई। चिता में लेट जाने पर क्रोसस को सलन का कथन याद हो आया, उसने सलन का नाम उच्चारण किया। बन्दी के मुख से सलन का नाम सुनकर साइरास ने क्रोसस को मुक्त कर दिया। साइरास सलन का भक्त था। —अनुवादक

२. एक और अवसर पर उन्होंने कहा था, ''भगवान् सब मनुष्यों में हैं, परन्तु सब मनुष्य भगवान् में नहीं हैं। यही कारण है जिससे कि वे कष्ट भोगते हैं।'' (Shri Ramkrishna's teachings, १, २९७)

"यदि कोई यह प्रश्न पूछता है कि रामकृष्ण मिशन ने जो असंख्य सेवाकार्य किये हैं, उनका आरम्भ कब और कहाँ से हुआ तो इस प्रश्न का उत्तर इसी में छिपा है।"[१]

इस समय के लगभग ही रामकृष्ण के कुछ बन्धु-बान्धवों की मृत्यु ने उनके ऊपर वेदना के एक निष्ठुर परन्तु स्नेहमय हाथ की छाप डाल दी। भगवत्-प्रेम में निमग्न रामकृष्ण यद्यपि मृत्यु को केवल अनन्त आनन्द में पुनः प्रत्यावर्तन समझते थे, तथापि अपने तरुण भतीजे व सहचर की मृत्यु के अवसर पर वे अपने आपको प्रसन्न रखने के लिए हँसने की चेष्टा और उसकी आत्मा की मुक्ति[२] के लिए प्रार्थना करने लगे। परन्तु उसकी मृत्यु के अगले ही दिन उन्होंने एक भयंकर वेदना का अनुभव किया। उनका हृदय विदीर्ण हो गया और यहाँ तक अवस्था हो गयी कि उन्हें श्वास लेने में भी कठिनाई प्रतीत होने लगी और वे सोचने लगे :

"ओ! ईश्वर! ओ ईश्वर! यदि मेरी यह हालत है तो जिन्होंने अपने प्रियतम व संतानों को खो दिया है, उनकी क्या हालत होगी?"

और माँ ने शोक-संतप्त प्राणियों को विश्वास का प्रलेप प्रदान करने के लिए रामकृष्ण को शक्ति व कर्तव्य का दान दिया।

स्वामी शिवानन्द ने मुझे लिखा था, "जिन्होंने अपनी आँखों से इस बात को नहीं देखा है कि संसार से सर्वथा अनासक्त यह व्यक्ति किस हद तक सांसारिक नर-नारियों के कष्टों को सुनने में दिन-रात व्यस्त रहता था और उनके बोझ को हलका करने की सतत चेष्टा करता था, वे इसकी कल्पना भी नहीं कर सकते। हमने इसके असंख्य उदाहरण देखे हैं और अब भी कुछ ऐसे गृहस्थ जीवित होंगे, जो कि मनुष्य-जाति के प्रति उनको स्नेहार्द्र करुणा एवं उसके कष्टों को दूर करने के लिए उनके द्वारा किए गए भगीरथ प्रयत्नों के लिए उन्हें नित्य आशीर्वाद देते हैं। सन् १८८३ की घटना है कि मणि मल्लिक नामक एक प्रसिद्ध धनी वृद्ध व्यक्ति का लड़का मर गया और वह भग्न-हृदय होकर रामकृष्ण की शरण में आया। रामकृष्ण ने उसकी वेदना को इतनी गहराई से अनुभव किया कि ऐसा प्रतीत होता था कि वे स्वयं ही मृत संतान के पिता हैं और उनकी पीड़ा मल्लिक को भी मात कर गई। कुछ समय इसी तरह गुजर गया। अचानक ही रामकृष्ण एक भजन गाने लगे।"

परन्तु यह कोई शोकगीत या शव-सत्कार का भजन न था। यह एक वीरता का गान था, आत्मा के मृत्यु के साथ वीरतापूर्ण संग्राम का गीत था।

---

१. रामकृष्ण ने स्वयं अति विनीत भाव से सेवा का दृष्टान्त उपस्थित किया था। उन्होंने ब्राह्मण होते हुए भी, एक अस्पृश्य परिया के घर जाकर उससे घर साफ करने की अनुमति माँगी। धर्मभीरु हिन्दुओं की दृष्टि में यह एक अत्यन्त गर्हित कर्म था और इससे उसके व उसके अतिथि दोनों के ही महान् विपत्ति में पड़ जाने की आशंका थी, इस भय से उस अस्पृश्य व्यक्ति ने उन्हें ऐसा करने की अनुमति नहीं दी। रात्रि के समय जब सब व्यक्ति सो गये, तब रामकृष्ण उसके घर पहुँचे और अपने केशों से उसके घर की बुहार को साफ कर दिया और प्रार्थना करने लगे "ओ! माँ! मुझे अस्पृश्यों का सेवक बना दो!" (विवेकानन्द—'मेरे प्रभु')

२. उस समय उन्होंने दिव्य दृष्टि से एक नंगी तलवार देखी थी।

"ओ मनुष्य! युद्ध के लिए सन्नद्ध हो जा, रणसज्जा से सज्जित होकर मृत्यु तेरे घर पर चढ़ाई कर रही है। विश्वास के रथ में बैठ जाओ, ज्ञान का तूणीर धारण कर और शक्तिशाली प्रेम के धनुष को खींचकर माँ के नाम के दिव्य बाणों की वर्षा करो।"[१]

और शिवानन्द ने उपसंहार में कहा, "इस प्रकार उस पिता का कष्ट किस प्रकार शान्त हो गया, यह मैं अब भी भूला नहीं हूँ। यह गान सुनकर उसका साहस फिर लौट आया, वेदना दूर हो गई, और उसे पुन: शांति प्राप्त हो गई।"

यह घटना वर्णन करते हुए मुझे बिथोवन की कथा याद आ जाती है। वे भी एक मृतपुत्रा जननी को सान्त्वना देने के लिए बिना एक भी शब्द कहे, पिआनो पर आकर बैठ गए थे और अपने गान से उसे सान्त्वना दी थी।

इस स्नेह-ममतामय एवं दु:ख यंत्रणाकुल जीवित मानवता के साथ उनके दिव्य सम्बन्ध की अभिव्यक्ति एक भावावेगमय परन्तु सर्वथा पवित्र एवं धार्मिक प्रतीक में भी होती थी। जब सन् १८७२ में उनकी पत्नी पहली बार[२] दक्षिणेश्वर आई, तो रामकृष्ण की धार्मिक श्रद्धा से युक्त करुणा ने, जो कि सब प्रकार के ऐन्द्रयिक विकार व कामना से सर्वथा मुक्त थी, उसके

---

१. मैंने इस गान का यह अंश 'रामकृष्ण कथामृत' से दिया है। यह अपने प्रकार की एक ही घटना न थी। रामकृष्ण ने अनेक शोकाकुल हृदयों को अपने अनेक भजनों द्वारा शांति प्रदान की है। परन्तु यह वीरतापूर्ण सन्देह सबमें एक-सा रहा है।

'Life of Shri Ramkrishna" (पृष्ठ ६५२-६५३) में यह वर्णन कुछ भिन्न प्रकार से है। रामकृष्ण ने भग्न-हृदय पिता की व्यथा-भरी कथा सुनी; पर कुछ उत्तर नहीं दिया और अर्ध-चेतनावस्था में निमग्न हो गए। अचानक ही उनका मुखमण्डल उद्‌भासित हो गया और वे तीव्र भाव-भंगिमा के साथ युद्ध-गान गाने लगे। इसके उपरान्त वे पुन: साधारण अवस्था में आ गए और उस दु:खी पिता को स्नेहपूर्ण कथा द्वारा सान्त्वना दी।

धनगोपाल मुखर्जी ने भी अपनी स्वाभाविक निपुणता के साथ इस घटना का जिस प्रकार स्वामी विवेकानन्द ने वर्णन किया है, वैसा ही वर्णन किया है। परन्तु उन्होंने अपनी आँखों से यह घटना नहीं देखी थी। किन्तु शिवानन्द एवं 'रामकृष्ण कथामृत' के रचयिता ने स्वयं इसे देखा था।

२. शारदामणि, मार्च १८७२ से नवम्बर १८७३ तक, अप्रैल १८७४ से सितम्बर १८७५ तक और फिर १८८२ में एवं अन्तिम बार सन् १८८४ में आकर रामकृष्ण की मृत्युपर्यन्त दक्षिणेश्वर में उनके साथ रही। पहली बार जब वह अपने स्वामी के निकट आई, उस समय उसका स्वास्थ्य बहुत खराब था, पर उसने बड़ी वीरतापूर्वक मार्ग की कठिनाइयों का सामना करते हुए अत्यन्त धैर्य व परिश्रम के साथ वह यात्रा समाप्त की थी। रामकृष्ण के जीवन में यह एक अत्यन्त हृदयस्पर्शी घटना थी। उसका प्रथम बार २० महीने का वास, तथा दोनों रहस्यवादी साधकों का सर्वथा पवित्र एवं भावावेगमय समान जीवन यह भी एक कम असाधारण वस्तु नहीं है।

अवगुण्ठन के नीचे एक देवीमूर्ति का साक्षात्कार किया। सबके सम्मुख उन्होंने इसकी घोषणा की। मई महीने की एक रात में, जब पूजा की सब सामग्री तैयार हो गई, उन्होंने शारदादेवी को काली के आसन पर बैठा दिया और पुरोहित के रूप में शोडषी पूजा[१] के अनुष्ठान के द्वारा नारीत्व की अर्चना की। उस समय दोनों ही एक अर्धचेतन व अतिचेतन समाधि-अवस्था में लीन थे। और जब रामकृष्ण की समाधि भंग हुई तो उन्होंने अपनी सहचरी को 'माँ' शब्द से सम्बोधित किया। उनकी दृष्टि में वह निष्कलंक मानवता के जीवित प्रतीक की साक्षात् मूर्ति थी।[२]

उनकी परमात्मा सम्बन्धी धारणा क्रमिक रूप से विकसित हुई थी। प्रारंभ में परमात्मा के सम्बन्ध में उनका यह विचार था कि वह एक सर्वव्यापी सत्ता है, जिसमें प्रत्येक वस्तु उसी प्रकार लीन हो जाती है, जिस प्रकार एक सूर्य प्रत्येक वस्तु को अपने अन्दर घुला-मिलाकर एक कर लेता है, परन्तु अन्त में उनका यह विचार उस उष्ण अनुभूति के रूप में परिणत हो गया कि सभी पदार्थ परमात्मा हैं। वे सभी छोटे-छोटे सूर्यों के समान हैं, जिनमें कि वह (परमात्मा) व्याप्त व क्रियाशील है। यह ठीक है कि दोनों में एक ही विचार है, परन्तु दूसरी धारणा पहली को इस प्रकार विपर्यस्त कर देती है कि न केवल उच्चतम से निम्नतम की ओर, अपितु निम्नतम से उच्चतम की ओर, भी एक दोनों तरफ जाने वाली शृंखला है, जो कि अविच्छिन्न रूप से एक परमसत्ता के साथ सब जीवों को संयुक्त करती है। इस प्रकार मनुष्य पवित्र हो जाता है।

अपनी मृत्यु से दो वर्ष पूर्व सन् १८८४ के अप्रैल में उन्होंने कहा था :

"मैं अब अपने अन्दर घटित होने वाले परिवर्तन को अनुभव करने लगा हूँ। बहुत दिन हुए जब वैष्णवचरण ने मुझे कहा था कि जब मैं मनुष्य के अन्दर परमात्मा को देखने लगूँगा तभी मुझे पूर्ण ज्ञान प्राप्त हो जाएगा। अब मैं देखता हूँ कि रूपों की अनेकता के बीच में वही गति कर रहा है—कभी एक धर्मात्मा के रूप में, कभी दम्भी के रूप में और कभी पातकी के रूप में भी वही प्रकट होता है। इसीलिए मैं कहता हूँ, 'नारायण ही धर्मात्मा पुरुष में है, नारायण ही दम्भी में है, और नारायण ही पातकी व उच्छृंखल मनुष्य में भी है।'

पाठकगण जिसने कहानी के सूत्र को छोड़कर मार्गभ्रष्ट न हो जाएँ और वे पहले से ही यह जान सकें कि अपने मोड़ों व घुमाओं के बावजूद, यह नदी जो कि कभी अपने-आपको

---

१. **एक तांत्रिक अनुष्ठान।**

२. **इस घटना के एकमात्र प्रत्यक्षदर्शी साक्षी समीपवर्ती विष्णु के मन्दिर के पुजारी थे।**

रामकृष्ण का नारी-पूजा-धर्म केवल अपनी निष्कलंक पत्नी तक ही सीमित नहीं था। वे अत्यन्त पतित वेश्याओं तक में भी मातृत्व के दर्शन करते थे। विवेकानन्द ने कहा था, "मैंने इस व्यक्ति को स्वयं ऐसी स्त्रियों के सामने खड़े हुए, उनके पैरों पर झुककर प्रणाम करते हुए और अश्रुप्लावित नेत्रों के साथ यह कहते हुए देखा है कि "माँ, तुम एक रूप में पथ में खड़ी हो, और दूसरे रूप में विश्व की जननी हो। माँ, मैं तुम्हें प्रणाम करता हूँ, मैं तुम्हें प्रणाम करता हूँ।" (my master)

अत्यन्त छोटी-छोटी धाराओं में विभक्त करती हुई प्रतीत होती है और फिर अपने मुख्य मार्ग पर लौटती हुई दिखाई देने लगती है, हमें कहाँ ले जा रही है, मैंने एक बार फिर उनके जीवन की बाद की कहानी का पूर्व निर्देश कर दिया है।

सन् १८७४ के करीब से मैं पुनः अपनी कहानी प्रारम्भ करता हूँ, जबकि उन्होंने अपनी धार्मिक अनुभूति का चक्र पूर्ण कर लिया था और जब उनके अपने कथनानुसार ही उन्होंने ज्ञानवृक्ष के तीन सुन्दर फल करुणा, भक्ति और त्याग[१] को प्राप्त कर लिया था।

इसी समय में बंगाल के अनेक प्रसिद्ध व्यक्तियों के साथ उनकी मुलाकात के परिणाम-स्वरूप उन्हें उनके ज्ञान की अपूर्णता एवं भारतीय आत्मा की उस विराट् भूखी शून्यता का, जो कि उनकी प्रतीक्षा कर रही थी, पता लगा। अपने ज्ञान की वृद्धि के सभी उपलभ्य साधनों का प्रयोग करने में, धार्मिक व विद्वान्, गरीब व अमीर, इधर-उधर घूमने वाले तीर्थयात्री या विज्ञान और समाज के स्तम्भरूप सभी प्रकार के व्यक्तियों से ज्ञान प्राप्त करने में उन्होंने कभी संकोच नहीं किया। वैयक्तिक अहंकार उन्हें छू तक न सका था; बल्कि उनका यह विचार था कि 'सत्य के प्रत्येक अनुसंधानकर्ता' ने कोई न कोई ऐसा विशेष प्रकाश प्राप्त किया है जो कि उन्हें प्राप्त नहीं है और इसलिये वे उनकी जूठन की उञ्छवृत्ति करने के लिये सर्वदा तत्पर रहते थे। और इसीलिये वह बिना इस बात का विचार किये कि वे उसका किस प्रकार स्वागत करेंगे, जहाँ भी उन्हें उनका पता लगता था, उनके पास चले जाते थे।[२]

---

१. **करुणा, भक्ति और त्याग यह ज्ञान के तीन महाफल हैं। (सुप्रसिद्ध पंडित विद्यासागर के साथ रामकृष्ण का साक्षात्कार, ५ अगस्त, १८८२) Life of Ramkrihna, पृष्ठ ५२६।**

२. **मैं पहले भी निर्देश कर चुका हूँ कि उन्हें अपने मन्दिर में प्रत्येक प्रकार के भगवद्-विश्वासियों एवं विभिन्न संप्रदायानुयायियों के साथ वार्तालाप करने का दैनिक सुयोग प्राप्त था। जिस दिन भैरवी ब्राह्मणी ने यह घोषणा की थी कि रामकृष्ण ने भगवान् का साक्षात्कार कर लिया है और वे ईश्वर के अवतार हैं, उस दिन से दूर-दूर से सब प्रकार के लोग उनके दर्शन के लिये आते थे। इस प्रकार सन् १८६८ से १८७१ के मध्यकाल में उन्होंने प्रसिद्ध बंगाली कवि माइकेल मधुसूदन दत्त, जिन्होंने हिन्दू-धर्म को त्यागकर ईसाई धर्म ग्रहण कर लिया था एवं वेदान्तशास्त्र के धुरन्धर विद्वान् पंडित नारायण शास्त्री व पद्मलोचन आदि अनेक पंडितों से परिचय किया था। सन् १८७२ में वैष्णव उपाध्याय तथा आर्यसमाज के संस्थापक दयानन्द से, जिसके संबंध में मैं अगले अध्याय में वर्णन करूँगा उनका साक्षात्कार हुआ। देवेन्द्रनाथ टैगोर से उन्होंने कब मुलाकात की थी, उसकी ठीक-ठीक तारीख देना मेरे लिए संभव नहीं है। इस बारे में हिन्दू विद्वानों का एकमत नहीं है, तथापि सन् १८६९-७० के बाद इसकी संभावना नहीं है। ठाकुरवंशियों ने १८६४-६५ के लगभग तारीख दी है। रामकृष्ण के प्रामाणिक-जीवनी-लेखक 'म' (महेन्द्रनाथ गुप्त) ने रामकृष्ण के इस कथन के आधार पर कि उनकी मुलाकात के अवसर पर केशवच्चन्द्र सेन आदि ब्रह्मसमाज के मंच पर उपासना कर रहे थे, इसका समय सन् १८६३ निर्धारित किया है। केशवचन्द्र १८६२ से १८८५**

यहाँ पर गत साठ वर्ष से भारत की आत्मा में जो एक महान् जागृति आन्दोलन चल रहा था, उसका एक संक्षिप्त विवरण योरोपीय पाठकों की जानकारी के लिये देना आवश्यक है। यद्यपि इस वर्ष (सन् १९२८) उनमें से एक संस्था, अर्थात ब्रह्मसमाज की स्थापना का शताब्दी समारोह मनाया जा रहा है, तथापि इस महाजागरण के सम्बन्ध में कुछ विशेष सुनाई नहीं देता। ब्रह्मसमाज के प्रतिष्ठाता की यादगार के इस महान् अवसर पर भारतवासियों के साथ समस्त मानव-जाति को ही इसमें अपना सहयोग देना चाहिये। क्योंकि सब कठिनाइयों व बाधाओं के बावजूद उसने ही सर्वप्रथम प्राच्य और प्रतीच्य, युक्ति और विश्वास के बीच समानता के आधार पर सहयोग प्रारम्भ करने की इच्छा और साहस प्रकट किया था। और विश्वास से उसका अभिप्राय उस अन्ध स्वीकृति से नहीं है, जिसमें कि अनेक शताब्दियों से पददलित जातियाँ इस शब्द का प्रयोग करती रही हैं। अपितु उसका अभिप्राय एक जीवित व चक्षुष्मान् अन्तर्दर्शन से है।

मैं यहाँ राममोहन राय का निर्देश कर रहा हूँ।[1]

———✦———

तक उक्त समाज के आचार्य रहे हैं; इसके अतिरिक्त कुछ ऐसे कारण हैं, जिनसे सन् १८६४-६५ में रामकृष्ण वहाँ यात्रा न कर सकते थे, इसकी पुष्टि होती है। जो भी हो, सन् १८७५ में जब केशव नवीन ब्रह्मसमाज के प्रधान थे, तब केशव से उनकी मुलाकात हुई और उसी समय से उनके हार्दिक सम्बन्ध स्थापित हुए।

१. इस बारे में साधारण जानकारी प्राप्त करने के लिए लन्दन स्टूडेण्ट क्रिश्चियन मूवमैण्ट—प्रकाशित, के० टी० पाल रचित 'The British connection with India', १९२७ पुस्तक पठनीय है। उक्त पुस्तक में गत शताब्दी में राष्ट्रीय आन्दोलन एवं धार्मिक हिन्दू आन्दोलन के विकास का सही-सही चित्रण है। के० टी० पाल एक भारतीय ईसाई हैं, जो कि गांधी जी के परम मित्र हैं। प्राच्य और प्रतीच्य दोनों प्रकार के विचारों से उनका मन निष्पक्ष भाव से प्रभावित है। उन्होंने अपनी इस पुस्तक में योरोपीय तथ्य विज्ञान एवं उसकी ऐतिहासिक प्रामाणिकता के साथ, आत्मा के विज्ञान का, जो कि विशेष रूप से एक भारतीय विज्ञान है, मिश्रण किया है।

पेरिस से प्रकाशित 'योरोप' पत्रिका के १५ दिसम्बन सन् १९२८ के अंक में मेरे 'India in movement' लेख से तुलना कीजिए :

भारतीय पत्रिका, 'प्रबुद्ध भारत' के अक्टूबर १८२८ के अंक में स्वामी निखिलानन्द का एक सुन्दर प्रबंध प्रकाशित हुआ है। इससे पूर्व सन् १८२८ के ब्रह्मसमाज के शताब्दी महोत्सव में भी वे यह प्रबंध पढ़ चुके हैं। प्रबंध का शीर्षक है "The Progress of Religion during the last hundred years. (In India)"

६

ऐक्य-निर्माता

[राममोहन राय, देवेन्द्रनाथ टैगोर, केशवचन्द्र सेन, दयानन्द]

राममोहन राय वह असाधारण पुरुष थे, जिन्होंने इस प्राचीन महाद्वीप के आध्यात्मिक इतिहास में एक नये युग का प्रारम्भ किया था, वही वास्तव में भारत में सबसे प्रथम विश्व नागरिक थे। अपने जीवन के साठ वर्ष (१७७४-१८३३) से भी कम समय में उन्होंने प्राचीन एशिया की महान् पौराणिक गाथाओं से लेकर आधुनिक योरोप के वैज्ञानिक बुद्धिवाद तक सभी प्रकार के विचारों का अपने अंदर समावेश किया था।[१]

एक सम्भ्रान्त बंगाली परिवार[२] में उनका जन्म हुआ था, जिन्हें उत्तराधिकार-सूत्र से राय की उपाधि प्राप्त थी। उनकी शिक्षा मुगल सम्राट् के दरबार में हुई थी, जहाँ की सरकारी भाषा फारसी थी।

---

१. **राममोहन की जीवनी एवं रचनाओं के लिए १९२५ में मद्रास के नटेसन द्वारा प्रकाशित 'Raja Ram Mohan Roy, His writings and Speeches' देखिए। परन्तु कालक्रम का सही निर्देश न होने के कारण उक्त ग्रंथ का आकर्षण विनष्ट हो गया है।**

मॉडर्न रिव्यू, कलकत्ता ऑफिस से प्रकाशित, रामचन्द्र चटर्जी लिखित, Ram Mohan Roy and Modern India, १९१८ शीर्षक पुस्तिका भी द्रष्टव्य है। यह दोनों पुस्तकें किसी अंश तक मिस सोफिया डौब्सन कौलेट द्वारा लिखित राममोहन राय की जीवनी पर आधारित हैं। मिस सोफिया राममोहन को व्यक्तिगत रूप से जानती थीं।

कलकत्ता की 'मॉडर्न रिव्यू' पत्रिका के १९२८ के सितम्बर मास के अंक में प्रकाशित एन० सी० गांगुली रचित महत्वपूर्ण लेख के कुछ अंश भी इस सम्बन्ध में द्रष्टव्य हैं। राजकोट, बम्बई के 'ओरियण्टल क्राइस्ट हाउस' से प्रकाशित मणिलाल सी० पारीख रचित 'राजर्षि मोहन राय', एवं अक्टूबर सन् १९२८ के मॉडर्न रिव्यू में प्रकाशित प्राध्यापक धीरेन्द्रनाथ चौधरी लिखित Ram Mohan Roy the Devotee प्रबंध भी पठनीय है।

राममोहन राय द्वारा प्रतिष्ठापित ब्रह्मसमाज नामक धार्मिक संस्था के सम्बन्ध में शिवनाथ शास्त्री प्रणीत History of the Braham Samaj दो खण्ड, १९११, कलकत्ता देखिए।

२. **राममोहन राय के परिवार का मूल निवास-स्थान मुर्शिदाबाद था। उनका जन्म लोअर बंगाल के बर्दवान शहर में हुआ था।**

बाल्यकाल में उन्होंने पटना के स्कूल में अरबी भाषा सीखी और इसी भाषा में अरस्तू की रचनाओं तथा यूक्लिड का अध्ययन किया। इस प्रकार जन्म[१] से एक कट्टर ब्राह्मण होने पर भी इस्लामिक संस्कृति में उनका पोषण हुआ। चौदह से सोलह वर्ष की अवस्था में, जबकि उन्होंने काशी में संस्कृत पढ़ना प्रारंभ किया, उससे पूर्व उन्हें हिन्दू धर्मशास्त्रों के सम्बन्ध में कोई-ज्ञान न था। उनके हिन्दू जीवनी लेखक कहते हैं कि यह उनका दूसरा जन्म था। परन्तु यह स्पष्ट है कि एकेश्वरवाद में विश्वास करने के लिए उन्हें किसी प्रकार की वेदान्तशास्त्र की शिक्षा की आवश्यकता न थी। इस्लाम के साथ सम्पर्क के कारण बाल्यकाल में ही उनके अन्दर इसकी जड़ जम चुकी थी, और हिन्दू रहस्यवाद के विज्ञान तथा अनुशीलन ने सूफीवाद के अमिट प्रभाव को, जिसका उष्ण-निःश्वास उनके जीवन के प्रारंभ से ही उनके शरीर में व्याप्त हो रहा था, केवल और अधिक दृढ़ व शक्तिशाली बना दिया।[२]

उनकी संग्रामप्रिय प्रतिभा के उत्साह ने, जो कि एक युद्धघोटक के समान जीवंत व दुर्निवार था, उन्हें सोलह वर्ष की अवस्था में ही मूर्तिपूजा के विरुद्ध एक जीवनव्यापी संग्राम में प्रवेश करने के लिए बाध्य कर दिया। उन्होंने कट्टर पौराणिक हिन्दू धर्म के खण्डन से फारसी भाषा में एक पुस्तक प्रकाशित की जिसकी भूमिका अरबी भाषा में लिखी थी। इस पर क्रुद्ध होकर उनके पिता ने उन्हें घर से निकाल दिया। चार वर्ष तक उन्होंने भारतवर्ष और तिब्बत के नाना स्थानों में भ्रमण किया। तिब्बत में उन्होंने बौद्ध धर्म का अध्ययन किया, यद्यपि वह उससे प्रेम न कर सके, और इसके कारण उन्हें धर्मोन्मत्त लामानुयायियों के हाथों

---

१. राममोहन पितृकुल से वैष्णव थे।

२. राममोहन राय की एक प्रबल बुद्धिवादी एवं अपनी जाति के घातक व भयानक अन्धविश्वासों के विरुद्ध युद्ध करने वाले समाज-सुधारक के रूप में ख्याति होने के कारण उनकी स्वाभाविक अन्तर्दर्शन-शक्ति एवं रहस्यवादी प्रकाश, विशेषतः पाश्चात्यों की दृष्टि में, किसी अंश तक धुँधले पड़ गये हैं, परन्तु धीरेन्द्रनाथ चौधरी द्वारा उनकी प्रतिभा के रहस्यवादी पहलू को पुनः सम्मुख लाने का प्रयत्न किया है। उनकी बुद्धि की यह स्वतन्त्रता कभी इतनी मूल्यवान न होती, यदि वह समान रूप से गंभीर एवं नानाविध भक्ति-तत्त्वों पर आधारित न होती। बचपन से ही कुछ यौगिक ध्यान-साधनाओं, यहाँ तक कि कुछ तान्त्रिक अनुष्ठानों का भी, जिनका कि बाद में उन्होंने खण्डन किया है, उन्होंने अनुशीलन किया था। वह कई-कई दिनों तक परमात्मा के नाम व उसके किसी एक गुण पर ध्यान लगाया करते थे और तब तक शब्द का जाप जारी रखते थे, जब तक कि परमात्मा अपनी उपस्थिति को अभिव्यक्ति न कर देता था। (पुरश्चरण का अभ्यास) इन दिनों वे ब्रह्मचर्य एवं मौनव्रत का अवलम्बन कर सूफीवाद की रहस्यवादी साधनाएँ किया करते थे। बंगाल की भक्ति-साधना की अपेक्षा, उन्हें सूफीवाद अधिक तृप्तिदायक प्रतीत होता था। उनकी अहंकारी प्रकृति को बंगाल का भक्तिवाद भावनाप्रधान होने के कारण रुचिकर न लगता था। परन्तु उनकी दृढ़ इच्छा-शक्ति एवं बुद्धि कभी निष्क्रिय नहीं रहती थी। वे उनके भावों को सदा नियन्त्रित करती रहती थीं।

मृत्यु का खतरा भी उठाना पड़ा। बीस वर्ष की अवस्था में पिता के द्वारा अपने उद्दण्ड पुत्र को फिर घर बुलाने पर वे घर चले गये। उन्हें संसार के पिंजरे में बाँध रखने के लिए उनका विवाह कर दिया गया। परन्तु ऐसे पक्षी को कोई पिंजरा अपने अन्दर कैद नहीं रख सकता।

चौबीस वर्ष की अवस्था में उन्होंने अंग्रेजी, हिब्रू, ग्रीक और लैटिन सीखना प्रारम्भ किया। उन्होंने योरोपियनों से अपना परिचय बढ़ाया और उनके कानून एवं शासन-प्रणालियों का अध्ययन किया। इसके फलस्वरूप अंग्रेजों के विरुद्ध उनकी दुर्भावना दूर हो गयी और वह उनके समर्थक हो गये। अपनी जाति के उच्चतम स्वार्थों को दृष्टि में रखते हुए उन्होंने अंग्रेजों का विश्वासभाजन होकर उनकी मित्रता अर्जित की। राममोहन राय ने अनुभव किया कि भारत को पुनरुज्जीवित करने के संघर्ष की सफलता के लिए उन्हें योरोप पर ही निर्भर करना होगा। एक बार फिर उन्होंने सती-प्रथा के बर्बर रिवाज के विरुद्ध अपना तर्कपूर्ण संग्राम प्रारंभ किया।[१] इससे उनके विरुद्ध एक भयानक विरोध का तूफान उठ खड़ा हुआ और ब्राह्मणों की प्रेरणा पर सन् १७९९ में उन्हें फिर अपने घर से निकाल दिया गया। और कुछ वर्ष बाद उनकी माता, यहाँ तक कि उनकी पत्नी ने भी, जिनसे बढ़कर और कोई उनका निकटतम स्नेहभाजन न हो सकता था, उनके साथ रहने से इनकार कर दिया। इस प्रकार सब बन्धु-बान्धवों से परित्यक्त होकर उन्होंने बारह वर्ष का कठोर समय अपने दो-एक स्कॉटिश मित्रों के साथ बड़े धैर्य व साहसपूर्वक व्यतीत किया। प्रारम्भ में एक टैक्स-कलेक्टर की सरकारी नौकरी पर नियुक्त होकर, धीरे-धीरे उन्नति करते हुए वह जिले के सर्वोच्च शासक के पद पर पहुँच गये।

पिता की मृत्यु के बाद, उनके बन्धु-बान्धवों से फिर उनका मेल हो गया और वे प्रचुर सम्पत्ति के उत्तराधिकारी हुए। दिल्ली के सम्राट ने उन्हें राजा की उपाधि प्रदान की और कलकत्ता में उनका विशाल महल एवं कई रमणीय उद्यान थे। अपने महल में वे एक राजा के समान रहते थे और अभ्यागन्तुक अतिथियों का पौरस्त्य रीति के अनुसार गायक एवं नर्तकों के सहयोग से आदर के साथ आतिथ्य-सत्कार करते थे। उनका एक चित्र ब्रिस्टल के अजायबघर में सुरक्षित है, जिसमें उनके मुखमण्डल का पौरुषेय सौन्दर्य एवं लोहित आयत नेत्रों की मधुरिमा देखने योग्य है। माथे के ऊपर मुकुट के समान शुभ्र पगड़ी शोभायमान है और एक भूरे रंग की अचकन पर जरीदार शाल ओढ़े हुए हैं।[२] यद्यपि उनका रहन-सहन अलिफ लैला के राजकुमार के समान था, तथापि उससे उनके हिन्दू धर्मशास्त्रों के अध्ययन एवं वेदों की

---

१. कहा जाता है कि राममोहन राय सन् १८११ में अपनी एक तरुणी साली के सतीदाह में उपस्थित थे। लड़की के दारुण संघर्ष ने दाह की बर्बरता के दृश्य को और भी भयानक बना दिया। इस घटना ने राममोहन राय को इस कदर व्याकुल व अभिभूत कर दिया कि जब तक उन्होंने देश से उक्त राक्षसी प्रथा का अन्त न कर दिया—उनकी आत्मा को शान्ति न मिल सकी।

२. वे मुसलमानों की पोशाक पहनते थे। बाद में उन्होंने ब्रह्मसमाज में भी उसी पोशाक को लादना चाहा, परन्तु इसमें वे सफल न हो सके। पोशाक के बारे में उनकी सौन्दर्य-रुचि, स्वास्थ्य-भावना एवं आरामप्रदता का विचार हिन्दू-धर्म की अपेक्षा मुसलमानों से ही अधिक मिलता-जुलता था।

विशुद्ध भावना को पुनर्जीवित करने के संग्राम में कोई बाधा न पड़ती थी। अपने इस उद्देश्य को पूरा करने के लिये उन्होंने वेदों का बँगला व अंग्रेजी में अनुवाद किया और उन पर व्याख्याएँ लिखीं। यही नहीं, वे और भी आगे बढ़े और उपनिषद् और सूत्रों के साथ-साथ उन्होंने ईसाई धर्मपुस्तकों का भी सूक्ष्म अध्ययन किया। कहा जाता है कि वे सबसे पहले उच्चवंशीय हिन्दू थे, जिन्होंने ईसाई धर्म की शिक्षाओं का अध्ययन किया था। सन् १८२० में उन्होंने बाइबिल के आधार पर 'The precepts of Jesus; a Guide to Peace & Happiness' 'शान्ति व आनन्द की पथप्रदर्शक ईसा की शिक्षाएँ' नामक पुस्तक प्रकाशित की। सन् १८२६ के लगभग उन्होंने अपने एक योरोपियन मित्र प्रोटेस्टेण्ट पादरी ऐडम द्वारा स्थापित एकेश्वरवादी समाज की सदस्यता स्वीकार की। ऐडम मन ही मन में यह सोचकर खुश होते थे कि उन्होंने राममोहन राय को ईसाई धर्म में दीक्षित कर लिया है, और वह भारतीयों के लिए ईसाई धर्म के प्रचारक के रूप में कार्य करेंगे। परन्तु राय को कट्टर ईसाई धर्म की जंजीर में जकड़ना उसी प्रकार असंभव था, जैसा कि कट्टर हिन्दू धर्म में; यद्यपि वह यह समझते थे कि उन्होंने ईसाई धर्म के वास्तविक अर्थ को समझ लिया है। इसलिए वे एक स्वतन्त्र ईश्वरवादी ही रहे, जो कि मूलतः बुद्धिवादी एवं नीतिवादी थे। ईसाई धर्म से उन्होंने उसके नैतिक सिद्धान्तों को ग्रहण कर लिया, परन्तु ईसा के देवत्व को उसी प्रकार त्याग दिया, जिस प्रकार कि उन्होंने हिन्दू अवतारों को त्याग दिया था। एक उग्र आवेशमय एकेश्वरवादी होने के कारण उन्होंने त्रिसत्ता का भी अनेकेश्वरवाद के समान ही खण्डन किया। इसके फलस्वरूप ब्राह्मण व ईसाई पादरी दोनों ही उनके दुश्मन हो गये।

परन्तु वे ऐसे व्यक्ति नहीं थे, जो इन बातों से घबरा जाते। जब अन्य सब उपासना-मन्दिर उनके लिए बन्द हो गये[1], तो उन्होंने अपने व संसार के अन्य समस्त स्वतन्त्र विश्वासियों के लिए एक पृथक् उपासना-मन्दिर की स्थापना की। इससे पूर्व वह सन् १८१५ में अद्वितीय एवं अदृश्य परमात्मा की उपासना के लिए एक आत्मीय सभा (मित्र-गोष्ठी) की भी स्थापना कर चुके थे। सन् १८२७ में उन्होंने गायत्री मन्त्र पर, जो कि हिन्दुओं का सबसे प्राचीन ईश्वरीय मन्त्र समझा जाता है, एक पुस्तिका प्रकाशित की। और अन्त में सन् १८२८ में टैगोर प्रभृति उनके मित्रों ने उनके घर पर एकत्रित होकर एकेश्वरवादी समाज की स्थापना की।[2] इस समाज ने ही बाद में ब्रह्मसमाज (आदि ब्रह्मसमाज) ईश्वर का मन्दिर, के नाम से भारत में एक

---

१. **एकमात्र ऐडम साहब के एकेश्वरवादी गिर्जे को छोड़कर। परन्तु उस समय उनके उपर्युक्त गिर्जे की अवस्था संतोषजनक न थी।**

२. **जिस जमीन पर सन् १८२९ में एकेश्वरवादी मन्दिर का निर्माण हुआ था, उसके क्रयपत्र की दस्तावेज में पहली बार भूल से ब्रह्मसमाज का प्रयोग हुआ है।**

२५ अगस्त सन् १८२८ को इस उपासना सभा का प्रथम अधिवेशन हुआ था। प्रत्येक शनिवार को यहाँ पर सात से ९ बजे तक वेदों का पाठ, उपनिषदों की आवृत्ति, वेदों के ऊपर नाना उपदेश और स्तोत्रगान होते थे। अधिकांश स्तोत्र राममोहन राय के अपने बनाये हुए थे, जिन्हें गाने के समय एक मुसलनान वादक साथ में साज बजाया करता था।

क्रान्तिकारी जीवन का सूत्रपात किया। इस समाज को, "उस सनातन, अगम्य एवं अपरिवर्तनशील सभा की पूजा व उपासना में" "जो कि विश्व की सृष्टिकर्ता व पालक है", समर्पित किया गया था। और यह निश्चय किया गया था कि "कोई भी मनुष्य या मनुष्यों का सम्प्रदाय जो अन्य किसी विशेष नाम से अपने अभीष्ट देवता व देवताओं को पुकारता है, वह उस नाम, उस विशेषण, या उस उपाधि से" यहाँ ईश्वर की पूजा न कर सकेगा। इस मन्दिर का द्वार सबके लिए खुला हुआ था। राममोहन राय की इच्छा थी कि उनका ब्रह्मसमाज वर्ण, जाति, देश और धर्म के भेदभाव के बिना मनुष्य मात्र के लिए एक सार्वजनिक पूजावेदी में परिणत हो जाये। उन्होंने अपने दानपत्र में लिखा है कि किसी भी धर्म की "निन्दा, उपहास व अवहेलना न की जा सकेगी।" इस सम्प्रदाय का मुख्य उद्देश्य "विश्व के सृष्टिकर्ता एवं पालनकर्ता के सम्बन्ध में मनुष्य के ध्यान एवं विचार को प्रोत्साहित करना" एवं "सब धर्मों व सब विश्वासों के मनुष्यों में औदार्य, दया, करुणा और नैतिकता को उद्‌बुद्ध करके उनके पारस्परिक मिलन को दृढ़ और शक्तिशाली बनाना" था।

इसके बाद एक सार्वभौम धर्म स्थापित करने की उनकी अभिलाषा हुई, जिसे राममोहन राय के शिष्य एवं भक्तों ने स्वेच्छापूर्वक 'विश्वधर्म' का नाम दिया था। परन्तु इस शब्द को इसके पूर्ण व शाब्दिक अर्थ में ग्रहण नहीं करता, कारण राय ने इसमें से सब प्रकार के अनेकेश्वरवादों के उच्चतम से लेकर निम्नतम रूपों का बहिष्कार कर दिया था। जो मनुष्य वर्तमान काल की धार्मिक वास्तविकताओं को निष्पक्ष होकर देखना चाहता है, उसे इस बात को दृष्टिगोचर रखना आवश्यक है कि अनेकेश्वरवाद ईसाई धर्म का उच्चतम एकता में त्रिसता की अभिव्यक्ति से लेकर, अपनी निम्नतम अभिव्यक्तियों में मनुष्य जाति के दो तिहाई भाग पर अधिकार किये हुए हैं। राय जब अपने-आपको एक हिन्दू एकेश्वरवादी कहते हैं तो वे वास्तव में बिल्कुल ठीक ही कहते हैं, पर वे इस्लाम तथा ईसाइयत इन दोनों अन्य एकेश्वरवादी धर्मों से भी शिक्षा प्राप्त करने में कोई संकोच नहीं करते।[१] परन्तु जब कोई उन पर यह आक्षेप करता था कि वे 'संकलनवादी' (Eclestic) हैं तो वे यत्नपूर्वक उसका प्रतिवाद करते थे, और उनके सब शिष्य भी इस बारे में एकमत हैं। उनकी धारणा थी कि धार्मिक अनुभूति की गहराई तक पहुँचने वाला मौलिक संश्लेषणात्मक विश्लेषण ही किसी सिद्धान्त का आधार होना चाहिए। इसलिए उनके मत को वेदान्त के अद्वैतवाद या ईसाई धर्म के एकेश्वरवाद से मिलाना उचित नहीं है। राय का ईश्वरवाद वेदान्त के 'निरपेक्ष' और अठारहवीं शताब्दी के विश्वकोषिक विचार—निराकार ब्रह्म और तर्क—इन दो स्तम्भों पर आश्रित है।

राममोहन राय वस्तुतः क्या चाहते थे, उसे वर्णन करना सहज नहीं है और उनकी अनुपस्थिति में उसकी उपलब्धि तो और भी कठिन है। कारण उसके लिए आलोचनात्मक बुद्धि और विश्वास का एक अद्‌भुत सम्मिश्रण यहाँ तक वांछित है कि अतीन्द्रिय अनुभूति से उपलब्ध ज्ञान संगतरूप से बुद्धि द्वारा नियंत्रित व शासित हो सके उसका दैहिक और नैतिक गठन राजोचित होने पर भी वह अपने दैनिक जीवन के संतुलन को एक क्षण के लिए भी

---

१. राममोहन राय का एकेश्वरवाद, उसके परवर्ती ब्रह्मसमाज के आचार्यों के एकेश्वरवाद की अपेक्षा विशेषतः देवेन्द्रनाथ के मतवाद की अपेक्षा, बाइबिल के अधिक निकट है।

विनष्ट किए बिना अथवा अपनी दिनचर्या में किसी बाधा के बिना ध्यान के उच्चतम शिखरों पर आरोहण कर सकते थे। वे उस अतिभावुकता से, जिसके कि बंगाली भक्त प्राय: शिकार हो जाते हैं, निरंतर अपनी रक्षा करते रहते थे और उसे अत्यन्त घृणा की दृष्टि से देखते थे।[१] इसके एक शताब्दी बाद अरविन्द घोष के अतिरिक्त हम अन्य किसी व्यक्ति के अन्दर एक उच्चतम कोटि के मन का इस प्रकार विभिन्न शक्तियों के साथ उत्कृष्टतम व स्वतंत्र सम्मिश्रण नहीं पाते। यह ऐसी वस्तु नहीं है जिसे आसानी से किसी को दिया जा सके और वास्तव में इसे अविकृत रूप में किसी को दे सकना एकदम असंभव ही है। राममोहन राय के उत्तराधिकारी यद्यपि सर्वथा पवित्र व उदारहृदय व्यक्ति थे, तथापि उन्होंने उनकी शिक्षाओं को इस प्रकार बदल डाला कि उन्हें पहचानना भी मुश्किल है। तथापि ब्रह्मसमाज के विधान—व अधिकारपत्र—ने, जिसमें ऐसे अंश भी थे, जिन्हें उसके उत्तराधिकारी समझ व ग्रहण कर सके, भारत व एशिया में एक नवयुग की स्थापना की और इस एक शताब्दी ने इसके विचार के महत्त्व को ही प्रकट किया है।

इसके अन्य व्यावहारिक पहलुओं पर राय ने अपने समाज-सुधार[२] सम्बन्धी शक्तिशाली

---

१. सन् १९२८ के अक्टूबर मास के 'मॉडर्न रिव्यू' में प्रकाशित धीरेन्द्र नाथ चौधरी द्वारा लिखित 'भक्त राममोहन राय' लेख देखिए—"......ध्यान भंग के अनेक कारणों के विद्यमान होते हुए भी राजा प्राय: ही ब्रह्मसमाधि में निमग्न पाये जाते थे......राजा के निकट शारीरिक क्रिया में किसी अस्वाभाविक परिवर्तन का नाम समाधि है, जो कि अपनी इच्छानुसार पैदा किया जा सकता है, यह एक गम्भीर निद्राकालीन अचेतनावस्था भी नहीं है, अपितु यह समस्त पदार्थों में ब्रह्म की उपलब्धि करने और अपनी आत्मा का विश्वात्मा को समर्पित करने की एक उच्चतर आध्यात्मिक साधना व अभ्यास है। उनके लिये आत्म साक्षात्कार का अर्थ विश्व की सत्ता को अस्वीकार करना नहीं है......अपितु प्रत्येक अनुभूतिकरण के मध्य ईश्वर का साक्षात्कार करना है......राममोहन राय प्रधानत: एक साधक थे......वह पूर्णरूप से वेदान्तिक होते हुए भी यह अनुभव करते थे कि उपनिषदें आत्मा की भक्ति-लालसा को पूर्णतया तृप्त नहीं कर सकतीं, और न ही वे बंगाल के भक्तिवाद का ही समर्थन कर पाते थे......परन्तु उनका ख्याल था कि भक्ति-लालसा की तृप्ति सूफीवाद के द्वारा संभव है।......"

२. जिन अनेक सुधारों को उन्होंने क्रियान्वित किया था व करने की चेष्टा की थी, उनकी पूर्ण तालिका देना अत्यन्त कठिन है। उनमें से कुछ मुख्य-मुख्य सुधारों का ही निर्देश करना पर्याप्त है। उन्होंने यह प्रमाणित किया कि सतीदाह शास्त्र-विरुद्ध है, और सन् १८२९ में उन्होंने इसे रोकने के लिये ब्रिटिश सरकार से अनुरोध किया। उन्होंने बहुविवाह के विरुद्ध भी अपनी आवाज उठाई। इसी प्रकार विधवा-विवाह, अन्तर्जातीय विवाह, भारतीय एकता, हिन्दू-मुस्लिम ऐक्य, हिन्दू-शिक्षा आदि इन सब सुधारों के लिये उन्होंने जी-तोड़ प्रयत्न किया। हिन्दू-शिक्षा को वे योरोपीय शिक्षा के वैज्ञानिक आदर्श पर संगठित करना चाहते थे, और इसी उद्देश्य से उन्होंने भूगोल विद्या, ज्योतिषशास्त्र, ज्यामिति और व्याकरण आदि अनेक विषयों पर बँगला में पाठ्य-पुस्तकें

आंदोलनों पर बल दिया है, जिन्हें कि तत्कालीन अंग्रेजी शासन का पूर्ण समर्थन प्राप्त था। उस समय के अंग्रेज शासक आज के अंग्रेज शासकों से बहुत अधिक उदार व बुद्धिमान[1] थे। राममोंहन के देश-प्रेम में संकीर्णता की गन्ध मात्र न थी। वह स्वतन्त्रता और नागरिक तथा धार्मिक प्रगति के सिवाय और किसी वस्तु की परवाह न करते थे। वह अंग्रेजों को भारत से निकाल बाहर करने के स्थान पर उन्हें यहाँ प्रतिष्ठित हुए देखना चाहते थे, परन्तु एक राक्षस के समान नहीं, जो कि उनका रक्त चूसना चाहता है, अपितु इस रूप में कि उनका रक्त, उनका स्वप्न, उनका विचार भारतीयों के साथ घुल-मिल जाये। वे यहाँ तक आगे बढ़ गये थे कि वे चाहते थे कि भारतीय अंग्रेजी को ही अपनी सार्वजनिक भाषा स्वीकार कर लें ताकि भारत सामाजिक रूप से पश्चिमी आदर्शों को अपना सके और उसके बाद स्वतन्त्रता प्राप्त करके शेष एशिया को भी जागृत कर सके। उनके समाचारपत्र संसार की समस्त पराधीन जातियों—आयरलैण्ड, पददलित नेपल्स और १८३० के जुलाई के दिनों के विप्लवी फ्रान्स—की स्वाधीनता के आन्दोलन में आवेशपूर्वक भाग लेते थे। परन्तु इंगलैंड के इस विश्वस्त सहयोगी ने स्पष्ट रूप से उसे यह सूचित करने में भी किसी संकोच का अनुभव नहीं किया कि यदि अपनी जाति को उन्नत करने के लिये नेता के रूप में उनकी शिक्षाएँ सत्य सिद्ध न हुईं तो वह उससे अपना सम्बन्ध-विच्छेद कर लेंगे।

सन् १८३० के अन्त के लगभग देहली के सम्राट ने उन्हें अपना राजदूत बनाकर इंगलैण्ड भेजा, क्योंकि राय ईस्ट इण्डिया कम्पनी को नई सनद देने के सम्बन्ध में हाउस आफ कामन्स में होने वाले विवाद में सम्मिलित होना चाहते थे। वे सन् १८३१ के अप्रैल में इंगलैंड पहुँचे और लिवरपूल, मैंचेस्टर, लन्दन तथा राजदरबार में उनका बड़ा सत्कार हुआ। वहाँ उन्होंने बैन्थम प्रभृति अनेक व्यक्तियों से मित्रता का सम्बन्ध स्थापित किया। वहाँ से कुछ दिन के लिये वे फ्रान्स भी गये, और २७ सितम्बर सन् १८३३ को मस्तिष्क-ज्वर के कारण ब्रिस्टल में उनकी मृत्यु हो गयी। वहीं उनकी समाधि बनी हुई है, जिसके ऊपर लिखा है :—

लिखीं। प्राचीन भारतीय आदर्श के अनुसार स्त्री-शिक्षा का प्रचार करने का भी उन्होंने प्रयत्न किया। यही नहीं, विचार एवं समाचार पत्रों की स्वतन्त्रता, कानूनी सुधार एवं राजनैतिक समानता आदि के लिए भी उन्होंने आन्दोलन किया।

सन् १८२१ में उन्होंने एक बंगाली समाचारपत्र की स्थापना की थी, जो कि भारतीय समाचारपत्रों का जनक है। उसके साथ ही उन्होंने एक फारसी पत्र और वैदिक विज्ञान के अध्ययन के लिए 'वेद-मन्दिर' नामक एक अन्य पत्र का संचालन प्रारम्भ किया। इसके अतिरिक्त प्रथम आधुनिक हिन्दू कालेज, निःशुल्क विद्यालयों और उनकी मृत्यु के दस वर्ष बाद कलकत्ता में स्थापित प्रथम स्त्री पाठशाला के लिए भारत उनका ऋणी है। (१८४३)

१. गवर्नर जनरल लार्ड विलियम बैण्टिक की मित्रता व सहयोग के बिना राममोहन राय धर्मोन्मत्त मदान्ध ब्राह्मणों के विरुद्ध आगे बढ़ने व अपने कुछ अत्यन्त आवश्यक समाज-सुधारों को अमल में लाने में कभी समर्थ न हो सकते थे।

''परमात्मा के एकत्व में दृढ़ विश्वास रखने वाला एक सच्चा व्यक्ति : उसने अपना समस्त जीवन पूर्ण श्रद्धा के साथ केवल परमात्मा की उपासना में व्यतीत किया है।'' योरोपीय भाषा में ''मानव-एकता की उपासना में'' भी कहा जा सकता है, इसका भी वही अर्थ है।

इस महान् शक्तिशाली व्यक्ति ने साठ वर्ष तक भारत की भूमि को अपने हल से जोता है और उसके प्रयत्नों से उसका एकदम रूपान्तर हो गया है। हमारे लिये यह बड़ी लज्जा की बात है कि ऐसे महान् पुरुष का नाम योरोप व एशिया के किसी स्मृति-मन्दिर में अंकित नहीं है। संस्कृत, बँगला, अरबी, फारसी और इंगलिश के एक महान् लेखक, आधुनिक बँगला के पद्य के जन्मदाता, नाना प्रकार के प्रसिद्ध स्तोत्र, कविता, उपदेश, दार्शनिक ग्रंथ एवं राजनैतिक लेखों के रचयिता व लेखक के रूप में उसने अपने विचारों व भावों के बीजों का खुले हाथ वपन किया है। और बंगाल की उर्वरा भूमि से एक फसल—कार्यों और मनुष्यों की फसल—उत्पन्न हुई है। और उनकी ही प्रेरणा से (जो कि एक महत्वपूर्ण तथ्य है) टैगोरों की बहार आयी है।

रवीन्द्रनाथ के पितामह द्वारकानाथ टैगोर, जो कि राममोहन राय के परम मित्र थे, उनकी मृत्यु[१] के बाद ब्रह्मसमाज के मुख्य पृष्ठ-पोषक हुए। रवीन्द्रनाथ के पिता देवेन्द्रनाथ ठाकुर (१८१७-१९०५), जो कि रामचन्द्र विद्यावागीश की अध्यक्षता के बाद राममोहनराय के द्वितीय उत्तराधिकारी नियुक्त हुए, वही असली व्यक्ति थे, जिन्होंने वास्तव में ब्रह्मसमाज को संगठित किया। यह महापुरुष, जिसे उसके देशवासियों ने 'महर्षि' की उपाधि से विभूषित किया था, उसका संक्षिप्त वर्णन[२] देना आवश्यक प्रतीत होता है:

देवेन्द्रनाथ शारीरिक व मानसिक सौन्दर्य, उच्च बुद्धि, नैतिक पवित्रता और पूर्ण कुलीनता के अधिकारी थे। यह गुण वे अपनी सन्तान को भी उत्तराधिकार में दे गये हैं। इसके अतिरिक्त वे वैसे ही गम्भीर एवं आवेगमय काव्यानुभूति के भी स्वामी थे।

एक धनी परिवार के ज्येष्ठ पुत्र के रूप में कलकत्ता में उनका जन्म हुआ था। कट्टरपन्थी परम्पराओं में पलकर अपनी युवावस्था में वे सांसारिक प्रलोभनों व वैषयिक सुखों के जाल में

---

१. राममोहन राय के सदृश द्वारकानाथ भी सन् १८४६ में इंगलैंड की यात्रा करते हुए परलोक सिधार गये। ब्रह्मसमाज के इन दोनों प्रथम कर्णधारों की पश्चिम में मृत्यु ही इस बात का द्योतक है कि वे योरोप की धारा में बह रहे थे।

२. देवेन्द्रनाथ बँगला में अपनी आत्मकथा छोड़ गये हैं, (जिसका सत्येन्द्रनाथ टैगोर और इन्दिरा देवी ने सन् १९०९ में अंग्रेजी अनुवाद किया है।) उनका आन्तरिक जीवन माया और अन्धविश्वास के गहन गर्त से किस प्रकार परम पुरुष की तीर्थयात्रा के लिए प्रवृत्त हुआ था—यही कथा इसमें वर्णित है। वास्तव में यह उनके आत्मा की एक धार्मिक डायरी है।

'फिइयुले दि ल' इनडे' पत्रिका के सन् १९२८, प्रथम खण्ड में प्रकाशित मोशिए दुगार्द लिखित प्रबन्ध देखिए। यह पत्रिका बोलोन सूरसीन से हौगमैन के संपादकत्व में प्रकाशित होती है।

फँस गये। परन्तु उनके परिवार के एक सदस्य की मृत्यु ने उन्हें इस जाल से बचा लिया। लेकिन धार्मिक शान्ति प्राप्त करने से पूर्व उन्हें एक दीर्घ नैतिक संकटकाल में से गुजरना पड़ा। यह ध्यान देने योग्य है कि उनके जीवन में जो भी निर्णयात्मक प्रगति हुई है, वह किसी न किसी आकस्मिक घटना से उत्पन्न काव्यमय भावों का ही परिणाम है। उदाहरण के लिए वह वायु जो पूर्णमासी की रात्रि में गंगा के तट पर किसी मुमूर्ष व्यक्ति के कान में उच्चारित हरि नाम को उनके पास उड़ाकर ले आयी; और फिर तूफान के बीच में एक मल्लाह के शब्द—'डरो मत! आगे बढ़ो!'' अथवा पुन: वह वायु का झोंका, जो फटे हुए संस्कृत के एक पृष्ठ को, जिसमें उपनिषदों के निम्न शब्द लिखे हुए थे, जो कि उन्हें ईश्वरीय वाणी के समान प्रतीत हुए—'सबको छोड़कर उसी का अनुसरण करो! उसी के अवर्णनीय ऐश्वर्य का उपभोग करो...'

सन् १८३९ में उन्होंने अपने भाइयों, बहिनों और कुछ मित्रों के साथ, जिन सत्यों में वे विश्वास करते थे, उनका प्रचार करने के लिए एक समाज की स्थापना की। तीन वर्ष बाद वे ब्रह्मसमाज के सदस्य बन गये और उसका नेतृत्व करने लगे। उन्होंने ही उसके विश्वास, आदर्श और अनुष्ठानों का निर्माण किया। उन्होंने उसकी नियमित पूजा का संगठन किया, पुरोहितों की शिक्षा के लिये धर्मशास्त्र विद्यालय की स्थापना की। वे स्वयं ही उक्त विद्यालय में व्याख्यान देते थे, और सन् १८४८ में उन्होंने 'धर्म विश्वासियों की शिक्षा के लिये' संस्कृत में 'ब्रह्मधर्म' नामक पुस्तक लिखी जो कि 'धर्म व नीति-शास्त्र का आस्तिक ग्रन्थ है'।[१] उनका अपना विश्वास था कि यह ग्रन्थ भगवत्प्रेरणा से लिखा गया है।[२] उनकी प्रेरणा का स्रोत राममोहनराय से सर्वथा भिन्न था। उपनिषदों से उन्हें प्रेरणा प्राप्त हुई थी, परन्तु उनकी व्याख्या

---

१. इसका अंग्रेजी अनुवाद अभी हाल ही में ह० चन्द्र सरकार ने प्रकाशित किया है। 'ब्रह्मधर्म' के पाठकों की संख्या भारतवर्ष में बहुत अधिक थी, जहाँ अनेक भाषाओं में इसका अनुवाद हो चुका है।

२. 'यह ईश्वरीय सत्य है जो मेरे हृदय में प्रविष्ट हुआ है। यह जीवित सत्य मेरे हृदय में उस (परमात्मा) से आये हैं, जो जीवन है, प्रकाश है और सत्य है।' (देवेन्द्रनाथ)

इसका प्रथम खण्ड उन्होंने तीन घंटे में बोलकर समाप्त कर दिया था। और यह सारी पुस्तक 'एक नदी के समान अविच्छिन्न रूप से उपनिषदों की भाषा में लिखी गयी है; परमात्मा की कृपा से आध्यात्मिक सत्य मेरे मन में प्रवाहित हो रहे थे।' इस भगवत्प्रेरित नियम-निर्माण पद्धति में, जो कि देवेन्द्रनाथ के सदृश स्वभाव के व्यक्ति के लिये एक स्वाभाविक अभिव्यक्ति है, आपत्ति यह है कि एक तरफ तो उनका ब्रह्मसमाज यह दावा करता है कि 'सत्य ही केवल एक मात्र सनातन और अविनश्वर धर्मग्रन्थ है' और अन्य किसी भी धार्मिक पुस्तक को वह धर्मग्रंथ मानने को तैयार नहीं, परन्तु दूसरी तरफ यह सत्य हृदय के उस आन्तरिक उद्गार की प्रामाणिकता पर आश्रित है, जिसका मूल स्रोत अन्तत: वे अनेक हिन्दू धर्मशास्त्र ही हैं, जिन्हें कि अपनी पूर्वनिर्दिष्ट भावना के अनुसार चुना व उनकी व्याख्या की गयी है।

उन्होंने सर्वथा स्वतंत्र रूप[१] से की थी। देवेन्द्रनाथ ने बाद में ब्रह्मसमाज के चार मूल-सिद्धान्त निर्धारित किये :—

१. प्रारम्भ में कुछ नहीं था। केवल एक परम पुरुष ही विद्यमान था। उसने ही संसार की सृष्टि की।

२. वही एकमात्र सत्य असीम ज्ञान, अच्छाई व शक्ति के आधार भगवान् हैं; वही सनातन, सर्वव्यापी, एक और अद्वितीय हैं।

३. उसके प्रति विश्वास और उसकी पूजा में ही हमारी इस लोक व परलोक में मुक्ति निर्भर है।

४. उसको प्रेम करना और उसकी इच्छा को पूर्ण करना ही धर्म है। इस प्रकार ब्रह्मसमाज का धर्म एक ईश्वर में विश्वास है, जिसने शून्य से विश्व की सृष्टि की है। उसका मूलगुण करुणा है, वह करुणामय है। और परलोक में मनुष्य की मुक्ति के लिए उसकी एकमात्र पूजा आवश्यक है।

मेरे पास ऐसा कोई साधन नहीं है जिससे मैं देवेन्द्रनाथ के इस कथन की कि उनका धर्म विशुद्ध हिन्दू धर्म है, परीक्षा कर सकूँ। परन्तु यह उल्लेख योग्य है कि टैगोर-परिवार ब्राह्मणों की उस उपजाति से सम्बन्ध रखता है, जिसे पिरिलिस या प्रधानमंत्री कहते हैं। मुसलमानों के राज्यकाल में इस वंश के कोई सदस्य इस पद पर आसीन रहे थे। फलस्वरूप मुसलमानों के साथ उनका सम्पर्क होने के कारण वे अपने सम्बन्धियों द्वारा जाति-बहिष्कृत[२] कर दिये गये थे। इसलिए यह कहना शायद अत्युक्ति न होगी कि उनके परिवार में एकेश्वरवाद के सम्बन्ध में जो एक दृढ़ व स्थायी धारणा देखी जाती है, उनमें यह प्रभाव भी कारण हो सकता है। द्वारकानाथ से लेकर रवीन्द्रनाथ तक सभी किसी भी प्रकार की मूर्तिपूजा के कट्टर शत्रु[३] हैं।

के० टी० पाल के कथनानुसार देवेन्द्रनाथ को एक तरफ कट्टर हिन्दुओं के विरुद्ध और दूसरी तरफ ईसाइयों के उस आन्दोलन के विरुद्ध, जो कि ब्रह्मसमाज में जड़ पकड़ता जा रहा

---

१. धर्मपुस्तकों के बारे में देवेन्द्रनाथ की भावना हमेशा एक-सी नहीं रही। सन् १८४४ एवं १८४६ के मध्यवर्ती काल में बनारस में रहते हुए वे वेदों को निर्भ्रान्त एवं स्वतःप्रमाण मानते थे। परन्तु सन् १८४७ के बाद उनका वह विचार बदल गया, और वैयक्तिक अन्तः प्रेरणा को ही वे निर्भ्रान्त सत्य मानने लगे।

२. मंजुलाल दवे प्रणीत "The Poetry of Rabindra Nath Tagore" देखिए, १९२७।

३. टैगोर-परिवार के निवास-स्थान शान्तिनिकेतन के प्रवेशद्वार पर ये शब्द अंकित हैं : "यहाँ पर किसी मूर्ति की पूजा नहीं की जाती।" परन्तु साथ ही यह भी लिखा है : "और न किसी मनुष्य के धर्म को घृणा की दृष्टि से देखा जाता है।"

भारतीय आध्यात्मिकता में एकेश्वरवाद के प्रवेश के सम्बन्ध में आलोचना करते हुए, बाल्यकाल में राममोहन राय के ऊपर पड़ने वाले इस्लामी प्रभावों को भी सर्वदा स्मरण रखना चाहिए।

था, घोर संग्राम करना पड़ा। अपने दुर्ग की रक्षा के लिए उन्हें रक्षा-चौकियों के रूप में दृढ़ एवं सत्य सिद्धान्तों की रक्षापंक्ति का निर्माण करना पड़ा। इसके व भारतीय धर्म के दोनों छोर— अनेकेश्वरवाद जिसका देवेन्द्रनाथ एकदम निषेध करते थे,[१] और शंकर का विशुद्ध अद्वैतवाद, इन दोनों के बीच एक पुल का निर्माण किया गया। कारण ब्राह्म वर्ग एक तथा साकार ईश्वर और मानव-बुद्धि, जिसे कि ईश्वर ने धर्मग्रंथों की व्याख्या करने की शक्ति व अधिकार प्रदान किया है, इन दोनों का एक सुदृढ़ दुर्ग था। मैंने पहले भी निर्देश किया है कि देवेन्द्रनाथ और उससे भी अधिक उनके उत्तराधिकारियों में बुद्धि को धार्मिक अन्तर्दृष्टि के साथ मिलाने की एक प्रवृत्ति रही है। सन् १८६० के लगभग शिमला के समीप हिमालय में अठारह महीने के एकान्तवास में उन्होंने एकान्त ध्यान की एक माला तैयार की।[२] बाद में इन विचारों को उन्होंने अपने उपदेशों में विस्तार-पूर्वक व्याख्या की, जिसने कलकत्ता की जनता को अत्यन्त प्रभावित किया। इसके अतिरिक्त उन्होंने ब्रह्मसमाज के लिये उपनिषदों द्वारा अनुप्राणित एवं सजीव व

---

१. यहाँ तक कि सन् १८४६ में उनके पिता का देहान्त होने पर ज्येष्ठतम पुत्र होने के कारण जब मृतक संस्कार करने का दायित्व उन पर आया तो उन्होंने पारिवारिक प्रथा के आगे सिर झुकाने से केवल इसलिए इनकार कर दिया, क्योंकि उसमें मूर्तिपूजा का अनुष्ठान सम्मिलित था। इससे उनकी इतनी लोक-निन्दा हुई कि उनके परिवार के सदस्यों व मित्रों ने भी उनसे सम्बन्ध-विच्छेद कर लिया। और इसके फलस्वरूप उन्हें कई वर्ष तक जिस कठिन परीक्षा में से गुजरना पड़ा, उसका वर्णन मैं यहाँ नहीं देना चाहता। देवेन्द्रनाथ के पिता अपनी फिजूलखर्ची के कारण कर्ज का एक जबर्दस्त बोझ उन पर छोड़ गये थे। देवेन्द्रनाथ ने उनकी मृत्यु के बाद बड़ी लगन और मेहनत के साथ उस ऋण को उतारा और साहूकारों के साथ की गयी अपने पिता की प्रत्येक शर्त को पूरा किया।

२. उनके छोटे लड़के रवीन्द्रनाथ भी उनके साथ थे।

हिमालय की गोद में आवेगमय एकान्तवास की अपूर्व स्मृतियों के साथ मैं रवीन्द्रनाथ द्वारा प्रणीत यह आवेदन, जो कि उन्होंने बाद में जननायकों को लक्ष्य करके लिखा है, जोड़ देना चाहता हूँ :—

जनगण-मन-अधिनायक जय हे, भारत भाग्यविधाता।
पंजाब सिन्धु गुजरात मराठा द्राविड़ उत्कल बंगा,
विन्ध्य हिमाचल यमुना-गंगा उच्छल जलधि तरंगा।
तव शुभ नामे जागे, तव शुभ आशिष मांगे।
गाहे तव जय-गाथा
जनगण मंगलदायक, जय हे, भारत भाग्यविधाता।

(जन्मभूमि के प्रति)

वस्तुतः आदि ब्रह्मसमाज को केशवचन्द्र सेन ने जो विचार दिये थे, रवीन्द्रनाथ को उनसे बहुत लाभ हुआ था।

पवित्र आध्यात्मिकता से ओत-प्रोत एक और प्रार्थना-पुस्तक प्रस्तुत की।

हिमालय से लौटने के कुछ दिन बाद सन् १८६२ में उन्होंने तेईस वर्ष के एक नवयुवक केशवचन्द्र को अपना सहयोगी बनाया। परन्तु बाद में केशवचन्द्र सेन ने उनसे पृथक् होकर ब्रह्मसमाज में एक नये दल अथवा नये दलों की शृंखला की सृष्टि की।

केशवचन्द्र[१] केवल सन् १८३८ से १८८४ तक जीवित रहे। वह जहाँ अस्थिरमति एवं चंचल प्रकृति के थे, वहीं ईश्वरादेश से प्रेरित भी थे। उन्नीसवीं शताब्दी के उत्तरार्द्ध में वही एक ऐसे व्यक्ति थे, जिनके व्यक्तित्व ने ब्रह्मसमाज के ऊपर सबसे अधिक प्रभाव डाला है। उन्होंने उसे यहाँ तक समृद्ध व रूपान्तरित कर दिया कि उससे उनकी सत्ता ही खतरे में पड़ गयी।

वह एक ऐसी भिन्न श्रेणी और भिन्न पीढ़ी के प्रतिनिधि थे, जिसमें पाश्चात्य प्रभावों ने गहरा स्थान बना लिया था। राय या देवेन्द्रनाथ के समान एक संभ्रान्त परिवार में उनका जन्म नहीं हुआ था। बंगाल के एक उदार एवं प्रसिद्ध मध्यवित्त श्रेणी के परिवार में, जो कि निरन्तर

---

१. **केशवचन्द्र सेन के सम्बन्ध में निम्न पुस्तकें देखिए :—**

पण्डित गौर गोविन्द राय प्रणीत 'केशवचन्द्र की जीवनी' जो बंगला भाषा में नौ खण्डों में प्रकाशित हुई है।

प्रतापचन्द्र मजूमदार (केशवचन्द्र के प्रधान शिष्य एवं उनके उत्तराधिकारी) प्रणीत : The Faith and Progress of the Brahmo Samaj १८८२, कलकत्ता; एवं Aims and Principles of Keshab Chunder Sen १८८९ कलकत्ता।

प्रथमलाल सेन रचित : Keshab Chunder Sen : A Study १९०२; नया संस्करण १९१५, कलकत्ता।

टी० एल० वास्वानी रचित : Shri Keshab Chunder Sen : Social Mystic १९१६, कलकत्ता।

बी० मजूमदार (केशव मिशन सोसाइटी के अध्यक्ष) प्रणीत : Professor Max Muller on Ramkrishna, The world on Keshab Chunder Sen : १९००, कलकत्ता।

मनीलाल सी० पारीख रचित : Brahmarshi Keshab Chunder Sen : १९२६, राजकोट, ओरियण्टल क्राइस्ट हाउस से प्रकाशित।

(केशवचंद्र सेन के अन्यतम शिष्य एक भारतीय ईसाई द्वारा लिखित यह पुस्तक केशवचंद्र की ईसाई धर्माभिमुखता को स्पष्टता से प्रकट करती है। प्रारम्भ में यह अस्थायी थी—परन्तु धीरे-धीरे इसने अधिकाधिक निश्चित व पूर्णरूप से उस पर काबू पा लिया था)।

केशवचंद्र सेन रचित : "A Voice from the Himalayas." यह सन् १८६८ में केशव द्वारा शिमला में दिये हुए व्याख्यानों का एक संग्रह है, जिसके प्रारम्भ में एक भूमिका जोड़ दी गयी है, १९२७, शिमला।

योरोप के बौद्धिक संपर्क में आ रहा था; उन्होंने जन्म लिया था। उनकी उपजाति वैद्य थी। उनके पितामह एक उल्लेखयोग्य व्यक्ति थे, जो कि एशियाटिक सोसायटी के भारतीय मंत्री थे, और हिन्दुस्तानी में प्रकाशित होने वाले सब ग्रंथों के तमाम संस्करणों का प्रकाशन उनके नियंत्रण में था। छोटी उम्र में ही केशव के माता-पिता की मृत्यु हो गई थी और उनका पालन-पोषण एक अंग्रेजी स्कूल में हुआ था। यही कारण है कि वह अपने दोनों पूर्ववर्तियों से इतने भिन्न थे, वे संस्कृत बिल्कुल न जानते थे और हिन्दू धर्म के लोकप्रिय रूपों से उन्होंने जल्दी ही अपना सम्बन्ध-विच्छेद कर लिया था।[१] ईसा ने उन्हें प्रभावित किया था, और उन्होंने ब्रह्मसमाज में और भारत के सर्वश्रेष्ठ मनीषियों के हृदय में उसे प्रविष्ट कराना अपने जीवन का लक्ष्य बना लिया था। जब वे परलोक सिधारे तो 'दि इण्डियन क्रिश्चियन हैरल्ड' पत्र ने उनके बारे में लिखा था। ''क्रिश्चियन चर्च अपने श्रेष्ठतम साथी की मृत्यु पर शोक प्रदर्शन करता है। ईसाइयों का विश्वास था कि परमात्मा ने उन्हें भारतवर्ष को ईसा की आत्मा से अवगत करने के लिये भेजा है। उन्हीं के प्रयत्नों का शुभ परिणाम है कि ईसा के प्रति घृणा का अन्त हो गया है।''

यह अन्तिम कथन सम्पूर्ण रूप से सही नहीं है; क्योंकि हम देखेंगे कि ईसा के समर्थन के कारण स्वयं केशव को कितना कष्ट भोगना पड़ा। उनके जीवन का वास्तविक अर्थ बहुत से व्यक्तियों, यहाँ तक कि ब्रह्मसमाज के अन्तर्गत व्यक्तियों द्वारा भी अस्पष्ट व धुँधला बना दिया है, कारण यह है कि वे अपने नेता की अपने प्रिय विश्वासों को ठेस पहुँचाने वाली स्थापनाओं से व्यथित व खिन्न थे, और उसे छुपाने का प्रयत्न करते थे। केशवचन्द्र ने स्वयं भी इस बात को धीरे-धीरे क्रमशः प्रकट किया है, और अपनी मृत्यु से बीस वर्ष पूर्व जो लेख उन्होंने लिखे हैं, उनसे हम उनके मुँह से ही यह सुनते हैं कि उनका जीवन उनके यौवन काल से ही तीन महान् ईसाई सन्तों—जॉन दि बैप्टिस्ट, क्राइस्ट और सेण्ट पॉल[२] द्वारा प्रभावित हुआ

---

१. यह होने पर भी, यह सर्वथा स्वाभाविक है कि वे उस धार्मिक प्रकृति से, जो कि उनकी जाति का एक विशेष गुण है, कभी मुक्त न हो सके। प्रतापचन्द्र मजूमदार ने सन् १८८४ में रामकृष्ण से एक बातचीत के सिलसिले में केशवचन्द्र के रहस्यमय बाल्यकाल का वर्णन किया है। (रामकृष्ण कथामृत) वे प्रारम्भ में ''सांसारिक वस्तुओं के प्रति अनासक्त'' एवं आन्तरिक ध्यान व विचार में निमग्न पाये जाते थे। ''कभी-कभी तो भक्ति-अतिरेक के कारण उन्हें संज्ञा-हीनता के दौरे भी पड़ जाते थे।'' बाद में उन्होंने हिन्दू धार्मिक ''भक्ति'' के रूपों का अहिन्दू धार्मिक वस्तु पर भी प्रयोग किया। फलतः उन्होंने ईसाई धर्म का जो वैष्णवी रूप ग्रहण किया था, वह उसके साथ ही निरंतर योग का भी अध्ययन जारी रखते थे।

२. सन् १८७९ के ईस्टर में दिया व्याख्यान ''भारत पूछता है, ईसा कौन है?''

''.....मेरा ईसा, मेरा प्यारा ईसा, मेरे हृदय का सबसे उज्ज्वल रत्न, मेरी आत्मा का हार—मैंने बीस वर्ष तक उसे अपने इस अभागे हृदय में स्थान दिया है।''

जनवरी १८७९, व्याख्यान : 'क्या मैं भगत्प्रेरित पैगम्बर हूँ?'

''वह क्या वस्तु है जिसने मुझे अपने बाल्यकाल में वह विशेषता प्रदान की थी?

है। इसके अतिरिक्त अपने अंतरंग शिष्य प्रताप मजूमदार[१] को लिखे एक गम्भीर गोपनीय पत्र में, जो कि एक अत्यन्त महत्वपूर्ण पत्र है, पर जिस पर गैर ईसाई ब्रह्मसमाजियों ने कोई विशेष ध्यान नहीं दिया है, केशवचन्द्र ने स्पष्ट लिखा है कि वह किस उत्सुकता के साथ उस उपयुक्त समय की प्रतीक्षा कर रहे थे जब कि वह ईसा में अपने विश्वास की सार्वजनिक घोषणा कर सकें। इतने दीर्घकाल तक केशव को जो एक प्रकार का दोहरा जीवन व्यतीत करना पड़ा, उसका आंशिक कारण उनके चरित्र की मौलिक द्वैतता थी, क्योंकि यह इन दो सर्वथा परस्पर-विरोधी पूर्व और पश्चिम के तत्त्वों से मिलकर बना था जो कि आपस में निरंतर संघर्षरत थे। इसलिये एक इतिहास-लेखक के लिये निष्पक्ष अध्ययन कठिन हो जाता है।

भगवान् ने मुझे उन दिनों तीन अत्यन्त असाधारण व्यक्तियों के संपर्क में रखा था। मेरी आत्मा के वे सबसे पहले परिचित व्यक्ति हैं। मुझे उन तीन गौरवशाली व्यक्तियों से—जो कि स्वर्गीय हैं, निहायत शानदार हैं और ईश्वरीय प्रकाश से पूर्ण हैं—मिलने का सौभाग्य प्राप्त हुआ है।.....(पहले) मैंने जॉन दि बैप्टिस्ट को भारतवर्ष के सुनसान जंगल में से गुजरते देखा, वह कह रहा था 'पश्चात्ताप करो, स्वर्ग का राज्य तुम्हारे निकट ही है।.....मैं जॉन दि बैप्टिस्ट के चरणों में गिर पड़ा।.....वह चला गया, और फिर उससे भी बड़ा एक दूसरा पैगम्बर आया, वह नैजरेथ का पैगम्बर था..... 'कल के लिए कुछ मत सोचो' ईसा के इन शब्दों ने मेरे हृदय में हमेशा के लिए घर कर लिया। ईसा अभी अपने शब्द पूरे भी न कर पाये थे कि एक और पैगम्बर आये, और वह ईसा के दूत, शक्तिशाली, बहादुर, वीर प्रचारक पॉल थे।.....और उनके शब्द (ब्रह्मचर्य के सम्बन्ध में), मेरे जीवन की अत्यन्त नाजुक घड़ी में एक जलती हुई अग्नि के समान मेरे ऊपर आये।''

यहाँ यह लिखना उपयुक्त होगा कि उन्हें न्यू टैस्टामैंट का ज्ञान इंग्लिश कालेज में हुआ था, जहाँ कि एक पादरी नवयुवकों को ग्रीक से अनुवाद करके उसे सुनाया करते थे।

१. इस पत्र में, जिस पर कि कोई ठीक तारीख नहीं लिखी है, परन्तु जिसके बारे में यह कल्पना करना युक्ति-संगत है कि यह पत्र उन्होंने सन् १८६६ में दिये अपने प्रसिद्ध व्याख्यान 'जीसस क्राइस्ट, योरोप और एशिया' के ठीक बाद मजूमदार को लिखा था, केशवचन्द्र ने इस प्रकार अपने विचारों की व्याख्या की है :

''.....ईसा के सम्बन्ध में मेरी अपनी धारणाएँ हैं, परन्तु मैं उन्हें तब तक उचित रूप में प्रकट करने के लिए बाध्य नहीं हूँ जब तक कि देश की परिवर्तित परिस्थितियाँ उन्हें मेरे मन के अन्दर से धीरे-धीरे परिणत होकर बाहर न आने दें। ईसा और आत्मत्याग एक ही वस्तु है, और जिस प्रकार उसने उचित समय पर जीवित रहकर उसका प्रचार किया है, इसी प्रकार ठीक समय आने पर ही उसके सम्बन्ध में भी प्रचार करना होगा।..... इसलिये मैं धैर्यपूर्वक उस समय की प्रतीक्षा कर रहा हूँ, जब कि मैं बूढ़ा हो जाऊँगा और उसके साथ ही भारत में ईसा के त्याग के धर्म की प्रतिष्ठा हो जायेगी।''

(मनिलाल सी० पारीख रचित ग्रंथ का २९-३१ पृष्ठ देखिए)।

हिन्दू जीवनी लेखकों ने प्रायः अत्यन्त पक्षपातपूर्ण दृष्टि रखने के कारण उसके कार्य को सुगम बनाने की दिशा में कुछ प्रयत्न नहीं किया है।[१]

ब्रह्मसमाज में केशवचन्द्र का प्रवेश उनके एक सहपाठी मित्र, देवेन्द्रनाथ टैगोर के पुत्र ने कराया था और अपने प्रवेश के प्रथम दिनों में युवक केशव को सभी प्यार से घेरे रहते थे। देवेन्द्रनाथ उन्हें बहुत चाहते थे और ब्रह्मसमाज के सभी युवक सदस्य, जो कि महान् देवेन्द्रनाथ की अपेक्षा उन्हें अपना निकटवर्ती अनुभव करते थे, उन्हें दिल से स्नेह करते थे। देवेन्द्रनाथ न चाहते हुए भी अपनी शिक्षा और आदर्शवाद के कारण हिमालय के एक उच्च शिखर की निर्जनता में वास करते थे।[२] केशव के अन्दर एक सामाजिक भावना थी, जिसे वे सारे हिन्दुस्तान में जागृत कर देना चाहते थे। वे स्वभाव से एक अतिशय-व्यक्तिवादी (Hyper-individualist) थे। और निःसंदेह इसीलिए,[३] उन्होंने इस बात को अच्छी तरह समझ लिया

---

१. लेखक इन इतिहासकारों के प्रति अपने विरोध व रोष को छुपाना नहीं चाहता। कारण, उनमें से प्रायः सभी की यह धारणा है कि इतिहास सामग्रियों का एक ढेर है, जिसमें से किसी को भी उन तथ्यों को चुन लेने की स्वतंत्रता है, जो कि उसके किसी वैयक्तिक लक्ष्य व आदर्श की पूर्ति करते हैं और उसके अतिरिक्त अन्य सब तथ्यों को नियमित रूप से दृष्टि से ओझल कर देने की खुली छूट है। (वैज्ञानिक सत्यनिष्ठा के प्रति उनकी उस अतिशय उदासीनता से यह पृथक् है जो कि प्रायः सभी हिन्दू इतिहासकारों का विशेष लक्षण है। यदि इधर-उधर कहीं दो-चार तारीखें संगृहीत हैं तो यह एक बड़ा चमत्कार है : और पुनः यदि वह दी भी गयी हैं तो इतनी लापरवाही के साथ कि उन पर विश्वास कर सकना असंभव है।) केशव के व्यक्तित्व व उसके विकास के सम्बन्ध में यह छोटा-सा वर्णन, उनके सम्बन्ध में उन सब आवश्यक बातों की खोज के बाद, लिखा जाना उचित था, जिन्हें कि उनके सभी तथाकथित विश्वस्त जीवनी-लेखकों ने या तो छोड़ ही दिया है अथवा इस प्रकार तोड़-मरोड़कर विकृत रूप में लिखा है कि उसके असली रूप को पहचानना भी कठिन हो गया है।

२. ''देवेन्द्रनाथ परमात्मा के साथ अपना व्यक्तिगत सम्बन्ध स्थापित करने में इतना व्यस्त रहते थे कि वे सामाजिक दायित्व की पुकार को बहुत ही मामूली तौर पर सुन पाते थे।'' (ठाकुर परिवार के एक मित्र के पत्र से उद्धृत)

३. उनके मुख्य शिष्य प्रतापचन्द्र मजूमदार कहते थे कि 'वे अपनी रहस्यवादी प्रकृति की उड़ानों के विरुद्ध निरंतर संग्राम करते रहते थे और उन्हें अपने वश में करने में भी सदा सफल होते थे' (यह कथन सर्वथा सत्य नहीं है); कारण उनके जीवन का मुख्य लक्ष्य धर्म को परिवारों के मुखियाओं की पहुँच में लाना था, 'दूसरे शब्दों में उसे साधारण दैनिक जीवन में पुनः प्रतिष्ठापित करना था।' उनके चरित्र में जो विरोध देखे जाते हैं, उनमें यह भी एक कारण है, और यह उनके कार्यों में भी प्रतिफलित है। वह परस्पर न मिल सकने वाली प्रवृत्तियों को—अपने स्वाभाविक रहस्यवादी आरोहों को और समाज की नैतिक व सामाजिक सेवा के लिये दिव्य प्रवाह के नियंत्रीकरण को—अथवा पश्चिमीय रहस्यवाद की भाषा में, जैसा कि योग्य हेनरी ब्रेमण्ड ने विश्लेषण

कि उनके देश की अनेक बुराइयों की जड़ यह अतिशय व्यक्तिवादिता ही है, और भारत को एक नवीन नैतिक चेतना ग्रहण करने की आवश्यकता है। 'सब आत्माओं को सामाजिक भावना के सूत्र में बँध जाने दो, और जनसाधारण के साथ, दृश्यमान समाज के साथ, अपनी एकता अनुभव करने दो।' राय के कुलीन एकतावाद को आम भारतीय जनता से मिलने वाली इस भावना ने ही युवक केशव को उदीयमान पीढ़ी की प्रदीप्त आकांक्षाओं का साक्षी बना दिया था।'' परवर्तीकाल में विवेकानन्द के समान ही (विवेकानन्द केशवचन्द्र के प्रति संभवत: अज्ञातरूप से ही पर्याप्त ऋणी हैं; कारण किसी विशेष युग में स्वाभाविक रूप से ही कुछ विचारों का उद्‌भव होता है, और वह एक ही समय में विभिन्न व्यक्तियों के मन में उत्पन्न होते हैं) केशवचन्द्र जाति के पुनरुत्थान के लिए धर्म को आवश्यक समझते थे। सन् १८६८ में उन्होंने बम्बई में अपने एक व्याख्यान में कहा था कि वे इसे 'सामाजिक सुधारों का आधार' बनाना चाहते हैं। अतएव ब्रह्मसमाज के अन्तर्गत धार्मिक सुधार कर्म में फलीभूत होने वाले थे। इसीलिये केशव का कर्मठ—परन्तु किसी अंश तक चंचल हाथ भारत की भूमि में कुछ मुट्ठी भर फलदायक बीजों को बोता हुआ दिखाई देता है।[१] बाद में वही बीज विवेकानन्द ने अपनी प्रबल बाहु से अपनी मातृभूमि पर, जो कि उनकी गर्जना से पहले ही जागृत हो चुकी थी, खूब मुक्तहस्त से बोये हैं।

परन्तु केशव अपने समय से पहले आ गये थे। उनके कुछ सुधार ब्रह्मसमाज की परम्परागत भावना के भी प्रतिकूल थे। साधारणतया यह समझा जाता है कि उनके व देवेन्द्रनाथ के बीच मतभेद का कारण अन्तर्जातीय विवाह का प्रश्न था, परन्तु मैं निश्चय के साथ कह सकता हूँ कि इससे कहीं अधिक महत्त्वपूर्ण और भी कारण थे। उनके पारस्परिक स्नेह ने उनके विच्छेद के कारणों पर एक पर्दा डाल दिया है, परन्तु उसके तत्काल बाद जो

किया है, ईसा-केंद्रिकता और मानव-केंद्रिकता को परस्पर मिला देना चाहते थे। केशवचन्द्र में ये दोनों भावनाएँ अधिकतम परिमाण में विद्यमान थीं। परन्तु उनकी वह समृद्ध प्रकृति, जो उन सब आध्यात्मिक भोजनों को ग्रहण करने के लिए अत्यन्त लचीली व ग्रहणशील थी, जो कि उनकी भूख को मिटाने के लिए उपस्थित किये जाते थे, उन्हें एक जीवित विरोधाभास बनाये रखती थी, क्योंकि उनकी भूख उनकी पाचन-शक्ति से कहीं अधिक थी। कहा जाता है कि कालेज में पढ़ते हुए उन्होंने शेक्सपियर के नाटक के अभिनय में 'हैमलेट' का पार्ट अदा किया था, परन्तु वास्तव में वे अपने जीवन के अन्त तक डेनमार्क के युवक राजकुमार ही बने रहे।

केवल कल्पना में ही। व्यवहार में केशवचन्द्र जनसाधारण को प्रभावित करने में कभी सफल न हो सके। उनके विचार में भारतीय विचार तत्त्वों का समावेश बहुत कम था।

१. जनसाधारण की सेवा के लिए केशवचन्द्र ने अनेक जनहितकारी संस्थाओं की स्थापना की, जो इस प्रकार हैं : रात्रि पाठशालाएँ, औद्योगिक विद्यालय, कलकत्ता कालेज, भारतीय नारियों के लिये नार्मल स्कूल, नारी सहायक समिति, भारतीय समाज-सुधार समिति, सद्‌भावना-भ्रातृ-संघ एवं अनेक समाज इत्यादि।

घटनाएँ घटित हुई हैं, उनसे उनका अंदाजा लगाया जा सकता है। देवेन्द्रनाथ का हृदय ब्रह्मसमाज के द्वारा मनुष्य-जाति की एकता सम्पादित करने के महान् आदर्श के लिये चाहे कितना भी उदार क्यों न हो, परन्तु वे भारतीय परम्परा और धार्मिक ग्रंथों के अत्यन्त अनुरक्त थे।[१] वे अपने प्रिय शिष्य के मन में कार्य करते हुए ईसाई धर्म के प्रभाव से अनभिज्ञ न हो सकते थे, और कितनी ही वैयक्तिक हानि उठाकर भी वह एक ऐसे सहयोगी के साथ कार्य न कर सकते थे, जिसकी शिक्षाएँ न्यू टैस्टामेण्ट पर अवलम्बित थीं।

सन् १८६६ में उनका यह घातक विच्छेद हुआ और ब्रह्मसमाज में एक नये दल की सृष्टि हुई। देवेन्द्रनाथ आदि ब्रह्मसमाज (पहली ब्रह्मसमाज)[२] की तरफ रहे और केशव अखिल भारतीय ब्रह्मसमाज की स्थापना करने के लिये पृथक् हो गये। दोनों ही व्यक्तियों के लिए वह एक कठिन परीक्षा थी, किन्तु विशेषत: केशव के लिये, जिनकी प्रचलित विश्वासों की निन्दा ने उन्हें घृणा का पात्र बना दिया था। इसका उन्हें पहले कोई आभास न था। विच्छेद के तीन मास बाद अपनी लोकप्रियता एवं अपने विश्वस्त मित्रों के उत्साहपूर्वक समर्थन से शक्ति संचय करके उन्होंने अपने 'ईसामसीह, योरोप और एशिया'[३] पर दिये प्रसिद्ध व्याख्यान में एक सार्वजनिक घोषणा की। उक्त घोषणा में उन्होंने ईसा को स्वीकार किया—परन्तु एक एशियावासी ईसा को, जिसे कि योरोप नहीं समझ सकता था, पर जो "उस समस्त शानोशौकत से विभूषित था जिसकी कि एशियाई प्रकृति कल्पना कर सकती है।" उनका ईसाई धर्म मुख्यतया एक नैतिक प्रश्न था। केशव, ईसा की नैतिकता एवं क्षमा और बलिदान के उनके दो

---

१. बी० मजूमदार ने कहा था : 'देवेन्द्रनाथ का ब्रह्मसमाज कल्पना में समन्वयवादी होने पर भी वास्तविक रूप में विशुद्ध हिन्दू समाज था।' मेरे मित्र कालिदास नाग ने, जिसके टैगोर-परिवार से मित्रता का सम्बन्ध है, मुझे लिखा था देवेन्द्रनाथ, क्रांतिकारी परिवर्तनों को सहन न कर सकते थे। उन्होंने पश्चिम के साथ पूरा न्याय किया है, और फैनेलन, फीश्ट एवं विक्टर कुजन की बड़ी प्रशंसा की है। परन्तु वे उन्मत्त उत्साह के आक्रामक प्रदर्शनों को सहन नहीं कर सकते थे। केशव एक उन्मत्त उत्साही थे, जो कि अपने शिष्यों का भारत की सामाजिक बुराइयों के विरुद्ध एक सच्चे धर्मयुद्ध में नेतृत्व करना चाहते थे।'

२. देवेन्द्रनाथ के सक्रिय-जीवन से अवकाश प्राप्त करने से कुछ समय पहले ही यह घटना हो गई थी। वे अपनी पसन्द से चुने हुए कलकत्ता के समीप बोलपुर नामक स्थान में रहने के लिए चले गये, जिसे उन्होंने 'शांति निकेतन' (शांति का घर) की संज्ञा दी। यहीं पर उन्होंने अपना शेष जीवन एक संभ्रांतवंशीय पवित्रता के वातावरण में व्यतीत किया, और सन् १९०५ में अपने राजकीय उत्तराधिकारियों के मध्य एक पिता के समान उनका स्वर्गवास हुआ।

३. यह स्पष्ट है कि केशव से विच्छेद होने से पूर्व ही देवेन्द्रनाथ इस निकट भावी स्वीकृति से अवगत थे। उन दिनों केशव ईसाई धर्म के गम्भीर अध्ययन में लीन थे और विशेषत: सीले की Ecce Homo नामक पुस्तक, जो कि उन दिनों अत्यन्त प्रचलित थी, पढ़ने में व्यस्त थे।

मुख्य सिद्धान्तों द्वारा उनकी तरफ आकृष्ट हुए थे। उनकी धारणा थी कि इन सिद्धान्तों द्वारा और ईसा के द्वारा "योरोप और एशिया एकता और मिलाप का मार्ग ढूँढ़ सकते हैं।"

एक नवदीक्षित के समान उनका उत्साह इतना प्रबल था कि वे अपने मित्रों से अपने आपको 'यीशुदास' या ईसा का सेवक कहकर पुकारने का आग्रह करते थे, और उन्होंने अपने कुछ अन्तरंग मित्रों के बीच उपवास के साथ क्रिसमस का त्यौहार मनाया।

परन्तु उनके उपर्युक्त व्याख्यान से उनकी लोक-निन्दा फैल गई, और महापुरुषों[१] (१८६६) के सम्बन्ध में उनके एक दूसरे व्याख्यान से भी अवस्था में कुछ सुधार न हो सका। इस व्याख्यान में उन्होंने ईसा की गणना ईश्वर की वाणी के संदेशवाहकों की श्रेणी में की, जिनमें से प्रत्येक को एक सन्देश-विशेष सौंपा गया था, और जिन्हें किसी एक के साथ विशेष आसक्ति के बिना समान रूप से स्वीकार करना उचित है। उन्होंने अपने उपासना-मन्दिर का द्वार सब देशों व सब युगों के मनुष्यों के लिए उन्मुक्त कर दिया और पहली बार ब्रह्मसमाज के प्रयोग में आने वाले उपासनाग्रंथ में बाइबिल, कुरान और ज़ेन्दावस्ता[२] से कुछ अंश उद्धृत किए। परन्तु इससे सर्वसाधारण का कोप होने के स्थान पर और प्रबल हो गया।

केशव इससे विचलित हुए बिना न रह सके। उनका अनुभूति-प्रवण एवं असहाय हृदय लोक-निन्दा से इतना पीड़ित हुआ जितना वह किसी भी अन्य प्रकार की उपेक्षा से न होता। उनके सम्बंध में जनसाधारण की भ्रान्त धारणा, सहयोगियों का दलत्याग, गुरुतर आर्थिक असुविधाएँ और इन सबसे बढ़कर अपने आत्म-विवेक का उत्पीड़न और शायद अपने आदर्श के प्रति संदेह, भी इन सबने मिलकर उनके अन्दर "दुर्बलता, पाप और प्रायश्चित्त की एक जीवित भावना को", जो कि अन्य हिन्दू धार्मिक आत्माओं से सर्वथा भिन्न उनकी एक अपनी ही विशेषता थी, और भी पुष्ट कर दिया। एक विनाशात्मक आत्मिक संकट[३] उपस्थित हो

---

१. **यह एक ध्यान देने योग्य बात है कि केशवचन्द्र ने अपने यौवन-काल में जो ग्रंथ पढ़े थे, उनमें से कार्लाइल और इमर्सन के ग्रंथों ने उन्हें जितना प्रभावित किया उतना और किसी लेखक के ग्रन्थों ने नहीं किया।**

२. **यह ग्रंथ जिसका नाम "श्लोक संग्रह" (१८६६) है, देवेन्द्रनाथ के 'ब्राह्म-धर्म' नामक ग्रंथ से बहुत बड़ा है परन्तु 'ब्राह्म-धर्म के मुकाबले में इसका प्रचार बहुत कम हुआ है। तथापि जब केशव ने यह कहा है कि "ब्राह्मसमाज का असली उद्देश्य विभिन्न धर्मों में संगति स्थापित करना है" तब उन्होंने राय की सच्ची परम्परा का ही पालन किया है।**

३. **प्रतापचन्द्र मजूमदार ने 'केशव' के अन्दर इस 'पाप-भावना' को लक्ष्य किया था। देवेन्द्रनाथ, रामकृष्ण, और सर्वोपरि विवेकानन्द की भावना के यह सर्वथा विरोधी है। हम आगे देखेंगे कि विवेकानन्द इस भावना की घोर निन्दा किया करते थे। वे कहते थे कि यह एक मानसिक दुर्बलता, या वास्तविक मानसिक व्याधि का लक्षण है और इसके लिए ईसाई धर्म को दोषी ठहराते थे। केशव नियमित रूप से जिस मानसिक अवस्था से गुजर रहे थे, उसकी परिणित उनके सन् १८८१ के उपदेश 'हम नवविधान के प्रचारकगण' में हुई है। इसमें उन्होंने जूडास के साथ अपनी तुलना की है, जिसे सुनकर सभी श्रोतागण विक्षुब्ध हो गये थे।**

गया, जो कि सन् १८६७ के अन्त तक कायम रहा। इस दुःख के समय में वे सर्वथा अकेले थे, किसी प्रकार की बाह्य सहायता उन्हें प्राप्त न थी, केवल भगवान् ही उनके साथ थे। परन्तु परमात्मा ने उनके साथ वार्तालाप किया। उस वर्ष जबकि वे विरोधी भावों के अन्तर्द्वन्द्व से छिन्न-भिन्न हो रहे थे, और अपने परिवार में दैनिक प्रार्थनाओं में स्वयं पुरोहित का कार्य करते थे, भगवान् ने न केवल उनके विचारों में ही, अपितु उनकी बाह्य-अभिव्यक्ति में भी पूर्ण परिवर्तन ला दिया। अब तक वे धार्मिक बुद्धिजीवियों के सेनापति, एक नीतिवादी थे, पर भावात्मक आवेशों से सर्वथा अपरिचित, बल्कि उन्हें घृणा की दृष्टि से देखते थे। परन्तु अब भावों की एक धारा ने—प्रेम और आँसुओं—ने उन्हें आप्लावित कर दिया और उन्होंने महानन्द के बीच अपने-आपको इस प्लावन में समर्पण कर दिया।

ब्रह्मसमाज के लिए एक नवयुग का उषाकाल था। महाभक्त चैतन्य के रहस्यवाद और संकीर्तन को ब्रह्मसमाज धर्ममन्दिर के अंदर प्रवेश कराया गया। प्रातःकाल से लेकर रात्रि समय तक, वैष्णव संगीत वाद्यों के साथ प्रार्थनाएँ व स्तोत्रों का पाठ और भगवान् का महोत्सव[१] होने लगा। और वे केशव, जिनके बारे में यह कहा जाता था कि वे कभी न रोये थे, अश्रुप्लावित मुख के साथ—उन सब आयोजनों में पुरोहित का कार्य करते थे। भाव तरंगें हिलोरें लेने लगीं। केशवचन्द्र की हार्दिकता, उनके विश्व-एकता के बोध, और उनकी जनकल्याण की भावना ने उनके प्रति भारत और इंग्लैंड के सभी मनीषियों की सहानुभूति उत्पन्न कर दी। तात्कालिक वायसराय भी उनसे आकृष्ट हो गये। सन् १८७० में उनकी इंग्लैंड यात्रा एक विजय-यात्रा के समान थी। उन्होंने जिस उत्साह को जागृत किया, वह कौसेथ[२] द्वारा प्रेरित उत्साह के समान था। अपने छः महीने के इंग्लैंडवास[३] में उन्होंने ४०,००० श्रोताओं की सत्तर सभाओं में व्याख्यान दिये, और अपनी सरल अंग्रेजी भाषा एवं मधुर स्वर से श्रोताओं को मन्त्रमुग्ध कर दिया। ग्लैडस्टन से उनकी तुलना की जाने लगी। पश्चिम का आध्यात्मिक सहयोगी और पूर्व में ईसा का संदेशवाहक कहकर उनका स्वागत किया गया। परन्तु दोनों ही पक्ष सरल भाव से एक भ्रान्ति के वशवर्ती होकर कार्य कर रहे थे, जिसका आगामी कुछ वर्षों में दूर होना अवश्यंभावी था। कारण, केशव अपने हृदय के अन्तरतम में एक भारतीय ही थे और योरोपियन ईसाइयों की पंक्ति में अपनी गणना कराना उनके लिए संभव न था। इसके विपरीत

---

१. यह ध्यान देने योग्य है कि इस अवसर पर ईसा का कोई प्रश्न नहीं रहा। चैतन्य की भक्ति केशव के धर्म का एक और पहलू है। पी०सी० मजूमदार ने लिखा है, "इस प्रकार केशवचन्द्र अपने जीवन के स्वतन्त्र द्वार पर एक तरफ ईसा और दूसरी तरफ चैतन्य की छाया होकर खड़े थे।" उनके शत्रुओं ने सन् १८९४ में इस बात को लक्ष्य किया और उनमें से कुछ ने विद्वेषवश रामकृष्ण से शिकायत की कि केशव अपने-आपको "ईसा और चैतन्य का आंशिक अवतार" कहता है।

२. आस्ट्रिया के विरुद्ध हंगरी के राष्ट्रीय आंदोलन के विख्यात नेता लूइस कौसेथ; जीवन-काल (१८०२-१८९४)।

३. ग्लैडस्टन, स्टुअर्ट मिल, मैक्समूलर, फ्रैंसिस न्यूमैन, डीन स्टैनले आदि से उन्होंने व्यक्तिगत परिचय प्राप्त किया था।

वे यह सोचते थे कि वे योरोपियन ईसाइयों को अपने पक्ष में कर लेंगे। सरकार[१] की सद्भावना से भारत तथा ब्रह्मसमाज दोनों को ही लाभ हुआ। अपने पुनः संगठित रूप में चारों तरफ शिमला, बम्बई, लाहौर, लखनऊ, मुंगेर आदि मुख्य शहरों में इसका प्रसार हो गया। सन् १८७३ में केशव ने इस नवीन धर्म के भाई-बहिनों में एकता-स्थापन करने के उद्देश्य से सारे भारतवर्ष की यात्रा की। उनकी यह यात्रा उनके बीस वर्ष बाद एक संन्यासी के वेश में की गई विवेकानन्द की सत्यान्वेषण यात्रा की अग्रदूतिका के समान थी। इस यात्रा ने उनके मानसिक क्षितिज को और विस्तृत कर दिया, और वे सोचने लगे कि उन्होंने उस जनप्रिय अनेकेश्वरवाद की, जो ब्रह्मसमाज के लिए अत्यन्त घृणास्पद वस्तु है, कुंजी प्राप्त कर ली है और वे इस अनेकेश्वरवाद तथा विंशुद्ध एकेश्वरवाद में मेल स्थापित कर सकते हैं। रामकृष्ण ने भी ठीक इसी समय स्वाभाविक रूप से यह मेल सम्पादित किया था, परन्तु केशव ने उसे ही संपादित करने के लिए एक प्रकार की बौद्धिक सुलह की भावना का प्रयोग किया।[२] वे अपने आपको विश्वास दिलाते थे (परन्तु अनेकेश्वरवादियों को विश्वास दिलाने में असमर्थ रहे) कि उनके भगवान् मूलतः एक ही भगवान् के विभिन्न गुणों के नाम के अतिरिक्त और कुछ नहीं है।

उन्होंने 'संडे मिरर'[३] पत्र में लिखा था कि "उनकी (हिन्दुओं की) मूर्तिपूजा मूर्तरूप धारण किए हुए ईश्वरीय गुणों की पूजा के अतिरिक्त अन्य कोई वस्तु नहीं है। यदि इस मूर्त रूप का त्याग कर दिया जाए तो जो शेष रह जाता है, वह एक सुन्दर प्रतीक है.....हमने यह जान लिया है कि प्रत्येक मूर्ति, जिसकी कि हिन्दू पूजा करते हैं, ईश्वर के किसी गुणविशेष का प्रतिनिधित्व करती है और प्रत्येक गुण को किसी विशेष नाम से पुकारा जाता है। नवधर्म में विश्वास रखने वाले प्रत्येक व्यक्ति को उन समस्त गुणों के एकमात्र अधिकारी एक ईश्वर की पूजा करनी चाहिए,—जिन गुणों का हिन्दुओं ने असंख्य अथवा तैंतीस करोड़ देवताओं में प्रतिनिधित्व दिखलाया है। भगवान् को उसकी प्रकृति के विभिन्न पहलुओं से पृथक् करके एक अखण्ड ईश्वर के रूप में विश्वास करना निर्गुण (Abstract) ईश्वर में विश्वास करना है, और यह विश्वास हमें व्यावहारिक बुद्धिवाद एवं नास्तिकता की तरफ ले जाएगा। यदि हम उसकी प्रत्येक अभिव्यक्ति के रूप में ईश्वर की पूजा करना चाहते हैं तो हम उसके एक गुण को लक्ष्मी, एक को सरस्वती और एक को महादेव आदि, आदि.....की संज्ञा देते हैं।"

इसका यह अभिप्राय था कि धार्मिक एकत्वबोध में हमने एक बड़ा कदम आगे बढ़ाया है, क्योंकि यह मनुष्य-जाति के एक बृहत्तर भाग से सम्बद्ध था। परन्तु इससे कुछ लाभ न था; कारण, केशव यह चाहते थे कि सारी असली शक्ति उनके एकेश्वरवाद के हाथ में रहे और अनेकेश्वरवाद को बाह्य आदर के अतिरिक्त और कुछ प्राप्त न हो। दूसरी तरफ वह विशुद्ध अद्वैतवाद व निर्गुण एकेश्वरवाद से भी बचते रहे, जो कि ब्राह्मवर्ग के लिए सर्वथा निषिद्ध था।

---

१. विशेषतः कुछ समाज-सुधारों के सम्बन्ध में । उनमें से ब्राह्म विवाहों को कानून-सम्मत ठहराने वाला एक वह कानून था, जो कि सीधा ब्रह्मसमाज से सम्बन्ध रखता है।

२. इस खण्ड के अन्त में नोट नं० २ देखिए—प्रकाशक

३. अगस्त १, १८८० The Philosophy of Idol worship (मूर्तिपूजा का दर्शनशास्त्र)।

इसका परिणाम यह हुआ कि धार्मिक बुद्धि को सम्पूर्ण रूप से विभिन्न धर्म विश्वासों के दो विभिन्न शिविरों को पृथक् करने वाली मध्यवर्ती प्राचीर का आश्रय लेना पड़ा। उस समय विद्यमान परिस्थिति एक शान्त संतुलन की अवस्था न थी और जिस अवस्था में केशव ने अपने-आपको रखने का आग्रह किया, वह एक स्थायी अवस्था न हो सकती थी। केशवचन्द्र का विश्वास था कि परमात्मा ने उन्हें उस स्थान से ही अपने (परमात्मा के) नव प्रकाशित विधान व नवधर्म की घोषणा करने का कार्य सौंपा है। सन् १८७५ में[१] ही केशव ने इसकी घोषणा प्रारंभ कर दी, जिस वर्ष कि वे रामकृष्ण के संपर्क में आये।

अनेक अन्य स्वनिर्वाचित कानून-निर्माताओं के समान वह अपने ही मन में नियम व व्यवस्था में कठिनाई अनुभव करने लगे, विशेषत: जबकि वह यह चाहते थे कि उनका नियमविधान सर्वग्राही हो, और उसमें ईसा और ब्रह्म, बाइबिल और योग, धर्म और तर्क सभी का समावेश हो। रामकृष्ण बहुत ही सरल तरीके से अपने हृदय के अन्दर से ही उस स्थिति पर पहुँच गये थे और उन्होंने अपनी खोज को किन्हीं सिद्धान्तों व आदेशों के सीमित शरीर में आबद्ध नहीं किया था। वे पथ दिखाकर, उदाहरण उपस्थित करके और प्रोत्साहन देकर ही संतुष्ट थे। परन्तु केशव ने एक तरफ तुलनात्मक धर्म-अध्ययन-विद्यालय के अधिष्ठाता बुद्धिवादी योरोपियन विद्वान् के उपायों और दूसरी तरफ भारत और अमेरिका के भगवत्प्रेरित व्यक्तियों के उपायों—अश्रु-विगलित भक्ति, प्रचार-भ्रमण एवं स्वीकारोक्तियों का आश्रय लिया।

उन्होंने अपने प्रत्येक प्रिय शिष्य को एक पृथक् धर्म[२] के सम्बन्ध में अध्ययन और एक पृथक् यौगिक साधना का आदेश दिया। अपने शिष्यों में प्रत्येक को अपनी व्यक्तिगत विशेषता के अनुसार किस धर्म का अध्ययन, व कौन-सी साधना सबसे अधिक उपयोगी होगी, इसके

---

१. 'भारत में स्वर्ग का प्रकाश देखो' वक्तृता में। नव धर्म की घोषणा २५ जनवरी सन् १८८० को की गई थी।—प्रकाशक

२. उनके चार चुने हुए शिष्यों में से प्रत्येक ने चार महान् धर्मों में से एक धर्म के अध्ययन को अपने जीवन का लक्ष्य बनाया और किन्हीं अवस्थाओं में वे अपने आलोच्य विषय में सर्वथा लीन हो गये। उपाध्याय और गोविन्दराय को हिन्दू-धर्म के अध्ययन का कार्य सौंपा गया था, उन्होंने एक महत्वपूर्ण स्मरणीय पुस्तक गीता का संस्कृत में भाष्य किया है, और श्रीकृष्ण की जीवनी लिखी है। साधु अघोरनाथ ने बौद्ध-धर्म का अध्ययन किया, और बंगाली में बुद्ध का जीवन-चरित्र लिखा। यौवनावस्था में ही उनकी अकाल मृत्यु हो गई, परन्तु जब तक भी वे जीवित रहे, बुद्ध के पदचिह्नों का अनुसरण करते रहे। भाई गिरीशचन्द्र ने इस्लाम के अध्ययन में अपना जीवन लगाया—उन्होंने कुरान का अनुवाद किया, मुहम्मद की जीवनी लिखी और अरबी व फारसी में कुछ अन्य ग्रंथों की रचना की। अंतिम प्रतापचंद्र मजूमदार ने ईसाई धर्म के अध्ययन में मन लगाया और उन्होंने Oriental Christ (पूर्वी ईसा) नामक पुस्तक लिखी। वे उसकी आध्यात्मिकता से इतने परिपूर्ण थे कि उन्होंने जिस विचारधारा को जन्म दिया, उससे मनीलाल सी० पारीख जैसे सच्चे भारतीय ईसाई उत्पन्न हुए।

निर्वाचन में ही एक शिक्षक के रूप में केशवचंद्र की निपुणता देखी जा सकती है। परन्तु वे स्वयं अपने दो परामर्शदाताओं के बीच, जो कि उन्हें समान रूप से प्रिय थे—दोलायमान थे। एक तरफ रामकृष्ण का जीवित उदाहरण था, जिनके पास वे समाधि के बारे में निर्देश प्राप्त करने के लिए जाते थे, दूसरी तरफ ल्यूक रिविंग्टन नामक एक ऐंग्लिकन संन्यासी थे (जो बाद में रोमन कैथोलिक सम्प्रदाय के अनुयायी हो गये थे) जिनसे वे ईसाई धर्म की शिक्षा प्राप्त करते थे। वे भागवत जीवन और सांसारिक जीवन में से उनके लिए कौन-सा श्रेयस्कर है, इसका कभी निर्णय न कर सके, और निष्कपट सरलता के साथ यह सोचते रहे कि इनमें से एक का दूसरे के लिए हानिकारक होना आवश्यक नहीं है।[१]

परन्तु उनके मन की इस अस्पष्टता ने उन्हें पर्याप्त हानि पहुँचाई और ब्रह्मसमाज पर उसका और भी अधिक प्रतिकूल प्रभाव हुआ। कारण उनका अंतर दर्पण के समान स्वच्छ था,[२] और उन्होंने अपने स्वभाव की परिवर्तनशीलता और बहुरूपता को गुप्त रखने के लिए मामूली सतर्कता से भी काम नहीं लिया। फल यह हुआ कि सन् १८७८ में ब्रह्मसमाज में एक और दल की सृष्टि हो गई और केशव अपने ही साथियों के आक्रमण का निशाना बन गये। उन्होंने उन पर अपने सिद्धांतों के प्रति विश्वासघात का दोषारोपण किया। उनके अधिकांश मित्रों ने भी उनका साथ छोड़ दिया। और इसके फलस्वरूप उन्हें रामकृष्ण और पादरी ल्यूक रिविंग्टन जैसे कुछ वफादार मित्रों के आश्रय में ही शरण लेनी पड़ी। इसके अतिरिक्त इस नयी परीक्षा ने ईसाई धर्म के प्रति उनकी स्वीकारोक्तियों के सम्पूर्ण प्रवाह के लिए द्वार उन्मुक्त कर दिया, जो कि धीरे-धीरे अधिकाधिक सुस्पष्ट एवं ईसाई धर्म के गंभीरतम आध्यात्मिक शास्त्र के अनुसार प्रकट होने लगी। इस प्रकार उन्होंने 'क्या मैं एक भगवत्प्रेरित पैगम्बर हूँ?' शीर्षक अपनी वक्तृता में जॉन दी बैप्टिस्ट, ईसा और सेण्ट पॉल के सम्बन्ध में अपने बालसुलभ स्वप्नदर्शन

---

१. **सन् १८५७ की प्रथम जनवरी के बाद जब उन्होंने आध्यात्मिक उन्नति के लिए साधारण विधान नामक नई पद्धति का प्रारम्भ किया तो उन्होंने अपने शिष्यों की विशेषता के अनुसार उनकी साधना के मार्गों (योगों) को भी परिवर्तित कर दिया। किसी को भक्तियोग, किसी को ज्ञानयोग एवं किसी को राजयोग का उपदेश दिया। भगवान् के विभिन्न नामों व गुणों के साथ उसकी उपासना के भिन्न रूप सम्बद्ध किए। (देखिए पी०सी० मजूमदार) इस पुस्तक से द्वितीय खण्ड में हिंदू रहस्यवाद और विभिन्न प्रकार के योगों की आलोचना के प्रसंग में मैं इस विषय में विशेष आलोचना करूँगा।**

२. **उनके रामकृष्ण जैसे हितचिंतक भी यह आलोचना किए बिना न रह सके कि इस संत पुरुष ने अपनी मृत्यु के बाद अपने कार्यों व समृद्ध घर को ठीक हालत में छोड़ा है। केशव सामाजिक आनन्दोत्सवों में बराबर शरीक होते थे, व अन्य मनोरंजन के साधनों तथा अपने घर में खेले जाने वाले नाटकों में भी सक्रिय भाग लेते रहे। (रामकृष्ण चरितामृत, अप्रैल, १८८४)। परंतु रामकृष्ण ने उनकी हार्दिक सच्चाई पर कभी संदेह नहीं किया। वह सर्वथा असंदिग्ध थी। उन्हें यही खेद था कि ऐसा धार्मिक व गुण-संपन्न व्यक्ति भगवान् के आधे मार्ग पर ही पहुँच सका, वह अपने आपको सर्वात्मतः भगवदर्पित न कर सका।**

का वर्णन किया; और अपनी 'भारत पूछता है कि ईसा कौन है?' (सन् १८७९) शीर्षक वक्तृता में उन्होंने भारतवासियों के समक्ष घोषणा की, "वह वर.....मेरा ईसा, मेरा प्यारा ईसा, भगवान् और मनुष्य का पुत्र ईसा है?'[१] आ रहा है; और 'क्या भगवान् अपने आपको अकेला ही प्रकट करते हैं?'[२] वक्तृता में वे कहते हैं कि पुत्र पिता के दाहिनी तरफ बैठा है।

परन्तु इन सब घोषणाओं को करते हुए भी, उसी समय ब्रह्मसमाज के जयन्ती उत्सव के अवसर पर वे हिमालय के उच्च शिखर से अपने 'भारतीय-धर्मबन्धुओं के नाम' अपना प्रसिद्ध पत्र (१८८०) लिखने से नहीं चूकते। उक्त पत्र में वे रोमन कैथोलिक पोप के समान "नगर (रोम) और संसार"[३] urbiet Orbi—अर्थात् (रोम) शहर और संसार को संबोधित कर ईश्वर द्वारा सौंपे हुए नव धर्म के सन्देश की घोषणा करते हैं, जिसे सुनने वाला विश्वास कर सकता है कि ये बाइबिल के ही शब्द हैं।

"ऐ हिन्दुस्तान! सुनो, तुम्हारा स्वामी भगवान् एक है।"

इन शब्दों के साथ 'भारतीय बन्धुओं के नाम पत्र' का प्रारम्भ होता है।

"जेहोवा एक महान् आत्मा है, 'मैं जिसका वज्रनिर्घोष हूँ', आकाश और पृथ्वी जिसकी घोषणा करते हैं।...."

"प्रियतम बन्धुगण! सेण्टपाल का एक अयोग्य शिष्य होने पर भी मैं उन्हीं की भावना और उन्हीं की शैली में यह पत्र आपको लिखता हूँ....."

---

१. यह एक घरेलू प्रसंग था। केशव ने अपनी कन्या का विवाह ब्राह्मसमाज द्वारा निर्दिष्ट आयु से पूर्व, एक महाराजा के साथ कर दिया था। परन्तु यहाँ भी देवेन्द्रनाथ से मतभेद की तरह कारण गुप्त ही था। एक तृतीय ब्रह्मसमाज—साधना ब्रह्मसमाज की स्थापना की गई, जो कि अत्यन्त संकीर्ण तथा निश्चित रूप से ईसाईयत का विरोधी था।

२. "मेरा प्रभु ईसा...भारत के नवयुवको!....विश्वास करो और स्मरण रखो...वह आत्मत्याग के रूप में, तपस्या के रूप में और यौगिक साधना के रूप में तुम्हारे पास आवेगा ...वह आ रहा है...प्रियतमा भारतभू को अपनी समस्त अलंकार-भूषा से भूषित होकर उसका स्वागत करना चाहिये।"

'दी इण्डियन मिरर' पत्रिका में उन्होंने एक लेख में पुनः घोषणा की है : "आज से बारह वर्ष से भी अधिक समय पूर्व ब्रह्मसमाज ने जिस प्रकार ईसा की नैतिकता को प्रकट किया था, आज भी उसी श्रद्धा के साथ वह उसके ईश्वरत्व को प्रकट करता है।" (अप्रैल २०, १८७९)

और पुनः "क्या केवल मूसा का ही धर्म? सम्भवतः हिन्दू-धर्म भी। भारतवर्ष में वह हिन्दू-धर्म को ही सफल करेगा।"

३. यह व्याख्यान एक दूसरे व्याख्यान के शेष अंश के रूप में दिया गया है, जिसका शीर्षक है : 'उन्नीसवीं शताब्दी में भगवान्-दर्शन', इस वक्तृता में स्वर्ग-मर्त्य को एक कर देने वाले स्वामी विवेकानन्द के अग्रदूत के रूप में केशवचन्द्र ने विज्ञान की प्रशंसा की थी।

"और आगे कहते हैं : "ईसा का पूर्णविश्वास करके ही पाल ने पत्र लिखा था। एक ईश्वरवादी होने के नाते मैं अपना यह तुच्छ पत्र न केवल एक पैगम्बर के, अपितु स्वर्ग और मर्त्यलोक के समस्त जीवित व मृत पैगम्बरों के चरणों में बैठकर लिख रहा हूँ।...."

कारण, वे अग्रगामी ईसा के सन्देश को पूर्ण करने का दावा करते थे।

"नव धर्म ईसा की भविष्यवाणी की ही पूर्णता है।....सर्वशक्तिमान् भगवान् ने जिस प्रकार पहले अन्य राष्ट्रों को अपना सन्देश दिया है,[१] उसी प्रकार वह आज तुम्हें अपना संदेश देता है।...."

इस क्षण केशवचन्द्र यह भी विश्वास करते थे कि जिस तत्व से भगवान् की आत्मा का निर्माण हुआ है, वह भी उसी से बने हैं।

"भगवान् की आत्मा और मेरी आन्तरिक सत्ता परस्पर ओतप्रोत है। तुमने यदि मुझे देखा है, तो उसे भी देख लिया है।...." तो, केशव जिस सर्वशक्तिमान् की कण्ठध्वनि हैं, वह क्या घोषणा करते हैं? किस "नवीन प्रेम, नई आशा, नव आनन्द को वह साथ लाये हैं?" (विधाता का यह नया संदेशवाहक कितना मधुर है?")

भारत के भगवान् के रूप में जेहोवा ने इस नूतन मूसा को जो आदेश दिया, वह इस प्रकार है :—

"वह असीम आत्मा जिसे चक्षु देख नहीं सकते, कान सुन नहीं सकते, वही तुम्हारा भगवान् है, उसके अतिरिक्त तुम्हारा और कोई भगवान् नहीं है। इस सर्वोच्च भगवान् के विरुद्ध भारतीयों ने दो कृत्रिम देवताओं की रचना की है—एक देवता वह है जिसकी अज्ञानी पुरुषों ने स्थापना की है, और दूसरा देवता वह है, जिसकी बुद्धिवादियों के निरर्थक स्वप्नों ने सृष्टि की है; परन्तु वे दोनों ही हमारे भगवान् के शत्रु हैं।[२] इन दोनों का ही तुम्हें आवश्यक रूप से त्याग करना होगा....किसी भी मृत वस्तु की, चाहे वह स्थूल प्रकृति हो, या मृत मनुष्य हो अथवा मृत विचार हो, उपासना मत करो, उस जीवित आत्मा की पूजा करो, जो बिना नेत्रों के देखता है....तुम्हारी आत्मा का परमात्मा तथा परलोकगत सन्त-महात्माओं के साथ मिलन ही तुम्हारा सच्चा स्वर्ग है, इसके अतिरिक्त और कोई स्वर्ग नहीं है.... आत्मा के आध्यात्मिक उल्लास में ही स्वर्ग की पवित्रता एवं आनन्द का अनुभव करो.....तुम्हारा स्वर्ग कहीं दूर नहीं है; यह तुम्हारे अन्दर ही अवस्थित है। तुम्हें देश व जाति का पक्षपात त्यागकर सब देशों व सब युगों

---

१. "भारत में स्वर्ग का प्रकाश देखो" (१८८५) उपदेश से तुलना कीजिए।

२. प्रथम देवता जिसकी निन्दा की है, उसे समझाना अत्यन्त सुगम है : धातु, काष्ठ व पत्थर की मूर्तियों से ही उनका अभिप्राय है। दूसरे निन्दित देवता का इस प्रकार आगे और स्पष्टीकरण किया है : "आधुनिक सन्देहवाद, भाववाद, जड़ विकासवाद एवं जीवकणिका आदि।" इस प्रकार यह वैज्ञानिक व तार्किक व अद्वैतिक बुद्धिवाद है। परन्तु केशव वास्तविक विज्ञान की कभी निन्दा न करते थे, जैसा कि 'उन्नीसवीं शताब्दी में भागवत्-दर्शन (१८७९)' शीर्षक व्याख्यान से स्पष्ट है।

के समस्त मानव-परिवार के प्राचीन सदस्यों—भविष्यद्रष्टाओं, सन्तों, शहीदों, ऋषि-मुनियों, धर्म-प्रचारकों व मानव-हितैषियों का सम्मान करना चाहिये और उनसे प्रेम करना चाहिये। तुम्हारे स्नेह व श्रद्धा के ऊपर केवल भारतीय पवित्र आत्माओं का ही एकाधिकार न होना चाहिये। सभी पैगम्बरों को उनका उचित आदर तथा स्नेह प्रदान करो। प्रत्येक श्रेष्ठ और महान् व्यक्ति किसी महान् सत्य एवं ईश्वरीय ऐश्वर्य के किसी विशेष अंश का एक मूर्तरूप है। सभी स्वर्गीय सन्देशवाहकों के चरणों में प्रणाम करो।.....उनका रक्त तुम्हारा रक्त हो, उनका मांस तुम्हारा मांस हो!....उनके अन्दर वास करो और वे सदा के लिये तुम्हारे अन्दर वास करेंगे।

इससे सुन्दर कौन-सी कल्पना संभव है? विश्वव्यापी एकेश्वरवाद की यह सर्वोत्कृष्ट अभिव्यक्ति है, जो कि योरोप के स्वतन्त्र एकेश्वरवाद के अत्यन्त निकट पहुँच जाती है। इसके लिए किसी ईश्वर-प्रेरित धर्म के प्रति बाधित निष्ठा की आवश्यकता नहीं है। इसकी भुजाएँ समग्र विश्व की भूत, वर्तमान व भविष्यत्कालीन पवित्र आत्माओं के स्वागत के लिए फैली हुई है, क्योंकि केशव का सन्देह भगवत्प्रेरणा का अन्तिम शब्द होने का दावा नहीं करता। भारतीय धर्मशास्त्र बंद पुस्तकें नहीं हैं।[१] प्रत्येक वर्ष उनमें नये अध्यायों की वृद्धि होती है.....ईश्वर के प्रेम और ज्ञान में हमेशा आगे बढ़े चलो!......भगवान् दस वर्ष के अन्दर हमें किस नये ज्ञान का प्रकाश देंगे, यह उसके सिवाय और कौन जान सकता है?

परन्तु पिछले वर्ष केशव ने ईसा के चरणों में बैठकर जिस हीनता को स्वीकार किया था, उसके साथ इस स्थिर व प्रशान्त कण्ठस्वर से उच्चारित स्वतन्त्र एवं विशाल एकेश्वरवाद की संगति किस प्रकार लगायी जा सकती?[२]

"मैं तुम्हें कहना चाहता हूँ....कि ईसा की जीवन-लीला से मेरा सम्बन्ध है, और मैं उसमें एक मुख्य स्थान रखता हूँ। मैं ही वह अपव्ययी पुत्र हूँ, जिसके सम्बन्ध में ईसा ने कहा था, और पश्चात्ताप की भावना के साथ अपने पिता के पास लौटने का प्रयत्न कर रहा हूँ। यही नहीं, मैं इससे भी बढ़कर अपने विरोधियों के संतोष और उन्हें गौरव प्रदान करने के लिए कहूँगा....मैं ही वह नीच, जूडास हूँ, जिसने ईसा के साथ द्रोह किया था....वास्तविक जूडास, जिसने सत्य के विरुद्ध पाप किया था। और ईसा मेरे हृदय के अन्दर अधिष्ठित है!...."

ब्रह्मसमाज के उन सदस्यों पर, जो कि अब तक अपने नेता का अनुसरण करते चले आ रहे थे, इस प्रकाश्य स्वीकारोक्ति की कितनी भयानक प्रतिक्रिया हुई, यह कल्पना के योग्य है।[३]

परन्तु केशव तब भी अपने साथ तर्क-वितर्क में लीन थे। उन्होंने ईसा को स्वीकार कर लिया था; परन्तु वह अपने-आपको "ईसाई"[४] न मानते थे। उन्होंने ईसा, सुकरात और चैतन्य

---

१. **इसमें विवेकानन्द के एक प्रिय विचार का परिचय मिलता है।**

२. **"हम, नव धर्म के प्रचारकगण" (१८८१) शीर्षक धर्मोपदेश से।**

३. **यही कारण है (जहाँ तक मुझे मालूम है) कि उन्होंने अपनी पुस्तकों में केशव के सम्बन्ध में आलोचना करते हुए इस प्रकार की किसी स्वीकारोक्ति का वर्णन न करने की सतर्कता का प्रयोग किया है।**

४. **"ईसा का सम्मान करो, किन्तु सर्वसाधारण जिसे ईसाई कहते हैं, वह मत बनो।.....ईसा**

को अपने देह व मन का अंश मानकर एक अद्‌भुत तरीके से ईसा के साथ सुकरात और चैतन्य का मेल कराने की चेष्टा की।[१] तथापि उन्होंने ईसाई धर्म के बाह्य धर्मानुष्ठानों को भारतीय आचार व प्रथा का रूप देकर अपने समाज में प्रचलित किया। मार्च सन् १८८१ को उन्होंने रोटी और शराब के स्थान पर चावल और जल के[२] द्वारा पुण्य अनुष्ठान (Blessed Sacrement) का संपादन किया, और तीन महीने बाद बपतिस्मा का अनुष्ठान किया, जिसमें केशव ने स्वयं ही पिता, पुत्र व पवित्र आत्मा की पूजा का दृष्टान्त उपस्थित किया।

अन्त में सन् १८८२ में उन्होंने निर्णयात्मक कदम उठाया। ईसाई धर्म के रहस्यों में ईसाई त्रिसत्ता ही एशियावासियों के लिए सबसे बड़ी रुकावट और उनकी घृणा व उपहास का पात्र बनी हुई है।[३] केशव ने न केवल इसे स्वीकार किया और ग्रहण कर लिया, अपितु खुशी के[४] साथ उसकी मुक्तकण्ठ से प्रशंसा भी की और उससे ज्ञान का प्रकाश प्राप्त किया। ईसाई धर्म का यह रहस्य उन्हें समस्त ईसाई आध्यात्मिक शास्त्र की विशाल इमारत व विश्व की उत्कृष्टतम

ईसाई धर्म नहीं है।.....संकीर्ण ईसाई धर्म के जनप्रिय साधारण रूपों को छोड़कर ईसा की विशालता में अपने-आपको लीन करने की आकांक्षा करो।''

इसी समय लिखे 'Other Sheep have I' (मेरे पास और भेड़ें भी हैं) नामक एक अन्य प्रबन्ध में :—

''हम किसी ईसाई सम्प्रदाय से सम्बद्ध नहीं हैं। हम ईसाई नाम को स्वीकार नहीं करते। क्या ईसा के तत्काल परवर्ती शिष्यों ने अपने-आपको ईसाई नाम से पुकारा था?....जो भी ईश्वर में विश्वास करते हैं, और ईसा को ईश्वर का पुत्र मानते हैं, वे सभी ईसा के साक्षी व अनुयायी हैं।.....'और मेरे पास और भी भेड़ें हैं'—यह वाक्य कितना सुस्पष्ट है। नव धर्म के हम सब सदस्य ही वह अन्य भेड़ें हैं। गड़रिया हमें जानता है....ईसा ने हमें ढूँढ़ लिया है और स्वीकार कर लिया है!.....यही यथेष्ट है। क्या कोई ईसा की अपेक्षा महत्तर है?''

१. ''प्रभु ईसा मेरी इच्छा-शक्ति है, सुकरात मेरा मस्तिष्क है, चैतन्य मेरा हृदय है, हिन्दू ऋषि मेरी आत्मा हैं, मानवप्रेमी हावर्ड मेरा दायाँ हाथ है।''

२. केशव ने सेण्ट ल्यूक से एक श्लोक पढ़कर प्रार्थना की कि ''पवित्र आत्मा उनकी अमार्जित भौतिक सत्ता को शुद्धाचारी आध्यात्मिक शक्तियों में इस प्रकार परिणत कर दे कि वे शक्तियाँ हमारे देह में प्रवेश करने पर उसमें इस प्रकार घुल-मिल जायें, जिस प्रकार कि समस्त ऋषियों और महात्माओं का रक्त व मांस ईसा में मिल गया है।

३. वेदान्तवादी भारत का जहाँ तक सम्बन्ध है, वहाँ तक इसका कारण अस्पष्ट प्रतीत होता है। कारण भारत की भी अपनी एक त्रिसत्ता है : ''सत् चित्, आनन्द'' (तीनों का समन्वय : सच्चिदानन्द), और केशव ने इसी त्रिसत्ता को ईसाई त्रिमूर्ति के निकट लाने की चेष्टा की है।

४. "That marvellous Mystry, "The Trinity" (त्रिसत्ता का चामत्कारिक रहस्य) शीषर्क १८८२ के व्याख्यान में।

धारणा की आधारशिला के समान प्रतीत होता था और यह अकारण ही नहीं था...."यह वह खजाना है जिसमें संसार के समस्त पवित्र साहित्य का रत्नभण्डार—(समस्त मानवता के) दर्शनशास्त्र, धर्मशास्त्र व काव्यशास्त्रों में जो अमूल्य वस्तु है, व संसार की धार्मिक चेतना की उच्चतम अभिव्यक्ति है—वह सब संचित है।" मेरा विश्वास है कि उन्होंने एक कट्टर दृष्टिकोण के अनुसार तीनों सत्ताओं का स्वरूप निर्देश भी किया है।[१] क्या अब भी कोई ऐसी वस्तु रह जाती है, जो उन्हें ईसाई धर्म से पृथक् करती है?

हाँ, केवल एक वस्तु ही ऐसी है, जो उन्हें ईसाई धर्म से पृथक् करती है और जो अपने-आपमें एक पृथक् संसार है; वह है उनका अपना संदेश या भारतीय "नव विधान", जिसका वह कभी परित्याग न कर सके। यह सत्य है कि उन्होंने ईसा को ग्रहण कर लिया था, परन्तु उसके बदले में ईसा को भी भारतीयता एवं ईश्वरवाद को ग्रहण करना पड़ा। "मूर्तिपूजा, दूर

---

१. **यहाँ पर त्रिसत्ता का त्रिभुजाकार सम्पूर्ण चित्र अंकित है। उसके शीर्षस्थान पर साक्षात् भगवान् जेहोवा है.....वहाँ से पुत्र अवतरण करता है..... और मानवता के भूमितल के एक छोर को स्पर्श करता है....और पुनः पवित्र आत्मा की शक्ति द्वारा अधःपतित मानवता को अपनी ओर आकृष्ट करता है। ऐशीभाव (Divinity) जब मानवता की दिशा में अवतरण करता है तो वह पुत्र हो जाता है, और वही ऐशीभाव जब मानवता को स्वर्ग की तरफ ले जाता है तो वह पवित्र आत्मा कहलाता है। यही मोक्ष का समस्त दर्शनशास्त्र है।.....स्त्रष्टा, शिक्षादाता एवं शुद्धिदाता, मैं ही हूँ, मैं ही प्यार करता हूँ, मैं ही रक्षा करता हूँ, मैं ही स्थिर, मैं ही गतिशील, और मैं ही प्रत्यावर्तनशील भगवान् हूँ...." केशवचन्द्र कैथोलिक रहस्यवाद के प्राचीन ग्रन्थों से तुलना कीजिए।**

"जिस क्रिया द्वारा पिता पुत्र को उत्पन्न करता है, उसकी निर्गमन व बहिर्गमन शब्द द्वारा व्याख्या की जा सकती है.....Exivi a Patre पवित्र आत्मा, प्रत्यावर्तन के पथ द्वारा जन्मलाभ करती है।.....यह ईश्वरीय मार्ग है, और भगवान् के अन्दर ही विद्यमान है, इसी के द्वारा भगवान् पुनः अपने अन्दर प्रविष्ट हो जाता है।.....इसी प्रकार सृष्टि द्वारा हम भगवान् के अन्दर से बाहर आते हैं। पुत्र के द्वारा ही पिता स्त्रष्टा कहलाने का अधिकारी होता है। और पुनः हम करुणा द्वारा जो कि पवित्र आत्मा का गुण है, उसी में वापस लौट जाते हैं।"

P. Clande Seguenot Condmite Oraison, 1634 हैनरी ब्रैमन्ड द्वारा उद्धृत। La Metaphysique des Saints, 1, PP 116-117.

यद्यपि यह आश्चर्यजनक प्रतीत होता है, तथापि केशव वैरूलियन व सैलेशियन प्रार्थना दर्शन को जानते थे। ३० जून सन् १८८१ की Renunciation of John the Baptist शीर्षक आलोचना में उन्होंने फ्रांसीसी दी सेल्स द्वारा मैडम दी शांताल को लिखित पत्रों को उद्धरण दिया है।

वैरूलियन व सैलेशियन : अर्थात् सत्रहवीं शताब्दी के रहस्यवादी फ्रांसीसी कैथोलिक वेरूल और फ्रांसीसी दी सेल्स से सम्बन्धित।

हो जाओ, मूर्तिपूजा के प्रचारको, विदा हो जाओ!'' (जिनका यह सम्बोधन पश्चिम को ही लक्ष्य करके कहा गया था)। ईसा ही शाश्वत विश्व है। ''प्रसुप्त शब्द के रूप में ईसा जगत्पिता के वक्ष में चिरकाल तक निष्क्रिय शक्ति के रूप में विद्यमान था, हमारे इस संसार में आने से बहुत, बहुत पहले से ही वह वहाँ मौजूद था।'' ग्रीस और रोम में देह धारण करने से पूर्व वह मिस्र में, भारत में, ऋग्वेद के ऋषियों में, कन्फ्यूशियस में व शाक्य मुनि में प्रकट हुआ था और नवविधान के इस भारतीय सन्देशवाहक का कार्य उसके विश्वव्यापी व सच्चे अर्थ की घोषणा करना है। कारण 'पुत्र' के आगमन के बाद 'आत्मा' का आगमन हुआ था और ''नवविधान का यह उपासना मन्दिर....सर्वथा पवित्र आत्मा की ही प्रतिष्ठाभूमि है और इस प्रकार यह पुरातन व नवीन दोनों टेस्टामेण्टों को पूर्ण करता है।''

और इसीलिए, ऊपर और नीचे से अनेक ऐसे भयानक आघातों के होने पर भी, जो कि इसके दुर्ग की जड़ों तक को भी हिला देते, इस हिमालय सदृश अटल एकेश्वरवाद का एक अंश भी विनष्ट न हो सका। एक प्रचण्ड विचार चेष्टा द्वारा केशव इसमें ईसा का समावेश करने में समर्थ हुए थे, और उन्होंने यह विश्वास करते हुए कि उन्हें पाश्चात्य ईसाइयों के सम्मुख ईसा का वास्तविक अर्थ प्रकट करने के लिए भेजा गया है, अपने सब धर्म को ईसा के नव से मंडित कर दिया।

अपनी मृत्यु से पूर्व 'योरोप के लिए एशिया का सन्देश' (सन् १८८३) शीर्षक अपनी अन्तिम सन्देश में केशव ने इस उद्देश्य की स्पष्ट घोषणा की थी। ''मतवाद से क्षत-विक्षत योरोप! अपने संकुचित विश्वास की मुक्त तलवार को मियान के अन्दर रख दो! इसे त्याग दो और परमात्मा के पुत्र ईसा के नाम पर सच्चे कैथोलिक और विश्वव्यापी उपासना-मन्दिर में शरीक हो जाओ।.....''

''ईसाई योरोप ने ईसा की आधी वाणी को भी नहीं समझा है। उसने यह समझा है कि ईसा और परमात्मा एक हैं, परन्तु यह नहीं समझा कि ईसा और मानवता भी एक है। यह एक महान् रहस्य है, जिसे कि नवविधान विश्व के सम्मुख प्रकट करता है :—केवल ईश्वर के साथ मनुष्य के पुनर्मिलन को नहीं, अपितु मनुष्य के साथ मनुष्य के पुनर्मिलन को!.....एशिया योरोप से कहता है : 'भाई, ईसा में एक हो जाओ!.....जो कुछ भी सत्य एवं सुन्दर है—हिन्दू एशिया विनयशीलता, मुसलमानों की सत्यता, बौद्धों का त्याग और तितिक्षा.....जो कुछ भी पवित्र है वह सब ईसा का ही है।''

और इसके बाद एशिया में नये रोम का नूतन पोप प्रायश्चित्त का सुन्दर गान गाता है।[१]

परन्तु वह एक वास्तविक पोप थे और उन्हें दृढ़ विश्वास था कि पुनर्मिलित मानव-जाति का ऐक्य-साधन उनके मत के अनुसार ही होगा। इसकी रक्षा के लिए वह निरन्तर

---

१. **''और प्रायश्चित्त का यह नवीन संगीत आज पृथ्वी की अनेक भाषाओं में लक्ष-लक्ष कण्ठों द्वारा परम उत्साह के साथ गाया जा रहा है। लक्ष-लक्ष आत्माएँ ईश्वर-भक्ति व धर्माचरण के नाना विचित्र वर्गों से रंजित राष्ट्रीय परिधानों को धारण किए हुए जगन्नियन्ता के सिंहासन के चारों तरफ परिक्रमा करते हुए नृत्य करेंगी और अनन्त काल के लिए विश्व में शान्ति और आनन्द का साम्राज्य होगा।''**

वज्रपाणि होकर सन्नद्ध रहते थे; भगवान् की एकता—ईश्वर के एकत्व (Unity of God) के सम्बन्ध में वे किसी प्रकार के समझौते को स्वीकार करने के लिए तैयार न थे।

"विज्ञान एक है। धर्म भी एक है।"

उनके शिष्य वी० मजूमदार ने उनसे भी उग्ररूप में ईसा के तिरस्कारपूर्ण शब्दों का प्रयोग किया है :

"केवल एक ही मार्ग है। स्वर्ग के लिए कोई गुप्त मार्ग नहीं है। और जो कोई व्यक्ति सम्मुख मार्ग से प्रवेश नहीं करता, वह एक तस्कर व दस्यु है।"

परन्तु स्मित हास्य के साथ करुणा-मिश्रित शब्दों में रामकृष्ण जिस भाषा का प्रयोग करते थे, वह इससे सर्वथा विपरीत है।[१]

ऐक्यवादी अनुशासन की आन्तरिक आवश्यकता ने, जो धार्मिक विश्वव्यापिता से मेल नहीं खाती और जो कि प्रायः अज्ञातरूप से आध्यात्मिक साम्राज्यवाद में परिणत हो जाती है, अपने जीवन के अन्त में केशव को नवसंहिता[२] नामक स्मृति (२ सितम्बर १८८३) का निर्माण करने के लिए बाध्य किया। इस संहिता में केशवचन्द्र के ही शब्दों में "भारत में नव धर्म के अनुयायी आर्यों के राष्ट्रीय नियम...सुसंस्कृत हिन्दुओं की विशेष आवश्यकताओं और चरित्र के अनुकूल और उनकी राष्ट्रीय भावनाओं एवं परम्पराओं पर आश्रित परमात्मा के नैतिक नियम" का समावेश है। वस्तुतः इसमें एक राष्ट्रीय एकेश्वरवाद—एक ईश्वर, एक शास्त्र, एक दीक्षा, एक विवाह—तथा परिवार के लिये, गृहस्थ के लिए, व्यवसाय के लिए, शिक्षा के लिए, आमोद-प्रमोद के लिए, दान के लिए एवं रिश्तेदारी आदि के लिए, समस्त आदेशों का एक लिपिबद्ध संग्रह है। परन्तु केशव का यह स्मृतिशास्त्र विशुद्ध रूप में एक कल्पनात्मक वस्तु ही है, जो कि एक ऐसे भारतवर्ष के लिये है, जिसका अभी तक जन्म नहीं हुआ, और भविष्य में भी जिसके जन्म की संभावना अत्यन्त संदिग्ध है।

---

१. **एक दिन जब युवक नरेन (विवेकानन्द) ने कुछ धार्मिक सम्प्रदायों के घृणित आचार-अनुष्ठान से क्रुद्ध होकर, अपनी स्वभावगत असहिष्णुता के साथ उनकी निन्दा की, तो रामकृष्ण ने स्नेहपूर्वक उनकी तरफ देखकर कहा : —"वत्स! देखो, प्रत्येक घर में ही एक पिछला दरवाजा रहता है। यदि कोई खिड़की के रास्ते से ही घर में प्रविष्ट होना चाहता है, तो उसे अपने इस अधिकार से क्यों वंचित किया जाये! परन्तु निस्सन्देह, यह ठीक है कि सम्मुख द्वार ही प्रवेश के लिए सबसे उपयुक्त मार्ग है।"**

और रामकृष्ण के जीवनी-लेखक लिखते हैं कि इन सरल शब्दों ने "ब्रह्मसमाजी होने के कारण विवेकानन्द का जीवन के सम्बन्ध में जो संकुचित दृष्टिकोण (Puritanical view of life) था, उसमें एकदम परिवर्तन ला दिया। रामकृष्ण ने नरेन को सिखाया कि मनुष्य-जाति को दुर्बलता और शक्ति के (पाप और पुण्य के नहीं) उदारतर व सत्यतर आलोक के अन्दर किस प्रकार पहिचाना जा सकता है।" (स्वामी विवेकानन्द का जीवन, खण्ड १, अध्याय ४७)।

२. **संहिता=नाना विषयक संग्रह।**

परन्तु क्या केशव स्वयं भी इस बारे में असंदिग्ध थे कि ऐसे भारत का जन्म कभी संभव है? इस स्वेच्छाकृत तर्क की समस्त इमारत का आधार ही उनकी पूर्व तथा पश्चिम में विभक्त प्रकृतिरूपी अनिश्चित बुनियाद पर आश्रित था, जब उन पर बीमारी[१] का आक्रमण हुआ तो उन्हें जोड़ने वाला मसाला ढीला पड़ गया। उस समय उनकी आत्मा किससे सम्बन्ध रखती? ईसा से या काली से? उनकी मृत्युशय्या पर रामकृष्ण, देवेन्द्रनाथ (उनके प्रथम गुरु जिनसे कि अब उनका मेल हो गया था) और कलकत्ता के बड़े पादरी सभी उनसे मिलने के लिए आये। १ जनवरी सन् १८८४ को वे अन्तिम बार माँ काली के एक नवीन मन्दिर का उद्घाटन करने के लिए गये, परन्तु ८ जनवरी को उनकी मृत्युशय्या पर उनके ही आदेशानुसार उनके एक शिष्य ने गैथसेमन[२] में ईसा की वेदना पर स्तोत्र-गान किया।

इस प्रकार निरन्तर मानसिक अस्थिरता के बीच किसी भी सरल आत्माओं के राष्ट्र के लिए अपने लिए पथ संधान करना असंभव था। परन्तु इससे ही हम केशव के और निकट आ जाते हैं और उनके प्रति और अधिक आकृष्ट हो जाते हैं, क्योंकि हम उनके अंतरतम भावों को पढ़ सकते हैं, और उनसे सम्बद्ध उनके मानसिक अंतर्दाह को देख सकते हैं। इसके साथ ही यह भी सत्य है कि रामकृष्ण की सकरुण व अन्तर्भेदी दृष्टि अन्य सबकी अपेक्षा इस तथ्य को अधिक अच्छी तरह समझती थी कि भगवान् की खोज में क्षीण व परिक्लान्त इस मनुष्य की—जिसका देह अदृश्य विधाता का शिकार बना हुआ है[३]—प्रच्छन्न ट्रैजेडी क्या है? परन्तु क्या एक जन्मसिद्ध नेता को, चाहे वह अपनी अन्तर्वेदना को अपने तक ही सीमित क्यों न रखे, अंतिम समय में इस प्रकार के अस्थिरता व दुर्बलता के वशीभूत होने का अधिकार प्राप्त है? ब्रह्मसमाज के लिए वे यह विरासत छोड़ गए हैं और यद्यपि इससे उक्त समाज की आध्यात्मिक सम्पत्ति में वृद्धि हुई है, तथापि भारतवर्ष में यदि सर्वदा के लिए नहीं तो दीर्घकाल के लिये ब्रह्मसमाज का प्रभाव शिथिल हो गया है। हम भी मैक्समूलर के समान यह प्रश्न कर सकते हैं कि क्या केशव के ईश्वरवाद का तार्किक परिणाम ईसाई धर्म में नहीं पाया जाता[४]? और केशवचन्द्र की मृत्यु के तत्काल बाद उनके सब मित्र व शत्रु ठीक यही

---

१. बहुमूत्र रोग। बंगाल प्रान्त का यह एक अभिशाप है। विवेकानन्द भी इसी बीमारी में मृत्यु को प्राप्त हुए थे।

२. गैथसेमन—यरूसलम के पूर्व में अवस्थित एक उद्यान। यहाँ पर सूली पर चढ़ने से पूर्व ईसा शिष्यों के साथ रहे थे।

३. रामकृष्ण के साथ केशव के अन्तिम हृदयस्पर्शी साक्षात्कार और मुमूर्षु व्यक्ति के गुप्त घावों पर शान्तिदायक प्रलेप के समान रामकृष्ण की ज्ञान-गंभीर वाणी के सम्बन्ध में मैं और भी आगे वर्णन करूँगा।

४. मैक्समूलर ने सन् १९०० में, प्रतापचन्द्र मजूमदार से, जो कि केशव की मृत्यु के बाद ब्रह्मसमाज के अध्यक्ष नियुक्त हुए थे, और जो अपने गुरु के ईसा केंद्रिक विचारों से सहमत थे, प्रश्न किया था कि ब्रह्मसमाज स्पष्ट रूप से ईसाई नाम क्यों नहीं ग्रहण कर लेता, और ईसा के राष्ट्रीय धर्म-मंदिर के रूप में अपना संगठन क्यों नहीं करता? प्रतापचन्द्र मजूमदार और उनके कुछ तरुण शिष्यों ने उक्त विचार के प्रति अपनी सहमति

अनुभव करते थे।

पाश्चात्य विचारधारा से अनुप्राणित भारत तथा इंग्लैंड दोनों देशों के सर्वश्रेष्ठ विचारकों ने उनकी अन्त्येष्टि-क्रिया में समान रूप से भाग लिया। "वे पूर्व तथा पश्चिम की जोड़ने वाली एक कड़ी थे।" और कड़ी एक बार टूट जाने पर फिर जुड़ नहीं सकती। उनके पश्चाद्वर्ती किसी भी भारतीय नैतिक व धार्मिक नेता ने इतनी लगन व निष्ठा के साथ पश्चिम के विचार व परमात्मा का अनुसरण नहीं किया।[१] इसलिये मैक्समूलर का यह कथन यथार्थ ही था कि "भारत ने अपना श्रेष्ठतम पुत्र खो दिया है।" परन्तु भारतीय समाचार-पत्र एकस्वर से उनकी प्रतिभा की प्रशंसा करते हुए यह कहने के लिये बाध्य थे कि "उनके अनुयायियों की संख्या उनकी योग्यता के अनुकूल न थी[२]।"

वास्तव में केशवचन्द्र अपने देशवासियों की अन्तरात्मा से बहुत दूर थे। वे उन सबको एकदम अपनी उस बुद्धि की, जो कि योरोप के ईसा व आदर्शवाद में पुष्ट हुई थी, विशुद्ध ऊँचाई पर उठा देना चाहते थे। सामाजिक क्षेत्र में राममोहन राय को छोड़कर उनके किसी अन्य पूर्ववर्ती ने भारत की उन्नति के लिये इतना प्रयत्न नहीं किया; परन्तु उस समय राष्ट्रीय चेतना का जो स्रोत आग्रहपूर्वक देश में ज्वार के समान उद्वेलित हो रहा था, उन्होंने उसके विरुद्ध जाने का प्रयत्न किया। भारत के तीस करोड़ देवता और तीस करोड़ प्राणी, जिनमें कि

प्रदर्शित की। उनमें से ब्रह्मबान्धव उपाध्याय का नाम विशेष रूप से स्मरणीय है और उसका अध्ययन आवश्यक है, जिसने अपने संस्मरण संकलित किये हैं। वह 'नवधर्म विधान' से पहले आंग्लिकन और अन्त में रोमन कैथोलिक सम्प्रदाय में दीक्षित हुए थे। केशवचन्द्र के जीवनी-लेखक मणीलाल पारीख भी एक उल्लेख योग्य व्यक्ति हैं, वह भी ब्रह्मसमाज से इसाई धर्म में दीक्षित हुए थे। इन दोनों का ही यह विश्वास था कि यदि केशवचन्द्र कुछ वर्ष और जीवित रहते तो वे अवश्य रोमन कैथोलिक धर्म स्वीकार कर लेते। मणीलाल पारीख ने कहा है, "सिद्धांत की दृष्टि से केशवचन्द्र प्रोटैस्टैण्ट थे, परन्तु व्यवहार में कैथोलिक थे..........आध्यात्मिकता में ईसाई थे और मोनेटिज्म (पवित्र आत्मा की सर्वश्रेष्ठता) में विश्वास रखते थे।" परन्तु मेरी सम्मति में केशव उन व्यक्तियों में से थे, जो कि अधखुले दरवाजे की देहली पर खड़े हुए प्रतीक्षा करते हैं। परन्तु उनके अनुयायियों ने जो दरवाजे को पूरा खोल दिया है, यही घातक है।

१. **'दी इण्डियन एम्पायर' नामक पत्र ने केशवचन्द्र के सम्मान में लिखा है कि "वे भारत में अंग्रेजी शिक्षा व पाश्चात्य सभ्यता की एक उत्कृष्ट बहार थे।"**

भारतीय दृष्टिकोण से यह प्रशंसा निन्दा का ही नामान्तर था।

२. **दी हिन्दू पेट्रियट। सन् १९२१ में तीनों ब्रह्मसमाजों की कुल सदस्य-संख्या ६,४०० से अधिक न थी (जिनमें से ४,००० सदस्य बंगाल, आसाम और बिहार व उड़ीसा में थे)। यह सदस्य-संख्या आर्यसमाज सदस्यों की संख्या (जिसके बारे में मैं आगे लिखूँगा) अथवा राधास्वामी सत्संग के समान नये रहस्यवादी सम्प्रदायों की सदस्य-संख्या की तुलना में सर्वथा नगण्य थी।**

उन देवताओं ने मूर्तरूप धारण किया था—मनुष्य के स्वप्नों का वह विस्तृत अरण्य, जिसमें कि उनके पाश्चात्य दृष्टिकोण ने उन्हें दिशा व पथ से भटका दिया था—उनके विरुद्ध थे। केशव ने उन्हें अपने भारतीय ईसा में विलीन होने के लिये आमन्त्रित किया, परन्तु उनके निमंत्रण को किसी ने स्वीकार नहीं किया ऐसा प्रतीत होता था कि शायद उन्होंने उसे सुना तक भी नहीं।

केशवचन्द्र के जीवन-काल में ही भारतीय धार्मिक विचारधारा ने केशव के ब्रह्मसमाज एवं पाश्चात्यीकरण को सब चेष्टाओं के विरुद्ध एक विशुद्ध भारतीय समाज की स्थापना कर दी थी, और उसके प्रतिष्ठाता दयानन्द सरस्वती[१] नामक एक अत्यन्त उच्चकोटि के व्यक्ति थे (१८२४-१८८३)।

वह सिंह के समान तेजस्वी व्यक्ति उन व्यक्तियों में से थे; जिन्हें योरोपवासी भारत के सम्बन्ध में विचार करते हुए प्राय: भूल जाते हैं, परन्तु अपने को हानि पहुँचाकर भी उन्हें संभवत: एक दिन उसे याद करना ही होगा। कारण दयानन्द उन महापुरुषों में से थे, जिसमें कर्म की विचारशक्ति और नेतृत्व की प्रतिभा का अद्‌भुत सम्मिश्रण होता है—जैसा कि उनके बाद विवेकानन्द[२] में पाया जाता है।

जब कि वे सब धार्मिक नेता जिनका कि मैंने अब तक वर्णन किया है, व जिनके बारे में मैं आगे कहूँगा, बंगाल प्रान्त के रहने वाले थे, दयानन्द उनसे एक सर्वथा विभिन्न भूमि—अरब समुद्र के उत्तर-पश्चिम तट पर अवस्थित प्रदेश—जिसने कि अर्द्धशताब्दी के बाद गांधी को जन्म दिया—में पैदा हुए थे। उनका जन्म गुजरात प्रान्त की काठियावाड़ रियासत में मोरवी नामक स्थान में एक उच्चतम श्रेणी के धनी ब्राह्मण[३] परिवार में, जो न केवल वैदिक शास्त्रों में ही पारंगत था, अपितु राजनैतिक व व्यापारिक दोनों प्रकार के सांसारिक विषयों में भी सर्वथा व्यवहार-पटु था, हुआ था। उनके पिता उक्त छोटी-सी देशी रियासत के शासन-कार्य में

---

१. **उनका जन्मनाम मूलशंकर था, जिसे उन्होंने बाद में छोड़ दिया था। 'सरस्वती' उनके गुरु की पदवी थी, जिन्हें वे अपने सच्चे पिता के समान मानते थे। दयानन्द की जीवनी के बारे में जानने के लिए लाला लाजपतराय (भारतीय राष्ट्रीय नेता जिनकी हाल ही में मृत्यु हुई है) रचित प्रामाणिक ग्रन्थ 'आर्यसमाज', सिडनी वैब ने जिसकी भूमिका लिखी है; वह देखिये। (लाँगमैन्स ग्रीन एण्ड को, लन्दन १९१५)**

२. **यद्यपि इन दोनों महापुरुषों में ही प्रचार करने की अतुल शक्ति और जनसाधारण के लिये उनकी दुर्निवार प्रीति एक समान थी, तथापि विवेकानन्द में आत्मा की गंभीरता का आकर्षण, विशुद्ध ध्यान चिंतन की इच्छा, आंतरिक सत्ता की अविराम उर्ध्वलोक में जाने की चेष्टा—जिसके विरुद्ध कर्म की आवश्यकता को निरन्तर संग्राम करना पड़ता था—दयानन्द की अपेक्षा यह विशेष गुण थे। दयानन्द अपनी आत्मा की विभिन्नता की पीड़ा को न जानते थे, तथापि वह जिस कार्य के लिये पैदा हुए थे, उसे पूर्ण करने के लिये समस्त आवश्यक गुण उनमें विद्यमान थे।**

३. **सामवेदी, वैदिक ब्राह्मणों में सर्वश्रेष्ठ ब्राह्मण।**

नियुक्त थे। वे धर्मशास्त्रों के अक्षरशः कट्टर अनुयायी थे, और कठोर व प्रबल शासन करने वाले व्यक्ति थे। उन्होंने अपने पुत्र को भी अपना यह अन्तिम गुण उत्तराधिकार में दिया, जिसके कारण उन्हें अन्त में स्वयं कष्ट भोगना पड़ा।

सुतरां दयानन्द का बाल्यकाल ब्राह्मण समाज के कठोर रीति-नियमों में ही व्यतीत हुआ। आठ वर्ष की अवस्था में उनका उपनयन संस्कार हो गया, और उसके परिणामस्वरूप अपने परिवार के सब आवश्यक नैतिक नियमों के पालन के लिए उन्हें बाध्य किया गया।[१] ऐसा प्रतीत होता था कि दयानन्द भी समय आने पर सनातन धर्म का एक सुदृढ़ स्तम्भ सिद्ध होगा। परन्तु इसके विपरीत सैम्सन के तुल्य उसने सनातन धर्म के मन्दिर के स्तम्भों को ही उखाड़ डाला। यह मानवीय प्रयत्नों की व्यर्थता के उन सैकड़ों उदाहरणों में से एक उदाहरण है, जब कि वह यह सोचता है कि उदीयमान पीढ़ी के मन के ऊपर जबर्दस्ती किसी प्राचीन शिक्षा प्रणाली को लादकर वह उसका अपनी इच्छानुसार निर्माण कर सकता है और इस प्रकार भविष्य पर हावी हो सकता है। उसका निश्चित परिणाम विद्रोह के रूप में प्रकट होता है।

अतएव दयानन्द की यह विद्रोह-कहानी उल्लेख योग्य है। जब वह चौदह वर्ष के थे, तब उनके पिता उन्हें शिवरात्रि का व्रत रखने के लिये मंदिर में ले गये। नियमानुसार दिन भर उपवास रखने के बाद वह सारी रात्रि उन्हें जागकर प्रार्थना करते हुए व्यतीत करनी थी। अन्य सब भक्तगण धीरे-धीरे सोने लगे। परन्तु बालक दयानन्द ने यत्नपूर्वक निद्रा को समीप न आने दिया। अचानक ही उसने देखा कि एक चूहा बिल से निकलकर शिव की मूर्ति पर इधर-उधर दौड़ने लगा और देवता के प्रसाद को खाने लगा। बालक के हृदय में एक नैतिक विद्रोह जगाने के लिए इतना ही पर्याप्त था। देवमूर्ति के प्रति उसका समस्त विश्वास एकदम विनष्ट हो गया। और वह तत्काल मन्दिर को छोड़कर रात्रि में ही अपने घर चला आया और उसके बाद से किसी भी धार्मिक अनुष्ठान में भाग लेने से इनकार कर दिया।

यहाँ से पिता और पुत्र के बीच एक भयानक संघर्ष का सूत्रपात हो गया। दोनों ही अदमनीय व दुर्धर्ष इच्छाशक्तिशाली थे, इसीलिए उनमें किसी प्रकार के पारस्परिक समझौते की गुंजाइश न थी। उन्नीस वर्ष की अवस्था में उनके पिता द्वारा जबर्दस्ती उनका विवाह करने का प्रयत्न करने पर दयानन्द घर से भाग गये। उन्हें पकड़ लिया गया और कैद में डाल दिया गया। परन्तु वह मौका देखकर फिर हमेशा के लिए भाग गये (१८४५) और फिर कभी अपने पिता से न मिले।

पन्द्रह वर्ष की दीर्घ अवधि तक धनी ब्राह्मण की इस सर्वत्यागी सन्तान ने गेरुए वस्त्र पहनकर भिक्षा द्वारा जीवन-यात्रा करते हुए संन्यासी के वेश में भारत के कोने-कोने में भ्रमण किया। मानो यह विवेकानन्द के जीवन व तरुण अवस्था में उनकी समस्त भारत की यात्रा का ही एक प्रथम संस्करण था। उनके समान ही दयानन्द ज्ञानियों व तपस्वियों की खोज में फिरते

---

१. **ब्रह्मचर्य व्रत का पालन, पवित्रता, अध्ययन काल में अत्यन्त सादगी व गरीबी का जीवन, नित्य नियम से वेदमन्त्रों का पाठ, और कठोर अनुष्ठान व नियमों के अनुसार जीवन-यापन।**

थे, कहीं दर्शनशास्त्र का अध्ययन करते थे; कहीं वेद पढ़ते थे, और कहीं पर योगविद्या पढ़ते व उसका अभ्यास करते थे। उनकी तरह ही दयानन्द ने भी भारतवर्ष के प्रायः सभी तीर्थस्थानों का पर्यटन किया था, और धार्मिक शास्त्रार्थों में हिस्सा लिया था। उनके सदृश ही उन्होंने अनेक कष्ट झेलते हुए थकावट, अपमान व खतरों का मुकाबला किया था और अपनी मातृभूमि के साथ उनका यह सम्बन्ध विवेकानन्द के अनुभव की अपेक्षा चार गुना अधिक था। परन्तु विवेकानन्द से दयानन्द में यह विभिन्नता थी कि वह इन दिनों केवल संस्कृत भाषा ही बोलते थे और इसलिए जिस जनसाधारण में से वे गुजरते थे, उनके निकट सम्पर्क में न आ पाते थे। यदि विवेकानन्द श्री रामकृष्ण के सम्पर्क में न आये होते और उनके अत्यन्त दयालु गुरु ने उनकी कुलीनवंशिता तथा विशुद्धाचारिता के अहंकार को अपनी स्नेहमय कारुणिकता एवं अगाध बुद्धिमत्ता से दमन न कर दिया होता, तो विवेकानन्द की जो अवस्था होती, वास्तव में वही दयानन्द की अवस्था थी। दयानन्द को अपने चारों तरफ अन्धविश्वास, अज्ञान, नैतिक शिथिलता, गिराने वाले कुसंस्कार और लाखों की संख्या में घृणित मूर्तियों के अतिरिक्त और कुछ दिखायी न देता था। अन्त में सन् १८६० के लगभग मथुरा में उन्होंने स्वामी विरजानन्द सरस्वती नामक एक वृद्ध जन्मान्ध संन्यासी को, जो कि ग्यारह वर्ष की अवस्था से ही संसार में सर्वथा अकेले रहते थे, और जो अन्धविश्वासों के प्रति घृणा और दुर्बलता की निन्दा में उनसे भी कहीं अधिक कठोर थे, अपना गुरु बनाया। वे एक विद्वान् परन्तु भयानक व्यक्ति थे। दयानन्द उनके आदेशानुसार कठोर संयम व तपस्या का जीवन व्यतीत करने लगे। इस तपस्या ने सत्रहवीं शताब्दी के प्राचीन शाब्दिक अर्थों में उनके शरीर व आत्मा को दग्ध कर दिया। दयानन्द ने ढाई वर्ष तक इस क्रोधी व अजेय व्यक्ति की शिष्य रूप में सेवा की। इसलिए यह स्मरण रखना सर्वथा न्यायसंगत होगा कि उन्होंने केवल अपने कठोर अन्ध गुरु की इच्छा को पूर्ण करने के लिए ही अपने भावी कर्मक्षेत्र में प्रवेश किया और अपने असली नाम को छोड़कर उन्हीं की पदवी भी धारण की। विरजानन्द ने शिष्य को विदा करते समय उससे यह वचन ले लिया था कि वह अपना समस्त जीवन सनातन धर्मविश्वासों में प्रविष्ट रूढ़िगत कुसंस्कारों को विनष्ट करने व महात्मा बुद्ध की पूर्ववर्ती धार्मिक रीतियों को पुनः प्रतिष्ठित करने तथा सत्य का प्रचार करने में व्यतीत करेगा।

दयानन्द ने तत्काल ही उत्तर भारत में प्रचार कार्य प्रारम्भ कर दिया। परन्तु वह उन स्नेहशील भगवद्भक्तों के समान न थे, जो कि अपने श्रोताओं के सम्मुख स्वर्ग का सुन्दर दृश्य उपस्थित करते हैं, अपितु वे इलियड व गीता के नायक के तुल्य थे; जिसमें हरक्यूलिस[१] जैसा अतुल शारीरिक बल था, और जो अपने विचारों को ही एकमात्र सत्य विचार मानते हुए उनके अतिरिक्त अन्य सब विचार-धाराओं के विरुद्ध गर्जना करते थे। वह अपने प्रयत्न में इतने सफल हुए कि पाँच वर्ष में ही उन्होंने उत्तरी भारत का रूपान्तर कर दिया। इन पाँच वर्षों में

---

१. **दयानन्द के चमत्कार पौराणिक कथाओं के रूप में प्रचलित हैं। उन्होंने दो तेज घोड़ों की भागती हुई गाड़ी को एक हाथ से रोक दिया था। उन्होंने अपने विरोधी के हाथ से नंगी तलवार छीनकर उसके दो टुकड़े करके फेंक दिया था। इत्यादि। उनका वज्र घोष के सामान कण्ठ-स्वर कितने ही शोरगुल के ऊपर स्पष्ट सुनायी देता था।**

चार या पाँच बार उनकी हत्या का भी प्रयत्न किया गया—कई बार विष प्रयोग द्वारा भी। एक दफे एक धर्मान्ध जोशीले व्यक्ति ने उनके मुख पर शिव के नाम पर एक काला साँप फेंका, परन्तु उन्होंने उसे पकड़कर वहीं कुचल डाला। उन पर विजय पा सकना प्रायः असंभव था, कारण उनका संस्कृत व वेदों का ज्ञान अद्वितीय था, और उनके अग्निवर्षक शब्दबाण शत्रुओं को बेकार कर डालते थे। उनके प्रतिद्वन्द्वी नदी की बाढ़ से उनकी तुलना करते थे। शंकर के बाद उन जैसा वेदों का कोई दूसरा पण्डित नहीं हुआ था। सनातनी पंडितों ने पराजित होकर अपने रोम—काशी से उन्हें ललकारा। दयानन्द निर्भय होकर वहाँ पहुँचे, और नवम्बर १८६९ में उनका होमरीय वाग्युद्ध हुआ। लाखों आक्रान्ताओं के सम्मुख, जो कि उन्हें नतजानु हुआ देखना चाहते थे, उन्होंने सनातन हिन्दुओं की समस्त सुरक्षित सेना के तीन सौ चुने हुए पण्डितों की अग्रिम पंक्ति के साथ अकेले ही घण्टों तक शास्त्रार्थ किया।[१] उन्होंने सिद्ध किया कि वेदान्त का जिस रूप में प्रचार किया जा रहा है, वह प्रचीन वेदशास्त्रों के एकदम विरुद्ध है। और दावा किया कि वे दो हजार वर्ष पूर्व के विशुद्ध नियम तथा सत्यवाणी का पुनः प्रचार करना चाहते हैं। परन्तु उन्हें सुनने का धैर्य उनके अन्दर नहीं था। इसलिए निन्दा व धिक्कार के साथ उन्हें जाति से च्युत कर दिया गया। उनके चारों ओर एक शून्य का निर्माण कर दिया गया, परन्तु इस वाग्युद्ध की प्रतिध्वनि महाभारत के समान सारे देश में इस प्रकार फैल गयी कि उनका नाम सारे भारतवर्ष में प्रसिद्ध हो गया।

वह १५ दिसम्बर सन् १८७२ से १५ अप्रैल सन् १८७३ तक कलकत्ते में रहे। वहीं पर रामकृष्ण से उनकी भेंट हुई। ब्रह्मसमाज में भी उनका हार्दिक सत्कार हुआ। केशव व उनके अनुयायियों ने जानबूझकर उनके व अपने बीच के मतभेदों को ओझल कर दिया। वे कट्टरता, कुसंस्कार और लाखों देवताओं के विरुद्ध अपने धर्मयुद्ध में दयानन्द को अपना एक शक्तिशाली साथी समझते थे। परन्तु दयानन्द पाश्चात्य विचारों से अनुप्राणित धार्मिक दार्शनिकों के साथ किसी प्रकार का समझौता करने वाले व्यक्ति न थे। उनके राष्ट्रीय भारतीय ईश्वरवाद में, जिसका लौहकठोर-विश्वास वेदों की विशुद्ध धातु से निर्मित था, उन पाश्चात्य संदेह-भावना से रंजि विश्वासों से जो कि वेदों की प्रामाणिकता तथा पुनर्जन्म के सिद्धान्त[२] से इनकार करते

---

१. **एक ईसाई पादरी ने, जो कि इस शास्त्रार्थ के समय वहाँ उपस्थित थे, उसका अत्यन्त सुन्दर व निष्पक्ष वर्णन दिया है, जिसे कि लाला लाजपतराय ने अपनी पुस्तक में उद्धृत किया है। (Christian Intelligence, कलकत्ता मार्च, १८७०)।**

२. **आर्यसमाज के प्रमुख लाला लाजपतराय के मतानुसार "यह दोनों वह मुख्य सिद्धान्त हैं, जो कि अर्थसमाज को ब्रह्मसमाज से पृथक् करते हैं।"**

यहाँ यह स्मरणीय है कि दयानन्द से बीस वर्ष पूर्व (१८४४-४६) देवेन्द्रनाथ भी वेदों की निर्भ्रान्तता में विश्वास करने के लिए प्रलुब्ध हुए थे। परन्तु बाद में भगवान् के साथ सीधे व वैयक्तिक मिलन में विश्वास के कारण उन्होंने अपना पूर्वमत त्याग दिया था। कहा जाता है कि ब्रह्मसमाज के अन्य सब नेताओं की अपेक्षा वे दयानन्द के अधिक निकट थे। परन्तु दोनों का एकमत होना असंभव था। देवेन्द्रनाथ का आदर्श शान्ति व संगति था। इसलिए दयानन्द के तुल्य अविराम योद्धा के प्रति, जो कि

थे, कोई समानता न थी। परन्तु इनके साथ संपर्क में आने से वह अपने संघर्ष के लिये पहले से समृद्धतर[१] हो गये, क्योंकि इनसे[२] ही उनको इस सीधे-सादे सत्य का, जिसकी ओर उनकी दृष्टि पहले न गयी थी, बोध हुआ कि जनसाधारण की भाषा में प्रचार किये बिना उन्हें अपने लक्ष्य में सफलता प्राप्त नहीं हो सकती। वह वहाँ से बम्बई गये, और कुछ समय बाद ही, ब्रह्मसमाज के तुल्य ही, परन्तु ब्रह्मसमाज की अपेक्षा उत्कृष्टतर संगठन-शक्ति के साथ उनका धर्मसम्प्रदाय भारत के सामाजिक जीवन में अपनी जड़ जमाने लगा। १० अप्रैल सन् १८७५ में, उन्होंने बम्बई में सिन्धु और गंगा के विजेताओं के वंशधर, विशुद्ध भारतीयों की, प्रथम आर्यसमाज या आर्यावर्त के आर्यों की संस्था स्थापित की। और इन जिलों में ही आर्यसमाज की जड़ें सबसे अधिक शक्तिशाली हो गईं। सन् १८७७ से लेकर जब कि लाहौर में इसके सिद्धान्त निश्चित रूप से लिपिबद्ध किये गये, सन् १८८३ तक दयानन्द ने उत्तरी भारत, राजपूताना, गुजरात, संयुक्त प्रदेश आगरा व अवध, और सबसे अधिक अपनी प्रियभूमि पंजाब में आर्यसमाजों का एक जाल बिछा दिया। केवल मद्रास ही एक ऐसा प्रान्त था; जिसमें कि उनका कोई विशेष प्रभाव दिखायी न देता था।[३]

अपने पूर्ण यौवन में ही आततायी द्वारा उनकी हत्या कर दी गयी। एक महाराज की रखेल ने, जिसकी ऋषि ने कठोररूप से भर्त्सना की थी, उन्हें विष दे दिया, जिससे ३० अक्टूबर सन् १८८३ को उनका अजमेर में देहान्त हो गया।

परन्तु उनका कार्य सफलतापूर्वक अविराम रूप से जारी रहा। आर्यसमाज की सदस्य-संख्या, जो सन् १८९१ में केवल ४०,००० थी, क्रमशः बढ़कर सन् १९०१ में १,००,०००; सन् १९११ में २,४३,००० और सन् १९२१ में ४,६८,००० तक पहुँच गयी।[४] कई श्रेष्ठतम हिन्दू व्यक्ति, विख्यात राजनीतिज्ञ और महाराजा आर्यसमाज के सदस्य हैं। केशवचन्द्र के ब्रह्मसमाज के क्षीण प्रभाव की तुलना में आर्य समाज को जो स्वाभाविक व स्फूर्तिमय सफलता प्राप्त हुई है, उससे दयानन्द की कठोर शिक्षाओं के साथ उनके देश के विचार और भारतीय

आधुनिकतम सामाजिक संघर्षों में ही कठोर शास्त्र-वाक्यों तथा विशुद्ध तार्किक अस्त्रों का प्रयोग करते थे, उनकी सहानुभूति कदापि संभव न थी।

१. **सन् १८७७ में विभिन्न धर्मों के नेताओं तथा उनके विभिन्न सिद्धान्तों के बीच एकता व सामंजस्य स्थापित करने का अन्तिम प्रयत्न किया गया। केशव और दयानन्द परस्पर मिले, परन्तु कोई समझौता न हो सका, क्योंकि दयानन्द किसी बात में भी झुकने वाले न थे।**

२. **बाबू केशवचन्द्र सेन।**

३. **यह और भी अधिक विस्मयकारक है, कारण, विवेकानन्द को मद्रास में ही सबसे अधिक उत्साही व संगठित शिष्य-मण्डली प्राप्त हो सकी है।**

४. **इसमें से पंजाब और देहली में २,२३,००० संयुक्त प्रान्त में २,०५,००० कश्मीर में २३,००० और बिहार में ४,५०० सदस्य हैं। संक्षेप में, यह उत्तर भारत और उसके एक अत्यन्त शक्तिशाली अंश का ही निर्देश है।**

राष्ट्रीयतावाद के प्रथम उद्‌बोधन का, जिसमें कि उन्होंने स्वयं भी प्रमुख भाग लिया था, कितना मेल था, यह सर्वथा स्पष्ट हो जाता है।

इस राष्ट्रीय जागृति के जो कि इस समय पूरे यौवन पर विद्यमान है, मूल में क्या कारण है, उनका स्मरण कराना शायद योरोपीय पाठकों के लिये कुछ लाभप्रद होगा।

पश्चिमीकरण अपनी सीमा से बहुत आगे बढ़ चुका था और प्रायः यह हमेशा अपने उत्कृष्टतम रूप में प्रकट न होता था। बौद्धिक क्षेत्र में यह एक उत्तरदायित्वशून्य तुच्छ मनोवृत्ति के रूप में प्रकट होता था, जो कि स्वतन्त्र विचार की आवश्यकता को त्यागकर नवयुवकों को अपनी अनुकूल परिस्थिति से उखाड़कर नयी भूमि में प्रतिष्ठित करता था, और उन्हें अपनी जाति की प्रतिभा व परम्परा से घृणा करना सिखाता था। किन्तु आत्मरक्षा की सहज प्रवृत्ति ने शीघ्र ही इसके विरुद्ध अपना सिर उठाया। दयानन्द के तुल्य उनकी समसामयिक पीढ़ी ने भी चिन्ता, वेदना और उद्वेगपूर्वक इस बात का अनुभव किया कि जहाँ एक तरफ भारतीय आध्यात्मिकता से सर्वथा अनभिज्ञ, दिखावटी योरोपियन युक्तिवाद धीरे-धीरे भारत की धमनियों में प्रवेश करता जा रहा है, वहीं दूसरी तरफ वह ईसाई धर्म भी जो पारिवारिक जीवन में प्रवेश करने पर, केवल ईसा की इस भविष्यवाणी को पूरा करता है कि "वह पिता और पुत्र के बीच विरोध पैदा करने के लिए आता है," उसके अन्दर घुसता चला जा रहा है।

मेरा यह अभिप्राय कदापि नहीं है कि मैं ईसाई धर्म के प्रभाव को किसी नीच भावना से देखूँ। मैं जन्म से ही कैथोलिक हूँ और इसलिए चर्च व धर्म के समस्त बाह्य रूपों में कोई आस्था न रखते हुए भी मैंने ईसा के रक्त का आस्वादन किया है, और महान् ईसाइयों के जीवन व धर्मग्रन्थों में उद्‌घाटित ज्ञानगंभीर जीवन के ज्ञानभण्डार का आनन्द प्राप्त किया है। इसलिए मैं ऐसे धर्म को किसी दूसरे धर्म से नीचा दिखाने का स्वप्न में भी विचार नहीं कर सकता। आत्मा जब एक विशेष ऊँचाई पर[१] Acurnen nentis (ऊर्ध्वतम शिखर पर) पहुँच जाती है, तो वह और आगे नहीं बढ़ सकती। दुर्भाग्य से एक देश का धर्म विदेशी जातियों पर हमेशा अपने उत्कृष्टतम तत्वों के माध्यम द्वारा ही कार्य नहीं करता। प्रायः मानवीय अहंकार के साथ पार्थिव विजय की भावना मिली रहती है, और यदि वास्तव में विजय प्राप्त हो जाती है, तो यह कहा जाता है कि उद्देश्य सिद्धि उनके साधनों को भी न्यायसंगत साबित करती है। मैं तो यहाँ तक कहने का साहस करता हूँ कि किसी देश-विदेश के धर्म को चाहे कैसे ही उत्कृष्टतम रूप में भी किसी विदेश जाति के सम्मुख क्यों न उपस्थित किया जाये, परन्तु वह उस जाति का आत्मा को अपने गम्भीरतम सार के रूप में, आत्मा के उस उच्चतम शिखर पर, जिसका कि मैंने अभी वर्णन किया है, नहीं ग्रहण कर सकता। वह कुछ अंशों में उसे अवश्य ग्रहण करता है जो कि पर्याप्त अर्थपूर्ण भी है, परन्तु फिर भी वह उतना महत्वपूर्ण नहीं। हममें से जिन्होंने ईसाई धर्म के विस्मयकारक आध्यात्मिक दर्शनशास्त्र का यत्नपूर्वक अध्ययन और उसकी गहराई में पहुँचने का प्रयत्न किया है, वे जानते हैं कि ऊँचे उड़ने वाली आत्मा के

---

१. रिचर्ड दी सेण्ट विक्टर तथा पाश्चात्य रहस्यवादियों द्वारा फ्रैंकोपस दी सेल्स को कहे शब्दों में (हेनरी ब्रेमण्ड (The metaphysics of the Saints, देखिए)।

पक्षविस्तार के लिये वहाँ कितना असीम आकाश है, और प्रेममय परमसत्ता के जिस स्वर्गीय विश्व रूप की वे कल्पना करते हैं, यह वैदान्तिक असीम की कल्पना की अपेक्षा लेशमात्र भी अल्प-विस्तृत या अनुन्नत नहीं है। परन्तु यदि एक केशव ने इस सत्य की झाँकी देख ली, तो वह अपनी जाति में एक अपवाद मात्र है, और ऐसा प्रतीत होता है कि ईसाई धर्म का यह रूप हिन्दुओं के लिए प्रायः सर्वथा अनभिव्यक्त है। उनके सम्मुख इसे एक नीति और व्यावहारिक कर्तव्यों के स्मृतिशास्त्र, जैसे कि कर्म में प्रेम, (यदि यह शब्द प्रयुक्त किया जा सके) के रूप में ही उपस्थित किया जाता है। और यद्यपि यह उसका एक महत्वपूर्ण पहलू है, तथापि यह उसका सर्वश्रेष्ठ रूप[१] नहीं है। यह ध्यान देने योग्य है कि गम्भीर आध्यात्मिक चिंतन में निरत और आत्मा की साहसिक उड़ानों में समर्थ व्यक्तियों की अपेक्षा कर्मिष्ठ एवं शक्तिशाली व्यक्ति ही अधिकतर ईसाई धर्म में दीक्षित हुए हैं[२]।

उपर्युक्त कथन सत्य हो या न हो, चूँकि यह अभी एक अत्यन्त विवादास्पद विषय है, तथापि यह एक ऐतिहासिक सत्य है कि जिस समय दयानन्द के मन का निर्माण हो रहा था, उस समय भारत की उच्चतम धार्मिक चेतना इतनी दुर्बल हो चुकी थी, कि योरोप की धार्मिक चेतना उसका स्थान ग्रहण करने में समर्थ न होने पर भी उसकी क्षीण दीपशिखा को बुझाने के लिए प्रयत्नशील थी। ब्रह्मसमाज इस बात से चिन्तित था, परन्तु उसके ऊपर इच्छित व अनिच्छित रूप से पाश्चात्य ईसाई धर्म की छाप पड़ चुकी थी। राममोहन राय ने जहाँ से प्रारम्भ किया था, वह प्रोटेस्टेण्ट एकेश्वरवाद था। देवेन्द्रनाथ के इससे स्वयं अस्वीकार करने पर भी वह ब्रह्मसमाज में उसके प्रवेश को न रोक सके। जब उन्होंने केशवचन्द्र की प्रभुता स्वीकार कर ली, तब उसका तीन चौथाई भाग में प्रवेश हो चुका था। सन् १८८० में ही केशव के एक समालोचक ने कहा था : "जो केशव में विश्वास करते हैं, वह एकेश्वरवादी कहलाने योग्य नहीं हैं, क्योंकि वे ईसाई धर्म की तरफ ही अधिकाधिक झुके हुए हैं।" तथापि तृतीय ब्रह्मसमाज (केशव से पृथक् साधारण ब्रह्मसमाज) की स्थापना निश्चित रूप से भारतीय ईसाई धर्म के विरुद्ध ही हुई थी। और अर्धशताब्दी के स्वल्पकाल में ही ब्रह्मसमाज के दो बार

---

१. **मैं स्वतः अपनी अन्तरानुभूति के आधार पर स्वतन्त्र रूप से उसे सेलेशियन ईश-केन्द्रिकवाद (The Salesian Theo-centrism) का समर्थन करता हूँ जिसका हेनरी ब्रेमाण्ड ने ल आबे विन्सेंट के धार्मिक नीतिवाद अथवा रहस्यवाद-विरोधीवाद के विरुद्ध अपने हाल के तार्किक विवाद में प्रतिपादन किया है।**

२. **साधु सुन्दरसिंह, जिनका नाम योरोपीय प्रोटेस्टेण्टों में काफी परिचित है, इसका एक सुन्दर उदाहरण है। वह एक पंजाबी सिख हैं, जिनके पिता एक सरदार हैं और भाई फौज में सेनानायक हैं। इस निर्भय व्यक्ति ने तिब्बत में, वीरतापूर्वक शहीदों के अनुसंधान का कार्य किया था, जहाँ उसने अफगान तथा सिख दो युद्धप्रेमी जातियों के ईसाई शहीदों के चिह्न उपलब्ध किये थे (मैक्स शैरर प्रणीत 'साधु सुन्दरसिंह' पुस्तक देखिये, १९२२, जूरिच) इस पुस्तिका में अन्य भारतीय धर्मों के बारे में उसने जो वक्तव्य दिये हैं, उनसे स्पष्ट यह प्रतीत होता है कि वह उनके हृदय तक कभी नहीं पहुँच पाया था।**

विभिन्न दलों में विभक्त हो जाने एवं परवर्ती अर्धशताब्दी में उसके सम्पूर्ण रूप से ईसाई धर्म में विलीन हो जाने के खतरे के कारण भारतीय जनसाधारण का उसमें विश्वास नहीं रहा था।

ऐसी अवस्था में यह बात आसानी से समझ में आ जाती है कि प्राचीन भारत के समस्त शास्त्रों के पण्डित व उसकी आध्यात्मिकता के सुपरिचित एवं एक महान् जाति में उत्पन्न एक वेदवादी—वेदों के प्रचण्ड प्रचारक का क्योंकर जनसाधारण ने अत्यन्त उत्साह व प्रेम के साथ हार्दिक स्वागत किया। उसने अकेले ही भारत पर आक्रमण करने वालों के विरुद्ध विरोध का झण्डा बुलन्द किया। दयानन्द ने ईसाई धर्म के विरुद्ध युद्ध की घोषणा कर दी, और उसकी भारी, तीक्ष्ण तलवार ने अपने प्रहार के क्षेत्र व लक्ष्य का बिना विशेष विचार किये उसे टुकड़े-टुकड़े कर डाला। उन्होंने बाइबिल के उद्धरणों की उनकी पूर्वापर संगति का विचार न करके, व उनके वास्तविक व धार्मिक अर्थों को, यहाँ तक कि अक्षरार्थों को भी ठीक-ठीक न समझते हुए (क्योंकि उन्होंने बाइबिल का हिन्दी अनुवाद ही पढ़ा था और वह भी बहुत जल्दी में प्रतिशोध-भावना से प्रेरित होकर) अन्यायपूर्ण[१] व हानिकारक कटु आलोचना की। उनकी असिधारा के सदृश तीक्ष्ण आलोचनाएँ जो कि वौल्टेयर व उसकी 'डिक्शनरे फिलोसोफिक' की याद दिलाती हैं, अब तक कुछ आधुनिक हिन्दुओं[२] के घृणित ईसाई-धर्म-विरोधी प्रचार का शस्त्रागार बनी हुई हैं। तथापि वह आलोचनाएँ, जैसी ग्लैस्नैप ने ठीक ही लिखा है; योरोपियन ईसाइयों के लिए अत्यन्त उपयोगी हैं; कारण उनके एशियावादी विरोधियों ने उन्हें किस रूप में प्रकट किया है, यह जानना उनके लिए आवश्यक है।

दयानन्द के हृदय में कुरान व पुराण के लिए भी कोई आदर न था, और उन्होंने सनातन ब्राह्मण धर्म को भी अपने पैरों से कुचल डाला। उनके हृदय में किसी भी प्राचीन व नवीन, अपने ऐसे देशवासी के लिए जिसने एक समय समस्त देशों का सिरताज, भारतभूमि के सहस्र वर्ष व्यापी पतन में हिस्सा लिया हो, कोई दया का भाव न था।[३] वह उन सब व्यक्तियों के,

---

१. उनकी हिन्दी में लिखित महान् पुस्तक 'सत्यार्थ प्रकाश' में यह आलोचना विद्यमान है।

२. विशेषतः नव बौद्धधर्मी। यद्यपि इस पर एकाएक विश्वास नहीं होता कि बुद्ध का वह पवित्र व सुन्दर नाम, जो कभी अनासक्ति व विश्वशान्ति का प्रतीक था, वह आज अन्य धर्मों के विरुद्ध अश्रद्धा प्रकट करने व उन पर आक्रमण करने के लिये प्रयुक्त किया जाता है।

३. उनका भारतीय इतिहास का वर्णन बड़ा मनोरंजक है, जो कि सत्रहवीं शताब्दी की बौसट की प्रसिद्ध आवेगमयी रचना "Discourse on Universal History" के समान है। इसमें मनुष्य जाति के जन्म व समस्त पृथ्वी पर (अमेरिका एवं समुद्रवर्ती द्वीपों सहित) भारत के आधिपत्य का वर्णन है। (कारण उनके मतानुसार 'नाग' (सर्प) जाति और पुराणों की कथाओं में वर्णित रसातलवासी दैत्य, दानव आदि जातियाँ पृथ्वी के विरोधी ध्रुवों की निवासी हैं; और असुरों और राक्षसों से युद्ध का अर्थ असीरियनों और निग्रो जाति के साथ युद्ध है) : दयानन्द समस्त पौराणिक गाथाओं को पृथ्वी पर होने वाली घटनाएँ मानते हैं। वह महाभारत में वर्णित सहस्रवर्षीय युद्ध को ही, जिसमें भारत ने अपना सर्वनाश कर दिया था, भारत के समस्त दुर्भाग्य व वैदिक सभ्यता व

जिन्होंने उनके मतानुसार सच्चे वैदिक धर्म को विकृत व कलंकित किया था, निर्मम समालोचक थे।[१] वह लूथा के समान थे—जिसने अपने देश के विभ्रान्त व विपथ परिचालित रोम के चर्च के विरुद्ध आक्रमण किया था।[२] और उनका प्रथम लक्ष्य यह था कि धार्मिक पुस्तकों में स्रोतों को मनुष्य मात्र के लिए खोल दिया जाए ताकि वह स्वयं उनका रसपान कर सकें। इसके लिए उन्होंने वेदों की देशी भाषा[३] में व्याख्याएँ लिखीं—भारतवर्ष में वास्तव में यह एक नवीन युग का प्रारम्भ था, जब एक ब्राह्मण ने न केवल यह स्वीकार किया कि प्रत्येक मनुष्य को वेद पढ़ने का अधिकार है, अपितु यहाँ तक जोर दिया कि वेदों का पठन-पाठन व प्रचार प्रत्येक आर्य का परम कर्तव्य है।[४]

संस्कृति के विनाश का कारण मानते हैं।......वह न केवल उसके परिणामस्वरूप पैदा हुए भौतिकवाद से ही, अपितु जैनधर्म से भी घृणा करते थे। वह शंकराचार्य को आध्यात्मिक क्षेत्र में भारतवर्ष के हिन्दू स्वतन्त्रता युद्ध का सबसे पहला गौरवान्वित यद्यपि असफल नेता मानते थे। शंकराचार्य ने कुसंस्कारों की बेड़ी को विनष्ट करने का प्रयत्न किया, किन्तु वे उसमें सफल न हो सके। वह इस स्वतन्त्रता-युद्ध में ही मारे गए, परन्तु वह स्वयं जैनधर्मियों, विशेषतः माया के जाल में फँस गए थे। परन्तु दयानन्द स्वप्नदर्शी न थे, वह कठोर वास्तविकतावादी व्यक्ति थे। इसलिए मायावाद ने उनके हृदय में एक तीव्र घृणा का संचार कर दिया।

१. **वे सब प्रकार की मूर्तिपूजा को पाप समझते थे, और परमात्मा के अवतार को असम्भव व धर्म-विरुद्ध कहते थे।**

२. **वह 'ब्राह्मणों' को 'पोप' कहकर उनका तिरस्कार करते थे।**

३. **सन् १८७६ से १८८३ तक उन्होंने एक पण्डित मण्डली को नियुक्त किया था। वह स्वयं संस्कृत में लिखते, और पण्डितगण उसका हिन्दी में अनुवाद करते थे। तथापि मूलमंत्र का वे स्वयं अनुवाद करते थे। उनके अनुवाद में पहले प्रत्येक मंत्र का व्याकरणात्मक व मूलधात्वात्मक विश्लेषण, और उसके बाद साधारण भाव को समझाने वाली व्याख्या का समावेश है। परन्तु उनके पास इतना समय न था कि वे अनुवाद को पुनः संशोधित कर सकते।**

४. **लाहौर से प्रकाशित आर्य समाज के दस नियमों में से तीसरा नियम : (१८७७) : "वेद सत्य ज्ञान के ग्रंथ हैं। उनका पठन-पाठन प्रत्येक आर्य का मुख्य धर्म है।"**

यह एक विचित्र आकस्मिक घटना थी कि दयानन्द ने ईसाई धर्म के बढ़ते हुए प्रवाह के विरुद्ध, वैदिक धर्म की स्थापना के आधार पर थियोसोफिकल सोसाइटी नामक एक पाश्चात्य सम्प्रदाय के साथ कई वर्ष तक (१८७९-१८८१) एक कूटनीतिक सम्बन्ध स्थापित किया। ब्लैवस्टकी नामक एक रशियन महिला और कर्नल आल्कौट नामक एक अमेरिकन व्यक्ति ने मिलकर सन् १८७५ में दक्षिण भारत में थियोसोफिकल सोसाइटी की स्थापना की थी—जिसका मुख्य ध्येय हिन्दुओं को अपने धर्मग्रन्थों, विशेषतः गीता और उपनिषदों के, जिन्हें ६ जिल्दों में अल्कौट ने

यह ठीक है कि उनका अनुवाद एक प्रकार की व्याख्या है, और उसमें उन्होंने मूल पुस्तक से जो सिद्धान्त व स्थापनाएँ प्रतिपादित की हैं, उनकी यथार्थता,[१] तथा वेद, जिसे कि वह सृष्टि से पूर्व ईश्वर द्वारा दिया हुआ अपौरुषेय ज्ञान मानते थे, उसकी निर्भ्रान्तता व स्वतः प्रामाणिकता का उनका दावा, और अन्य धर्मों के प्रति उनका अविश्वास व तिरस्कार प्रदर्शन, कर्म में उनका अटल विश्वास, संग्राम में उनकी पूर्ण अवस्था[२] और सर्वोपरि उनका राष्ट्रीय

संस्कृत में प्रकाशित किया था, पढ़ने के लिए प्रोत्साहित करना था। इस संस्था ने भारतीय स्कूलों की स्थापना के लिए भी, विशेषतः लंका में, प्रयत्न किया, और "अछूतों" के लिए भी स्कूल खोलने का साहस किया। इससे भारत की राष्ट्रीय, धार्मिक व सामाजिक जागृति को प्रोत्साहन मिला और ऐसा प्रतीत होता था कि दयानन्द इस संस्था के सहयोग में कार्य करेंगे। परन्तु जब सोसाइटी ने उनके शब्दों पर विश्वास करके, वास्तव में उनके नियमित सहयोग के लिए हाथ बढ़ाया, तब उन्होंने उसके प्रस्ताव को अस्वीकार कर दिया और इस प्रकार भारत में थियोसोफिकल सोसाइटी के आध्यात्मिक प्रभुत्व को एकदम असंभव बना दिया। तब से इस संस्था का वह महत्त्व नहीं रहा है, परन्तु यदि यह सत्य है कि बनारस के हिन्दू कालेज की स्थापना में एनी बिसेण्ट का मुख्य हाथ रहा है, तो सामाजिक रूप से उसकी उपयोगिता अब भी है। इस सोसाइटी में प्राच्य और पाश्चात्य के अद्भुत मिश्रण में जो आंग्ल व अमेरिकन प्रभाव विशेष रूप से दिखाई देता है, उसने हिन्दू अध्यात्म विद्या के विशाल व उदार विषय को अपनी उदात्त परन्तु संकुचित व्यवहारवादी मनोवृत्ति से विकृत कर दिया है। इसके साथ यह भी उल्लेख योग्य है कि वह अपने-आपको एक पादरी के समान प्रामाणिक सभा मानती है, जिसके निर्णय के विरुद्ध कोई अपील नहीं है; यद्यपि उसकी यह भावना पर्दे के अन्दर छिपी हुई है तथापि वह कम असहिष्णु नहीं है। विवेकानन्द के तुल्य स्वतन्त्र विचारकों ने भी इसे अनुभव किया है, जैसा कि हम आगे देखेंगे, कि अमेरिका से लौटने के बाद उन्होंने इसकी तीव्र निन्दा की है।

इस विषय में थियोसोफिकल सोसाइटी के समर्थन में, जी०ई० मोनोड, हरजन, ने "An Indo-European Influence, the Theosophical Society" (Feuilles de I' Inde, No १ प्रैरिस १९२८) लेख, और काउण्ट, एच० के० सरलिङ् ने अपनी Table diary of a Philosopher १९१८ में एक सुन्दर, विस्तृत व द्वेषपूर्ण अध्याय लिखा है।

१. परन्तु उसकी सच्ची निष्ठा नहीं, जो कि समस्त आक्रमणों के विरुद्ध उनकी रक्षक है।

२. दयानन्द ने अपनी पुस्तक सत्यार्थ प्रकाश के अन्त में जो नियम पालन करने के लिए लिखे हैं उनमें उन्होंने आदेश किया है : "दुष्ट पुरुष चाहे अत्यन्त शक्तिशाली चक्रवर्ती राजा भी क्यों न हों, उसका विरोध करो, उसे नीचे गिरा दो, व नष्ट कर दो। अनेक कष्टों को सहन करते हुए भी व अपने जीवन को खतरे में डालकर भी हमेशा अन्याय की जड़ को उखाड़ने व सत्य की प्रतिष्ठा करने का निरन्तर प्रयत्न करते रहो।"

भगवान्—वह सब ऐसी वस्तुएँ जिनमें बहुत कुछ समालोचना के योग्य[१] हैं।

---

१. "आर्य समाज वेदों में वर्णित केवल एक अद्वितीय ईश्वर की ही स्तुति, पूजा व उपासना करेगा''ईश्वर व विश्व के पदार्थों के सम्बन्ध में धारणा, केवल वेद व उन अन्य सत्य शास्त्रों पर ही आधारित है" जिनका कि उसने निर्देश किया है।

परन्तु अद्भुत प्रतीत होने पर भी (उस समय की आबोहवा एकता के लिए इतनी प्रबल थी) राममोहन राय व केशव के एकतावाद के समान ही दयानन्द के राष्ट्रीयतावाद में भी एक विश्वव्यापिता की भावना थी।

"समस्त मनुष्य-जाति का मंगल साधन ही समाज का उद्देश्य होना चाहिए" (१८५७ के प्रथम आर्य समाज के सिद्धान्त)।

समाज का प्रथम व मुख्य उद्देश्य मनुष्य-जाति की शारीरिक, मानसिक एवं सामाजिक उन्नति द्वारा समस्त विश्व का कल्याण साधन करना है।" (१८७७ में संशोधित लाहौर आर्य समाज के सिद्धान्त)।

"मैं विश्वव्यापी सिद्धान्तों पर प्रतिष्ठित एवं मानव समाज जिसे अब तक सत्य मानकर ग्रहण करता चला आया है, और जिसे भविष्य में भी उसी प्रकार सत्य मानेगा, उस सबका अपने अन्दर समावेश करने वाले धर्म में विश्वास करता हूँ। इसे ही मैं धर्म मानता हूँ : सनातन आदिम धर्म (क्योंकि वह परस्पर विरोधी मानवीय विश्वासों से ऊपर है)'''। केवल उसे ही, जिसमें कि सब मनुष्य सब युगों में विश्वास कर सकते हैं, मैं ग्रहणीय मानता हूँ।"
(सत्यार्थप्रकाश)

अन्य सब उत्साही धर्मविश्वासों के समान ही, यद्यपि सर्वथा सच्चे हृदय से वह सनातन और विश्वव्यापक 'सत्य' की धारणा को, जिसकी कि वह सेवा करने का दावा करते हैं, अपने वैयक्तिक विश्वास के साथ मिला देते हैं। सत्य की परीक्षा के लिए उन्होंने पाँच प्रारम्भिक कसौटियाँ दी हैं : उनमें से प्रथम दो, वेदों की शिक्षा और ईश्वर के स्वभाव व गुणों का जो वर्णन उन्होंने किया है, उसके साथ अनुकूलता है। वे समस्त मानवता के ऊपर वेदों को प्रतिष्ठित करने के अपने अधिकार में क्योंकर सन्देह कर सकते थे, जबकि वह यह मानते थे कि उनके अन्दर, जैसा अरविन्द घोष ने भी कहा है : "धर्मिक, नैतिक व वैज्ञानिक सत्यों का पूर्ण प्रकाश विद्यमान है। इसकी धार्मिक, शिक्षा एकेश्वरवादी है, और वेदों में वर्णित देवताओं के अनेक नाम एक ही ईश्वर के विभिन्न गुणों को वर्णन करने वाले भिन्न-भिन्न नाम हैं, साथ ही वे प्रकृति में कार्य करने वाली उसकी विभिन्न शक्तियों के ही सूचक हैं। और वेदों के सत्य ज्ञान के द्वारा हम उन सब वैज्ञानिक सत्यों को, जिनका आधुनिक अनुसंधान द्वारा आविष्कार हुआ है, जान सकते हैं।" (वेद का रहस्य, आर्य, नवम्बर १९१४, पाण्डिचेरी)।

दयानन्द की वेदों की यह राष्ट्रीयतावादी व्याख्या प्राचीन भारत के दर्शन, अनुष्ठान, आचार-व्यवहार को पुनः जागृत व प्रतिष्ठित करने के उद्देश्य से अनेक पुस्तिकाओं के प्रवाह के रूप में प्रकट हुई। पश्चिम के विचारों के विरुद्ध प्राचीन आदर्शों की एक तीव्र प्रतिक्रिया हुई। (प्रबुद्ध भारत, नवम्बर १९२८ देखिए)।

दयानन्द के अन्दर हृदय की उच्छ्वास धारा न थी, मनुष्यों व उनके देवताओं को अपने स्फीतालोक से आप्लावित करने वाला आध्यात्मिकता का प्रशान्त सूर्य न था—उनके अन्दर रामकृष्ण के जीवन की समस्त सत्ता से विकीर्ण होने वाली उष्ण कविता व विवेकानन्द की प्रभावशाली कवित्व शैली भी न थी, परंतु उनके अन्दर एक भयानक शक्ति थी, अटल निश्चय था तथा शेर का शोणित था। उनका ही उन्होंने भारत के क्षीण व निर्बल देह में प्रवेश कराया। उनके शब्द वीरता की ध्वनि से गूँजते थे। उन्होंने भाग्य के आगे सिर झुकाने वाले निष्क्रिय, पार्थिव मनुष्य को यह स्मरण कराया कि उसकी आत्मा मुक्त है, और कर्म ही भाग्य का निर्माता है।[१] उन्होंने सब प्रकार के विशेषाधिकारों वं कुसंस्कारों के दुर्गम जंजाल को तीक्ष्ण पाटल के निरन्तर प्रहारों से छिन्न-भिन्न कर दिया। यद्यपि उनका आध्यात्मिक शास्त्र नीरस व अस्पष्ट[२] था और उनका ईश्वरवाद संकुचित और मेरी सम्मति में प्रतिगामी था, तथापि उनके सामाजिक कार्यों व आचार-व्यवहारों में एक निर्भीक साहसिकता पाई जाती है। वास्तव में वह क्रियात्मक रूप से ब्रह्मसमाज से और आज का रामकृष्ण मिशन भी जहाँ तक आगे बढ़ने का साहस करता है, उससे भी आगे जा चुके हैं।

उनकी संस्था, आर्यसमाज स्त्री-पुरुषों के समानाधिकारों के साथ, सब राष्ट्रों व जातियों के सब मनुष्यों के लिए एक समान न्याय के सिद्धान्त की स्थापना करता है। वह वंशपरम्परागत वर्णव्यवस्था को अस्वीकार करता है और समाज में केवल मनुष्यों की रुचि के अनुसार विभिन्न पेशों व समुदायों के अस्तित्व को स्वीकार करता है। इस प्रकार कर्मों के अनुसार जो विभिन्न वर्णों की सृष्टि होगी, उसमें धर्म का कोई दखल न होगा, केवल राष्ट्र ही जो कि कर्तव्य कर्मों का निर्धारण करता है, उसमें दखल दे सकेगा। राष्ट्र ही समाज के मंगल की कामना से किसी व्यक्ति को पुरस्कार व दण्ड के रूप में एक वर्ण से दूसरे वर्ण में उठा व गिरा सकता है। दयानन्द चाहते थे कि प्रत्येक मनुष्य को इतना ज्ञान प्राप्त करने का सुअवसर प्राप्त हो कि वह अपनी योग्यतानुसार समाज के उच्चतर शिखर पर पहुँच सके। सबसे बढ़कर, वह

---

१. **"भाग्य के आदेश को मानने की अपेक्षा एक उत्साहमय कर्मशील जीवन अधिक श्रेष्ठ है। भाग्य कर्मों का ही परिणाम है। निर्विरोध आत्म-पराजय की अपेक्षा सत्कर्म ही श्रेयस्कर है।"**

"आत्मा एक स्वतन्त्र सत्ता है, जो अपनी इच्छानुसार कार्य करने में स्वतन्त्र है। परन्तु कर्मफल का भोग ईश्वर की करुणा पर निर्भर है।" (सत्यार्थ प्रकाश)

२. **ऐसा प्रतीत होता है, दयानन्द तीन शाश्वत सत्ताओं को मानते हैं : ईश्वर, आत्मा और प्रकृति, जो विश्व का भौतिक उपादान है। ईश्वर और आत्मा दो विभिन्न सत्ताएँ हैं, उनके गुण भी परस्पर विनिमय योग्य नहीं हैं, और उनमें से प्रत्येक कुछ विशेष-विशेष कार्य करते हैं। फिर वे परस्पर अविच्छेद्य हैं। सृष्टि, ईश्वरीय शक्ति की प्राथमिक तत्वों पर मूल क्रिया द्वारा होती है; जिन्हें वह परस्पर संयुक्त करती है, व व्यवस्था प्रदान करती है। आत्मा का पार्थिव बन्धन अज्ञान के कारण है। अज्ञान व भ्रान्ति से मुक्ति व परमात्मा की स्वतन्त्रता की प्राप्ति का नाम ही मोक्ष है। परन्तु यह सामयिक ही होती है, और अवधि व्यतीत हो जाने पर आत्मा को पुनः शरीर धारण करना पड़ता है" इत्यादि।**

अस्पृश्यता के घृणित अन्याय के अस्तित्व को कदापि न सहन करते थे; और उनसे बढ़कर अस्पृश्यों के पददलित अधिकारों का अन्य कोई समर्थक न था। आर्यसमाज में समानता के आधार पर उन्हें प्रविष्ट किया जाता था; कारण, आर्यसमाज कोई जाति व वर्ण न था। "उच्च व श्रेष्ठ सिद्धान्तों को मानने वाले मनुष्यों का नाम ही आर्य है। और जो मनुष्य दुष्टता व पाप का जीवन व्यतीत करते हैं, वे ही दस्यु हैं।"

भारत में स्त्रियों की सोचनीय अवस्था को उन्नत करने के धर्मयुद्ध में भी दयानन्द कम उदार व साहसी न थे। उन्हें जो अन्याय व अत्याचार सहन करने पड़ते थे, उनके विरुद्ध उन्होंने विद्रोह की घोषणा की, और भारतवासियों को याद कराया कि भारत के स्वर्णयुग में उन्हें भी समाज व परिवार में मनुष्यों के समान आदर प्राप्त था। उनके मतानुसार उन्हें भी पुरुषों के समान शिक्षा की सुविधाएँ और विवाह[१] सम्बन्ध में स्वतन्त्रता तथा गृहस्थी के प्रबन्ध व आर्थिक व्यवस्था में पूर्ण अधिकार प्राप्त होना चाहिए। दयानन्द वास्तव में विवाह में स्त्री और पुरुष का समान अधिकार मानते थे। विवाह को अविच्छेद्य मानते हुए भी वे विधवा-विवाह को शास्त्रसम्मत मानते थे, और यहाँ तक कहते थे कि विवाहित स्त्री के सन्तान न होने पर सन्तानोत्पत्ति के उद्देश्य से स्त्रियों और पुरुषों का सामयिक सम्बन्ध भी शास्त्रविहित है।

अन्ततः आर्यसमाज ने जिसका आठवाँ नियम "ज्ञान विस्तार व अज्ञान का नाश करना था" भारत में शिक्षा के प्रचार में बड़ा हिस्सा लिया। विशेषकर पंजाब तथा संयुक्तप्रान्त में इसने बालक तथा बालिकाओं के अनेक स्कूलों की स्थापना की। उनके क्रियाशील छत्ते दयानन्द ऐंग्लो वैदिक कालेज लाहौर, और गुरुकुल काँगड़ी इन दो आदर्श संस्थाओं के चारों तरफ दो दलों में फैले हुए हैं। यह दोनों संस्थाएँ हिन्दू शिक्षा के सुदृढ़ दुर्ग हैं, जहाँ पर जातीय शक्तियों के पुनर्जागरण के साथ-साथ पश्चिम की बुद्धि व कला कौशल की भी शिक्षा दी जाती है।[२]

---

१. **विवाह में कन्या की आयु सोलह वर्ष तथा वर की आयु पच्चीस वर्ष होनी चाहिए। दयानन्द बालविवाह के सर्वथा विरोधी थे।**

२. **आज से दस वर्ष पूर्व लाला लाजपत राय द्वारा प्रकाशित पुस्तक के आधार पर मैंने यह लिखा है। संभवतः उस समय से शिक्षा का आन्दोलन अब और भी अधिक विस्तृत हो गया है।**

सन् १८८६ में लाहौर में दयानन्द ऐंग्लो वैदिक कालेज की स्थापना हुई थी। वहाँ संस्कृत, हिन्दी, फारसी, अँगरेजी भाषाओं के साथ पूर्वीय व पाश्चात्य दर्शनशास्त्र, इतिहास, राजनीति व अर्थशास्त्र, विज्ञान, कला एवं शिल्प की शिक्षा दी जाती है। गुरुकुल की स्थापना सन् १९०२ में हुई, वहाँ विद्यार्थियों को सोलह वर्ष तक त्याग, ब्रह्मचर्य, और संयम व अनुशासन का जीवन व्यतीत करने का व्रत लेना पड़ता है। इस विद्यालय का उद्देश्य नैतिक शक्ति द्वारा हिन्दू दर्शनशास्त्र व साहित्यिक संस्कृति को पुनर्जागृत करके आर्यों के चरित्र का निर्माण करना है। पंजाब में स्त्री-शिक्षा के लिए भी एक बड़ा कालेज है, जिसमें संस्कृत, हिन्दी और अँगरेजी इन तीन भाषाओं व अन्य मानसिक विकास करने वाले विषयों की शिक्षा के साथ स्त्रियोपयोगी विषयों और गृहस्थ-अर्थ-नीति की भी शिक्षा दी जाती है।

इसके साथ ही अनाथ आश्रम, बालक–बालिकाओं के लिये दस्तकारी के शिक्षणालय, विधवाश्रम और महामारी, दुर्भिक्ष व बाढ़ आदि अन्याय जातीय विपत्ति के अवसरों पर समाज–सेवा आदि और भी अनेक जनहितकारी कार्य हैं, जिनमें आर्य समाज ने पूरा–पूरा भाग लिया है, और यह स्पष्ट है कि आर्यसमाज भावी रामकृष्ण मिशन का प्रतिद्वन्द्वी है।[१]

दयानन्द ने जनसाधारण की उन्नति के लिए कितना महान् प्रयास किया है, यह दिखाने के लिए मैंने नेता की आत्मा से युक्त इस कठोर संन्यासी के बारे में काफी कहा है। वास्तव में वह राष्ट्रीय चेतना के पुनर्जन्म व पुनर्जागरण के क्षण में भारत में तात्कालिक व वर्तमान कर्म की सर्वापेक्षा प्राणवान् शक्ति थे। उनके आर्यसमाज ने ही उनकी इच्छा व अनिच्छा से ही[२], सन् १९०५ में बंगाल के विद्रोह का मार्ग प्रस्तुत किया था। वह राष्ट्रीय संगठन व पुनर्निर्माण करने वाले अन्यतम श्रेष्ठ ऋषि थे। मेरे विचार में वही इसके एकमात्र रक्षक थे; परन्तु उनकी शक्ति ही उनकी दुर्बलता भी थी। उनके जीवन का आदर्श कर्म था और उस कर्म का लक्ष्य उनका देश व राष्ट्र था। जिस देश व जाति ने बृहत्तर विश्व का स्वप्न न देखा हो, उसके लिए कर्म का सम्पादन व राष्ट्र का निर्माण पर्याप्त हो सकता है। परन्तु भारत के लिए केवल इतना ही पर्याप्त नहीं है—क्योंकि उसकी इच्छा के सम्मुख आज भी बृहत्तर विश्व विद्यमान है।

---

१. ऐसा प्रतीत होता है कि इस विषय में विवेकानन्द व उनके शिष्य दयानन्द से आगे बढ़ गए हैं। लाला लाजपत राय ने आर्य समाज के सबसे प्रथम जनहितकारी कार्य के रूप में सन् १८९७-१८९८ के दुर्भिक्ष में की गई सहायता का उल्लेख किया है। सन् १८९४ से लेकर विवेकानन्द के एक अन्यतम शिष्य अखण्डानन्द ने समाज सेवा में अपना जीवन अर्पण कर दिया था। सन् १८९७ में रामकृष्ण मिशन ने भी अपनी शक्ति का बहुत बड़ा भाग दुर्भिक्ष व मलेरिया को दूर करने व उससे अगले साल प्लेग से जनता की रक्षा करने में लगाया।

२. पब्लिक में उन्होंने इस विद्रोह में भाग लेने से इनकार किया था। वह अपने-आपको राजनीति से पृथक व अँगरेजों का अविरोधी कहते थे। परन्तु ब्रिटिश सरकार ऐसा न सोचती थी। वह उसके सदस्यों की चेष्टाओं के कारण आर्य समाज को संदेह की दृष्टि से देखती थी।

७

रामकृष्ण और भारत के महान् जननायकगण

जिस समय पर्वतमाला के ऊपर निर्मल महिमा में रामकृष्ण के नक्षत्र का उदय हुआ, उस समय भारत का नेतृत्व करने वाले जननायक इस प्रकार के थे।[१]

---

१. मैंने केवल श्रेष्ठतम नेताओं का ही उल्लेख किया है। इनके अतिरिक्त अन्य भी अनेक नेता हुए हैं। भारतवर्ष में भगवान् के संदेशवाहकों, धर्मों व सम्प्रदायों के संस्थापकों का कभी भी अभाव नहीं रहा है, और इस समय में उनका निरन्तर आविर्भाव होता रहा है। हैलमुथ वौन ग्लैसनप द्वारा हाल ही में रचित 'Religiose Reformbewegungen um heutigen Indian (१९२८, लीपजिग, जे० सी० हिरनिच, मौर्गनलैण्ड संग्रह) में दो अत्यंत अद्‌भुत संप्रदायों : प्रथम अनीश्वरवादी; अति मानव (Superman) के उपासक देव समाज और दूसरे रहस्यवादी दिव्य शब्द ब्रह्म के उपासक राधास्वामी सत्संग* का वर्णन है। यहाँ इन दोनों का उल्लेख नहीं किया गया है, क्योंकि वे अपेक्षाकृत परवर्ती काल के हैं। देवसमाज की स्थापना यद्यपि सन् १८८७ में शिवनारायण अग्निहोत्री ने की थी, तथापि इसका "अतिमानव" अनीश्वरवाद यह नाम सन् १८९४ में पड़ा था। और "अतिमानव" देवगुरु (स्वयं इस मत के प्रतिष्ठाता व्यक्ति) ने मुक्ति, नैतिकता व विज्ञान के नाम पर प्रारम्भ में स्वयं अपने आपको उपास्यदेवता बतलाकर ईश्वर के विरुद्ध जिस उत्कट संग्राम की घोषणा की थी, वह अब भी उसी प्रकार जारी है। राधास्वामी सत्संग की प्रतिष्ठा एक दूसरे के उत्तरवर्ती परंतु आपस में सर्वथा अनुरूप तीन क्रमिक गुरुओं के द्वारा हुई है, जिनका क्रमशः १८७८, १८९८ व १९०७ में देहावसान हुआ है। गत शताब्दी के अंत से ही इस सम्प्रदाय का विशेष प्रचार हुआ है। अतएव मैंने अपनी इस आलोचना में उसे स्थान नहीं दिया। देवसमाज की प्रतिष्ठा भूमि लाहौर है, और इसके अनुयायी भी प्रायः सब पंजाबी हैं। राधास्वामी सत्संग के मुख्य केन्द्र इलाहाबाद और आगरा यह दो नगर हैं। यह ध्यान

**शब्द से तात्पर्य उस सर्वशक्तिमान् सत्ता के प्रतिनिधि रहस्यमय शब्द से है (और जो कि प्रसिद्ध वैदिक 'ओइम्' के सदृश एक गौण स्थान का अधिकारी नहीं है)—जो दिव्य शब्द विश्व के अन्दर कम्पित व स्पंदित हो रहा है—यह वह उद्घोषित संगीत है; जिससे (प्राचीन कालीन ग्रीक व रोमन भाषा की परिभाषा में) तारामण्डल का संगीत ध्वनित होता है। मैत्रायणी उपनिषद के रहस्यवाद में इसी का कुछ परिवर्तित रूप में वर्णन है।*

रामकृष्ण इन चारों आचार्यों में से प्रथम आचार्य राममनोहर राय से स्वभावत: अपरिचित थे, परन्तु अन्य तीनों से उनका वैयक्तिक परिचय था। जो दुर्निवार भगवत्पिपासा उन्हें हर समय बेचैन बनाये रखती थी, और उन्हें अपने आपसे यह प्रश्न करने के लिए हमेशा व्याकुल करती रहती थी : कि ''क्या अन्य कोई ऐसे जलस्त्रोत नहीं हैं, जिन्हें कि उन्होंने पाया है; जिनका रसपान मैं नहीं कर सका हूँ?'' उससे प्रेरित होकर ही वह पहले पहल उनसे मिले थे। परंतु उनके अभ्यस्त नेत्र प्रथम दृष्टि में ही उन्हें पहचान लेते थे। उनकी आलोचना शक्ति हमेशा अक्षुण्ण रहती थी। जब वह पिपासाकुल भक्ति के साथ उनका जलपान करने के लिए उनके पास जाते थे, तो वे प्राय: व्यंग्य मिश्रित हँसी के साथ यह शब्द कहते हुए वापस आ जाते थे कि 'उनका अपना स्त्रोत ही इससे बेहतर है।' वह बाहरी चमक-दमक, टीपटाप और वाक्चातुर्य से चकाचौंध हो जाने वाले व्यक्ति न थे। उनकी मुद्रित आँखें अन्दर की गहराई में से चमकने वाले ज्योतिर्मय भगवान् के मुखमण्डल के प्रकाश के अतिरिक्त अन्य किसी वस्तु के सम्मुख न झपकती थीं उनके नेत्रों की दृष्टि देह के प्राचीर को भेदकर मानो खिड़की के मार्ग से भीतर प्रविष्ट होकर उत्सुकता व कौतूहल के साथ हृदय का कोना-कोना टटोल डालती थी। परंतु वहाँ पर वह दृष्टि जो कुछ देख पाती थी, उससे कभी-कभी उनके अन्दर एक आकस्मिक प्रशान्त हास्य का उदय होता था परंतु उसमें किसी प्रकार के द्वेष व ईर्ष्या की भावना का लेशमात्र न होता था।

प्रभावशाली देवेन्द्रनाथ टैगोर के साथ अपनी मुलाकात का जो वर्णन रामकृष्ण ने स्वयं दिया है, वह हास्य रस का एक सुन्दर चुटकुला है, जिसमें महागुरु ''राजर्षि जनक'' के प्रति ''छोटे भाई'' का आलोचनात्मक व्यंग्य-हास्य तथा अश्रद्धापूर्ण श्रद्धा स्पष्ट दृष्टिगोचर होती है।

देने योग्य है कि ये दोनों ही स्थान उत्तर भारत में हैं। दक्षिण भारत में नव सम्प्रदायों के उद्‌भव के बारे में ग्लैसनप ने कोई उल्लेख नहीं किया है, परन्तु वे भी संख्या से कम नहीं हैं। महागुरु श्रीनारायण स्वामी का धर्म ऐसा था कि चालीस वर्ष से भी अधिक समय तक उसके लोकहितकारी आध्यात्मिक कार्यों ने ट्रावनकोर रियासत के कई लाख विश्वासी मनुष्यों के जीवनों पर अपना प्रभाव डाला है। (सन् १९२८ में उसकी मृत्यु हुई है)। उसके सिद्धान्त शंकर के अद्वैतवादी दर्शन से बहुत कुछ मिलते-जुलते हैं, परन्तु वह कर्म के प्रति प्रेरणा करने वाले हैं; और इस कर्मानुराग के कारण ही बंगाल के रहस्यवाद से उसका मतभेद है, और वह उसके भक्ति के आवेगों को अविश्वास की दृष्टि से देखता है। यह कहना युक्तिसंगत होगा कि वह कर्म के ज्ञान का, एक महान् बौद्धिक धर्म का, जिसने सर्वसाधारण जनता, व उसकी सामाजिक आवश्यकताओं को ठीक तरह समझा था, प्रचार करता था। दक्षिण भारत में दलित जातियों के उद्धार में इसने महान् कार्य किया है, और इस विषय में इसके प्रयत्न गांधीजी से बहुत कुछ मिलते-जुलते हैं। (सन् १९२८ के दिसम्बर मास व उसके बाद के कुछ महीनों में जेनेवा के 'दी सूफी क्वार्टर्ली' पत्रिका में श्रीनारायण के शिष्य पी० नटराजन के लेख देखिये)।

एक दिन[१] एक प्रश्नकर्ता ने उनसे पूछा : "क्या संसार और भगवान् का सामंजस्य संभव है? महर्षि देवेन्द्रनाथ टैगोर के बारे में आपकी क्या सम्मति है?"

रामकृष्ण ने धीरे से कहा : "देवेन्द्रनाथ टैगोर...देवेन्द्रनाथ...देवेन्द्र"...यह कहकर उन्होंने कई बार सिर झुकाकर नमस्कार किया और फिर बोले :—

"क्या तुम जानते हो वे कौन हैं? एक समय का किस्सा है कि एक आदमी बड़ी धूमधाम के साथ दुर्गापूजा का त्यौहार मनाया करता था। प्रातःकाल से लेकर रात तक बकरों की बलि दी जाती थी। परंतु कुछ वर्षों के बाद बलि की वह धूमधाम नहीं रही। किसी व्यक्ति ने उस आदमी से पूछा कि 'बलि इतनी कम क्यों कर दी गई है?' उसने उत्तर दिया : "अब मेरे दाँत गिर गये हैं।"

और श्रद्धारहित कथावाचक ने अपना कथन जारी रखते हुए आगे कहा : "यह सर्वथा स्वाभाविक ही है कि इस वृद्धावस्था में देवेन्द्रनाथ योगाभ्यास करते हैं।[२] यह कहकर वे कुछ देर रुके और फिर एक बार नतमस्तक होकर कहने लगे : "निस्सन्देह वे एक आदर्श मनुष्य हैं।" इसके बाद उन्होंने उनके साथ अपनी मुलाकात का इस प्रकार वर्णन किया[३] :—

---

१. केशवचन्द्र सेन। ए० कुमार दत्त नामक एक प्रत्यक्षदर्शी ने इस कथोपकथन का वर्णन किया है (स्वामी रामकृष्ण की जीवनी)।

२. यह स्वीकार करना पड़ता है कि रामकृष्ण का यह व्यंग्य देवेन्द्रनाथ के प्रति एक घोर अन्याय का सूचक है। संभवतः न जानने के कारण ही, रामकृष्ण ने महर्षि की पूर्ण निस्वार्थता और उनके वत्सरव्यापी उदार व कठोर आत्मत्याग का कोई वर्णन नहीं किया है। इसमें एक उच्च कुलीन व्यक्ति के प्रति जनसाधारण के मनोभाव का ही परिचय मिलता है।

शशि भूषण घोष ने अपनी बंगाली स्मृति-कथा में (पृष्ठ २४५-२५७) इसका जो विवरण दिया है, उसमें रामकृष्ण की गम्भीर अन्तर्भेदी दृष्टि भक्ति की अक्षुण्णता को कायम रखते हुए, उस व्यंग्य की कटुता को कम कर दिया गया है, जिससे राजर्षि के प्रति अधिक न्याय हुआ है।

रामकृष्ण ने कहा कि देवेन्द्रनाथ से उनका परिचय इन शब्दों के साथ कराया गया : "यह एक भगवत्-उन्मत्त व्यक्ति हैं!" मुझे ऐसा भान हुआ कि देवेन्द्रनाथ एक अहंकारी व्यक्ति हैं और इतने ज्ञान, इतने सम्मान, इतनी सम्पत्ति और इतनी श्रद्धा के अधिकारी होकर वह, अहंकार से मुक्त भी किस प्रकार हो सकते थे? परन्तु मैंने यह जान लिया कि उनके जीवन में योग और भोग (भौतिक वासना-तृप्ति) साथ-साथ चल रहे हैं।"...मैंने उनसे कहा : 'इस कलियुग में आप एक सच्चे राजा जनक हैं। जनक दोनों पार्श्वों को ही एक साथ देखते थे। इसी तरह आपने भी अपनी आत्मा को भगवान् के अर्पण कर दिया है, जबकि आपका शरीर भौतिक जगत में विचरण करता है अतएव मैं आपके दर्शन के लिए आया हूँ। मुझे परमात्मा के बारे में कुछ बताइये!'...''

३. उस समय रवीन्द्रनाथ टैगोर केवल चार वर्ष के थे। रामकृष्ण के पृष्ठपोषक माथुर बाबू देवेन्द्रनाथ के सहपाठी थे, और उन्होंने ही देवेन्द्रनाथ के साथ रामकृष्ण का परिचय

"जब मैंने पहले पहल उन्हें देखा तो मुझे कुछ ऐसा प्रतीत हुआ कि वे एक अहंकारी व्यक्ति हैं। और यह सर्वथा स्वाभाविक ही था। क्योंकि उनके पास इतनी अच्छी-अच्छी वस्तुएँ थीं : उच्चवंश, सम्मान, मर्यादा, धन-सम्पत्ति सभी कुछ था···अकस्मात् मैं उस अवस्था में आ गया जबकि मैं किसी मनुष्य के अन्तस्तल को देख सकता है। उस अवस्था में मैं महान् से महान्, धनी से धनी व पण्डित से पण्डित व्यक्ति को भी यदि उसमें भगवान् का प्रकाश पाता तो, उसे तृण के समान देखता हूँ...और मुझे अकस्मात् हँसी आ गई...क्योंकि मैंने देखा कि यह व्यक्ति सांसारिक जीवन का आनन्द लेने के साथ ही धार्मिक जीवन भी व्यतीत कर रहा है। उनके अनेक सन्तानें थीं, और सब छोटी आयु की थीं। अतएव एक महान ज्ञानी होते हुए भी उन्हें संसार से सम्बन्ध रखना पड़ता था। मैंने उनसे कहा : "आप इस युग के राजर्षि जनक हैं। संसार से सम्बन्ध रखते हुए भी आपने उच्चतर उपलब्धि प्राप्त की है। आपका शरीर संसार में है, परंतु आपका मन भगवान् के ऊर्ध्वलोक में है। मुझे भगवान् के विषय में कुछ बताइए।"

देवेन्द्रनाथ ने वेद[१] से कुछ सुन्दर मन्त्र पढ़कर उन्हें सुनाए और चिर-परिचित व्यक्तियों के समान उनमें बातचीत होने लगी। देवेन्द्रनाथ अपने अतिथि के नेत्रों के तेज को देखकर बहुत प्रभावित हुए और अगले दिन उन्हें भोजन के लिए आमन्त्रित किया। परन्तु उन्होंने इसके साथ ही यह अनुरोध किया कि यदि वे आना चाहें तो "अपने बदन को कुछ ढककर आवें" कारण रामकृष्ण का कपड़ों की तरफ कोई ध्यान नहीं था। रामकृष्ण ने निःसंकोच भाव से विनोदपूर्वक उत्तर दिया कि, 'मैं यह आश्वासन नहीं दे सकता। मैं जैसा हूँ, वैसा ही हूँ, और वैसे ही आऊँगा।' इस प्रकार वे हार्दिक सद्भावना के साथ एक-दूसरे से विदा हो गए। परन्तु अगले

कराया था। इस साक्षात्कार का कौतूहलोद्दीपक विशद वर्णन हमारे यूरोपीय देह-मनोवैज्ञानिकों के लिए एक मनोरंजन की वस्तु हो सकती है। प्रथम परिचय होने के साथ ही रामकृष्ण ने देवेन्द्र को अपनी छाती खोलकर उन्हें दिखाने के लिए कहा। देवेन्द्र ने किसी प्रकार के विस्मय का भाव न प्रकट करते हुए वैसा ही किया। उनकी त्वचा का रंग लाल था। रामकृष्ण ने उसकी परीक्षा की। छाती की यह स्थायी रक्तिमा कुछ विशेष प्रकार की योगसाधनाओं का विशेष लक्षण है। रामकृष्ण हमेशा योगाभ्यास की शिक्षा देने व उससे इनकार करने से पूर्व अपने शिष्यों की छाती, उनकी निःश्वास-प्रश्वास क्षमता, और उनके रक्त-संचार की स्वस्थता की परीक्षा किया करते थे।

१. "यह विश्व झाड़फानूस के समान है। हममें से प्रत्येक उसकी एक-एक बत्ती के सदृश हैं। यदि हम ज्वलित न हों तो सारा झाड़फानूस ही अन्धकारमय हो जाये। परमात्मा ने अपनी महिमा प्रदर्शन के लिए ही मनुष्य की सृष्टि की है।···"

शशि के वर्णनानुसार रामकृष्ण ने सरल रूप में इस प्रकार अपना विचार प्रकट किया :

"बड़े आश्चर्य की बात है! जब मैं पंचवटी (दक्षिणेश्वर के उद्यान) में बैठकर ध्यान करता था तो मुझे भी एक प्रकार का झाड़फानूस दिखाई देता था। देवेन्द्रनाथ अवश्य ही एक गम्भीर ज्ञानी हैं!"

दिन प्रातःकाल ही कुलाभिमानी देवेन्द्रनाथ ने रामकृष्ण को एक सौजन्यपूर्ण संक्षिप्त पत्र द्वारा यह सूचना दी कि वे आने का कष्ट न करें और इस प्रकार सारा खेल समाप्त हो गया। कुलीनता अपने पंजे के एक ही स्नेहसिक्त आघात के बाद पीछे आदर्शवाद के स्वर्ग की सुरक्षित गुफा में चली गई।

दयानन्द के बारे में और भी संक्षेप में रामकृष्ण ने अपना यह निर्णय प्रकट किया कि यह और भी निम्नतर कोटि के व्यक्ति हैं। यह अवश्य स्वीकरणीय है कि सन् १८७३ के अन्त में, जबकि उक्त दोनों महापुरुषों की परस्पर भेंट हुई, तब तक आर्यसमाज की स्थापना न हुई थी—और समाज-सुधारक दयानन्द अपने कर्मजीवन के बीच में ही थे। जब रामकृष्ण ने उनकी परीक्षा[१] की, तो उन्होंने उनमें 'कुछ शक्ति' पाई, जिससे उनका अभिप्राय 'भगवान् के साथ वास्तविक सम्पर्क' से है। रामकृष्ण की दृष्टि में दयानन्द का उत्पीड़ित व उत्पीड़नकारी चरित्र, वेदों के रक्षक का संग्रामोन्मुख पौरुष और उनका उत्तेजनापूर्ण यह आग्रह कि केवल वही सच्चे हैं और इसलिए उन्हें अपनी इच्छा को दूसरों के ऊपर लादने का अधिकार है, यह सब बातें उनके आदर्श के ऊपर एक धब्बे के समान थीं। वह दयानन्द को दिन-रात धर्म-शास्त्रों के बारे में विवाद करते हुए, उनके अर्थों को तोड़ते व मरोड़ते हुए और किसी प्रकार भी एक नए सम्प्रदाय की स्थापना के लिए निरन्तर प्रयास करते हुए देखते थे। परन्तु इस प्रकार की वैयक्तिक व सांसारिक सफलता की लालसा भगवत्प्रेम को दूषित कर देती है, इसलिए वे दयानन्द से दूर हट गए।

केशवचन्द्र के साथ उनका सम्बन्ध सर्वथा और ही प्रकार का था। वह अत्यन्त घनिष्ठ, स्नेहमय व चिरस्थायी था।

इन दोनों के सम्बन्ध में कुछ कहने से पूर्व मैं दुःख के साथ यह प्रकट करना चाहता हूँ कि उन दोनों के ही शिष्यों ने पक्षपातपूर्ण विवरण दिये हैं। प्रत्येक के शिष्यों ने दूसरे भगवद्भक्त को अपने गुरु का अनुगत सिद्ध करने की चेष्टा की है। रामकृष्ण के शिष्य फिर भी केशवचन्द्र को सहानुभूति की दृष्टि से देखते हैं, और परमहंस के प्रति श्रद्धा-प्रदर्शन के कारण

---

१. **रामकृष्ण ने दयानन्द के वक्ष में भी रक्तिमा की परीक्षा की थी। महेन्द्रनाथ गुप्त ने २८ नवम्बर सन् १८८३ को (रामकृष्ण वचनामृत में) दयानन्द के बारे में रामकृष्ण द्वारा कथित एक विशेष मन्तव्य का उल्लेख किया है। केशवचन्द्र वैदिक देवताओं में विश्वास न करते थे। रामकृष्ण ने सुना था कि उसका प्रतिवाद करते समय दयानन्द ने उत्तेजित होकर कहा था कि ''परमात्मा ने इतने सारे पदार्थ बनाए हैं, तो क्या वे देवताओं को न बना सकते थे?'' परन्तु अनेकेश्वरवाद के कट्टर शत्रु, दयानन्द, जिस मत का प्रचार करते थे, उसके साथ इसका कोई सामंजस्य नहीं है। क्या दयानन्द का कथन गलत रूप में उनके सम्मुख पेश किया गया था अथवा दयानन्द ने देवताओं के सम्बन्ध में ऐसा न कहकर वेदों में वर्णित यज्ञाग्नि के सम्बन्ध में, जिनमें कि वेदों की प्रामाणिकता में दृढ़ निश्चय के कारण विश्वास था, ऐसा कहा था? दोनों ही अवस्थाओं में इस प्रकट विरोध का कोई सन्तोषदायक समाधान मुझे दिखाई नहीं देता।**

उन्हें धन्यवाद देते हैं। परन्तु केशवचन्द्र के कुछ शिष्य, रामकृष्ण को, उनके गुरु पर उनके वास्तविक या काल्पनिक प्रभाव के कारण, क्षमा करने को सर्वथा उद्यत नहीं हैं। इसलिए ऐसे किसी प्रभाव को अस्वीकार करने के उद्देश्य से वे रामकृष्ण और केशव के बीच विचारों की एक दुर्लंघ्य दीवार खड़ी कर देते हैं। वे घृणापूर्वक रामकृष्ण के वास्तविक मूल्य को छिपाने की कोशिश करते हैं और उनके सन्देशों का प्रचार करने वाले व उनकी ख्याति को चिरस्थायी बनाने वाले—विवेकानन्द को भी उन्होंने अपनी निन्दा का पात्र बना दिया है।[१]

परन्तु केशवचन्द्र की रचनाओं में कुछ सुन्दर व सजीव पृष्ठों को पढ़कर, जिनमें कि विवेकानन्द के विचारों व कर्मों का स्पष्टरूप से पूर्वाभास मिलता है, मैं इस परिणाम पर पहुँचता हूँ कि रामकृष्ण मिशन ने ब्रह्मसमाज को जिस नीरवता व विस्मृति के गर्त में डाल दिया है, उससे कुछ ब्राह्मगण विक्षुब्ध हो उठे हैं। मैं अपनी शक्ति के अनुसार इस अन्याय को दूर करने का प्रयत्न करूँगा—क्योंकि मेरा विश्वास है कि उन्होंने जान-बूझकर ऐसा नहीं किया है। परन्तु वे सब ब्रह्मसमाजी जो रामकृष्ण के प्रति केशवचन्द्र के निःस्वार्थ स्नेह को छिपाना व उसे अपनी संकीर्ण सीमाओं में आबद्ध रखना चाहते हैं वे केशवचन्द्र की स्मृति को ही लांछित करते हैं। केशव ने अपने समस्त सम्मानास्पद व श्रद्धेय जीवन में, अपने यश के उच्चशिखर व विचार की उच्चकोटि पर आरूढ़ होते हुए भी शुरू से लेकर अन्त तक दक्षिणेश्वर के इस क्षुद्र व्यक्ति के प्रति, जो कि उस समय सर्वथा अज्ञात व अप्रसिद्ध था, जिस स्नेह और श्रद्धायुक्त सम्मान का परिचय दिया है, उससे बढ़कर इस महापुरुष के जीवन में हमारे लिए और कोई अधिक प्रिय वस्तु नहीं है। इस भगवत्प्रेम में पागल व्यक्ति के साथ श्रेष्ठतम विचारशील केशवचन्द्र के घनिष्ठ स्नेह-सम्बन्ध के कारण ब्रह्मसमाजी अपने स्वाभिमान को ठेस पहुँची अनुभव कर रामकृष्ण के भावावेश[२] के प्रति केशव की अश्रद्धा को

---

१. **मैं मुख्यतया बी० मजूमदार रचित 'Professor Max Muller on Ramkrishna; और The World on K. Chunder Sen (१९०० कलकत्ता) पुस्तक के सम्बन्ध में कह रहा हूँ। उक्त पुस्तक के निम्न अध्याय देखिए :—द्वितीय अध्याय "Absurd Inventions and Reports made to Max Muller by the Disciples of Ramkrishna;" तृतीय अध्याय "Differences between the two Doctrines," और सबसे बढ़कर अपमानजनक पंचम अध्याय "Concerning Vivekanand, the Informant of Max Muller"। स्वामी विवेकानन्द ने अपने प्रचण्ड धार्मिक तर्कों में जिन अमेरिकन व अंग्रेज पादरियों पर तीव्र प्रहार किया था— इस अध्याय में पुस्तक लेखक ने उनसे हाथ मिलाने में भी कोई संकोच नहीं किया है।**

२. बी० मजूमदार लिखित उपर्युक्त पुस्तक का द्वितीय अध्याय देखिए। योग के बारे में केशव ने अपने एक निबन्ध में लिखा है : "ज्ञान और भक्ति परस्पर एक दूसरे के स्थान में व्यवहारयोग्य (पर्यायवाची) शब्द हैं। ज्ञानी के लिए ही भक्ति संभव है, अज्ञानी भक्त एक असंभव वस्तु है।" परन्तु इससे रामकृष्ण के धार्मिक भावावेशों की निन्दा नहीं होती। कारण उसके लिए पहले यह प्रमाणित करने की आवश्यकता है कि रामकृष्ण

प्रमाणित करने के लिए उनकी रचनाओं में से जितने ही अधिक ऐसे उद्धरण पेश करने की चेष्टा करते हैं कि जिनमें उन्होंने उच्छृंखल व विकृत भावावेश की निन्दा की है, रामकृष्ण के साथ केशव के वास्तविक सम्बन्ध में उतना ही अधिक विस्मयकारक विरोध है।

यह सत्य है कि भारत के अधिकांश धर्मप्राण व्यक्ति जिस प्रकार अपने व परमात्मा[१] के बीच एक मध्यस्थ गुरु को स्वीकार करते हैं, केशव ने इस प्रकार किसी व्यक्ति को अपना गुरु न माना था, और इसलिए रामकृष्ण के शिष्यों[२] के विरोधी दावे के बावजूद, किसी को भी उन्हें रामकृष्ण का शिष्य कहने का अधिकार नहीं है, तथापि उनकी उदार आत्मा महत्ता का आदर करने के लिए हर समय तत्पर रहती थी, और सत्य के प्रति उनका प्रेम इतना विशुद्ध था कि

के भावावेशों में एक उच्चतर ज्ञान का समावेश नहीं था। इससे केवल इतना ही प्रकट होता है कि केशव की ध्यान-धारणाओं का रूप कुछ भिन्न प्रकार का है। उनके मतानुसार सनातन पुरुष के साथ मन का वह मिलन ही सर्वोच्च अवस्था है, जिसमें जीवन, समाज एवं गृह के अनेक विभिन्न कार्यों के बीच भी मनुष्य की व्यावहारिक बुद्धि लुप्त नहीं होती। केशव के विचार ब्रह्मसमाज की आध्यात्मिक परम्परा के ही अनुसार थे। आगे तृतीय अध्याय में मजूमदार ने केशव का यह उद्धरण दिया है : ''जो योगी सिर्फ योग के लिए सर्वस्व त्याग कर देता है, उसे सौ बार धिक्कार है!...... भगवान् ने जिनके पालन का भार हमारे ऊपर सौंप दिया है, उन्हें त्याग देना महापाप है।'' मजूमदार इन शब्दों में रामकृष्ण के प्रति तिरस्कार की गन्ध देखते हैं, क्योंकि उन्होंने अपनी पत्नी के प्रति अपने कर्तव्यों का उचित रूप से पालन नहीं किया। परन्तु यह कथन सर्वथा असत्य है कि रामकृष्ण ने अपनी पत्नी के प्रति कर्तव्य की अवहेलना की है। अपनी पत्नी के प्रति उनका प्रेम न केवल सर्वथा विशुद्ध व गम्भीर था, अपितु उन्होंने अपनी पत्नी में भी उस प्रेम को उद्‌बुद्ध किया, जो कि उसके लिए निरन्तर शान्ति व प्रसन्नता का स्त्रोत था। रामकृष्ण ने अपनी पत्नी के प्रति अपने दायित्व को किस जिम्मेदारी के साथ निबाहा, और अपने शिष्यों को वे किस प्रकार उनके ऊपर आश्रित वृद्ध माता-पिता, पत्नी और बालकों के प्रति अपने कर्तव्यपालन की निरन्तर शिक्षा देते थे—यह मैं पहले भी निर्देश कर चुका हूँ।

१. केशवचन्द्र ने लिखा : ''हे ईश्वर! अपने धार्मिक जीवन के प्रारम्भ से ही मैंने तुमसे शिक्षा ग्रहण की है!......''

२. यह प्रसन्नता का विषय है कि जिस दृष्टिकोण का मैंने प्रतिपादन किया है, केशवचन्द्र के ईसाई शिष्य मणीलाल सी० पारीख ने भी अपने विश्वासोज्ज्वल सुन्दर ग्रन्थ ''ब्रह्मर्षि केशवचन्द्र सेन'' में उसी की पुष्टि की है। (यह पुस्तक सन् १९२६ में, ओरियण्टल क्राइस्ट हाउस, राजकोट, बम्बई से प्रकाशित हुई है) मणीलाल सी० पारीख ने स्पष्टतया यह बात स्वीकार की है कि केशव के प्रति रामकृष्ण जितने ऋणी थे, केशव उसकी अपेक्षा रामकृष्ण के कहीं अधिक ऋणी थे। परन्तु मेरे ही समान मणीलाल भी इसमें केशवचन्द्र की विशाल आत्मा और उदार हृदय की प्रशंसा का ही एक अन्य कारण देखते हैं।

उनके अन्दर किसी प्रकार के अहंकार की कोई गुंजायश ही न थी। इसलिए यह शिक्षक स्वयं शिक्षा ग्रहण करने के लिए भी सदा तैयार रहता था[१], और अपने बारे में कहा करता था : "मैं जन्मजात शिष्य हूँ।.........सब पदार्थ मेरे शिक्षक हैं। प्रत्येक वस्तु से मैं शिक्षा ग्रहण करता हूँ।"[२] ऐसी अवस्था में वे भगवत्प्रेमी रामकृष्ण से शिक्षा ग्रहण किए बिना कैसे रह सकते थे?

सन् १८७५ के प्रारंभ में केशवचन्द्र अपने कुछ शिष्यों के साथ कई महीने तक दक्षिणेश्वर के निकटवर्ती एक आरामगृह में रह रहे थे। रामकृष्ण उनसे मिलने के लिए गये और कहने लगे : "मैंने सुना है कि आपने ईश्वर का दर्शन किया है, मैं भी उसके बारे में जानने के लिए आया हूँ।"

यह कहकर वह काली का एक प्रसिद्ध स्तोत्र गाने लगे, और बीच में ही भावाविष्ट हो गए। युक्तिवादी हिन्दुओं के लिए भी यह कोई असाधारण दृश्य न था, और केशव भी, जिसके बारे में मैं पहले ही निर्देश दे चुका हूँ कि वे भक्ति की इस प्रकार की एक तरह की रुग्ण अभिव्यक्ति को सन्देह की दृष्टि से देखते थे, इससे प्रभावित न होते, यदि अपने भतीजे[३] के उपचार में समाधि अवस्था से वापस आते ही रामकृष्ण अद्वितीय और अनन्त भगवान् के बारे में प्रवाह रूप में कुछ अत्यन्त प्रभावकारी शब्द न कहते। इस भगवत्प्रेरित उद्‌गार में भी उनकी व्यंग्यात्मक विचारबुद्धि स्पष्ट दृष्टिगोचर होती थी और इसने केशव को विस्मित कर दिया।

---

१. परन्तु वह यह भी कहते थे : "प्रत्येक मनुष्य के गुणों को ग्रहण करने की इच्छा-शक्ति परमात्मा ने मेरे अन्दर उत्पन्न की है।"

२. रामकृष्ण ने केशव को सबसे पूर्व सन् १८६५ में देखा था, जबकि युवक केशव आदि ब्रह्मसमाज में देवेन्द्रनाथ के सहकारी थे। केशव के मुख ने रामकृष्ण को उसी समय आकृष्ट कर लिया था। यह जल्दी से भूलने योग्य वस्तु न थी। केशव का कद लम्बा, मुख डिम्बाकार, व "उसका वर्ण एक इटैलियन के समान स्वच्छ था।" (मुखर्जी)। और यद्यपि उसका मन उसके चेहरे के समान पश्चिम के प्रशान्त सूर्यालोक से उद्‌भासित था, तथापि उसकी अन्तरात्मा सर्वथा भारतीय थी। ध्यानस्थ केशव को लक्ष्य करने में रामकृष्ण ने भूल नहीं की थी। सन् १८६५ की मुलाकात का वर्णन करते हुए रामकृष्ण कहते हैं : "ब्रह्मसमाज के सभामंच पर अनेक व्यक्ति ध्यानमग्न थे। सबके बीच में केशव समाहित अवस्था में था। वह काष्ठ की तरह निश्चल था। उस समय उसकी युवावस्था थी, परन्तु उसके काँटे में ही मछली फँस रही थी...." (यह एक अत्यन्त प्रचलित अलंकार है, जिसका अर्थ है कि परमात्मा केवल उसी की प्रार्थना सुन रहे थे।—रामकृष्ण कथामृत, द्वितीय भाग, पृष्ठ २०७।)

३. योरोपीय विज्ञान की जानकारी के लिए यहाँ यह उल्लेख योग्य है कि रामकृष्ण को भावाविष्ट समाधि अवस्था से जागृत करने का एकमात्र उपाय भावावेश की तीव्रता व प्रकार भेद के अनुसार उनके कान में ईश्वर के किसी नाम विशेष या मन्त्र का उच्चारण करना ही था। आत्मिक अभिनिवेश के लक्षण उस समय अत्यन्त स्पष्ट हो जाते थे; और किसी तरह के प्रारंभिक शारीरिक विकार की कल्पना असंभव थी; आत्मा पर पूर्ण नियंत्रण हमेशा बना रहता था।

केशव ने अपने शिष्यों को विशेष रूप से इसे लक्ष्य करने की प्रेरणा दी। कुछ समय बाद उन्हें इस बात में कोई सन्देह नहीं रहा कि वे एक असाधारण व्यक्ति के सम्पर्क में आये हैं, और वे इस असाधारणत्व का अनुसन्धान करने लगे। वे दोनों मित्र बन गए। केशव रामकृष्ण को ब्रह्मसमाज के अनुष्ठानों व उत्सवों में निमन्त्रित करने लगे, और उनके मन्दिर में आकर उन्हें भ्रमण के लिए गंगातट पर अपने साथ ले जाने लगे। और चूँकि उनकी उदार आत्मा अपने अनुसन्धान का फल दूसरों तक पहुँचाने के लिए सदा उत्सुक रहती थी, इसलिए वह प्रत्येक स्थान पर, अपने उपदेशों में, अँगरेजी व देशी भाषा के पत्र व पत्रिकाओं में अपने लेखों में, रामकृष्ण का जिक्र करने लगे। केशवचन्द्र ने अपनी ख्याति को रामकृष्ण के भरोसे पर छोड़ दिया और रामकृष्ण की प्रसिद्धि, जो कि अब तक दो-एक अपवादों को छोड़कर, सर्वसाधारण धर्मभीरु समाज तक न पहुँच सकी थी, उसे केशव ने थोड़े ही समय में बंगाल और उसके बाहर मध्यवित्त बुद्धिजीवियों की श्रेणी तक पहुँचा दिया।

ब्रह्मसमाज के इस विख्यात नेता ने जो विद्या, बुद्धि, सम्मान और मर्यादा में सब प्रकार बढ़ा-चढ़ा था, इस ग्रन्थ-विद्या-विहीन, संस्कृत भाषा से अनभिज्ञ, लिखने-पढ़ने में अपटु, अज्ञातनामा मनुष्य के सामने नत होकर जिस विनयशीलता का परिचय दिया है, वह वास्तव में प्रशंसनीय है। परन्तु रामकृष्ण की अन्तर्भेदी दृष्टि ने केशव को भ्रान्त बना दिया और वे एक शिष्य के सदृश उनके चरणों में बैठ गये।

परन्तु इसका यह अर्थ नहीं है कि केशवचन्द्र ने रामकृष्ण की शिष्यता स्वीकार की थी, जैसा कि रामकृष्ण के कुछ उत्साही शिष्य दावा करते हैं। यह भी सत्य नहीं है कि अपने कोई मौलिक विचार उन्होंने रामकृष्ण से लिये थे। कारण, वे सब विचार रामकृष्ण के साथ उनके प्रथम साक्षात्कार से पूर्व ही बन चुके थे। हम देख चुके हैं कि सन् १८६२ के बाद केशवचन्द्र विभिन्न धर्मों के समन्वय व उनकी प्रारंभिक एकता के संबंध में विचार करने लग गये थे। सन् १८६३ में उन्होंने कहा था : "सारे ही सत्य सबके लिए समान हैं, क्योंकि सारे सत्य भगवान् के ही सत्य हैं। सत्य जिस प्रकार केवल योरोपीय नहीं है, उसी प्रकार वह केवल एशियाई भी नहीं है, जैसे केवल तुम्हारा नहीं है, उसी तरह केवल मेरा भी नहीं है।" सन् १८६९ में "भावी धर्म" के सम्बन्ध में व्याख्यान देते हुए केशव ने सब धर्मों की एक विशाल स्वरसंगति की कल्पना की थी, जिसमें प्रत्येक धर्म अपने विशिष्ट लक्षण, अपने वाद्ययंत्र के स्वतन्त्र स्वर और स्वतन्त्र ध्वनि की रक्षा करते हुए भी परमपिता भगवान् और भ्राता मानव के विश्वव्यापी जयगान में सम्मिलित होते हैं। दूसरी तरफ यह कथन भी मिथ्या है कि केशव को जगदम्बा के विचार पर पहुँचने के लिए रामकृष्ण की सहायता की आवश्यकता थी; यह धारणा भारत में प्रत्येक युग में इसी प्रकार विद्यमान चली आई है, जिस प्रकार पाश्चात्य जगत् में जगत्पिता की धारणा प्रचलित रही है। रामकृष्ण ने इसे जन्म नहीं दिया है। रामकृष्ण के स्मृतिभण्डार में संचित रामकृष्ण के स्तोत्रों में नाना स्वरों में माँ का ही स्तुतिगान है। देवेन्द्र के आचार्यत्व काल में ही ब्रह्मसमाज में भगवान् के मातृत्वरूप का प्रवेश हो चुका था। इसलिए केशव के शिष्य अपने गुरु की रचनाओं में से मातृवन्दना के उदाहरण उद्धृत करने में कठिनाई

अनुभव नहीं करते।[१]

जगदम्बा और उनके भक्तों का भ्रातृभाव यह दोनों ही विचार निस्सन्देह अत्यन्त सुन्दर थे, उनके अभिव्यक्ति के साधन व अनुष्ठानों के रूप चाहे जो भी क्यों न हों। और विचार के रूप में केशव में वे पहले से ही विद्यमान थे, और उनके निष्कपट विश्वास के कारण पुनरुज्जीवित हो गये थे। परन्तु रामकृष्ण में इन दोनों धारणाओं को जीवित व चेतन अवस्था में पाना एक सर्वथा अद्भुत ही वस्तु थी। यह क्षुद्र निरीह व्यक्ति कल्पना व सिद्धान्तों के साथ माथापच्ची नहीं करता था, उसका अस्तित्व ही सब कुछ था। उसका अस्तित्व देवताओं का भक्तों के साथ मिलन था, वह 'माँ' और उसका प्रेमी दोनों ही था, उसने 'माँ' के दर्शन किये थे। उसके द्वारा 'माँ' का दर्शन हो जाता था उसे स्पर्श किया जा सकता था। केशव के लिए हृदय की उस प्रतिभा का आविष्कार, जो कि अपने सम्पर्क में आने वालों को माँ के उष्ण निःश्वास व उसकी सुन्दर भुजाओं की छाया का अनुभव कराती थी, कितना अपूर्व था। और उसने जो कि स्वयं एक भक्त था, और प्रेम में विश्वास करता था, उसके निकट सम्पर्क के प्रभाव को किस गहराई के साथ अनुभव किया होगा।[२]......केशवचन्द्र के अन्यतम जीवनी-लेखक चिरंजीव शर्मा ने लिखा है—"रामकृष्ण की मधुर, सरल, मोहक एवं बालसुलभ प्रकृति ने केशव की धर्म-सम्बन्धी पवित्र धारणा व उसके योगाभ्यास को रंजित कर दिया था।"

और केशवचन्द्र के अन्यतम धर्मप्रचारक शिष्य गिरीश बाबू ने लिखा है[३]:

"शिशु के समान सरल वात्सल्य के साथ भगवान् को 'माँ' के नाम से पुकारने की भावना केशव ने रामकृष्ण से ही ली थी....।"[४]

---

१. **सन् १८६२ में जबकि केशवचन्द्र देवेन्द्रनाथ आदि ब्रह्मसमाज के पुरोहित थे, उस समय यह मातृवन्दना का गीत गाया जाता था : "माँ की गोदी में बैठकर" इत्यादि।**

सन् १८६६ : ब्रह्मसमाज की भजनावली : "ओ! दिव्य माँ! अपनी करुणा से मुझे बाँध लो" ...."ओ! माँ! मेरे समीप आओ।"

सन् १८७५ : "मैं आनन्दित हूँ! मैं माँ के हृदय में निमग्न हूँ, मैं उसकी सन्तानों के बीच में हूँ; माँ अपनी सन्तानों के साथ नृत्य करती है....."

परन्तु इस अंतिम तारीख से पूर्व केशव के साथ रामकृष्ण की भेंट हो चुकी थी। बी० मजूमदार रचित पूर्वोक्त ग्रंथ, तृतीय परिच्छेद, देखिए।

२. **प्रमथलाल सेन कहते हैं कि केशव प्रतिदिन भगवत् उपासना करते थे। "उपासना ही तुम्हारा प्रधान कर्तव्य हो! एकान्त में समाहित होकर निरन्तर सच्चे हृदय से प्रार्थना करो, तुम्हारे जीवन का यही एकमात्र लक्ष्य हो!"**

३. **'धर्मतत्त्व' पत्रिका में प्रकाशित 'रामकृष्ण का जीवन व उनके उपदेश' शीर्षक लेख।**

४. **रामकृष्ण के अनुयायियों ने अपने पक्ष के समर्थन में बाबू गिरीशचन्द्र सेन और चिरंजीव शर्मा के जो उद्धरण दिये हैं, उनमें केशव के ब्रह्मसमाज के ऊपर रामकृष्ण के प्रभाव को निश्चित रूप से अतिरंजित करके कहा गया है। अत्यधिक प्रमाण-संग्रह का प्रयत्न मनुष्य को संदेह का पात्र बना देता है। उदाहरण के लिए चिरंजीव शर्मा का यह कथन**

उपर्युक्त उद्धरणों में अन्तिम उद्धरण के बारे में कुछ आलोचना आवश्यक है। कारण, मैं पहले यह दिखला चुका हूँ कि भगवान् को माँ रूप में आह्वान करने के लिए केशव को रामकृष्ण की प्रतीक्षा की आवश्यकता न थी। तथापि रामकृष्ण के सम्पर्क ने उनके अन्दर स्नेह के नवजागरण, आशु निश्चय एवं एक बालक की सरल-हृदयता को ला उपस्थित कर दिया। इसलिए सन् १८७५ में जब केशवचन्द्र यह प्रचार करने लगे कि उनका पथ रामकृष्ण के पथ को अतिक्रमण कर उससे आगे बढ़ जाता है,[१] तो यह ''नव विधान'' का एक आविष्कार न था; अपितु वह केशव के धर्म-विश्वास और आनन्द का दुर्निवार उद्गार था, जिसने उसे विश्व के सम्मुख अपना सन्देश घोषित करने के लिए बाध्य किया।

ब्रह्मसमाजियों के लिए रामकृष्ण एक अद्भुत शक्ति के स्रोत थे। यह पैण्टेकौस्ट[२] के उत्सव पर धर्मप्रचारकों[३] के सिर पर नाचती हुई उस अग्निशिखा के समान थे, जो कि जलाने के साथ-साथ उन्हें प्रकाश भी देती थी। वह उनके सच्चे मित्र थे। परन्तु साथ ही उनके

कि माँ के रूप में भगवान् की पूजा रामकृष्ण के प्रभाव का फल था' तथ्यों के विरुद्ध है। इतना ही कहना पर्याप्त है कि रामकृष्ण के दृष्टान्त से ब्रह्मसमाज में मातृपूजा की धारणा समृद्ध हो गई। ब्राह्म धर्म एक कठोर धर्म था। गिरीशचन्द्र की उपमा के अनुसार, ''रामकृष्ण की छाया ने उसे नरम बना दिया।''

१. तथापि केशवचन्द्र के सहानुभूतिपूर्ण जीवनी-लेखक प्रतापचन्द्र ने अपनी पुस्तक में लिखा है कि रामकृष्ण के साथ केशवचन्द्र के साक्षात्कार के फलस्वरूप ''नवविधान'' के मूलभूत एकेश्वरवादी रूप में कोई परिवर्तन न होने पर भी, केशवचन्द्र को अपने एकेश्वरवाद को पहले की अपेक्षा अधिक परसंतोषकारी व सहज ग्राह्य रूप में उपस्थित करने के लिए प्रेरणा मिली।

रामकृष्ण ने हिन्दू-धर्म को अनेकेश्वरवाद की मूल धारणाओं को अपनी रुचि के अनुसार चुनकर आध्यात्मिकता के मौलिक ढाँचे में संगृहीत किया था....इस अद्भुत चुनाव ने केशवचन्द्र के गुणग्राही मन में अपने धर्मान्दोलन के आध्यात्मिक गठन को और विस्तृत करने का विचार उत्पन्न किया।......ईश्वरीय गुणों की हिन्दू धारणाएँ केशव को स्वभावतः अत्यन्त सुन्दर व सत्य प्रतीत हुईं, और अपने देश में अपने धर्म के प्रचार को सहजगम्य बनाने का वही एकमात्र निश्चित साधन प्रतीत होने लगी। निस्सन्देह केशव ने अपने एकेश्वरवाद के सरल विश्वव्यापी आधार को अक्षुण्ण बनाए रखा। परन्तु मजूमदार ने दुःख के साथ लिखा है कि ईश्वर के अनेक गुणों के साथ एकेश्वरवाद की इस प्रकार की व्याख्या का अर्थ ही लोकप्रिय मूर्तिपूजा के पक्ष में लगाया जाने लगा है।

२. पैण्टेकौस्ट उत्सव : मिस्र में यहूदी जाति के प्रत्यावर्तन के स्मृतिदिवस के रूप में यहूदी लोग वसन्त में जो 'पास ओवर' उत्सव मनाते हैं, उसके पचास दिन बाद वह इस उत्सव को मनाते हैं। ग्रीक भाषा में 'पैण्टेकौस्ट' शब्द का अर्थ है पचास। —अनुवादक

३. धर्मप्रचारक से तात्पर्य यहाँ पर ईसा के प्रथम बारह प्रचारकों से है।

विचारक भी थे। वह जिस प्रकार उस पर स्नेह की वर्षा करते थे, उसी प्रकार उनकी कठोर आलोचना करने से भी न चूकते थे।

रामकृष्ण जब पहली दफे ब्रह्मसमाज के मन्दिर में गये, तभी उनकी अंतर्भेदी व कौतूहलमयी दृष्टि ने तत्काल ब्रह्मसमाज के श्रेष्ठ सदस्यों की प्रथागत भक्ति के रूप को ताड़ लिया था। उनके अपने ही श्लेषमय शब्दों में उसका इस प्रकार वर्णन है :—

"आचार्य ने कहा : 'आओ परमात्मा की उपासना करें'। मैंने सोचा : 'शायद अब वे अन्तर्जगत् में जायेंगे और पर्याप्त समय तक वहीं रहेंगे।' परन्तु कुछ ही मिनटों में उन सबने आँखें खोल दीं। मुझे बड़ा आश्चर्य हुआ। क्या इतने-से ध्यान से कोई उसे पा सकता है? जब सब अनुष्ठान समाप्त हो गया और हम अकेले रह गये तो मैंने केशव से कहा : 'उपासना सभा में जब सब सदस्यों ने नेत्र बंद कर लिए, तो मैंने उन्हें गौर से लक्ष्य किया। तब मेरे मन में क्या विचार उत्पन्न हुआ, जानते हो? दक्षिणेश्वर में मैंने कई दफे बन्दरों के झुण्ड को इसी प्रकार एकदम निश्चल व सर्वथा निर्दोष की तरह बैठे देखा है।.....परन्तु मन ही मन वे थोड़ी देर बाद किसी बगीचे के फलों को लूटने व पौधों को उखाड़ने, व अन्य खाद्य पदार्थों को झपटने की चिन्ता में मग्न थे। तुम्हारे सदस्य आज जो उपासना कर रहे थे, वह भी उससे बढ़कर न थी!"

ब्रह्मसमाज के एक उपासना स्तोत्र में यह पद आता है :—

"दिन के प्रत्येक क्षण में उसका ही विचार करो, उसकी ही पूजा करो।"[१]

रामकृष्ण ने गायक को रोककर कहा : "तुम्हें इस पद को इस प्रकार बदल देना चाहिए 'दिन में केवल दो बार उसकी प्रार्थना व पूजा करनी चाहिए।' वही कहो जो तुम वास्तव में करते हो। भगवान् के सम्मुख मिथ्या क्यों बोलते हो?"

इंग्लैंड के चर्च अनुयायियों के समान केशवचन्द्र के ब्रह्मसमाजी जब अपने धर्म की प्रशंसा करते हैं, तो वे जान-बूझकर एक दुर्बोध्य, गम्भीर व क्लिष्ट भाषा का प्रयोग करते हैं। ऐसा प्रतीत होता है कि वे मूर्तिपूजा के सन्देह के विरुद्ध सतर्क रहते हैं।[२] रामकृष्ण

---

१. **धनगोपाल मुखोपाध्याय रचित "The face of Silence" (मौन का मुख) देखिए। शारदानन्द ने भी ब्रह्मसमाज व रामकृष्ण के बारे में इसी के अनुरूप वर्णन दिया है।**

२. **रामकृष्ण वचनामृत में उद्धृत ब्रह्मसमाज की प्रार्थना का एक नमूना इस प्रकार है :**

"ओऽम! तुम हमारे पिता हो। हमें ज्ञान दो! हमें विनाश से बचाओ!"

"ओऽम! ब्रह्म! सत्य! ज्ञान! अनन्त! वह आनन्दमय है। वह अमर है! वह प्रकाशमान है! वह शान्तिमय है! वह सत्य है! वह अद्वितीय है!....."

"हे परम पुरुष! हे समस्त विश्व के आदि कारण! हम तुम्हें प्रणाम करते हैं!.....हे ज्ञान के प्रकाश के दाता! हे सकल विश्वों को धारण करने हारे प्रभु! हम तुम्हें नमस्कार करते हैं।"

"हे प्रभु! हमें असत्य से सत्य की तरफ, अन्धकार से प्रकाश की तरफ और मृत्यु से अमरत्व की तरफ ले चलो! हमारी आत्मा के अन्दर प्रविष्ट हो जाओ! हे भयंकर प्रभु! अपने करुणामय मुखमण्डल के द्वारा हमेशा हमारी रक्षा करो।"

व्यंग्यपूर्वक उन्हें नरमदल के मूर्तिपूजक कहा करते थे, उनका यह कथन सर्वथा अयुक्तिसंगत भी न था। एक दिन रामकृष्ण ने प्रार्थना में केशव को भगवान् के समस्त गुणों की गिनती करते हुए सुना।

रामकृष्ण ने पूछा : "यह सब गणना क्यों करते हो? क्या पुत्र अपने पिता को कभी यह कह सकता है कि 'ए पिता! तुम्हारे पास इतने मकान, इतने बगीचे व इतने घोड़े हैं, इत्यादि....?" पिता के लिए अपनी समस्त सम्पत्ति को पुत्र के हाथ में दे देना स्वाभाविक ही है। यदि तुम भगवान् व उसके गुणों को कोई असाधारण वस्तु सनझते हो, तो तुम कभी भी उससे घनिष्ठता सम्पादन नहीं कर सकते, उसके निकट नहीं पहुँच सकते। यह मत सोचो कि वह तुमसे बहुत दूर है। उसे अपना निकटतम समझो! तभी वह तुम्हें अपना स्वरूप उद्घाटित करेगा।.....क्या तुम यह नहीं सोचते कि यदि तुम उसके गुणों पर मुग्ध होकर भावाविष्ट हो जाते तो तुम मूर्तिपूजक बन जाते हो!"[१]

अपने दुर्बल स्थान पर आघात पाकर केशव ने उसका प्रतिवाद करते हुए कहा कि वह मूर्तिपूजा से घृणा करते हैं, जिस परमात्मा की वे पूजा करते हैं, वह निराकार परमात्मा है। रामकृष्ण ने शान्तिपूर्वक उत्तर दिया :

"परमात्मा साकार भी है, निराकार भी है। मूर्ति व अन्य प्रतीक उतने ही सत्य हैं, जितने तुम्हारे गुण हैं। और यह गुण मूर्तिपूजा से भिन्न नहीं हैं, अपितु केवल उसी के कठोर व जड़ीभूत रूप हैं।"

और फिर कहने लगे :—

"तुम कठोर व एकपक्षीय होना चाहते हो.....परन्तु मेरी यह उत्कट अभिलाषा है कि मैं भगवान् की, जितने भी रूपों में संभव हो, पूजा कर सकूँ; तथापि मेरे हृदय की अभिलाषा कभी तृप्त नहीं होती। मैं फल-पुष्पों की भेंट से उसकी पूजन करना चाहता हूँ, एकान्त में उसका पवित्र नाम जप करना चाहता हूँ, उसका ध्यान करना चाहता हूँ, उसकी स्तुति में स्तोत्रगान करना चाहता हूँ, और उसके आनन्द में पागल होकर नाचना चाहता हूँ।....जो भगवान् को निराकार बतलाते हैं, वह भी उसे उसी प्रकार पाते हैं, जैसे कि भगवान् की साकार उपासना करने वाले उसे पाते हैं। केवल विश्वास और आत्मसमर्पण यह दो ही आवश्यक वस्तुएँ हैं।....."

मैं केवल उनके विवर्ण शब्दों को ही दोहरा सकता हूँ, परन्तु उनकी जीवित उपस्थिति, उनके व्यक्तित्व का प्रकाश, उनकी ध्वनि का स्वर, उनकी दृष्टि व मोहन हास्य, इन सबका वर्णन मेरी सामर्थ्य से बाहर है। जो व्यक्ति रामकृष्ण के संपर्क में आया है, वह उनके इन गुणों के प्रभाव का प्रतिरोध नहीं कर सका है। सबसे बढ़कर दर्शकगण को प्रभावित करने वाली वस्तु उनका जीवित विश्वास था। उनके लिए भाषा एक ढीला-ढाला आलंकारिक परिधान न था, जो कि जीवन की गहराइयों को जितना अभिव्यक्त करने का दावा करती है, उतना ही उन्हें छिपा भी लेती है। उनके अन्दर जीवन की गंभीरताएँ साक्षात् कुसुमित होकर प्रकट हो रही थीं, और वह भगवान् जो कि अधिकांश धार्मिक व्यक्तियों के लिए भी केवल मात्र एक

---

१. **धनगोपाल मुकर्जी रचित ग्रन्थ व 'श्री श्रीरामकृष्ण लीला प्रसंग' का ३६५ पृष्ठ देखिये।**

विचार की वस्तु है, जो "अज्ञात् महासृष्टि"[१] के ऊपर एक अभेद्य आवरण डाल देता है, यह भगवान् उनके अन्दर प्रत्यक्ष दिखलाई देता था। कारण, जब वे भगवान् की कथा कहते थे तो वे एक गोताखोर के सदृश, जो कि समुद्र में गोता लगाकर कुछ ही क्षणों में सामुद्रिक शैवाल की गन्ध, व लवण के स्वाद के साथ ऊपर आ जाता है, भगवान् के अन्दर डूब जाते थे। इस गन्ध और आस्वाद के दुर्वार प्रलोभन की कौन उपेक्षा कर सकता है? पश्चिम की वैज्ञानिक बुद्धि निस्सन्देह इनका विश्लेषण कर सकती है। परन्तु इसके चाहे जो भी मूल उपादान हों, इसकी संश्लिष्ट सत्ता कभी सन्देह का विषय नहीं रही है। कट्टर से कट्टर सन्देहवादी भी, जब गोताखोर अपने समाधिस्वप्न से वापस आ जाता है, तब उसे स्पर्श कर सकता है। और उसके नेत्रों में समुद्रतलवर्ती शैवाल का प्रतिबिम्ब देख सकता है। केशव व उनके कुछ शिष्य इसे देखकर विमुग्ध हो गए थे।

जाह्नवी के वक्ष पर ऊपर-नीचे जाते हुए केशव के बजरे में बैठे हुए इस भारतीय प्लेटो के कथोपकथन पढ़ने योग्य हैं।[२] इनका वर्णन करने वाले, जो बाद में रामकृष्ण के एक श्रेष्ठ प्रचारक हो गए हैं, वे पहले पहल इन सर्वथा विपरीत मानसिक गठन के व्यक्तियों के आकस्मिक मेल को देखकर विस्मित हो गए, और सोचने लगे, इस भगवत्-उन्मत्त मनुष्य के साथ मिलने के लिए उस संसारी, बुद्धिवादी, अंग्रेज-उन्मत व देवताओं की निन्दा करने वाले केशव का कौन-सा समान आधार हो सकता है? बजरे के कमरे के दरवाजे पर केशवचन्द्र के शिष्य मधुमक्षिकाओं के झुण्ड के समान दोनों सन्तों के चारों तरफ इकट्ठे हो जाते थे और जब रामकृष्ण के ओष्ठाधर से मधुस्रवित होने लगता था, तो मधुमक्षिकाएँ उसकी मधुरता में डूब जाती थीं।

"यह आज से प्राय: पैंतालीस वर्ष पूर्व की घटना है, तथापि उस समय परमहंस ने जो बातें कही थीं, वह आज भी मेरे स्मृति-पटल पर अमिट रूप में अंकित हैं। मैंने आज तक किसी अन्य व्यक्ति को इस प्रकार बात करते नहीं सुना है.....जब वह कहना प्रारम्भ करते थे, तो केशव के निकटतर हो जाते थे और अन्त में केशव सर्वथा निश्चल बैठे रहते थे और जरा भी इधर-उधर हटने की कोशिश न करते थे।"

रामकृष्ण अपने चारों तरफ बैठे हुए शिष्यों के मुख पर स्नेहपूर्ण दृष्टिनिक्षेप करते हुए क्रमश: उनकी आँखों, उनके ललाट, दाँत व कानों को देख-देखकर बारी-बारी से प्रत्येक के चरित्र का वर्णन कर रहे थे। इन अंगों की भाषा को रामकृष्ण अच्छी तरह जानते थे। अपनी मधुर व आकर्षक कुछ-कुछ तोतली बोली में बोलते हुए वे निराकार ब्रह्म के विषय पर आ गए :

---

१. प्रसिद्ध फांसीसी लेखक बाल्जक के मशहूर उपन्यास की तरफ निर्देश है।

२. श्री श्री रामकृष्ण कथामृत के लेखक 'म' (महेन्द्रनाथ गुप्त) के २७ अक्टूबर सन् १८८२ के विवरण में दो कथोपकथनों का वर्णन है। एक अन्य प्रत्यक्षद्रष्टा नगेन्द्रनाथ गुप्त ने सन् १८८१ के एक और साक्षात्कार का वर्णन दिया है। (मॉडर्न रिव्यू, कलकत्ता मई, १९२७ देखिए)।

''उन्होंने दो-तीन दफे निराकार शब्द का उच्चारण किया, और चुपचाप शान्त भाव से अथाह समुद्र में गोता लगाने वाले गोताखोर के समान समाधि में लीन हो गए।....हम मनोयोगपूर्वक उनकी तरफ देखते रहे। उनका समस्त शरीर शिथिल और कुछ कठोर हो गया। देह की मांसपेशियों व धमनियों में किसी प्रकार के आकुंचन का भाव तथा अन्य अंगों में किसी प्रकार की गति व स्पन्दन दिखाई न देता था। अंजलिबद्ध दोनों हाथ उनकी गोदी में पड़े थे। बैठने का तरीका सरल परन्तु सर्वथा निश्चल व स्थिर था। मुख ईषत् उन्नत व विश्राम की मुद्रा में था। नेत्र सर्वथा बन्द न होने पर भी प्राय: बन्द थे। नेत्रों के तारक ऊपर की तरफ घूर्णित या पार्श्व की तरफ हटे हुए न थे, अपितु एकदम स्थिर थे।.....एक सुन्दर, अवर्णनीय मृदुहास्य के साथ अधरोष्ठ ईषत् विस्फारित थे, जिनमें से शुभ्र दाँतों की आभा दृष्टिगोचर होती थी। हास्य में कोई ऐसी विस्मयकर वस्तु थी, जिसे कभी भी किसी चित्र में अंकित नहीं किया जा सकता।''[१]

एक स्तोत्र पाठ द्वारा उनकी समाधि भंग की गई।.....

''उन्होंने अपने नेत्र खोले, और अपने चारों तरफ इस प्रकार देखा कि मानो किसी अज्ञात व अपरिचित स्थान पर बैठे हों। गाना समाप्त हो गया। परमहंस ने हमारी तरफ देखते हुए कहा 'यह सब लोग कौन हैं?' तत्पश्चात् उन्होंने अपने मस्तिष्क पर कई बार हाथ से जोर-जोर से आघात करके उच्च स्वर से कहा 'उतरो! उतरो!'....परमहंस पूर्णरूप से सचेतन हो गए और मधुर स्वर में काली का स्तोत्र गाने लगे।''

उन्होंने जगदम्बा और परम पुरुष की एकता का गान गाया। उन्होंने गाया कि माँ ने आत्मा की पतंग को ऊपर उड़ा रखा है, जो वह परमानन्द में उड़ रही है। किन्तु माँ माया की डोरी से उसे अपने साथ बाँधे हुए है।[२]

''यह संसार माँ की क्रीड़ा-भूमि है। उसकी इच्छा होने पर वह हजारों पतंगों में से एक-दो पतंगों को माया की डोरी से मुक्त कर देती है। यह उसका खेल है। वह आँख की झपक के साथ विश्वासपूर्वक मानवात्मा को कहती है, 'जब तक मैं तुम्हें और कुछ करने का आदेश नहीं करती, तब तक तुम संसार में जाकर रहो!'.....''

---

१. **नगेन्द्रनाथ गुप्त।**

'म' ने एक और भावावेश का वर्णन किया है, जिसमें रामकृष्ण माँ को लक्ष्य करके कहते हैं : ''ओ! माँ! वे सब सींखचों के अन्दर कैद हैं, वे स्वतन्त्र नहीं हैं; क्या उन्हें कैद से मुक्त नहीं किया जा सकता?''

२. **पतंग की उपमा, जैसा मैं पहले ही कह चुका हूँ, रामप्रसाद के 'दिव्य माँ और मुक्त आत्मा' शीर्षक स्तोत्र में, जो रामकृष्ण को अत्यन्त प्रिय था, पाई जाती है। नरेशचन्द्र के एक गान में भी जो कि रामकृष्ण वचनामृत में उद्धृत है, यह उपमा मिलती है। प्राय: सभी उपमाएँ, विशेषत: जीवन समुद्र में गोता लगाने वाले गोताखोर की उपमा कुछ-कुछ परिवर्तन के साथ बँगला के ग्राम्यगीतों व काव्यों में प्राय: पंद्रहवीं शताब्दी से व्यवहृत होती चली आई हैं।**

और इसके बाद माँ का अनुकरण करते हुए सहास्य श्लेष के साथ रामकृष्ण केशवचन्द्र के शिष्यों से कहने लगे—

''तुम संसार में हो। वहीं रहो! उसका त्याग तुम्हारे लिए नहीं है। विशुद्ध स्वर्ण और मिलावटी स्वर्ण, चीनी और शीरा....जिस हालत में तुम हो, उसी में ठीक हो। हम कभी-कभी एक खेल खेला करते हैं जिसमें जीतने के लिए सत्रह पायण्ट बनाने पड़ते हैं। मैं उस सीमा से आगे बढ़ गया हूँ और इसलिए हार गया हूँ। परन्तु तुम चतुर खिलाड़ी हो और तुमने काफी पायण्ट नहीं जीते हैं, इसलिए तुम अपना खेल जारी रख सकते हो।....चाहे तुम परिवार में रहो या संसार में रहो, जब तक भगवान् का साथ नहीं छोड़ते, तब तक तुम्हारा कुछ नहीं बिगड़ सकता।''

रामकृष्ण के इन स्वगत भाषणों में विचार, भावोच्छ्वास, श्लेषात्मक साधारण व्यवहार-बुद्धि और उच्चतम कल्पना अद्भुत रूप में मिश्रित रहती थी। परमहंस द्वारा व्यवहृत अनेक घाटों वाले भगवान्रूपी तालाब तथा मकड़ी सदृश काली माँ की जो सुन्दर उपमाएँ ऊपर उद्धृत की गई हैं, वे सब इन्हीं भाषणों में प्रयुक्त हुई हैं। वह वास्तविकता को खूब अच्छी प्रकार समझते थे, और अपने श्रोताओं के गंभीर अन्तस्तल का प्रत्यक्ष दर्शन करते थे। अतएव वह यह कल्पना भी न करते थे, कि वह अपने श्रोतागण को भी अपनी मुक्त आत्मा की ऊँचाई तक पहुँचा देंगे। वह उनकी बुद्धि और सामर्थ्य का पूरा-पूरा अन्दाजा लगाकर, उनसे उनके पूर्ण उपयोग की अपेक्षा करते थे। सबसे बढ़कर रामकृष्ण ने केशव व उनके शिष्यों का व्यापक बौद्धिक सहिष्णुता के साथ-साथ, जिससे कि वे उन सर्वथा विरोधी दृष्टिकोणों में भी, जिनमें कि वे किसी प्रकार के समन्वय को पहले सर्वथा असंभव समझते थे, सत्य का दर्शन कर सकें, जीवन की भावना व उत्पादक प्राणशक्ति का दान किया। उन्होंने तर्क की लीक में पड़कर कठोर हुए व जड़ता प्राप्त उनके बौद्धिक अंगों को मुक्त कर दिया, और उन्हें नरम व लचीला बना दिया। उन्होंने उन्हें नीरस व शुष्क विवादों से छुड़ाकर 'जीवन, प्रेम और सृजन' का मन्त्र पढ़ाया, जिससे उनकी धमनियों में पुनः रक्तसंचार होने लगा।

उन्होंने अन्तहीन व निरर्थक विवादों में व्यस्त केशव को कहा : ''सृजन करने का अर्थ है भगवान् के सदृश होना। जब तुम समस्त सत्ता के सार से पूर्ण हो जाओगे, तब तुम जो कुछ भी कहोगे, वही सत्य हो जाएगा। कवियों ने सद्गुणों व सत्य की प्रशंसा की है; परन्तु क्या उससे अनेक पाठक सद्गुणी व सच्चे हो गए हैं? जब कोई निःस्वार्थ व्यक्ति हमारे बीच में रहता है तो उसका प्रत्येक कार्य सद्गुणों का हृदयस्पन्दन हो जाता है। वह दूसरों के लिए जो कुछ भी करता है, उससे उनके निकृष्टतम स्वप्न भी उन्नत हो जाते हैं। वह जिसे भी स्पर्श करता है, वह पवित्र व सत्य हो जाता है। वह वास्तविकता का जनक हो जाता है।[१] वह जिस वस्तु की

---

१. **महात्मा गांधी से तुलना कीजिए। वह भी लेख व भाषण द्वारा धार्मिक प्रचार के विरोधी हैं। जब उनसे पूछा गया, ''तो हम अपने अनुभवों को दूसरों तक किस तरह पहुँचा सकते हैं?'' उन्होंने उत्तर दिया, ''हमारे आध्यात्मिक अनुभव हमारे जाने व अनजाने ही दूसरों तक पहुँच जाते हैं। परन्तु वे हमारे शब्दों द्वारा नहीं, जो कि एक अत्यन्त दुर्बल माध्यम हैं, अपितु हमारे जीवन व दृष्टान्त के द्वारा पहुँचते हैं। आध्यात्मिक अनुभव**

सृष्टि करता है, वह कभी काल के गर्त में विलीन नहीं होती। मैं चाहता हूँ कि तुम भी वैसा ही करो। तिरस्कार व परनिन्दा का यह भौंकना बन्द कर दो! परम सत्ता के हाथों को सब पर अपने आशीर्वाद की घोषणा करने दो। तुम्हारे अन्दर भी वह शक्ति विद्यमान है, क्या तुम उसका उपयोग करोगे? अथवा केवल दूसरों को दोष दे-देकर व उनका तिरस्कार करके ही अपना जीवन नष्ट कर दोगे?''[१]

केशवचन्द्र ने रामकृष्ण के इस उपदेश को श्रवण किया और विश्वसत्ता के रस से स्नात इस उष्ण जीवित मृत्तिका में अपनी जड़ें छोड़ दीं। रामकृष्ण ने उन्हें अनुभव करना सिखाया कि मानवीय विचार के क्षुद्रतम पौधे में भी इस रस का बिन्दुमात्र भी कभी व्यर्थ नहीं जाता। केशव का मन सब धार्मिक विश्वासों के प्रति सहिष्णु व उदार हो गया, यहाँ तक कि कुछ ऐसे अनुष्ठानों के प्रति भी, जिन्हें कि वह पहले सर्वथा निषिद्ध बतलाते थे। भगवान् के विभिन्न गुणों के अभिव्यंजक के रूप में वह शिव, शक्ति, सरस्वती, लक्ष्मी, हरि आदि नामों से भगवान् को पुकारने लगे। दो वर्ष तक वे ईसा, बुद्ध और चैतन्य और परमात्मा के श्रेष्ठ अवतारों द्वारा प्रचारित विभिन्न धर्मों के बीच निमग्न रहे। यह तीनों महापुरुष उनके निकट एक दर्पण के ही विभिन्न पार्श्व थे। वह इन सब धर्मों के समन्वय द्वारा एक विश्वव्यापी आदर्श को उपलब्ध करने की इच्छा से इनमें से प्रत्येक को बारी-बारी से आत्मसात् करने का प्रयत्न करने लगे। अपनी अन्तिम रुग्णावस्था में वे विशेषरूप से रामकृष्ण के भक्ति के स्वरूप—आवेगमय मातृप्रेम—के प्रति आकृष्ट हुए। जब रामकृष्ण अन्तिम दिनों में उनसे मिलने के लिए आए तो केशव के शिष्यों ने उनसे कहा कि ''एक बड़ा परिवर्तन हो गया है।'' ''वे प्रायः जगदम्बा के साथ बातें करते दिखाई देते हैं, वे माँ की प्रतीक्षा करते हैं, और उसके लिए रोते हैं।'' रामकृष्ण यह संवाद सुनकर आनन्द-विभोर होकर भावाविष्ट हो गए। इस अन्तिम साक्षात्कार[२] के समस्त विवरण में इससे बढ़कर और कोई मर्मस्पर्शी घटना नहीं है कि भयानक खाँसी के दौरे में काँपते हुए गिरते-पड़ते मुमूर्षु केशव दीवारों व कमरे के अन्दर रखे हुए मेज-कुर्सी आदि का सहारा लेते हुए रामकृष्ण के चरणों में प्रणाम करने के लिए आते हुए दिखाई दिए। रामकृष्ण उस समय भी अर्धसमाधिस्थ मुद्रा में थे और अपने आप ही कुछ-कुछ बोल रहे थे। केशव चुपचाप थे और उनके उन रहस्यमय शब्दों को, जो कि जगदम्बा के ही कण्ठ से

विचार की अपेक्षा गंभीरतर वस्तु है। हमारे जीवन के दृष्टान्त से ही आध्यात्मिक अनुभव स्वतः उत्सारित होते हैं। परन्तु यदि तुम अपने आध्यात्मिक अनुभवों को जान-बूझकर दूसरों तक पहुँचाने का प्रयत्न करते हो, तो तुम अपने बीच में एक बौद्धिक दीवार खड़ी कर लेते हो।'' (१५ जनवरी सन् १९२८ को साबरमती सत्याग्रह आश्रम में ''काउन्सिल आफ दी फेडरेशन आफ इन्टरनेशनल फेलोशिप' के एक सम्मेलन में अनुष्ठित एक आलोचना से उद्धृत)।

१. मुकर्जी।

२. श्रीरामकृष्ण वचनामृत, प्रथम भाग, पंचम खण्ड, प्रथम और द्वितीय परिच्छेद। यह २८ नवम्बर सन् १८८३ के सायंकाल की घटना है, जबकि रामकृष्ण अपने कुछ शिष्यों के साथ केशवचन्द्र के घर गये थे।

उच्चरित प्रतीत होते थे पान कर रहे थे। इन शब्दों ने केशव के सम्मुख कठोर परन्तु सान्त्वनाकारी शान्ति के साथ उनकी यन्त्रणा और समासन्न मृत्यु का अर्थ प्रकट कर दिया।[१] ''केशवचन्द्र के धार्मिक विश्वास और अधीर प्रेममय जीवन के बीच जो गुप्त विभ्रान्ति विद्यमान थी, रामकृष्ण किस गंभीर अन्तर्भेदी दृष्टि से उसे समझ रहे थे!''

उन्होंने मधुर स्वर में कहा : ''तुम बीमार हो, इसमें एक गंभीर अर्थ है। तुम्हारे शरीर में से भगवान् की खोज में अनेक भक्ति की लहरें गुजरी हैं। तुम्हारी बीमारी इसकी साक्षी है। जिस समय वे उत्पन्न होती हैं, उस समय वे शरीर को कितनी हानि पहुँचाती हैं, यह कह सकना असंभव है। गंगा के तट के साथ-साथ एक नाव बिना किसी का ध्यान आकृष्ट किए गुजर जाती है। परन्तु कभी-कभी कुछ समय बाद कोई बड़ी लहर, उस नाव के गुजरने के कारण स्थानभ्रष्ट होकर नदी तट से जाकर टकराती है और उसके एक भाग को गिरा देती है। जिस समय भगवत् साक्षात्कार की अग्नि नश्वर शरीररूपी घर में प्रवेश करती है, तो वह पहले काम, क्रोध आदि रिपुओं का नाश करती है, फिर अहंकार को दग्ध करती है और अन्त में वह सब वस्तुओं को स्वाहा कर देती है।....तुम अभी तक अन्तिम लक्ष्य पर नहीं पहुँचे हो!.....भगवान् के चिकित्सालय के रजिस्टर में तुमने अपना नाम क्यों लिखाया था? जब तक तुम्हारे नाम के आगे 'रोगमुक्त' यह शब्द न लिखा जाएगा, तब तक तुम्हें बाहर आने की इजाजत नहीं मिल सकती।''

उसके बाद उन्होंने एक सुन्दर उपमा के रूप में कहा कि भगवान् एक माली के समान कीमती गुलाब के पौधे की जड़ों को चारों तरफ से खोदते हैं ताकि वह रात्रि की ओस का पान कर सके।[२]

---

१. **रामकृष्ण का भावावेश उस समय भी पूर्णतया दूर न हुआ था; उन्होंने सुन्दर फर्नीचर व दर्पणों से सुसज्जित बैठक के सामान पर दृष्टि डाली और मन्द मुसकान के साथ अपने आप ही कहने लगे : ''हाँ, कुछ समय पूर्व इन सब वस्तुओं की आवश्यकता थी; परन्तु अब वे सब बेकार हैं...माँ तुम स्वयं ही यहाँ आ गई हो। माँ! तुम कितनी सुन्दर हो!......'' इसी समय केशव कमरे में दाखिल हुए और रामकृष्ण के पैरों में गिर पड़े।**

केशव ने कहा : ''मैं आया हूँ'' रामकृष्ण ने केशव की तरफ दृष्टिनिक्षेप किया, परन्तु ऐसा प्रतीत होता था कि वे उन्हें ठीक तरह पहिचान न सके, और माँ और मानवीय जीवन के सम्बन्ध में अपना एकाकी भाषण जारी रखा। यद्यपि रामकृष्ण केशव के स्वास्थ्य की खबर लेने आए थे, परन्तु इस बारे में उन दोनों ने एक शब्द भी नहीं कहा। जो शब्द मैंने ऊपर उद्धृत किए हैं, वे भी उन्होंने कुछ देर बाद उच्चारित किए थे।

२. **''माली यह जानता है कि साधारण गुलाब के पौधे की किस प्रकार रक्षा की जाती है, और बसरा के गुलाब की किस प्रकार परवरिश की जाती है। वह उसकी जड़ की चारों तरफ की मिट्टी को खोदकर भुरभुरी बना देता है, ताकि वह रात्रि की ओस का उपभोग कर सके। ओस गुलाब को ताजगी व शक्ति देती है। इसी प्रकार यह तुम्हारे सम्बन्ध में है। भगवान्‌रूपी माली यह जानता है कि तुम्हारे साथ किस तरह व्यवहार**

"बीमारी तुम्हारी जड़ों के चारों तरफ की मिट्टी को खोद रही है।"

केशव ने शान्ति के साथ सुना और मुसकराये। रामकृष्ण की मुसकान ने इस घर में मृत्यु के अन्धकार और रोगी की यन्त्रणा के ऊपर एक प्रकार की रहस्यमय शान्ति का प्रकाश बिखेर दिया था। जब तक केशव थककर, उठकर भीतर जाने न लगे, तब तक रामकृष्ण के स्वर में कोई गम्भीरता लक्षित न होती थी। तब उन्होंने मुमूर्षु केशव से कहा कि उसे अन्दर के घर में स्त्रियों व बालकों के साथ अधिक न रहकर एकाकी भगवान् के साथ ही रहना उचित है।

और यह कहा जाता है कि मृत्यु-यन्त्रणा में केशव के अन्तिम शब्द थे "माँ!..... माँ! ... !"[१]

यह समझ सकना अत्यन्त सुगम है कि इस आदर्शवादी ने, जो परमात्मा, युक्ति, कल्याण, न्याय और सत्य में विश्वास करता था, अपने वेदनामय अन्तिम दिनों में किस प्रकार यह जान लिया कि वह परमपुरुष भगवान् से, अनधिगम्य परमात्मा से कितनी दूर है और उसके निकट पहुँचने के लिए, उसका स्पर्श करने के लिये, उसे देखने या श्रवण करने के लिए और अपनी अस्वस्थता में शक्तिलाभ करने के लिये उसे रामकृष्ण की पगधूलि की ही आवश्यकता है। सार्वभौम अनुभव इसकी पुष्टि करता है। परन्तु यही कारण है कि जिससे केशव के कुछ अभिमानी शिष्य रामकृष्ण को क्षमा नहीं कर पाते। दूसरी तरफ मैं रामकृष्ण के अनुयायियों से भी यह अनुरोध करूँगा कि वे इसे आवश्यकता से अधिक महत्त्व न दें, और अपने सरल प्रेमगुरु के ही चरणों का अनुसरण करें। जब केशव इन अन्तिम साक्षात्कार के बाद उनके पास

करना चाहिए। वह तुम्हारे चारों तरफ जड़ों तक खोद रहे हैं ताकि उनकी ओस तुम्हारी जड़ों तक पहुँच सके और तुम पवित्रतर बन सको तथा तुम्हारा कार्य भी महत्तर व अधिक चिरस्थायी हो सके।" (श्रीरामकृष्ण कथामृत, प्रथम भाग, पंचम खण्ड, द्वितीय परिच्छेद)

१. इस अन्तिम साक्षात्कार के समय रामकृष्ण के शब्दों का केशव के अन्तिम विचारों के ऊपर जो प्रभाव व प्रतिक्रिया हुई, वह मेरे विचार में पहले कभी नहीं देखी गई थी।

रामकृष्ण बहुत देर तक उनके साथ जगदम्बा के सम्बन्ध में बातें करते रहे और कहा : "वह अपने बच्चों की देखभाल करती है.....वह जानती है कि उन्हें वास्तविक ज्ञान व मुक्ति किस प्रकार मिल सकती है....बालक कुछ नहीं जानता....उसकी माँ सब कुछ जानती है।...सब उसी की इच्छा के अनुसार होता है। 'ए! जगदम्बे! तुम अपनी इच्छा पूरी करो, और अपने कार्य का सम्पादन करो।' मूर्ख मनुष्य कहता है : "मैंने ही यह किया है।"

इसके अतिरिक्त जब केशव यन्त्रणाकातर अवस्था में अपनी जन्मदात्री, पार्थिव माता को सान्त्वना दे रहे थे, तो उन्होंने कहा : "परम दिव्य माँ ही मेरी भलाई के लिए सब कुछ भेजती हैं। वह मेरे साथ कभी इस पार्श्व से और कभी दूसरे पार्श्व से खेल करती हैं।"

चले गए, तब रामकृष्ण ने श्रेष्ठतम सामाजिक व बौद्धिक व्यक्तियों तथा अपने जैसे सरल विश्वासियों द्वारा समानरूप से आदृत केशव की महानता की विनयपूर्वक प्रशंसा की और ब्रह्मसमाज के प्रति हमेशा अपना आदर-भाव प्रकट करते रहे।[१] श्रेष्ठतम ब्रह्मसमाजी भी उसी प्रकार रामकृष्ण को श्रद्धा व सम्मान की दृष्टि से देखते रहे और उनकी संगति से लाभ उठाते रहे। रामकृष्ण के प्रभाव ने उनकी बुद्धि व हृदय को विशालता प्रदान की और पाश्चात्य विज्ञान के प्रथम प्रवाह को ठीक तरह से ग्रहण न कर सकने के कारण, ब्रह्मसमाजियों[२] का उत्कृष्ट भारतीय विचारधारा से जो सम्बन्ध विच्छेद हो चला था तथा भारतीय जन-साधारण उन्हें जिस आशंका की दृष्टि से देखने लगे थे, उनकी उस आशंका को दूर करने व ब्रह्मसमाजियों के हृदय में उच्च भारतीय विचारों के प्रति पुनः श्रद्धा जागृत करने में भी उसने सबसे बढ़कर भाग लिया।

---

१. सन् १८७८ में ब्रह्मसमाज के अन्दर पुनः नूतन दल की सृष्टि होने पर केशव के कुछ शिष्यों ने उनका साथ छोड़ दिया, परन्तु रामकृष्ण केशव के प्रति अनुरक्त बने रहे। परन्तु उन्होंने ब्रह्मसमाज की तीनों पृथक् शाखाओं में कोई भेदभाव स्वीकार नहीं किया और तीनों प्रार्थनाओं में समान रूप से सम्मिलित होते रहे। 'रामकृष्ण कथामृत' में रामकृष्ण की ब्रह्मसमाज में कतिपय उपस्थितियों का उल्लेख है, विशेषतः २८ अक्टूबर सन् १८८२ का, जब कि केशव के ब्रह्मसमाज के वार्षिकोत्सव पर उन्हें निमंत्रित किया गया था और वे उसमें उपस्थित हुए थे। वहाँ उत्सुक जिज्ञासुओं ने उन्हें चारों तरफ से घेर लिया और धार्मिक समस्याओं पर उनसे अनेक प्रश्न पूछे, जिनके उन्होंने स्वभावसिद्ध उदारता के साथ उत्तर दिये। उन्होंने भजनों (कबीर के भजन) व धार्मिक नृत्यों में भी भाग लिया। वहाँ से लौटने से पूर्व उन्होंने ब्रह्मसमाज सहित भक्ति के सभी रूपों के लिए इस प्रकार सम्मान प्रदर्शित किया : ''ज्ञानी के चरणों में प्रणाम हो! भक्त के चरणों में प्रणाम हो! साकार ब्रह्म के उपासक को प्रणाम हो! निराकार ब्रह्म के उपासक को प्रणाम हो! पुरातन ब्रह्मज्ञानियों को प्रणाम हो! आधुनिक ब्रह्मसमाज के ज्ञानियों को मेरा प्रणाम हो!''

ब्रह्मसमाज के अन्य दो दल उनके प्रति बहुत कम श्रद्धा रखते थे। सबसे उत्तरवर्ती साधारण समाज, केशव पर उनके प्रभाव के कारण उनके प्रति द्वेषभाव तक रहता था। देवेन्द्रनाथ के आदि ब्रह्मसमाज में तो वह निःसंदेह एक निम्न श्रेणी के व्यक्ति गिने जाते थे। २ मई सन् १८८३ को जब वे आदि ब्रह्मसमाज के एक अधिवेशन में गये थे; तब उनके प्रति जो व्यवहार किया गया, उसे कदापि सौजन्यपूर्ण नहीं कहा जा सकता। उस समय बालक रवीन्द्रनाथ टैगोर भी वहाँ उपस्थित थे और संभवतः उन्हें उक्त घटना का स्मरण भी हो—श्री श्री रामकृष्ण कथामृत देखिए।

२. विशेषतः केशवचन्द्र के उत्तराधिकारी प्रतापचन्द्र मजूमदार और विजयकुमार गोस्वामी, जिन्होंने बाद में ब्रह्मसमाज का परित्याग कर दिया था। केशवचन्द्र प्रतिष्ठापित ब्रह्म-समाज के विख्यात संगीतकार व गायक त्रैलोक्यनाथ सान्याल कहते हैं कि उनके बहुत से गानों की प्रेरणा उन्हें रामकृष्ण के भावावेशों से ही मिलती है।

एक उदाहरण ही पर्याप्त होगा। उनके महान् शिष्य स्वामी विवेकानन्द, ब्रह्मसमाज के ही एक सदस्य थे और वे उन कट्टर सदस्यों में से थे, जो कि एक समय हिन्दू परम्पराओं के विरुद्ध पाश्चात्य तर्क के नाम पर एक मूर्तिभंजक के समान विद्रोह के लिए खड़े थे, परन्तु बाद में वे उन्हीं का सम्मान व पक्षपोषण करने लगे। इस हिन्दू जागृति से पश्चिम के वास्तविक विचार को कोई हानि नहीं पहुँची। अब पूर्व की विचारधारा स्वतन्त्र हो गई है, और इसलिए एक सभ्यता दूसरी सभ्यता को पराधीन और पददलित न करेगी, अपितु दोनों विचारधाराओं में समान व स्वतन्त्र व्यक्तियों के समान बराबरी के दर्जे पर परस्पर संधि स्थापित हो सकेगी।

८

शिष्यों की पुकार

रामकृष्ण और ब्रह्मसमाज के परस्पर मिलन से भारत को क्या लाभ हुआ, यह अत्यन्त आसानी से देखा जा सकता है। रामकृष्ण को उससे क्या लाभ हुआ, यह सुनिर्दिष्ट होने पर भी इतना स्पष्ट नहीं है। इसके फलस्वरूप ही रामकृष्ण पहले-पहल अपने देश की शिक्षित व मध्यवित्त श्रेणी के सम्पर्क में आये और उनके द्वारा प्रगति और पाश्चात्य विचारधारा के अग्रदूतों से उनका परिचय हुआ। इससे पहले वह उनकी मनोवृत्ति के सम्बन्ध में वास्तव में कुछ न जानते थे।

वह एक संकीर्ण व कट्टर भक्त के समान न थे, जो कि अपने कक्ष के वातायनों को जल्दी से बन्द करने के लिए तैयार रहता है। इसके विपरीत उन्होंने उन्हें खुला छोड़ रखा था। रामकृष्ण के अन्दर जीवन-वृक्ष के प्रत्येक फल का आस्वादन लेने की लालसा, और मानवसुलभ अतृप्त कौतूहल इतना प्रबल था कि वह उन नवीन फलों का पूर्ण स्वाद लिए बिना न रह सकते थे। उनकी खोज करने वाली दृष्टि दरारों व छिद्रों में से घर घुस जाने वाली लता के समान अन्दर प्रविष्ट होकर अपने आतिथ्यकर्ता के गृह के विभिन्न अंशों और उसके अन्दर निवास करने वाली विभिन्न आत्माओं का अध्ययन कर लेती थी, और उन्हें और भी अच्छी तरह समझने के लिए वे उनके साथ एकदम घुल-मिल जाते थे। वह उनकी दुर्बलताओं (और उनके महत्त्व) को भी समझ लेते थे, और प्रत्येक आत्मा को उसकी प्रकृति व योग्यता के अनुसार उसके जीवन का आदर्श और कर्तव्य निर्देश करते थे। वे किसी भी मनुष्य के ऊपर उसकी प्रकृति के विरुद्ध किसी आदर्श व कर्त्तव्य को लादने की कल्पना भी न करते थे। व्यक्तिगत रूप से उनके निकट त्याग ही एकमात्र तात्कालिक व अन्तिम सत्य वस्तु थी। तथापि उन्होंने इस बात को जान लिया कि प्राय: अधिकतर मनुष्य इस सत्य को ग्रहण नहीं कर सकते, और इस खोज से न तो उन्हें कोई आश्चर्य हुआ और न किसी प्रकार का विषाद ही। मनुष्य जिन मतभेदों को कँटीली बाड़ के समान अपने बीच में खड़े करने में व्यस्त है, वे उनके सम्मुख एक ही मैदान में फूलने वाली उन झाड़ियों के अतिरिक्त, कुछ नहीं थे जो कि दृश्य को विविधता प्रदान करती है।[१] वे उन सभी से प्यार करते थे। वे उनमें से प्रत्येक के

१. **किसी व्यक्ति ने उनसे पूछा कि ब्रह्मसमाजियों व अन्य हिन्दुओं में क्या अन्तर है? उन्होंने उत्तर दिया : ''कोई विशेष अन्तर नहीं है। शहनाई बजाते समय एक व्यक्ति ऊँचा स्वर बजाता है, दूसरे उससे नीचे स्वर बजाते हैं। ब्राह्मगण हमेशा एक ही स्वर—ब्रह्म के निराकार रूप—को ही बजाते रहते हैं। परन्तु हिन्दू परमात्मा के विभिन्न रूपों का स्वर बजाते हैं।''**

लक्ष्य व उस तक पहुँचने के मार्ग को देख सकते थे, और प्रत्येक को उसके अनुसरण करने योग्य मार्ग पर चलने का निर्देश करते थे। वह जब किसी व्यक्ति से बात करते थे, तो दर्शकगण यह देखकर विस्मित हो जाते थे कि वे तत्काल उसी व्यक्ति द्वारा अपने विचारों को अभिव्यक्त करने के लिए प्रयुक्त की जाने वाली शब्दावली व शैली का प्रयोग करने लगते थे। यह केवल सर्वतोमुखिता ही न थी। उनकी आत्मा डाँड पर अपना पूरा काबू रखती थी, यदि वह मनुष्यों को तट के एक स्थान से किसी दूसरे स्थान पर ले जाती थी और तो वह हमेशा भगवान् रूपी तट ही होता था। वे उन्हें अपनी शक्ति से ही पार उतरने में अज्ञात रूप से सहायता करते थे। चूँकि वे विश्वास करते थे कि समस्त प्रकृति भगवान् की ही है, इसलिए प्रत्येक प्रकृति को उसका निर्दिष्ट पथ दिखाकर उसकी परिणति तक पहुँचा देना ही वे अपना कर्तव्य समझते थे। उनके अन्दर आध्यात्मिक पथ-प्रदर्शन की शक्ति विद्यमान है, इस तथ्य की उपलब्धि उन्हें बिना किसी इच्छा व प्रयत्न के ही हो गई थी। इटैलियन पुनर्जागरण के युग में आदर्श के रूप में प्रयुक्त की जाने वाली एक पश्चिमी कहावत है कि : "इच्छा करना ही समर्थ होना है।" जिन नवयुवकों को अभी प्रत्येक चीज करनी शेष है, उनके लिए यह एक सुन्दर नारा है। परन्तु अपेक्षाकृत प्रौढ़ मनुष्य, जो कि केवल शब्दों से सन्तुष्ट नहीं होते और[१] जो कर्म पर बल देते हैं, वे इस मन्त्र को इस प्रकार उलटकर कहते हैं : "समर्थ होना ही इच्छा करना है।"

रामकृष्ण को अचानक ही अपनी शक्ति और उसके उपयोग के लिए विश्व की पुकार का बोध हुआ। भारत के कुछ श्रेष्ठतम मनीषियों पर भी उनका प्रभाव व आधिपत्य उन मनीषियों की दुर्बलता, उनकी अतृप्त आकांक्षा, उन्हें विज्ञान से प्राप्त होने वाले उत्तरों की अपूर्णता और रामकृष्ण के हस्तक्षेप की आवश्यकता को प्रकट करता है। संगठन की कितनी शक्ति है, और कुछ आध्यात्मिक चेतना-सम्पन्न नवयुवकों का एक दल जब अपने बड़े भाई के चारों ओर एकत्रित होकर, समवेत भाव से अपनी प्रेमपात्री माँ के चरणों में अपने प्रेम का अर्घ्य अर्पण करता है तो उसका क्या सौन्दर्य है, यह सब रामकृष्ण ने ब्रह्मसमाज में देखा था।

इसके फलस्वरूप उनका आदर्श जो कि अभी तक अनिर्दिष्ट था, वह तत्काल स्फटिक की भाँति सुस्पष्ट हो उठा। पहले यह एक निर्णयगर्भित सचेतन विचार के रूप में एकाग्र हुआ और पुनः कार्य रूप में परिणत हो गया।

सबसे पहले उसने परमात्मा के साथ अपने सम्बन्धों पर पूर्णरूप से गौर किया। उसने देखा कि उनके अन्तर्वर्ती यह परमात्मा[२] अन्य साधकों की तरह केवल व्यक्तिगत मुक्ति से

---

१. मूल कहावत है " Vouloir, c'est pouvoir" जिसका यह शब्दार्थ है।

२. भैरवी ब्राह्मणी ने जो पहले यह घोषणा की थी कि रामकृष्ण एक अवतार हैं, रामकृष्ण ने भी अब उसे स्वीकार किया। परन्तु इस सम्बन्ध में वह किसी प्रकार की चर्चा पसन्द न करते थे, और अपने सम्मुख इस प्रकार का उल्लेख सहन न करते थे। साधारणतया आत्मप्रशंसा उन्हें कभी अच्छी न लगती थी। वह जन-साधारण के सम्मुख अपने अन्दर किसी विशेष आध्यात्मिक शक्ति की बात कभी स्वीकार न करते थे। इससे उनके कुछ अनुयायी, जो कि उनमें स्वयं भी हिस्सेदार होना चाहते थे, उनसे असन्तुष्ट भी हो जाते थे। आन्तरिक कर्म व गुप्त प्रकाश में ही उनका दृढ़ विश्वास था,

सन्तुष्ट नहीं हो सकता। परन्तु यह उससे मनुष्य-जाति के प्रति प्रेम व सेवा की अपेक्षा करता है।[१] उसके आध्यात्मिक संघर्ष, उसके भावावेश, उसकी उपलब्धियाँ आदि कोई भी वस्तु केवल उसके अपने लाभ के लिए नहीं हैं।

"कार्य करो, परन्तु अपने लिए नहीं।"[२]

वे सब मानव उन्नति और आध्यात्मिक उपलब्धि के नवयुग के लिए मार्गनिर्माण करने के साधन के रूप में थे। अन्य पुरुषों को मोक्ष की इच्छा व आशा का अधिकार है, परन्तु उसे नहीं। वह उसे अपना लक्ष्य नहीं बना सकता प्रत्येक शताब्दी में जब-जब भी मनुष्य-जाति पर विपत्ति आई है, उसने उनकी सहायता के लिए जन्म धारण किया है।[३]

और अपने समसामयिक मनुष्यों को एक झण्डे के नीचे एकत्रित करने के लिए वे जिस मोक्ष की वाणी का प्रयोग करते थे, वह इस प्रकार है[४] :—

१—मूलत: और अपने विश्वासियों के अकपट आन्तरिक विश्वास की दृष्टि से सभी धर्म सत्य धर्म हैं। इस सार्वभौम सत्य को रामकृष्ण ने अपनी साधारण बुद्धि और अन्तर्दृष्टि द्वारा प्राप्त किया था, और पृथ्वी पर उसके अवतरण का यही मुख्य लक्ष्य था।

२—द्वैतवाद, विशिष्टाद्वैतवाद और विशुद्ध अद्वैतवाद आध्यात्मिक विद्या के यह तीनों वाद परमसत्य के मार्ग की तीन मंजिलें हैं। वे परस्पर विरोधी नहीं हैं, अपितु एक दूसरे की पूरक हैं। एक विशेष स्तर के व्यक्तियों के मानसिक गठन की अनुकूलता की दृष्टि से इन

जिसका वह कभी प्रदर्शन न करते थे। मैं अपने पश्चिमदेशीय पाठकों से एक प्रश्न पूछना चाहता हूँ—जो कि संभवत: उन्हें अप्रिय प्रतीत हो—कि किसी आदर्श में वह तीव्र, आवेगमय विश्वास, जो कि हमारे महापुरुषों पर विचार व कर्म का गुरुतर भार सौंपता है, क्या वह ठीक इसी प्रकार की अन्तर्दृष्टि, व्यक्तित्व की सीमाओं को अतिक्रान्त करने वाली सत्ता की पूर्णता के ही अनुरूप नहीं है? हम उसे चाहे जिस नाम से भी पुकारें, उससे कुछ अन्तर नहीं आता।

१. 'सेवा' शब्द जो कि रामकृष्ण के शिष्यों ने अपने मिशन के साथ जोड़ा है, रामकृष्ण ने स्पष्टत: उसका व्यवहार नहीं किया था। परन्तु आत्म-त्याग करके भी दूसरों की सेवा के लिए प्रेम की जिस शिक्षा का उन्होंने प्रचार किया है, वह मूलत: सेवा की शिक्षा है। स्वामी अशोकानन्द ने स्पष्ट ही दिखलाया है कि सेवा ही इसकी प्रेरक शक्ति है। (The Origin of Swami Vivekanand's Doctrin of Service) प्रबन्ध देखिए, प्रबुद्ध भारत पत्रिका, अलमोड़ा, फरवरी १९२८) हम अगले खंड में इस सम्बन्ध में और आलोचना करेंगे।

२. वर्जिल द्वारा व्यवहृत एक पद जिसका अर्थ है, "तुम कर्म करो, परन्तु अपने लिए नहीं।"

३. यहाँ पर एक अद्‌भुत बात उल्लेख करना चाहता हूँ। ऐसा सुना जाता है कि रामकृष्ण ने उत्तर पश्चिम दिशा की तरफ संकेत करते हुए कहा था कि दो सौ वर्ष पश्चात् वे पुन: उस स्थान में अवतार रूप में प्रकट होंगे। (रूस में?)

४. श्री रामकृष्ण जीवनी—पृष्ठ ३४२-३४७।

विशेष स्तरों की उपयोगिता है। जनसाधारण के लिए, जो कि इन्द्रियों द्वारा आकृष्ट होते हैं, बाह्यानुष्ठान, संगीत, मूर्ति और प्रतीकयुक्त द्वैतवादी धर्म ही श्रेयस्कर है। विशुद्ध बुद्धि ही विशिष्टाद्वैतवाद तक पहुँच सकती है। यह जानती है कि इससे परे भी कोई वस्तु है, परन्तु यह उसकी उपलब्धि नहीं कर सकती। उस परम की उपलब्धि के लिए एक अन्य स्तर है, और यौगिक साधना द्वारा ही उस अनिर्वचनीय, निराकार व अव्यय परब्रह्म का पूर्वास्वाद मिल सकता है। वह शब्द और मन के तार्किक साधनों से अगम्य है। यह "उपलब्धि" का अन्तिम शब्द है। यह अद्वितीय सत्ता के साथ ऐक्य संपादन है।

३—इस विचारधारा की श्रेणी के समानान्तर स्वभावत: एक कर्तव्यों की श्रेणी भी है। साधारण मनुष्य संसार में रहता है, और वहीं रहते हुए अत्यन्त उत्साह व प्रेम के साथ अनासक्त रहकर अपने कर्तव्यों का पालन कर सकता है व करता है; जिस प्रकार कि एक साधु नौकर यह जानते हुए भी कि घर उसका नहीं है, फिर भी उस घर की हिफाजत करता है। पवित्रता और प्रेम के द्वारा उसे अपनी इच्छाओं व वासनाओं से मुक्त होना है। परन्तु यह धीरे-धीरे और धैर्य तथा विनय के साथ ही हो सकता है।

"केवल उन्हीं कर्मों का दायित्व ग्रहण करो जो तुम्हारे पवित्र विचारों व स्वप्नों में आते हैं। विराट कार्यों का दायित्व लेकर अपनी चापलूसी मत करो। जिन छोटे-छोटे कार्यों को तुम भगवान् को अर्पण कर सकते हो, उन्हीं का दायित्व लो। तब ज्यों-ज्यों तुम्हारी नि:स्वार्थता व पवित्रता की अभिव्यक्ति होगी—और आत्मा के गुणों का विकास बहुत शीघ्रता से होता है—त्यों-त्यों यह अपने आप ही भौतिक जगत् में अपना मार्ग बना लेगी और दूसरों को लाभ पहुँचाएगी, जिस प्रकार हिमालय की कठोर चट्टानों से निकलकर गंगा ने हजारों मील भूमि को जलधारा द्वारा सिंचित किया है।"[१]

जल्दबाजी मत करो, धीरे-धीरे अपनी ताक़त के अनुसार कदम बढ़ाओ। तुम निश्चय ही अपने लक्ष्य पर पहुँच जाओगे, इसलिए भागने की जरूरत नहीं है! परन्तु रुको मत! "धर्म वह पथ है, जो परमात्मा तक पहुँचा देता है; परन्तु एक मार्ग एक घर नहीं है।..." "और क्या यह बहुत लम्बा भी हो सकता है?" —"हाँ, अवस्था के अनुसार। पथ की दूरी सबके लिए समान है। परन्तु लक्ष्य तक पहुँचने में कुछ व्यक्तियों को अपेक्षाकृत अधिक समय लगता है।"

"कुम्हार धूप में अपने बर्तन सुखाता है। कुछ पहले ही पके हुए बर्तन हैं और कुछ कच्चे हैं। कभी-कभी कोई जानवर आकर उनके ऊपर से गुजर जाता है, और उन्हें तोड़ डालता है। (तब मृत्यु आ जाती है)...कुम्हार कच्चे बर्तनों को फिर इकट्ठा करता है, और उनमें जल देकर मुलायम करके फिर चाक पर चढ़ाता है; वह उन्हें बेकार नहीं जाने देता। परन्तु जब परमात्मा रूपी सूर्य तुम्हारा पाक परिपूर्ण कर देता है, तो कुम्हार उसके अवशेषों को वैसे ही छोड़ देता है, क्योंकि फिर वह माया के उपयोग की वस्तु नहीं रहते। अपवाद-स्वरूप केवल एक-दो परिपक्व बर्तनों को ही वह मनुष्य जाति की सेवा के लिए नमूने के तौर पर माया जगत्

---

१. धनगोपाल मुकर्जी रचित पूर्वोक्त ग्रंथ देखिए।

में रहने देता है।''[१]

रामकृष्ण एक ऐसे ही व्यक्ति थे, और जो व्यक्ति उनसे एक पड़ाव पीछे थे[२], उनकी खोज करना, और माँ की इच्छा पूर्ण करने के लिए उनके साथ एक ऐसे शिष्य-समाज का संगठन करना, जो कि विश्व में उनके संदेश का प्रचार कर सकें व उनकी समस्त सत्यों का समावेश करने वाली वाणी की शिक्षा दे सकें, यही उनका लक्ष्य था। यह संदेश सार्वभौम था— परमात्मा के सब पार्श्वों, प्रेम और ज्ञान के सब प्रकाशों, और मनुष्य-जाति के सब रूपों के समन्वय व एकता का संदेश था। इससे पूर्व किसी भी व्यक्ति ने परम सत्ता के एक पार्श्व से अधिक की उपलब्धि का प्रयत्न न किया था। सभी पार्श्वों की उपलब्धि आवश्यक है। यही इस युग का कर्तव्य है। और जिस व्यक्ति ने अपने आपको अपने जीवित भाइयों में से प्रत्येक के साथ एकाकार करके, अपने अन्दर उनके नेत्रों, उनकी इन्द्रियों, उनके मस्तिष्क व हृदय को धारण करके उस उपलब्धि को पूर्ण किया था, वह ही इस नवयुग का सर्वश्रेष्ठ नायक व पथ-प्रदर्शक है।[३]

रामकृष्ण ने जैसे ही अपने इस आदर्श का साक्षात्कार किया, वैसे ही उसे क्रियान्वित करने के लिए उनके अन्दर तीव्र अभिलाषा प्रज्ज्वलित हो उठी।[४] एक पक्षियों के जादूगर के समान उन्होंने अन्य पक्षधारी आत्माओं को अपनी छतरी के चारों ओर एकत्रित होने के लिए शून्य में अपना व्याकुल आमंत्रण भेज दिया। समय बहुत हो चुका था। वह अधिक प्रतीक्षा न कर सकते थे। उन्हें अपने दल को एकत्र करना था। दिन-रात उन्हें अपने इन प्रिय साथियों का

---

१. बंकिमचन्द्र चटर्जी ने साक्षात्कार ता० दिसम्बर सन् १८८४।

२. उन्होंने कहा था, ''जो अपने अन्तिम जन्म में हैं।''

३. स्वामी अशोकानन्द का पूर्वोल्लिखित प्रबंध देखिए।

४. रामकृष्ण को सन् १८६३ में यह अंतर्बोध हुआ कि बहुत-सी विश्वासी व पवित्र हृदय आत्माएँ उनके पास आएँगी। (श्री रामकृष्ण जीवनी, पृष्ठ २०३ देखिए)। परंतु सन् १८६६ से पूर्व रामकृष्ण ने इस पर कोई विशेष ध्यान नहीं दिया। शारदानन्द के लेखानुसार इस वर्ष की दीर्घ समाधि के बाद ही अपने भावी शिष्यों के लिए उनके हृदय में प्रबल इच्छा का उदय हुआ। प्रति सायंकाल वे उनके आने के लिए जोर-जोर से प्रार्थना करते थे। अगले छः वर्षों के अंत के लगभग (१८६६-१८७२) यह संकट अपनी पराकाष्ठा पर पहुँच गया था। शिक्षक के गुरु दायित्व को ग्रहण करने के लिए समर्थ होने और उस समय के भारत की आध्यात्मिक अवस्था को हृदयंगम करने के लिए उन्हें भी कुछ और समय की आवश्यकता थी। इस समय के अन्त में उन्हें स्वप्न में अपने शिष्यों के दर्शन हुए। (स्वामी विवेकानन्द की जीवनी, प्रथम खण्ड, पृष्ठ ३६० देखिए)। उन्होंने सर्वप्रथम सन् १८७४ के अन्त में व सन् १८७५ के प्रारम्भ में, जब उनका केशव से परिचय हुआ था, तभी अपना प्रचार कार्य आरम्भ किया था। उनका प्रचार काल १८७४ से सन् १८८६ के अगस्त मास तक बारह वर्ष के लगभग जारी रहा।

विचार सताने लगा। उनका मन उनके लिए चीत्कार करने लगा...

"मेरी तीव्र अभिलाषा का कोई अन्त न था। बुरा या अच्छा उसी दिन उसे मुझे पूरा करना था। मेरे चारों तरफ कोई क्या चाहता था, मुझे इसका कुछ पता न था।...मेरे मन में वही बसे हुए थे। मैं उन्हें देख सकता था। मैंने पहले ही यह निश्चय कर लिया कि अमुक-अमुक को क्या कहना है।...दिन के अन्त तक उनका विचार ही मेरे मन का बोझ बनकर सवार हो गया। ...एक दिन और गुजर गया, पर वे तब तक भी न आए! ...घण्टा बजा, शंखध्वनि हुई। प्रकाश धीरे-धीरे म्लान हो चला। मैं क्षत-विक्षत हृदय के साथ छत पर चढ़कर चीत्कार करने लगा : 'मेरे बालको! आओ! तुम कहाँ हो? मैं तुम्हारे बिना जिन्दा नहीं रह सकता...' मैं उन्हें अपनी माँ, दोस्त व प्रेमी से भी बढ़कर प्यार करता था। मैं उन्हें दिल से चाहता था और उनके बिना मरा जा रहा था।"

रात्रि की निस्तब्धता में यह आत्मा का आर्तनाद पवित्र सर्प की तरह ऊपर उड़ चला और पक्षधारी आत्माओं के ऊपर इसके आकर्षण का असर हुआ। किसका आदेश व किसकी शक्ति उन्हें आकृष्ट कर रही है, यह न जानते हुए भी चारों दिशाओं से वह यह अनुभव करने लगे कि उन्हें कोई अपनी ओर खींच रहा है, मानो वे किसी अदृश्य सूत्र में बँधे हुए खिंचे चले जा रहे हैं। वे चक्कर काटने लगे, समीप आने लगे और अन्त में जल्दी ही एक-एक करके उनके पास आ गए।

सबसे पहले जो शिष्य आये (यह सन् १८७९ की घटना है) वे कलकत्ता के मध्यवित्त श्रेणी के दो बुद्धिजीवी व्यक्ति थे। वे दोनों परस्पर चचेरे भाई थे। उनमें से एक कलकत्ता मेडिकल कालेज में डाक्टरी का अध्ययन कर रहा था, और कट्टर भौतिकवादी तथा निरीश्वरवादी था। उसका नाम रामचन्द्र था। दूसरा व्यक्ति मनमोहन मित्र विवाहित, व एक परिवार का अविभावक था। ब्रह्मसमाज पत्रिका में रामकृष्ण के सम्बन्ध में कुछ पंक्तियाँ देखकर उनका ध्यान उनकी तरफ आकृष्ट हुआ था। वे आये और रामकृष्ण ने उन्हें अपने वशवर्ती कर लिया। उन्होंने संसार त्याग नहीं किया, न रामकृष्ण ने उन्हें इसके लिए कभी उत्साहित किया। किन्तु इस असाधारण व्यक्ति के चरित्र व मधुर व्यवहार से ही वे मुग्ध हो गए। वे ही रामकृष्ण के सर्वश्रेष्ठ दो शिष्यों को उनके सम्पर्क में लाए—एक ब्रह्मानन्द, (राखालचन्द्र घोष), जो रामकृष्ण मठ के सर्वप्रथम मठाध्यक्ष हुए, और दूसरे विवेकानन्द (नरेन्द्रनाथ दत्त) जिसकी प्रतिभा व विलक्षण बुद्धि ने समस्त भारत व विश्व को ज्ञान का प्रकाश दिया।

मुख्य व्यक्तियों के सम्बन्ध में आलोचना करने से पूर्व जो शिष्य सन् १८७९ से १८८५[१] तक रामकृष्ण के चारों तरफ आकर एकत्रित हुए थे, उनमें सबसे अधिक परिचितों के नाम, और साथ ही उनके जन्म व व्यवसाय के सम्बन्ध में यथासंभव संक्षिप्त विवरण नीचे देता हूँ—

१८७९ : १ और २. डाक्टर रामचन्द्र दत्त और उसका भतीजा मनमोहन मिश्र

---

१. शारदानन्द के अनुसार रामकृष्ण के सभी शिष्य सन् १८८४ से पूर्व ही उनके पास आ गए थे और उनमें से अधिकतर सन् १८८३ और १८८४ के मध्य में आये थे।

३. रामचन्द्र बाबू का नौकर लाटू। बिहार के साधारण घर में उसका जन्म हुआ था। बाद में आश्रम में उन्हें अद्‌भुतानन्द नाम दिया गया।

४. सुरेन्द्रनाथ मित्र। यह एक अँगरेजी फर्म के एक धनी कर्मचारी थे। गृहस्थ व ब्रह्मसमाज के सदस्य थे।

१८८१ :

५. राखालचन्द्र घोष। एक जमींदार के पुत्र थे। बाद में ब्रह्मानन्द के नाम से रामकृष्ण मठ के प्रथम अध्यक्ष नियुक्त हुए।

६. गोपाल, ज्येष्ठ भाई, एक कागज-विक्रेता (बाद में अद्वैतानन्द)

७. नरेन्द्रनाथ दत्त, एक बुद्धिमान् युवक। इनका एक क्षत्रिय परिवार में जन्म हुआ था। (बाद में विवेकानन्द)

१८८२ :

८. महेन्द्रनाथ गुप्त। यह कलकत्ता श्याम बाजार के विद्यासागर हाईस्कूल के प्रधान शिक्षक थे। बाद में इन्होंने 'म' इस संक्षिप्त नाम से 'श्री श्री रामकृष्ण कथामृत' की रचना की। और यदि मैं भूल नहीं कर रहा हूँ तो उन्होंने ही 'मौर्टन इन्स्टीट्यूट' की स्थापना की थी व वही उसके परिचालक हैं।[१]

९. तारकनाथ घोषाल। यह एक वकील के पुत्र व ब्रह्मसमाज के सदस्य थे और शिवानन्द नाम से आजकल रामकृष्ण-मठ के अध्यक्ष हैं।[२]

१०. जोगेन्द्रनाथ चौधरी। दक्षिणेश्वर के एक कुलीन ब्रह्मण परिवार में इनका जन्म हुआ था। बाद में योगानन्द नाम से प्रसिद्ध हुए।

१८८३ :

११. शशिभूषण। (परिवर्ती नाम—रामकृष्णानन्द)

१२. शरच्चन्द्र चक्रवर्ती (बाद में शारदानन्द)। यह पच्चीस वर्ष से भी अधिक समय तक रामकृष्ण मिशन के मंत्री रहे हैं। इन्होंने रामकृष्ण की विख्यात जीवनी लिखी है। और यह दोनों जन्म से ब्राह्मण और ब्रह्मसमाज के सदस्य थे।

१३. कालीप्रसाद चन्द्र। यह एक अँगरेजी भाषा के प्राध्यापक के पुत्र थे। (बाद में अभेदानन्द)

१४. हरिनाथ चट्टोपाध्याय। यह जाति से ब्राह्मण थे। (बाद में तुरीयानन्द नाम से परिचित हुए)

१५. हरिप्रसन्न चैटर्जी। एक विद्यार्थी थे। (विज्ञानानन्द)

---

१. **अर्थात् १९२८ में जबकि लेखक ने मूल पुस्तक लिखी। —अनुवादक**

२. **अर्थात् १९२८ में जबकि लेखक ने मूल पुस्तक लिखी। —अनुवादक**

१८८४ :

१६. गंगाधर घटक। यह चौदह वर्ष के एक नवयुवक विद्यार्थी थे। (बाद में अखण्डानन्द)

१७. गिरीशचन्द्र घोष। यह एक प्रसिद्ध अभिनेता व नाटककार थे। यह आधुनिक बंगाली रंगमंच के प्रतिष्ठाता, और कलकत्ता स्टार थिएटर के डायरेक्टर भी थे।

१८८५ :

१८. सुबोध घोष। एक सत्रह वर्ष का छात्र। इनके पिता ने कलकत्ता में काली के एक मन्दिर की स्थापना की थी। (बाद में सुबोधानन्द)

१९. पूर्णचन्द्र घोष। यह रामकृष्ण के छः मुख्य शिष्यों में से एक थे, और तेरह वर्ष की अवस्था में ही उनके छः शिष्य हो गए थे।

निम्नलिखित व्यक्तियों का रामकृष्ण के साथ कब प्रथम परिचय हुआ, इसके सम्बन्ध में ठीक तारीखों का निश्चय नहीं कर पाया हूँ।

२०. धनी जमींदार बलराम बसु। यह एक प्रौढ़ वयस्क और अत्यन्त धार्मिक वृत्ति के व्यक्ति थे। रामकृष्ण मठ की प्रतिष्ठा में इन्होंने बहुत आर्थिक सहायता दी है।

२१. प्रेतविद्या की प्रक्रिया का तरुण माध्यम नित्य निरंजन घोष। रामकृष्ण ने अपनी शक्ति द्वारा उसका प्रेततत्त्वों में से विश्वास हटाया था।[१] (बाद में उसका नाम निरंजनानन्द हुआ।)

२२. देवेन्द्र मजूमदार। यह एक वृद्ध, विवाहित भद्र व्यक्ति थे, जो एक बंगाली जमींदार के कर्मचारी थे, और बँगला कवि सुरेन्द्रनाथ के भाई थे।

२३. बाबूराम घोष। यह बीस वर्ष की आयु के एक छात्र थे। (बाद में प्रेमानन्द)

२४. तुलसीचरण दत्त। एक अट्ठारह वर्षीय विद्यार्थी। (निर्मलानन्द)

२५. दुर्गाचरण नाग। यह रामकृष्ण के संसारी शिष्यों में सबसे मुख्य थे। यह पुरातन स्वर्णीय दन्त कथाओं में वर्णित सच्चे महात्मा के समान थे।

......इत्यादि।[२]

ऊपर की तालिका से स्पष्ट प्रतीत होता है कि गरीब भृत्य लाटू को छोड़कर रामकृष्ण के

---

१. "यदि तुम हमेशा भूतों के बारे में सोचते रहोगे तो तुम स्वयं भी भूत हो जाओगे। और यदि तुम भगवान् का स्मरण करोगे तो तुम भी भगवान् बन जाओगे। चुनाव तुम्हारे हाथ में है!"

२. शारदाप्रसन्न मित्र (स्वामी त्रिगुणातीतानन्द) का नाम इस तालिका में लिखना रह गया है। वह रामकृष्ण के आश्रमवासी शिष्यों में से थे। स्वामी निर्मलानन्द भी यद्यपि रामकृष्ण के सम्पर्क में आए थे, परन्तु वे वस्तुतः विवेकानन्द के शिष्य थे।

बंगाली में प्रकाशित रामकृष्ण वचनामृत प्रथमखण्ड, पृष्ठ ६ के अनुसार रामकृष्ण के कुछ शिष्यों ने उनके सम्पर्क में आने की तारीखें इस प्रकार हैं। गोपाल का उनसे परिचय १८७८ से पूर्व हुआ। तारक १८८१ से पहले आया। बाबूराम, बलराम और नित्य निरंजन, १८८१ के अन्त में या १८८२ के प्रारम्भ में उनके शिष्य हुए—प्रकाशक।

शिष्यों में अधिकांश बुद्धिजीवी एवं कुलीन ब्राह्मण और धनी मध्य वित्त श्रेणी के व्यक्ति थे। वे या तो किशोर थे या युवक थे; और उनमें से बहुत से ब्रह्मसमाज से आए थे। परन्तु मैंने केवल उन्हीं का उल्लेख किया है, जो कि पूर्ण रूप से रामकृष्ण के अनुयायी व उनके विचारों के प्रचारक हो गए थे।

सभी जातियों और श्रेणियों के हमेशा आते-जाते रहने वाले मनुष्यों की एक भीड़ हमेशा उन्हें अधीरता के साथ घेरे रहती थी। महाराजा, भिखारी, संवाददाता, पंडित, कलाकार, भक्त, ब्रह्मसमाजी, ईसाई, मुसलमान, धर्मविश्वासी, कर्मनिष्ठ व व्यवसायी, बाल, वृद्ध व वनिता सभी प्रकार के मनुष्य एक साथ आकर उस भीड़ में शरीक होते थे। प्रायः वे बहुत दूर से यात्रा करके शंका-निवारण के लिए उनके पास आते थे और रामकृष्ण को दिन-रात विश्राम न मिलता था। चौबीस घण्टों में से बीस घण्टों तक वह सभी आगन्तुकों के प्रश्नों का उत्तर देते थे। यद्यपि उनका दुर्बल स्वास्थ्य कठिन परिश्रम के कारण नष्ट हो गया था, फिर भी वे किसी को इनकार न करते थे, अपितु सबको समान भाव से अपनी सहानुभूति, अपना ज्ञान और आत्मा की वह अद्‌भुत शक्ति, जो कि उनके बिना एक शब्द कहे भी, दर्शकों के मन को बलात् जकड़ लेती थी और कई-कई दिनों तक उन्हें परिवर्तित कर डालती थी, प्रदान करते थे। सच्चे धर्म-विश्वासी उन्हें श्रद्धा की दृष्टि से देखते थे। और विभिन्न धर्मावलम्बी मनुष्य उसके सम्मुख अपनी विभिन्नताओं पर आलोचना कर सकें, और वह उनमें समन्वय स्थापित कर सकें, इस विचार से वे सभी धर्मावलम्बियों का खुशी से स्वागत करते थे।

परन्तु उसके निकट यह संगतिसाधन का एक अंग मात्र था। वे परस्पर युध्यमान धार्मिक सम्प्रदायों से संगति स्थापन की अपेक्षा किसी अत्यन्त महत्तर वस्तु की इच्छा रखते थे—वह चाहते थे कि मनुष्यमात्र, मनुष्य को समझ सके, अन्य मनुष्य से प्रेम वे सहानुभूति कर सके—और वह समस्त मानवजाति के साथ अपने-आपको एक कर सके। कारण, चूँकि भगवान् प्रत्येक मनुष्य के अन्दर विद्यमान हैं, इसलिए प्रत्येक मनुष्य का एक जीवन ही उनके लिए धर्म था और वही सब मनुष्यों का धर्म होना चाहिए। और मानव-जाति में चाहे कितना भी पार्थक्य क्यों न हो, हम जितना ही उसे प्रेम करेंगे,उतना ही भगवान् के निकटतर हो जायेंगे[१]। मन्दिरों में भगवान् की खोज अथवा भगवान् के निकट किसी अलौकिक चमत्कार व दिव्यशक्ति की अभिव्यक्ति के लिए निवेदन सर्वथा अनावश्यक है। वह प्रतिक्षण यहाँ पर, वहाँ पर व प्रत्येक स्थान पर विद्यमान है। हम उसे देख सकते हैं, स्पर्श कर सकते हैं; क्योंकि वही हमारा बन्धु, हमारा मित्र, हमारा शत्रु व हमारी आत्मा है और चूँकि यह सर्वव्यापी परमात्मा रामकृष्ण की आत्मा से प्रवाहित होता था और रामकृष्ण के प्रकाश से उसके चारों तरफ संख्यातीत मनुष्य चुपचाप बिना जाने ही प्रकाशित हो जाते थे, इसलिए कारण न जान सकने पर भी वे अपने-आपको पहले की अपेक्षा व उन्नत व शक्तिशाली अनुभव करते थे।

उन्होंने अपने शिष्यों से कहा :

"अब हमें नई बुनियाद पर इमारत खड़ी करनी होगी। हमें एक ऐसा तीव्रतर आन्तरिक

---

१. **क्या तुम भगवान् को ढूँढ़ते हो? तो उसे मनुष्य में ढूँढ़ो! अन्य पदार्थों की अपेक्षा मनुष्य के अन्दर ही देवत्व का सबसे अधिक निवास है।"** —**(श्रीरामकृष्ण वचनामृत)**

जीवन व्यतीत करना होगा कि वह एक परम सत्ता का रूप धारण कर ले। और वह परम सत्ता सत्य का अवर्णनीय प्रकाश फैला देगी। नदियाँ इसलिए उमड़ती और भागती हैं, क्योंकि उनका स्वामी पर्वत, शान्त और स्थिर रहता है।......चाहे कितना भी समय क्यों न लग जाये, हमें भी अपने अन्दर भगवानरूपी पर्वत को खड़ा करना है और जब वह खड़ा हो जायेगा तो उसमें से हमेशा के लिए सब मनुष्यों के लिए करुणा और प्रकाश की नदियाँ बहने लगेंगी।[१]''

इसलिए वहाँ किसी नए धर्म की स्थापना व व्याख्या का कोई प्रश्न ही न था। परमानन्द ने उन्हें प्रार्थना में कहते हुए सुना था : ''माँ जो धर्म में विश्वास रखते हैं, उन्हें मेरे समीप लाकर मुझे प्रसिद्ध न होने दो! मेरे वाणी द्वारा धर्म की व्याख्या न होने दो।''

उन्होंने अपने शिष्यों को भी सब प्रकार के रामकृष्ण वाद के विरुद्ध सतर्क कर दिया था।

सबके बीच में किसी प्रकार की दीवारें न होनी चाहिए।

''एक नदी को किसी बन्धन की आवश्यकता नहीं। यदि वह अपनी गति को बाँध में रुद्ध कर लेती है तो वह गतिहीन व दूषित हो जाती है।''

वरन् अपने व अन्य मनुष्यों के द्वारों को सर्वथा उन्मुक्त कर देना होगा, ताकि सर्वविजयी एकता उत्पन्न हो सके। उनके चुने हुए शिष्यों का यही मुख्य कर्तव्य था—अपने समवेत प्रयत्न द्वारा उन्हें ''उस परम सत्ता का पुनः निर्माण करना था, जो कि भविष्य में आने वाले नर-नारियों का चिरकाल तक पोषण करेगी।

उन्हें एक सक्रिय भूमिका अदा करनी थी, जिसके लिए महान् गुणों और मन तथा आत्मा की विराट सहिष्णुता की आवश्यकता थी। उसमें किसी के कृपण होने से काम न चल सकता था, अपितु पूर्ण रूप से अपने आपको उत्सर्ग करने की जरूरत थी।

अतएव भगवान् के साथ योग साधन के लिए मनुष्य मात्र का आह्वान करने पर भी रामकृष्ण शिष्य-निर्वाचन में अत्यन्त कठोर थे। कारण, शिष्य ही वह पथ है जिनके ऊपर पदक्षेप करते हुए मनुष्य-समाज आगे बढ़ता है। वे कहते थे कि अपने शिष्यों का वे स्वयं चुनाव नहीं करते। 'माँ' ही उसका चुनाव करती है।[२] परन्तु हम अपने अन्तस्तल में जिस सत्ता को धारण किए हुए हैं, वह क्या माँ से पृथक है? असंख्य मनुष्यों की भीड़ में रहते हुए भी,

---

१. धनगोपाल मुखोपाध्याय रचित पूर्वोल्लिखित ग्रन्थ।

२. ''मैंने उन्हें नहीं चुना। जगन्माता ही उन्हें मेरे पास लाई हैं। उसने मेरे ऊपर उनकी परीक्षा का कार्य सौंपा है। रात्रि में जब मैं ध्यान करता हूँ तब परदा गिर जाता है और उन्हें मेरे सामने उन्मुक्त कर देता है। तब किसी मनुष्य व स्त्री के अहम् को, मानो शीशे की सहायता से अच्छी तरह देखा जा सकता है।....मैं दीक्षा देने से पूर्व अपने शिष्यों के चरित्र के बारे में अपना पूर्ण सन्तोष कर लेता हूँ।''

सांसारिक विषयों द्वारा आकृष्ट इन्द्रियों के वशीभूत इस संसार में, कौन अन्तर्दृष्टियुक्त मनुष्य विचार की इस पद्धति तथा मुद्रित पलकों के नीचे आत्मा के एकान्त केन्द्र में अवस्थित इस अन्तवर्ती नेत्र के प्रयोग से अनभिज्ञ हो सकता है? केवल दृष्टि की तीव्रता व अभिव्यक्ति के रूप में ही अन्तर है।

"रामकृष्ण की तरह जिन मनुष्यों ने अपने जीवन में तीव्र एकान्त ध्यान साधना को अक्षुण्ण बनाए रखने की असाधारण शक्ति प्राप्त की है, उनके लिए यह सत्ता एक ज्ञानेन्द्रिय की तरह कार्य करती है, जो कि अन्तर्वर्ती मनुष्य को निश्चित रूप से खोज लाती है। अत्यन्त अलक्षित स्पर्श द्वारा ही वे मनुष्य की गहराई, सामर्थ्य, दुर्बलताएँ, गुण और दोष, यहाँ तक कि उन वस्तुओं को भी, जो कि जिस व्यक्ति का निरीक्षण किया जा रहा है, उसे भी स्वयं अस्पष्ट या अलक्षित हैं और उसकी वर्तमान तथा भविष्यत् की तरफ पहुँच जाने वाली इस अन्तर्दृष्टि की सत्ता के बारे में सन्देह कर सकते हैं। परन्तु जिस प्रकार जल की गहराई मापने वाले जल की तलवर्ती मिट्टी को मापक दण्ड द्वारा स्पर्श करके उसके ऊपर के भाग के कम्पनों द्वारा जल की गहराई का निश्चय कर लेते हैं, ठीक इसी प्रकार मनुष्य के अंदर अवगाहन करने वाली दृष्टि के द्वारा भविष्यत् की संभावनाओं का भी निरूपण संभव है। यह प्रकृति की सीमा से बाहर की वस्तु नहीं है।

रामकृष्ण माँ के हाथ में एक अपूर्व छड़ी के समान थे। उनकी दैहिक व आध्यात्मिक अति-अनुभवशीलता के सम्बन्ध में अनेक आश्चर्यजनक दन्तकथाएँ प्रचलित हैं। अपने जीवन के अन्तिम समय में उन्हें धन से इतना भय लगता था कि सुवर्ण के स्पर्शमात्र से ही उनका शरीर जलने लगता था।[1] यह भी सुना जाता है कि अपवित्र मनुष्य के स्पर्श से उन्हें काले साँप के दंशन की पीड़ा का अनुभव होता था।[2]

---

१. विवेकानन्द कहते हैं : यहाँ तक कि सोते हुए भी, यदि मैंने उनके शरीर के साथ कभी मुद्रा का स्पर्श कर दिया तो उनके हाथ मुड़ जाते थे और उन का सारा शरीर पक्षाघात-ग्रस्त व्यक्ति के समान जड़ हो जाता था।

२. इस किंवदन्ती के उदाहरणस्वरूप यह कथा प्रचलित है : एक दिन रामकृष्ण ने करुणा परवश होकर एक ऐसे व्यक्ति को, जो कि बाहर से निर्दोष प्रतीत होने पर भी अन्दर से कलुषित था, अपना स्पर्श करने की अनुमति दे दी। उसने रामकृष्ण से उनका शिष्य बनने के लिए आग्रहपूर्वक अनुरोध किया था परन्तु उसके स्पर्श से रामकृष्ण पीड़ा से चिल्ला उठे और उन्होंने दुःख-पूर्वक व करुणा के साथ उस समय मनुष्य से कहा : "भगवान् के आनन्द का स्पर्श तुम्हारे अन्दर विषधर सर्प के जहर में परिणत हो गया है।" और कथन जारी रखते हुए उन्होंने कहा : "वत्स! इस जन्म में तुम्हारी मुक्ति नहीं हो सकती।"

उनकी इस अति-अनुभूतिशीलता के सम्बन्ध में और भी हजारों उदाहरण दिये जा सकते हैं। एक बार मार्ग में चलते हुए किसी व्यक्ति ने क्रोध में आकर किसी दूसरे व्यक्ति को पीट डाला, उस व्यक्ति की चोट के घाव रामकृष्ण की देह पर दृष्टिगोचर होने लगे। उनके भतीजे ने देखा था कि एक मनुष्य की पीठ पर चाबुक के निशान देखकर रामकृष्ण की पीठ भी लाल हो गई और वह उस स्थान पर जलन अनुभव करने लगे और गिरीशचन्द्र घोष ने, जिनकी साक्षी में किसी प्रकार का सन्देह नहीं किया जा सकता, इन चिह्नों का स्वयं देखना स्वीकार किया है। सब प्रकार के जीवित प्राणियों के साथ इस आध्यात्मिक सम्पर्क ने वृक्षों व जानवरों के साथ भी उनकी

प्रथम दृष्टिपात में ही वह अपने समीप आने वालों की आत्मा का अध्ययन कर सकते थे और इसलिए वह जिसे भी अपना शिष्य बनाना स्वीकार करते थे, वह उसकी योग्यता के पूर्व ज्ञान के साथ ही होता था।[१] एक ऐसे सुकुमार वयस्क बालक को भी, जिसका चरित्र अभी पूरी तरह निर्माण नहीं हो पाया है, देखकर वह यह बतला देते थे कि उसके जीवन का लक्ष्य क्या है? कभी-कभी वे किसी व्यक्ति में एक ऐसे महान् भविष्य का पूर्वनिर्देश कर देते थे कि जिसका उससे सम्बन्धित व्यक्ति तक को किसी प्रकार का पूर्वाभास न होता था। संभवतः, इस पूर्वनिर्देश द्वारा वे उस महान् भविष्य के उद्‌भव में सहायक होते थे। आत्माओं के इस महान् निर्माता ने अपनी अग्निमय अँगुलियों से विवेकानन्द के समान कठोर कांस्यमूर्ति और योगानन्द व ब्रह्मानन्द के सदृश सुकोमल मोम की मूर्तियों का निर्माण किया था। यह एक अद्‌भुत बात थी कि रामकृष्ण की इच्छा का प्रबल विरोधी भी जल्दी या देर में, उनकी इच्छा के सम्मुख नत होने के लिए बाध्य हो जाता था और उनके द्वारा निर्वाचित आध्यात्मिक पथ का अनुसरण करने लगता था और वह पहले जिस तेजस्विता के साथ उनका विरोध करता था, अब उतनी ही तेजस्विता के साथ उनके आदेशों का पालन करता था। अपने उद्देश्य की पूर्ति के लिए जो आत्माएँ पहले से निर्दिष्ट थीं, वह उन्हें जानने, पकड़ने व सुरक्षित रखने में पूर्णतः समर्थ थे। यह स्पष्ट है कि परमहंस की बाज ज़ैसी दृष्टि ने कभी धोखा नहीं खाया।

एकता स्थापित कर दी थी। उनके बारे में यहाँ तक कहा जाता है कि पृथ्वी पर किया गया एक पाशविक आघात भी उन्हें अपने हृदय पर की गई चोट के समान अनुभव होता था।

१. वह अपनी अन्तःअनुभूति पर अन्धे के समान विश्वास न करते थे। वे अपने शिष्यों के शिक्षकों के पास जाकर, उनसे उनके बारे में पूरी जानकारी प्राप्त करते थे और फिर ध्यानमग्न होकर उनका अध्ययन करते थे। वह अत्यंत मनोयोग के साथ उनकी श्वास-प्रश्वास की प्रक्रिया, निद्रा और यहाँ तक कि उनकी पाचन-शक्ति की भी परीक्षा करते थे। उनका विश्वास था कि अपने शिष्यों की आध्यात्मिक शक्ति और भविष्य संभावना के निरूपण में यह वस्तुएँ पर्याप्त महत्त्व रखती हैं।

१

प्रभु और उसकी सन्तान

रामकृष्ण के चारों तरफ जो महान् आत्माएँ एकत्रित हुई थीं, उन्हें दो श्रेणियों में विभक्त किया जा सकता है। प्रथम श्रेणी 'तृतीय स्तर' के[१] प्रायः उन नर-नारियों की है, जो कि संसार में रहते हुए भगवान् की सेवा करते रहे और दूसरी श्रेणी में वे चुने हुए शिष्य हैं, जिन्होंने उनकी वाणी का प्रचार किया।

पहले हम प्रथम श्रेणी के सम्बन्ध में ही आलोचना करें। कारण, जो विशाल उदार मनोभाव रामकृष्ण को स्पन्दित कर रहा था और उनका धर्म, मनुष्य-समाज के प्रति अपने व दूसरों के कर्तव्यों के सम्बन्ध में कितना सचेतन था, वह इस श्रेणी से सम्बन्धित (तृतीय स्तर) शिष्यों व श्रोताओं के उदाहरण से ही आसानों से समझा जा सकता है।

वे सद्भाव सम्पन्न व्यक्तियों को कभी भी सर्वस्व त्यागकर अपना अनुकरण करने के लिए प्रेरित न करते थे। इसके विपरीत जो व्यक्ति विवाहित होते या माता-पिता आदि के दायित्वपूर्ण सांसारिक बन्धनों में बँधे हुए थे, वे उन्हें "मोक्ष के लिए सर्वस्व त्याग करो" यह कहने से हमेशा विरत रहते थे।

वह अपने शिष्यों को कहा करते थे, "वत्स! तुम अपने को धर्मात्मा बनाना चाहते हो, सिर्फ इसलिए कभी किसी के न्यायसंगत अधिकारों का बलिदान मत करो।" बहुत बार वैयक्तिक मोक्ष केवल स्वार्थपरता होती है, और इसलिए उसका परिणाम आत्मा की हीनतर मृत्यु होता है।

"......परमात्मा के प्रति हम ऋणी हैं। माता-पिता के प्रति हम ऋणी हैं। अपनी पत्नी के प्रति हम ऋणी हैं।.....जब तक कम-से-कम माता-पिता का ऋण अदा नहीं किया जाता, तब तक कोई भी कार्य संतोषजनक रूप से किया जाना संभव नहीं है।.......हरीश ने अपनी पत्नी को त्याग दिया है और यहाँ रहता है। परन्तु यदि उसकी पत्नी के भरण-पोषण की सुव्यवस्था न होती तो मैं उसे एक दुष्ट आदमी कहता।....बहुत से व्यक्ति हमेशा शास्त्र-वाक्यों की दुहाई देते रहते हैं, परन्तु उनके कथन व कार्यों में कोई मेल नहीं होता। रामप्रसन्न कहता है, मनु ने कहा है कि साधुओं की सेवा करो। परन्तु उसकी माँ भूखी मर रही है और अपने पेट की ज्वाला को बुझाने के लिए दर-दर भीख माँगने को मजबूर है! ......यह देखकर मुझे गुस्सा

१. **तृतीय स्तर : असिसी के सेण्ट फ्रांसिस ने अर्द्धशिक्षित व अर्द्धधर्मप्राणित मनुष्यों के स्तर को, जिससे संसार में रहने वाले धार्मिक वृत्ति के पुरुष सम्बन्ध रख सकते थे (और अब भी रखते हैं) यह नाम दिया था।**

आता है! माँ यदि पतित भी हो, तो भी उसका त्याग नहीं करना चाहिए।....जब तक माता-पिता अभावग्रस्त व दुःखी हैं, तब तक भक्ति के अभ्यास से कोई लाभ नहीं।[१]

"स का भाई कई दिन से यहाँ आया हुआ था। उसने अपनी पत्नी व बच्चों को अपने साले के पास छोड़ दिया था। मैंने उसे बहुत बुरा-भला कहा....क्या इतने बच्चों के पालन-पोषण का भार सिर पर होते हुए घर का त्याग एक जुर्म नहीं है? क्या यह राहगीरों का काम है कि वे उनको भोजन दें व उनका पालन करें? यह कितनी लज्जा की बात है! ....मैंने उसे वापस जाकर रोजगार करने की प्रेरणा की।......."

"तुम्हें अपने बच्चों का पालन करना चाहिए, अपनी पत्नी के भरण-पोषण व तुम्हारी मृत्यु के बाद जिससे उसे अभाव का सामना न करना पड़े, इसको व्यवस्था करनी चाहिए। यदि तुम ऐसा नहीं करते तो तुम हृदयहीन हो! और वह मनुष्य जिसके दिल में दया नहीं है, मनुष्य कहलाने के योग्य नहीं है।"[२]

"मैं मनुष्यों को कहता हूँ कि भगवान की चिन्ता करते हुए भी उन्हें संसार में अपने कर्तव्यों का पालन करना चाहिए। मैं उन्हें सर्वत्यागी होने के लिए कभी उपदेश नहीं देता। (मन्द स्मित के साथ) एक दिन व्याख्यान देते हुए केशव ने कहा : 'हे प्रभु! ऐसी कृपा दृष्टि करो कि हम भक्ति-नदी में गोते लगाते हुए, सच्चिदानन्द के महासागर को प्राप्त कर सकें!" चिक के पीछे स्त्रियाँ बैठी हुई थीं। मैंने उनकी तरफ संकेत करते हुए केशव को कहा : 'यदि तुम सब एकदम गोता लगा लोगे तो उनकी क्या दशा होगी?......इसलिए तुम्हें बीच-बीच में पानी में से बाहर आना जरूरी है। गोता लगाओ और फिर बाहर आ जाओ!' यह सुनकर केशव व अन्य श्रोतागण हँसने लगे।.....[३]"

---

१. **श्री श्रीरामकृष्ण कथामृत, द्वितीय भाग, पृ० २५१ ।**

२. **श्री श्रीरामकृष्ण जीवनी, पृ० ५८७।**

३. **रामकृष्ण वचनामृत, द्वितीय खंड, पृ० २६६।**

धनी केशव की अपेक्षा गरीब किसान का पुत्र रामकृष्ण जीवन की आवश्यकताओं के बारे में अधिक जानकारी रखता था। वे जानते थे कि एक निष्कर्म भक्त के समान जीवन का सारा समय धार्मिक अनुष्ठानों में व्यतीत करने की अपेक्षा एक गरीब मजदूर का दिन के अन्त में एक बार हरि का नाम स्मरण अधिक मूल्यवान है।

'एक दिन नारद (उनकी यह कथा जितनी ज्ञानगर्भित है उतनी ही तिक्त है) ने सोचा कि वह सब मनुष्यों से अधिक धर्मात्मा हैं। भगवान् ने उनसे कहा कि जाकर देखो कि एक किसान तुमसे भी बढ़कर धर्मात्मा है। नारद देखने के लिए गये। किसान प्रातः उठते समय, और रात को सोने से पूर्व हरि का नाम लेता था और बाकी सारे दिन वह अपने खेत में काम करता था। नारद कुछ समझ न सके। तब भगवान् ने कहा कि एक प्याले में किनारे तक तेल भर लो और उसे हथेली पर रखकर इस प्रकार सारे शहर का चक्कर लगाकर आओ कि एक बूँद भी तेल गिरने न पावे। नारद ने भगवान् के

"विवाहित मनुष्य होने के नाते तुम्हारा यह कर्तव्य है कि एक या दो सन्तान हो जाने के बाद अपनी पत्नी के साथ भाई-बहन की तरह रहो और परमात्मा से प्रार्थना करो कि तुम्हें संयम के साथ पूर्व आध्यात्मिक जीवन व्यतीत करने की शक्ति प्राप्त हो सके।"[१]

"जिस मनुष्य ने एक बार भगवान् के आनन्द का स्वाद पा लिया है, यह संसार उसके सामने निस्सन्देह नीरस वस्तु है। संसार में धार्मिक जीवन व्यतीत करना, प्रकाश की क्षीण किरण से आलोकित मकान में निवास करने के समान है। जो खुली हवा में रहने के अभ्यस्त हैं, वे एक कैदखाने में नहीं रह सकते।[२] परन्तु यदि तुम एक घर में रहते हो तो उस घर के प्रति तुम्हारे कर्तव्य भी हैं। उस आलोक-रश्मि का उपभोग करने के लिए गृह-कार्यों को करना सीखो। उसका एक क्षण भी मत खोओ और उसके स्पर्श से अपने-आपको वंचित न होने दो। जब तुम कार्य में लगे हुए हो तो केवल एक हाथ काम में लगाओ और दूसरे हाथ से भगवान् के चरणों का स्पर्श करते रहो और जब तुम्हारा कार्य स्थगित हो जाये तो दोनों हाथों से प्रभु के चरणों का स्पर्श करो और उन्हें अपने हृदय से लगा लो![३].....संसार को त्याग कर तुम्हारे हाथ क्या लगेगा? पारिवारिक जीवन तुम्हारे लिए एक दुर्ग के समान है। इसके अतिरिक्त जिसने ज्ञान को प्राप्त कर लिया है—वह सर्वदा मुक्त है। वह पागल है जो वह कहता है कि 'मैं बँधा हुआ हूँ', उसका भी वही अन्त होता है।.....मन ही सब कुछ है। यदि यह स्वतन्त्र है तो तुम भी स्वतन्त्र हो। जंगल में या संसार में, मैं कहीं भी बँधा हुआ नहीं हूँ। मैं राजाओं के राजा परमात्मा का पुत्र हूँ। कौन मुझे बाँधने का साहस कर सकता है?......."

इस प्रकार वे प्रत्येक को उसकी मुक्ति का उपाय बतलाते थे, वे कहते थे कि अपनी प्रकृति के विरुद्ध न जाकर, उसे व्याहत व बाध्य न करके, और सबसे बढ़कर जो व्यक्ति अपने भरण-पोषण के लिए तुम्हारे ऊपर आश्रित है, उनके प्रति तिलमात्र भी अविचार व उनकी उपेक्षा न करते हुए, अन्तर्वर्ती निर्झर धारा से अपनी तृष्णा को बुझाओ और सब मनुष्यों के अन्तर्व्यापी सार्वभौम भागवत सत्ता के आनन्द का उपभोग करे। मनुष्य को उसकी न्यायसंगत स्नेह-ममता से विरत करने के स्थान पर वे उस ममता को ज्ञान-प्राप्ति का साधन तथा एक सरल व पवित्र मनुष्य के लिए भगवान् की ओर ले जाने वाला सुन्दर मार्ग बतलाते थे। इसका एक सुन्दर उदाहरण देखिए :—

आदेश का पालन किया और जब वह बिना एक बूँद भी तेल गिराए लौटकर आये, तो भगवान् ने पूछा : 'तुमने कितनी दफे मेरा ध्यान किया?" नारद ने उत्तर दिया : 'हे भगवन्! मैं आपका ध्यान कैसे कर सकता था? मेरा मन प्याले पर ही केन्द्रित था।' इस प्रकार भगवान् ने नारद को समझाया कि किसान की भक्ति कितनी महान् थी, जो कि अपने कठिन कार्य के बावजूद भी उनका नाम न भूलता था।"

(श्री श्रीरामकृष्ण उपदेशावलि, प्रथम भाग, पृष्ठ ४५)।

१. श्री श्रीरामकृष्ण कथामृत, प्रथम खण्ड, पृष्ठ ४०३।

२. त्रैलोक्यनाथ सान्याल के साथ मुलाकात।

३. सन् १८८२ में केशव व उनके शिष्यों के साथ मुलाकात।

उनके एक शिष्य (मणिलाल मलिक) की कन्या बहुत चिन्ता व्याकुल थी। उसने रामकृष्ण से कहा कि जब वह ध्यान करने का प्रयत्न करती है, उसका मन एकाग्र नहीं हो पाता। रामकृष्ण ने उससे पूछा :

"संसार में तुम्हें सबसे प्रिय क्या वस्तु है?"

उसने उत्तर दिया कि अपने भाई का छोटा लड़का उसे सबसे प्यारा है। स्नेहमय ठाकुर ने उत्तर दिया, "उसी पर अपने विचारों को केन्द्रित करो।" उसने वैसा ही किया और उस छोटे बालक के द्वारा ही बालमूर्ति कृष्ण भगवान् के प्रति उसकी भक्ति उदित हो गई।[१]

रामकृष्ण की कोमलता का यह सुकुमार पुष्प मुझे कितना प्यारा है! इसमें कितना गूढ़ अर्थ छिपा है? हममें से प्रत्येक का हृदय चाहे रात्रि के समान भी अन्धकारमय क्यों न हो, तथापि हृदय की प्रत्येक सच्ची हीनतम स्नेह-प्रवृत्ति के अन्दर भी एक दिव्य स्फुलिंग विद्यमान है। कोई भी व्यक्ति ऐसा नहीं है, जिसके अन्दर यह क्षुद्र दीप उसका मार्ग प्रदर्शन करने के लिए मौजूद न हो। और जो मनुष्य अपने व्यक्तिगत लक्ष्य व पथ का निष्कपट भाव से अनुसरण करता है, उसके निकट सभी पथ, यहाँ तक कि कुपथ[२] भी सुपथ हो जाते हैं। बाकी भगवान् का काम है। इसलिए विश्वास रखो और आगे बढ़ो।

---

१. यहाँ उसी प्रकार की एक और दन्तकथा है :—

एक बूढ़ी दादी वृन्दावन में जाकर धार्मिक जीवन व्यतीत करना चाहती थी। रामकृष्ण ने उससे कहा कि चूँकि वह अपनी पोती को बहुत अधिक प्यार करती है, और उसकी याद के कारण उसकी ध्यान साधना में विघ्न होगा, इसलिए उसका वृन्दावन जाना बेकार है। और फिर कहने लगे—"यदि तुम अपनी पोती में श्री राधिका की भावना करके उसमें अपने स्नेह को ढाल दो तो वृन्दावन जाकर तुम जो पुण्य प्राप्त करना चाहती हो, वह सब तुम्हें यहीं मिल जायेगा। तुम अपनी आदत के अनुसार उसका लाड़-चाव करो, मन भर उसे खिलाओ-पिलाओ, परन्तु यह सब कार्य करते हुए हमेशा अपने मन में यह विचार करो कि तुम वृन्दावन की देवी के चरणों में ही अपनी यह पूजा चढ़ा रही हो।" (श्री श्रीरामकृष्ण उपदेशावलि, प्रथम भाग, पृ० ७०)।

इस प्रकार अपने प्रियजनों को प्यार करते हुए शान्त व निर्दोष जीवन व्यतीत करो! अर्थात् उनके मधुर आवरण के बीच से भगवान् के दर्शन करो, और उसका धन्यवाद करो।

२. चाहे जिस पथ का भी अनुसरण करो, मुख्य वस्तु सत्य के लिए तुम्हारी उत्कट अभिलाषा है। भगवान् तुम्हारे मन के गुप्त रहस्यों को जानते हैं और जब तक तुम्हारा मन शुद्ध व सच्चा है, तब तक यदि तुम गलत मार्ग का भी आश्रय लेते हो तो वह एक अत्यन्त गौण वस्तु है। वह स्वयं तुम्हें सत्य मार्ग की तरफ ले जायेंगे। यह सर्वविदित है कि कोई भी मार्ग पूर्ण नहीं है। प्रत्येक व्यक्ति सोचता है कि उसकी घड़ी ठीक समय दे रही है, परन्तु वास्तव में कोई भी ठीक समय नहीं बताती। तथापि इससे मनुष्यों के कार्य में कोई बाधा नहीं पहुँचती।......"(श्री श्रीरामकृष्ण जीवनी, पृष्ठ ६४७)।

रामकृष्ण के मातृ[१]-चक्षु किस गहराई व स्नेह के साथ अन्दर प्रविष्ट होकर अपनी सर्वथा पथभ्रष्ट सन्तान के अन्दर की बात को भी जान लेते थे और उसका पथप्रदर्शन करते थे, यह नाट्यकार गिरीशचन्द्र के साथ उनके सम्बन्ध के बारे में प्रचलित असिसी के फ्रांसिस के पौराणिक कथा के समान कहानी से स्पष्ट हो जाता है।

यह विख्यात अभिनेता व नाटककार एक उच्छृंखल व्यभिचारी व कट्टर ईश्वरविरोधी व्यक्ति था। यद्यपि यह कभी-कभी अपनी प्रतिभा के बल से बीच-बीच में कोई-कोई सुन्दर धार्मिक नाटक भी लिख देता था।[२] परन्तु वह उन नाटकों को एक खेल के समान समझता था। उसे कभी यह बात न सूझी कि वह भगवान् के हाथ का एक खिलौना मात्र है। परन्तु रामकृष्ण ने पहली नजर में ही यह जान लिया।

लोगों को परमहंस के बारे में बातें करते हुए सुनकर गिरीश के मन में भी उन्हें देखने के लिए उत्सुकता पैदा हुई; परन्तु यह उत्सुकता सर्कस में किसी विचित्र वस्तु को देखने की अभिलाषा से बढ़कर न थी। प्रथम साक्षात्कार के समय गिरीश ने मदिरा पी हुई थी और उसने उसी दशा में रामकृष्ण का अपमान किया। रामकृष्ण ने शान्त परिहास के साथ कहा :

"कम से कम तुम्हें परमात्मा के नाम पर ही मदपान करना चाहिए। संभवतः वे भी मदिरापान करते हैं।"

नशे में धुत गिरीशचन्द्र खुले हुए मुँह से आश्चर्यपूर्वक देखता हुआ बोला :—

"आप यह जानते हैं?"

यदि वह मदिरापान न करते होते तो यह अस्त-व्यस्त संसार किस प्रकार बनाते?" गिरीश यह सुनकर अबोध की तरह चुप रह गया। और उसके चले जाने पर रामकृष्ण अपने शिष्यों से कहने लगे :

"यह आदमी परमात्मा का बड़ा भक्त है।"[३]

गिरीश के निमंत्रण पर वे कलकत्ता में थिएटर में उसका अभिनय देखने के लिए गये।[४] गिरीश अभिमानी व्यक्ति था और आशा करता था कि वे उसकी प्रशंसा करें। परन्तु रामकृष्ण ने उससे कहा :

"वत्स! तुम्हें आत्मविकृत का रोग है।"

---

१. मातृ भागवत माँ।

२. उनमें से कुछ का बँगला से अँगरेजी में भी अनुवाद हो चुका है। वह बंगाल के सर्वश्रेष्ठ नाटककारों में से अन्यतम समझा जाता है।

३. भक्त शब्द का प्रयोग यहाँ पर और इस पुस्तक में अन्य स्थलों पर भी 'ईश्वर के प्रति अनुरक्त' अर्थात् जिसने अपने-आपको पूर्णरूप से ईश्वरार्पण कर दिया है, इस अर्थ में किया गया है।

४. सन् १८८४ के अन्त में। चैतन्य लीला नाटक के प्रथम कुछ अभिनयों में से एक में रामकृष्ण उपस्थित थे।

गिरीश यह सुनकर क्रुद्ध हो उठा और उनका अपमान करने लगा। रामकृष्ण उसे आशीर्वाद देते हुए चले गये। अगले दिन गिरीश उनके पास आया, क्षमा-याचना करने लगा और उनका शिष्य हो गया। परन्तु वह मदपान की आदत न छोड़ सका। रामकृष्ण ने भी कभी उसे ऐसा करने के लिए नहीं कहा; परन्तु बाद में गिरीश ने स्वयं ही उस आदत को एकदम छोड़ दिया। कारण, रामकृष्ण ने उसे इस बात का सुअवसर देकर कि वह सर्वथा स्वतन्त्र है, उसकी मानसिक इच्छा-शक्ति को दृढ़ बना दिया।

परन्तु इतना ही पर्याप्त न था। रामकृष्ण ने उससे कहा कि दुष्कृत्यों से बचना सर्वथा एक निषेधात्मक गुण है; उसे परमात्मा के निकट जाना चाहिए। गिरीश को यह असम्भव प्रतीत होता था, कारण उसने कभी आत्म-संयम व अनुशासन का अभ्यास न किया था। वह निराश होकर कहने लगा कि ध्यान व प्रार्थना की अपेक्षा वह आत्महत्या को अधिक पसंद करेगा।

रामकृष्ण ने उत्तर दिया, ''मैं तुमसे कुछ अधिक नहीं चाहता। केवल एक प्रार्थना भोजन से पहले और एक सोने से पहले कर लिया करो। क्या तुम यह नहीं कर सकते?''

''नहीं! मुझे नियम-बन्धन से घृणा है। मैं ध्यान व उपासना नहीं कर सकता। मैं तो एक क्षण भर के लिए ईश्वर का विचार तक भी नहीं कर सकता।''

रामकृष्ण ने उत्तर दिया, ''अच्छा! यदि तुम्हारी भगवान् को देखने की सचमुच इच्छा है, परन्तु साथ ही उनकी तरफ एक कदम भी तुम आगे नहीं बढ़ना चाहते तो क्या तुम मुझे अपना प्रतिनिधि बनाओगे? मैं तुम्हारी तरफ से प्रार्थना करूँगा; तुम अपनी इच्छानुसार जीवन व्यतीत करना। परन्तु ध्यान रखो कि तुम्हें यह प्रतिज्ञा करनी होगी कि आज से तुम केवल भगवान् की करुणा पर ही निर्भर करोगे।''

गिरीश ने परिणाम पर पूर्णतया विचार किए बिना ही अपनी स्वीकृति दे दी। इससे उसका जीवन अपनी इच्छा के वशीभूत न रहकर, वायु में उड़ने वाले एक पत्ते के समान, अथवा उस बिल्ली के बच्चे के सदृश, जिसकी माता उसे अपनी इच्छानुसार एक राजा की शय्या या कूड़े के ढेर पर जहाँ चाहे ले जाती है, उसकी आन्तरिक शक्तियों के अधीन हो गया।[१] उसे बिना किसी प्रतिवाद के उसे स्वीकार करना पड़ा, परन्तु यह आसान न था।

गिरीश ने निष्ठापूर्वक संघर्ष किया, परन्तु अन्त में वह यह कहने के लिए विवश हो गया : ''हाँ, मैं यही करूँगा।''

रामकृष्ण ने कठोर स्वर में कहा, ''क्या कहते हो? अब करने या न करने की अपनी तुम्हारी कोई इच्छा नहीं है। याद रखो!....मैं तुम्हारा प्रतिनिधि हूँ। तुम्हारी चेष्टाएँ तुम्हारे

---

१. **''बिल्ली की तरह'' (मार्जारी) : भक्तिशास्त्र की यह एक प्राचीन प्रचलित उपमा है। बिल्ली अपने बच्चों को एक स्थान से दूसरे स्थान पर ले जाकर उनकी रक्षा करती है, परन्तु बच्चों को उसका कुछ बोध नहीं होता। दक्षिण भारत में कई धार्मिक सम्प्रदाय मोक्ष के बारे में इसी प्रकार कल्पना करते हैं। उनका विचार है कि यह सर्वथा भगवान् की इच्छा पर निर्भर है। (पाल मैसन औरसंल कृत Sketch of the Indian History of Indian Philosophy देखिए।)**

अन्तर्वर्ती प्रभु की इच्छा के अधीन हैं। मैं तुम्हारी तरफ से प्रार्थना करता हूँ, परन्तु जब तक तुम अपनी इच्छा का त्याग न करोगे, उनसे कोई लाभ न होगा।''

गिरीश ने हार मान ली; और इस संयम का यह फल हुआ कि कुछ समय बाद उसने अशरीरी आत्मा के सम्मुख आत्मसमर्पण कर दिया; परमात्मा ने उस पर विजय प्राप्त कर ली।

परन्तु उसने नाटककार व अभिनेता का अपना पेशा नहीं छोड़ा; रामकृष्ण को यह वांछित भी न था। इसके स्थान पर उसने इस पेशे को पवित्र बना दिया। बंगाली रंगमंच पर उसने ही सबसे पहले महिलाओं का प्रवेश कराया और इस प्रकार अनेक अभागी कन्याओं की रक्षा की व उनका उद्धार किया। बाद में रामकृष्ण आश्रम में भी उसने स्त्रियों को दीक्षा दिलाई। वह अपने गुरु का अन्यतम श्रेष्ठ धर्मप्राण शिष्य बन गया। रामकृष्ण के श्रेष्ठतम संसारी शिष्यों में से वह एक था। गिरीशचन्द्र में जबान की स्वच्छन्दता व तिक्त व्यंग्योक्ति के होते हुए भी, रामकृष्ण की मृत्यु के बाद आश्रमवासी शिष्य उसका आदर व सम्मान करते थे।

मरते समय उसने कहा था :

''प्रकृति का अज्ञान एक भयंकर आवरण है। हे रामकृष्ण! मेरे नेत्रों के आगे से इसे दूर कर दो।''[१]

रामकृष्ण के अन्दर धर्मानुभूति की एक छठी इन्द्रिय थी और अन्य सब मनुष्यों की अपेक्षा उसमें वह अत्यधिक विकसित व समृद्ध अवस्था में थी। उसके द्वारा रामकृष्ण राह चलते मनुष्यों में से उन व्यक्तियों को, जिनमें भगवान् सुषुप्त अवस्था में रहते थे तथा जो भगवान् के बीज बोने के लिए पूर्वनिर्दिष्ट होते थे, ढूँढ़ निकालते थे। उनकी एक दृष्टि व एक संकेत ही उसे जगाने के लिए पर्याप्त होता था। उनके प्रायः सभी शिष्यों ने प्रथम साक्षात्कार में ही इच्छा या अनिच्छापूर्वक अपनी अन्तर्वर्ती सत्ता के स्पन्दनों को उनके अधीन कर दिया था। वह खूब अच्छी तरह उनकी सूक्ष्म परीक्षा करते थे। अन्य व्यक्तियों को केवल अपनी मुक्ति का ही सन्धान करना है, परन्तु सच्चे शिष्यों के नेता बनकर अन्य आत्माओं का दायित्व अपने ऊपर लेना है। इसलिए, जैसा मैं पहले भी कह चुका हूँ, जब उन्हें भर्ती किया जाता था तब उनके शरीर[२] व नैतिक आचरण की परीक्षा ली जाती थी और प्रविष्ट हो जाने के बाद उन्हें पिता की देख-रेख में हमेशा सतर्क संयम में से गुजरना पड़ता था।

वे 'अल्पवयस्क', कभी-कभी अत्यन्त अल्पवयस्क, किशोर एवं अविवाहित, ''वासना और ऐश्वर्य के जाल से अनाबद्ध, बन्धनमुक्त.......'' शिष्यों को ही अधिक पसन्द करते थे। ब्रह्मानन्द के समान किसी शिष्य के विवाहित होने पर वे उसकी पत्नी की भी परीक्षा करते थे

---

१. इस विवरण में मैंने धनगोपाल मुखोपाध्याय के वर्णन का अनुसरण किया है।

२. पूर्ण स्वास्थ्य के सम्बन्ध में वे अत्यन्य सतर्क थे। विवेकानन्द, ब्रह्मानन्द, शारदानन्द, तुरीयानन्द प्रभृति उनके श्रेष्ठ शिष्यों का शारीरिक गठन मल्लयोद्धाओं के सदृश था, उनका कद लम्बा, छाती चौड़ी व शरीर में अद्भुत बल था। मैं फिर दोहराता हूँ कि किसी शिष्य को गंभीर यौगिक साधना के अभ्यास की अनुमति देने से पूर्व वे उसकी जिह्वा, छाती व अन्य इन्द्रियों की कार्यक्षमता की पूरी-पूरी जाँच करते थे।

और यह संतोष करते थे कि उसकी पत्नी अपने पति के आदर्श में बाधक न होकर उसकी सहायक होगी। इस अशिक्षित व्यक्ति के शिष्य प्राय: सब सुशिक्षित व्यक्ति थे और वे संस्कृत के साथ-साथ कम-से-कम एक विदेशी भाषा भी जानते थे। परन्तु यह कोई आवश्यक नियम न था; लाटू का उदाहरण इस सम्बन्ध में महत्वपूर्ण है; यद्यपि यह कहा जा सकता है कि वह उक्त नियम का एक अपवादस्वरूप है। एक गरीब, अशिक्षित, बंगाल में प्रवास करने वाला बिहारी भृत्य लाटू, रामकृष्ण के एक दृष्टिपात से ही शाश्वत जीवन के सम्बन्ध में जागृत हो उठा। कारण, उसके अन्दर भी अज्ञात रूप में रामकृष्ण के समान हृदय की प्रचण्ड शक्ति विद्यमान थी।

स्वामी तुरीयानन्द[१] ने कहा था, ''हममें से अनेकों को भगवान तक पहुँचने के लिये पहले ज्ञान के गँदले नालों को पार करना पड़ा है, परन्तु लाटू हनुमान के समान उनके ऊपर से कूद गया है।''

रामकृष्ण अपने शिष्यों को क्या शिक्षा देते थे? विवेकानन्द ने उनके शिक्षा देने के तरीकों की मौलिकता पर, विशेषत: उस समय के भारत में, विशेष बल दिया है। उसके बाद उनके कुछ शिक्षा सम्बन्धी सिद्धान्तों को योरोप के नये शिक्षाशास्त्रियों ने भी ग्रहण व नियमबद्ध किया है। उस समय तक भारतवर्ष में गुरु का शब्द ही कानून था। एक गुरु का उसके शिष्य माता-पिता से भी बढ़कर आदर करते थे। परन्तु रामकृष्ण ऐसा कुछ न चाहते थे। वह अपने-आपको अपने शिष्यों के समान समझते थे। वे उनके साथी, उनके भाई थे। वे घनिष्ठ मित्र के समान उनसे बातें करते थे और किसी प्रकार के बड़प्पन का भाव प्रदर्शित न करते थे। जो सलाह वे उन्हें देते थे वह उनकी अपनी न होती थी। यह उनके मुख द्वारा माँ के निकट से आती थी। ''मेरा इससे क्या सम्बन्ध है?'' इसके अलावा, शब्द तो केवल सहायक मात्र हैं, वे शिक्षा नहीं हैं। सच्ची शिक्षा किसी सिद्धान्त का प्रचार करने में नहीं है[२], अपितु देने में हैं। परन्तु क्या वस्तु देनी होती है? क्या एक मनुष्य की आत्मा? नहीं, केवल मनुष्य की आत्मा नहीं, बल्कि उससे भी कोई अधिक वस्तु—एक परम आत्मा! अथवा हम इसे आध्यात्मिक नाम से पुकारी जाने वाली आन्तरिक समृद्धि की अवस्था भी कह सकते हैं और इसे इस प्रकार देना होता है, ''जैसे एक पुष्प को दिया जाता है''; अर्थात जिस प्रकार एक निपुण माली कलियों को विकसित करने के लिए उचित धूप व छाया की व्यवस्था करता है, ताकि वे खिल सकें और चारों तरफ अपनी सुगन्ध फैला सकें। इसी प्रकार आत्मारूपी कलियों के विकास के लिए साधन जुटाना पड़ता है। इतना ही पर्याप्त है। बाकी सब उनके अन्दर से आप

---

१. **तुरीयानन्द की आयु चौदह वर्ष थी, सुबोधानन्द सत्रह वर्ष के थे।**

२. **मतवाद व सिद्धान्तों को लेकर मगजपच्ची मत करो! प्रत्येक मनुष्य के अन्दर सत्ता की सारवस्तु ही ग्रहण करने योग्य है; और उसी का नाम आध्यात्मिकता है। उसे ही तुम्हें ग्रहण करना चाहिए।**

विवेकानन्द के अनुसार रामकृष्ण की शिक्षा का मूल सिद्धान्त था, ''पहले चरित्र का निर्माण करो, आध्यात्मिकता का अर्जन करो, बाद में फल आप ही मिल जायेगा।'' ('My Master' ग्रन्थ देखिए।)

ही आ जाता है। "जब कमल खिलता है तब मधुमक्खियाँ आकर स्वयं मधु संचय करने लगती हैं। चरित्र के कमल को स्वाभाविक रूप से विकसित होने दो।"

इससे यह स्पष्टतया समझा जा सकता है कि रामकृष्ण इस बात का सदा ध्यान रखते थे कि वे सूर्य व इन मानवीय पौधों के बीच में अपने-आप को लाकर उनके स्वाभाविक विकास के पथ में कहीं बाधक न बन जायें। अन्य मनुष्यों के व्यक्तित्व के प्रति उनका स्नेह व आदर इतना अधिक था कि उन्हें स्नेह करने के कारण कहीं बाद में वे उसके वशवर्ती न हो जायें। वे नहीं चाहते थे कि उनके शिष्यों की उनके प्रति स्नेह-ममता उनके बन्धन का कारण बन जाये।

"मधुमक्षिकाओं को अपने हृदय का मधुपान करने दो। परन्तु इस बात का ध्यान रखो कि तुम्हारे हृदय का सौन्दर्य उनमें से किसी को अपना गुलाम न बना ले।"

अपने विचारों को शिष्यों के ऊपर लादने का तो कोई प्रश्न ही नहीं था। उनका कोई स्थिर मतवाद ही न था। मैं पहले भी उनके शब्द उद्धृत कर चुका हूँ :—

"माँ! मेरी वाणी द्वारा मत-मतान्तर का प्रचार न करो।"

और धार्मिक अनुष्ठान और भी कम!

धार्मिक अनुष्ठानों से भगवान् को वश में नहीं किया जा सकता। केवल सत्य और प्रेम से ही किया जा सकता है।

अध्यात्मशास्त्र व ईश्वरवाद पर निरर्थक विवादों के लिये वहाँ कोई स्थान न था।

"मैं तर्क को पसन्द नहीं करता। परमात्मा तर्क की शक्ति से परे है। जो कुछ भी विद्यमान है, मैं उस सबमें ईश्वर को देखता हूँ। तब तर्क से क्या लाभ है?....लोग बगीचे में जाते हैं, मीठे आम के फल खाते हैं, और फिर बाहर चले आते हैं! वहाँ जाकर कोई आम के पेड़ के पत्तों को नहीं गिनता। तो पुनर्जन्म व मूर्तिपूजा पर व्यर्थ विवादों में क्यों समय नष्ट करते हो?"[१]

तब आवश्यक वस्तु क्या है? व्यक्तिगत अनुभव। पहले परीक्षा करो, तब भगवान् में विश्वास करो। धार्मिक अनुभूति के बाद विश्वास होना चाहिये, पहले नहीं। यदि वह पहले आता है, तो वह असंगत है।

तथापि भगवान् सब वस्तुओं में व्याप्त है, वही सब वस्तु है और इसलिए जो कोई नेत्र खोलकर अपने चारों ओर देखता है, उसे अवश्य उसके दर्शन होते हैं, इस विश्वास की रामकृष्ण ने स्वयं पहले ही कल्पना कर ली थी। उनके लिए 'परमात्मा के साथ मिलन' एक ऐसी गम्भीर व अविच्छिन्न[२] वास्तविकता थी कि उन्हें उसे सिद्ध करने की कोई आवश्यकता

---

१. श्री 'श्रीरामकृष्ण कथामृत' ग्रन्थ में अनेक स्थलों पर।

२. इस प्रकार के ऐन्द्रजालिक दृष्टिभ्रम की तीव्रता तक पहुँच गया था। क्या तुम जानते हो, मैं क्या देखता हूँ? मैं प्रत्येक वस्तु में उसे (भगवान् को) देखता हूँ। मनुष्य व अन्य प्राणी मुझे रक्तमांस की पोशाक धारण किए हुए छोटी-छोटी मूर्तियों के समान प्रतीत होती हैं

ही न प्रतीत होती थी, और इसे अन्यों के ऊपर लादने की वह कभी कल्पना भी न करते थे। उनका यह दृढ़ विश्वास था कि प्रत्येक स्वस्थ मन व निष्कपट जिज्ञासु अपने-आप ही और केवल अपने द्वारा इस अनुभूति को प्राप्त कर लेगा। उनका कार्य केवल अपने शिष्यों को स्वस्थ-मन व निष्कपट बनाना था।

परन्तु इस प्रकार भगवान् से सर्वात्मना ओत-प्रोत व्यक्ति के नैतिक प्रभाव की थाह कौन ले सकता है? यह स्पष्ट है कि जिस प्रकार शरद् ऋतु के मधु में खजूर की गन्ध मिली रहती है, उसी प्रकार उनकी प्रशान्त व सुस्थिर दिव्य दृष्टि उनके मांस में मिश्रित थी और उनके वह क्षुधार्त युवक शिष्य, जो कि उनकी प्रत्येक अंगभंगी व गतिविधि को आग्रहपूर्वक पान करते थे, उनकी रसनाओं पर वह मधु चूता रहता था। परन्तु उन्हें स्वयं इस बात का कोई भाव न था। उनकी यही धारणा थी कि उन्होंने उन्हें स्वतन्त्र छोड़ रखा है। उनका विश्वास था कि जिस प्रकार चमेली का पुष्प वायु के द्वारा अपनी गन्ध चारों तरफ फैला देता है, उसी प्रकार उनके द्वारा भगवान् अपनी सुवास चारों ओर फैला रहे हैं। चमेली के पुष्प को तुम्हें विश्वास दिलाने के लिए कोई प्रयत्न नहीं करना पड़ता। तुम्हें केवल यही करना होता है कि उसकी ताजी सुगन्ध को सूँघो।

इस प्रकार रामकृष्ण की शिक्षा का यह महत्त्वपूर्ण अंश था। मनुष्य को अपने देह, इन्द्रियों व आत्मा को, निष्कपट, पवित्र, निष्कलंक, अक्षुण्ण व सृष्टि के आदिमतम व्यक्ति की तरह तरुण रखना चाहिये।

और इसकी सफलता के लिए सबसे पहले ब्रह्मचर्य के नियम का पालन करना आवश्यक है।

यह नियम, जिसे हमारे पाश्चात्य गिरजा-विरोधी, सरल अज्ञता के साथ, रोम के चर्च का ही एकाधिकार बताते हैं और जिसके विरुद्ध वे अपने पुराने व कुण्ठित बाणों का प्रहार करने से कभी विरत नहीं होते, उतना ही प्राचीन है जितना कि यह विश्व—(यद्यपि सारा संसार यदि कठोरतापूर्वक इसका पालन करता, तो इसका अस्तित्व अधिक दिन तक न रह सकता)। समस्त श्रेष्ठ योगियों, अधिकांश उच्चकोटि के आदर्शवादियों एवं आध्यात्मिक शक्ति के उत्कृष्ट स्रष्टाओं ने स्वयं स्पष्ट रूप से इस तथ्य का अनुभव किया है कि यौन शक्ति के क्षय के निरोधस्वरूप एकाग्र व नियंत्रित मन तथा संचित सृजन-शक्ति की कितनी भयानक ताकत पैदा

और उनके अन्तःअवस्थित भगवान् ही मस्तिष्क, पैर व हाथों को गति देता है। एक बार मैंने भावाविष्ट अवस्था में देखा था।—केवल एक ही वस्तु ने विश्व के नाना पदार्थों व जीवित प्राणियों का रूप धारण कर लिया है।.....एक मोम का घर, मोम का बगीचा, मोम के मनुष्य, मोम की गाय, सब वस्तुएँ मोम की ही बनी हैं—मोम के अतिरिक्त और कुछ नहीं है।......(श्री श्रीरामकृष्ण कथामृत प्रथम खण्ड, पृ० ४३७।)

''एक दिन मुझे यह दर्शन हुआ कि प्रत्येक वस्तु विशुद्ध आत्मा है। मन्दिर में रखे पात्र, देवी मनुष्य, जानवर—सभी विशुद्ध आत्मा है! और एक पागल के समान मैं प्रत्येक वस्तु पर पुष्प वृष्टि करने लगा। जो वस्तु भी मुझे दिखाई देती थी, उसी की पूजा करने लगा।....''

हो जाती है। यहाँ तक कि बीथोवन, बालजक और फ्लाबर्ट सदृश धर्म के सम्बन्ध में सर्वथा स्वतंत्र विचार रखने वाले व इन्द्रियवादी व्यक्तियों ने भी इसका अनुभव किया है।

बीथोवन ने एक दफे काम-वासना की प्रताड़ना का प्रतिरोध करते हुए कहा था, "उच्चतर उद्देश्य के लिए मुझे इसकी रक्षा करने दो।" (परमात्मा व सृजनात्मक कला के लिए)। भगवत्-प्रेमी व्यक्ति और भी दृढ़तर कारण से अपने अन्दर किसी प्रकार के कामविकार को सहन नहीं कर सकते। क्योंकि वे जानते हैं कि वासना से आबद्ध व कलुषित घर में भगवान् आने से इनकार कर देंगे। (न केवल दैहिक यौन संयम ही पर्याप्त है, अपितु मानसिक रूप से काम-वासना का परित्याग और भी अधिक आवश्यक है। यदि मन के अन्दर काम-वासना छिपी हुई है, तो दैहिक ब्रह्मचर्यपालन सर्वथा अपर्याप्त है। कारण, यह एक प्रकार की नपुंसकता है, जो कि एक और पाप है—स्वतन्त्रता नहीं)। हिन्दू संन्यासियों के लिए यह ब्रह्मचर्य का नियम अत्यन्त कठोर है। और रामकृष्ण के सदृश कोमल, प्रशान्त व प्रायः नारी प्रकृति व्यक्ति से लेकर विवेकानन्द के समान अदम्य उत्साही, आवेगमय व कठोर व्यक्ति तक, सभी श्रेणियों के आध्यात्मिक पथप्रदर्शकों ने इस सम्बन्ध में लेशमात्र भी शिथिलता प्रदर्शित नहीं की है।

"यदि भगवान् को पाना है तो पूर्ण ब्रह्मचर्य का पालन करना ही होगा। जो व्यक्ति बारह वर्ष तक पूर्ण ब्रह्मचर्य का पालन करता है, उसे अतिमानव शक्ति प्राप्त हो जाती है। उसके अन्दर एक नव इन्द्रिय का जन्म हो जाता है, जिसे बुद्धि इन्द्रिय कहते हैं। वह प्रत्येक वस्तु को जान सकता है और सब वस्तुओं का स्मरण रख सकता है। कामिनी-कांचन का परित्याग परम आवश्यक है।"[१]

दारिद्र्य, पवित्रता, सेण्ट फ्रान्सिस-प्रवर्तित रहस्यवादी विवाह, गिरजा और अन्य शास्त्रों के नाना विधान, यह सब गौण वस्तुएँ हैं। कारण, पूर्व और पश्चिम की समस्त सम्भावापन्न आत्माएँ एक से ही सिद्धान्तों व परिणामों पर पहुँची हैं। साधारणतया इसे इस प्रकार कहा जा सकता है कि जब कोई व्यक्ति अपने-आपको आन्तरिक जीवन के प्रति समर्पण करता है (उसे ईसा, शिव या कृष्ण आदि, किसी नाम से भी क्यों न कहें या वह कोई कला व दार्शनिक शुद्ध विचार ही क्यों न हो) "तो उसका अपनी इन्द्रियों पर पूर्ण अधिकार आवश्यक है।"[२]

किन्तु इतना ही पर्याप्त नहीं है। जो मनुष्य (उनकी ही संख्या अधिक है) संसार में रहते हैं और वहीं पर रहकर कार्य करते हैं उनका भी अपने कार्य के लक्ष्य तथा उसका पोषण करने वाली बौद्धिक भावनाओं पर वैसा ही पूर्ण आधिपत्य आवश्यक है। उन्हें यह ध्यान रखना आवश्यक है कि जिस कार्य के प्रति वे अनुरक्त हैं, वह चाहे कितना ही महान् व पवित्र क्यों न हो, वे उनके गुलाम न हो जायें।[३]

---

१. श्री श्रीरामकृष्ण कथामृत, प्रथम व द्वितीय भाग देखिए, पृ० संख्या क्रमशः २५२ व २५३। रामकृष्ण ने इस प्रश्न पर मिथ्या संकोच को त्यागकर सरल भाव से आलोचना की है।

२. श्री श्रीरामकृष्ण कथामृत, अध्याय २, पृ० २२३।

३. संशयवादी अठारहवीं शताब्दी में भी पश्चिम के कुछ श्रेष्ठतम कलाकारों व अभिमानी ईसाई पंडितों में अपनी कृतियों के प्रति यह अनासक्ति की भावना देखी जाती है।

तुम काम से भाग नहीं सकते, क्योंकि प्रकृति तुम्हें काम करने के लिए बाध्य करती है। और जब कार्य करना ही है तो उसको उचित रूप से ही क्यों न किया जाये! यदि अनासक्त भाव से कार्य किया जाता है तो वह भगवान् तक पहुँचा देता है और लक्ष्य प्राप्ति का साधन बन जाता है—और वह लक्ष्य भगवान् ही है।

''अनासक्ति का अर्थ'' अच्छे व बुरे अविवेक, उत्साहहीनता अथवा सत्कर्म के प्रति प्रीति का अभाव नहीं है, अपितु केवल निःस्वार्थपरता है।

''अनासक्त भाव से कार्य करने का अर्थ लोक व परलोक में किसी पुरस्कार की आशा व दण्ड की आशंका को त्यागकर कार्य करना है।......'' किन्तु रामकृष्ण के अन्दर मानविकता इतनी प्रबल थी कि वे अच्छी तरह जानते थे कि दुर्बल मनुष्य के लिए इस आदर्श तक पहुँचना अत्यन्त दुर्लभ है।

''अनासक्त होकर कार्य करना, विशेषतः आजकल के युग नें अत्यन्त कठिन है और केवल कुछ चुने हुए व्यक्ति ही उस आदर्श तक पहुँच सकते हैं।........''

परन्तु इस अनासक्ति की अवस्था को प्राप्त करने की अभिलाषा करना सबके लिए एक सामान्य कर्त्तव्य है, और उत्साहपूर्ण प्रार्थना और सच्ची दानशीलता उसके सहायक हैं।

परन्तु ठहरिए। दानशीलता एक द्व्यर्थक शब्द है। दानशीलता व मानविकता (मानवप्रेम) प्रायः पर्यायवाची शब्द के रूप में प्रयुक्त किए जाते हैं। परन्तु रामकृष्ण के मन में मानविकता के प्रति एक ऐसा अद्भुत अविश्वास भरा हुआ था, जो डिकैन्स व मोराबू सदृश पाश्चात्य व्यंग्य लेखकों को भी मात करता था और वे उपहास व विद्रूपपूर्वक कुछ मानवप्रेमियों की मक्कारी का भण्डाफोड़ किया करते थे; यद्यपि उनके इस कार्य से बहुत से सहृदय व्यक्तियों को आघात पहुँचाने की भी आशंका थी। वे अपने विश्वस्त शिष्यों को दिखावटी मानवप्रेम से बचने के लिए प्रायः उपदेश किया करते थे। मनुष्य के मन की गुप्त गतिविधियों के बारे में अपनी स्वभावसिद्ध अन्तर्दृष्टि से उन्होंने यह अच्छी तरह जान लिया था कि मानवप्रेम के सम्बन्ध में की जाने वाली घोषणाओं व कार्य-कलापों के मूल में प्रायः अहंकार, दम्भ, यशोलिप्सा, अथवा केवल एक ऐसा निरर्थक आन्दोलन, जिसके पीछे वास्तविक मानवप्रेम की कोई भावना न होकर केवल जीवन की उबा देने वाली एकरसता को विनष्ट करने की भावना होती है, के अतिरिक्त और कुछ नहीं होता। जब कोई व्यक्ति किसी भिखारी की झोली में पैसा डालता है तो वास्तव में वह अपनी दुश्चिन्ता व दुःस्वप्न से बचने के लिए ऐसा करता है, उस अभागे की सहायता करने के लिए नहीं। मलिक महाशय ने जब रामकृष्ण से हास्पिटलों की प्रतिष्ठा व

हैण्डल और ग्लक सदृश अभिमानी एवं हैस और मोजार्त के समान अनुभूतिशील सहृदयता-सम्पन्न व्यक्तियों में इस अनासक्ति की मैं प्रशंसा करता हूँ। उनमें से प्रत्येक अपनी मृत्यु के बाद अपनी रचनाओं के भाग्य के प्रति उदासीन थे और उन्होंने रैसीन के समान सृजन-शक्ति के पूर्ण प्रवाह में ही अपनी रचनाओं को नष्ट होने के लिए छोड़ दिया था। मैं यहाँ तक कहने का साहस करता हूँ कि कोई भी व्यक्ति इस ऊँचाई तक पहुँचे बिना महान् नहीं हो सकता।

पीड़ितों की सहायतार्थ कार्यों के बारे में कहा, तो उन्होंने उत्तर दिया :—

"हाँ ठीक है। परन्तु एक शर्त है कि तुम्हें दूसरों की भलाई के कार्य करते समय अनासक्त (अर्थात् सर्वथा निःस्वार्थ) रहना होगा।"

जब वे प्रसिद्ध उपन्यासकार बंमिकचन्द्र चैटर्जी अथवा एक पत्र (हिन्दू पैट्रियट) के व्यवस्थापक प्रभृति सांसारिक व्यक्तियों से बातचीत करते थे तो वे प्रायः उत्तेजित हो उठते थे। जिन मनुष्यों के मुख सत्कार्यों—मार्ग निर्माण व अन्य जनहितकारी कार्यों की तालिका से भरे रहते हैं, उनके इरादों, उनकी आत्मा की गम्भीरता और सबसे बढ़कर उनके कार्यों के सम्बन्ध में रामकृष्ण की धारणा बहुत नीची थी। वे कहा करते थे कि एक पतित आत्मा से किसी वास्तविक व स्थायी अच्छाई की आशा निरर्थक है। इसलिए सबसे पहले मनुष्य को अहंकार का त्याग करना चाहिए और जब तक वह ऐसा नहीं करते तब तक वह संसार के लिए कोई मंगल कार्य नहीं कर सकते।

इस सम्बन्ध में रामकृष्ण के विचारों को ठीक तरह समझने के लिए मैंने रामकृष्ण के जीवित शिष्यों में सबसे अधिक प्रामाणिक स्वामी शिवानन्द और रामकृष्ण की शिक्षाओं और उनके आदर्शों के प्रचारक अशोकानन्द से अनेक प्रश्न पूछे हैं और उन्होंने बड़े यत्नपूर्वक मेरे प्रश्नों के उत्तर दिये हैं। परन्तु रामकृष्ण के सक्रिय मानवप्रेम के पोषक उपयुक्त कुछ एकाकी दृष्टान्तों के होते हुए भी, शब्दों के द्वारा जनहितसाधना उनकी शिक्षा में एक मुख्य स्थान रखती है, इस बात को वे प्रमाणित नहीं कर सके। यदि हम यह स्मरण नहीं रखते कि रामकृष्ण ने स्वार्थरहित प्रेम के बिना मानवप्रेम की तरह ही वैयक्तिक मोक्ष के अहंकार को भी त्याज्य बतलाया है, और उनका लक्ष्य प्रत्येक मानवहृदय में उदारता का दीपक प्रज्ज्वलित करना है, तो उस पाश्चात्य दृष्टिकोण के अनुसार जो कि अच्छे इरादों की अपेक्षा कार्य को और वैयक्तिक मोक्ष की अपेक्षा दूसरों की भलाई को अधिक महत्व देता है, उनकी शिक्षा के प्रति (मैं सत्यनिष्ठा के साथ कहता हूँ) यह एक गंभीर अभियोग होगा।

तो आत्मप्रेम व उदारता में क्या अन्तर है?[१] हमारे अन्दर से विनिर्गत उस प्रेम का नाम उदारता है, जो व्यवहार में अपने व्यक्तित्व, परिवार, सम्प्रदाय व देश तक सीमित न हो। अपने व्यक्तित्व, परिवार, सम्प्रदाय व देश के प्रति आसक्ति ही आत्मप्रेम कहलाता है। इसलिए उस उदारता की साधना व अभ्यास करना चाहिए, जो मनुष्य को ऊपर उठाकर भगवान् तक ले जाती है।[२]

रामकृष्ण की दृष्टि में उदारता, सब मनुष्यों के अन्तर्वर्ती भगवान् के प्रेम से न्यूनतर कोई वस्तु नहीं है। कारण, भगवान् ही मनुष्य के रूप में अवतरित होते हैं।[३]

---

१. यह कहने की आवश्यकता नहीं कि "आत्मप्रेम" शब्द अपने प्राचीन रूढ़िगत 'अपने प्रति प्रेम' के अर्थ में प्रयुक्त हुआ है।

२. श्री श्रीरामकृष्ण कथामृत, प्रथम भाग, पृ० २६१।

३. "तुम भगवान् को ढूँढ़ते हो? ठीक है, तो मनुष्य के अन्दर उसकी खोज करो। भगवान् जिस प्रकार मनुष्य के अन्दर अपने-आपको प्रकट करते हैं, उस प्रकार अन्य किसी

मनुष्य के अन्दर निवास करने वाले भगवान् को जब तक कोई व्यक्ति प्रेम नहीं करता, तब तक वह मनुष्य को भी सच्चे अर्थों में प्रेम नहीं कर सकता और इसलिए उसकी सहायता भी उसके द्वारा संभव नहीं और इससे यह स्वाभाविक परिणाम भी निकलता है कि जब तक कोई व्यक्ति प्रत्येक मनुष्य में भगवान् के दर्शन नहीं करता, तब तक वह वास्तव में भगवान् को नहीं जान सकता।[१]

रामकृष्ण मठ के वर्तमान प्रधानाध्यक्ष व उनके आदर्शों की सत्य भावना के प्रचारक स्वामी शिवानन्द ने मुझे यह पंक्तियाँ लिखी[२] हैं, जिनका आध्यात्मिक अर्थ पास्कल की रचनाओं का अध्ययन करने वाले पाठकों को परिचित प्रतीत होगा :

''ऐसा प्रतीत होता है कि आप मनुष्य के अन्तर्वर्ती भगवान् और उसकी सेवा के लिए प्रेरित करने वाली सार्वभौम वेदना की चेतना में एक पार्थक्य की कल्पना करते हैं। परन्तु मुझे ऐसा अनुभव होता है कि यह मन की एक ही अवस्था के दो विभिन्न पहलू हैं; विभिन्न अवस्थाएँ नहीं हैं। मनुष्य के अन्तर्वर्ती भगवान् की उपलब्धि द्वारा ही मनुष्य की दुःख-वेदना की गंभीरता का सम्यक् अनुभव हो सकता है। कारण, उसके बिना मनुष्य की आध्यात्मिक दासत्व की अवस्था और उसकी पूर्णता व दिव्य आनन्द के अभाव की अवस्था हमारी आत्मचेतना को स्थूल साक्षी के रूप में प्रभावित नहीं करती। मनुष्य के अन्दर देवत्व का निवास होते हुए भी मनुष्य की वर्तमान अज्ञता व उसके परिणामस्वरूप होने वाले कष्टों की दुःखदायक अनुभूति ही हमें मनुष्य जाति की सेवा के लिए प्राणोदित करती है। अपने व दूसरों के बीच इस दिव्य आत्मा का अनुभव किए बिना सच्ची सहानुभूति, सच्चा प्रेम और सच्ची सेवा असंभव है। इसी कारण रामकृष्ण अपने शिष्यों को आत्मोपलब्धि कराना चाहते थे, अन्यथा वे अपने-आपको कभी भी मानव-जाति की सेवा में उपयुक्त रूप से अर्पित नहीं कर सकते।[३]

पदार्थ में नहीं करते। वस्तुतः भगवान् सभी वस्तुओं में रहते हैं, परन्तु अन्य पदार्थों में उसकी शक्ति का प्रकाश कमोवेश विद्यमान है। मनुष्य के अन्दर प्रकट होकर भगवान् ने रक्त-मांस में अपनी शक्ति का सबसे अधिक प्रकाश किया है।.....मनुष्य भगवान् की सर्वोत्कृष्ट अभिव्यक्ति है।'' (श्री श्रीरामकृष्ण कथामृत, प्रथम भाग, पृ० ३५०)।

१. ''प्रत्येक मनुष्य के अन्दर भगवान् का दर्शन ही पूर्ण ज्ञान की प्राप्ति है।'' (श्री श्रीरामकृष्ण कथामृत, द्वितीय खण्ड)।

२. ७ दिसम्बर, सन् १९२७।

३. और पुनः स्वामी अशोकानन्द ने लिखा : ''साधारण स्तर पर प्रेम और सहानुभूति से सेवाभाव का उदय होता है। परन्तु....जब हम वेदनापीड़ित मानव समाज को भगवान् के ही विभिन्न रूपों में देखने लगते हैं, तब हम मनुष्य के अन्दर भगवान् की चेतना को ही सेवा के प्रेरक भाव के रूप में देख पाते हैं और इस प्रकार की सेवा ईश्वरोपलब्धि का एक शक्तिशाली साधन बन जाती है।'' (प्रबुद्ध भारत, फरवरी, सन् १९२८)। परन्तु यहाँ क्या मैं अपना यह विश्वास प्रकट करने का साहस कर सकता हूँ कि मनुष्य में

परन्तु इस बीच में जबकि मानव-समाज यंत्रणा भोग रहा है; परित्यक्त होकर, मृत्यु के मुँह में जा रहा है, क्या उसे बिना सहायता के छोड़ देना चाहिए? नहीं कदापि नहीं। इसलिए रामकृष्ण जिस कार्य को स्वयं न कर पाये और वास्तव में अपने कर्मबन्धन की सीमा व अपने जीवन की परिधि में (जो जीवन शीघ्र ही समाप्त होने वाला था), जिसे वह कभी पूर्ण न कर सकते थे, वह कार्य उन्होंने अपने सर्वश्रेष्ठ शिष्य, और अपनी वाणी के उत्तराधिकारी, विवेकानन्द के ऊपर—उस मनुष्य के ऊपर, जिसे मनुष्य-जाति के उद्धार के लिए, मनुष्य-जाति के अन्दर से ही खोजकर लाना रामकृष्ण के जीवन का एक विशेष लक्ष्य था—छोड़ दिया था। अपनी मौजूदगी में ही उन्होंने उसके ऊपर संसार में कार्य करने और "दु:ख व दारिद्र्य पीड़ित मानवता के कष्टों को दूर करने का भार" सौंप दिया था।[१]

और विवेकानन्द ने इस कार्य में अपनी सर्वग्राही तीव्र भावना और कर्म-शक्ति पूर्णरूप से लगा दी। उसकी प्रकृति अपने गुरु की प्रकृति से सर्वथा एक विभिन्न नमूने की प्रकृति थी, जो दीन-दु:खियों की सेवा के लिए एक दिन व एक मुहूर्त की भी प्रतीक्षा न कर सकती थी। वह अपने रक्त-मांस में उसकी पीड़ा का अनुभव करते थे। दु:स्वप्न के समान दिन-रात वह उनको बेचैन किए रखती थी। उसके कारण वह निराश होकर क्रन्दन करने लगते थे। रामकृष्ण की आत्मा अपने अंतिम दिनों में जिस शान्ति के अंदर तैरती थी वह शान्ति विवेकानन्द के अंदर विद्यमान न थी। रामकृष्ण की वैदेही आत्मा पाप-पुण्य से अतीत, परात्पर के द्वन्द्वातीत क्षेत्र में विचरण करती थी।

"परमात्मा अच्छे व बुरे दोनों के प्रति समान रूप से अनासक्त है। वह प्रदीप के आलोक के समान है। तुम इसके प्रकाश में जिस प्रकार पवित्र धर्म-पुस्तकों का अध्ययन कर सकते हो, उसी प्रकार जाली दस्तावेज का भी निर्माण कर सकते हो।....संसार में हम जो कुछ भी पाप, अमंगल व दु:ख-दारिद्र्य देखते हैं, वे हमारी दृष्टि में ही पाप, अमंगल व दु:ख हैं। परम ब्रह्म इन सबसे ऊपर व अतीत है। उसका प्रकाश अच्छे व बुरे दोनों को एक समान प्रकाशित करता है।[२] संसार के तथ्यों को उनके वास्तविक रूप में ही ग्रहण करना चाहिए। भगवान् की लीला को स्पष्ट रूप से समझने की क्षमता मनुष्य की शक्ति से बाहर है।[३] मैं देखता हूँ और अनुभव करता हूँ कि बलि-पशु, यूपकाण्ठ व जल्लाद तीनों एक ही पदार्थ से बने हैं।....

देवत्व की भावना को भूलकर, पीड़ित मनुष्यों के प्रति केवल उसी वेदना के कारण, सहानुभूति या उसकी सेवा कहीं अधिक सुन्दर, पवित्रतर व उच्चतर वस्तु नहीं है? निरन्तर देवत्व का चिन्तन करने की अपेक्षा, उसे भूल जाना संभवत: देवत्व के अधिक निकट है। कारण, ऐसा करने में, "आसक्ति" का—जिस अर्थ में उसका रामकृष्ण ने प्रयोग किया है, लेशमात्र भी नहीं पाया जाता।

१. सन् १८८६ की सुन्दर जीवंत घटना, जो प्रत्यक्षदर्शी स्वामी शिवानन्द ने मुझे बताई थी, आगे वर्णन करूँगा।

२. श्री श्रीरामकृष्ण कथामृत, प्रथम भाग, पृ० ६१ व ८७।

३. श्री श्रीरामकृष्ण कथामृत, प्रथम भाग, पृ० १०१।

आह! यह कैसा अद्‌भुत दर्शन है।''[१]

हाँ, यह दिव्य दर्शन समुद्र की सकरुण दिव्यच्छटा के समान है और यह अच्छा ही है कि समस्त सृजनकारी महान् आत्माएँ समय-समय पर इसमें गोता लगाकर एक नवीन शक्ति प्राप्त करती हैं। रामकृष्ण ने भी अपने कोमल हृदय के तलदेश में समुद्र का यह शक्तिशाली गर्जन व लवणाक्त शैवाल संचित किया हुआ था, यह अच्छा ही है। परन्तु साधारण मनुष्यों के लिए यह संभव नहीं है। उन्हें भय से पागल व जड़ हो जाने का खतरा है। उनकी दुर्बलता परमात्मा के साथ आत्मा का समन्वय घटाने में असमर्थ है। उनका जीवन-स्फुलिंग जिससे निर्वापित न हो जाये, इसके लिए ''सच्चिदानन्द के समुद्र के ऊपर अहं (ego) की जादूयष्टि सुरक्षित रखने की आवश्यकता है।'' यद्यपि यह 'जल के ऊपर खोंची गई रेखा' से अधिक और कुछ नहीं है, परन्तु ''यदि तुम इसे हटा लेते हो तो एक निरवच्छिन्न महासमुद्र के अतिरिक्त और कुछ न रहेगा।''[२] इसलिए भँवर के विरुद्ध रक्षा के तौर पर इसे कायम रखो। परमात्मा ने अपनी सन्तानों के लड़खड़ाते हुए कदमों को सहारा देने के लिए स्वयं ही इस यष्टिका की व्यवस्था की है। वे भी भगवान् के ही हैं। रामकृष्ण से जो शिष्य उत्सुकतापूर्वक पूछते थे : ''प्रभु! आप हमें उनकी कथा कहते हैं जिन्होंने 'सोऽहम्' (मैं वह हूँ) इस ऐक्य की उपलब्धि कर ली है।....परन्तु जिन्हें वह एकत्वबोध प्राप्त नहीं हो सकता और जो कहते हैं 'तुम मैं नहीं हो, तथापि मैं तुम्हारी तलाश में हूँ?' उनका क्या होगा?'' इन्हें वे विश्वासोत्पादक मृदु हास्य के साथ उत्तर देते थे : ''तुम भगवान् को 'तुम' कहो या 'मैं वह हूँ' कहो, इससे कोई अन्तर नहीं पड़ता। जो मनुष्य 'तुम' के द्वारा उसकी उपलब्धि करते हैं, भगवान् के साथ उनका एक अत्यन्त मधुर सम्बन्ध है। यह एक पुराने विश्वस्त भृत्य के साथ स्वामी के सम्बन्ध के समान है। उनकी आयु ज्यों-ज्यों बढ़ती जाती है, त्यों-त्यों स्वामी अपने मित्र भृत्य के ऊपर अधिकाधिक निर्भर होता जाता है।.....और वह प्रत्येक गंभीर मामले में उसका परामर्श लेता है। और एक दिन...स्वामी उसे अपने हाथ से पकड़कर ले जाता है और अपनी गद्दी पर लाकर बैठा देता है। नौकर घबराकर पूछता है, 'मेरे मालिक यह क्या कर रहे हो?' परन्तु स्वामी उसे अपने सिंहासन पर अपने निकट बैठाकर कहता है, 'मेरे प्यारे! तुम और मैं एक ही हैं।'[३]

रामकृष्ण अपने प्रत्येक शिष्य के वैयक्तिक दृष्टिक्षेत्र । के अनुसार अपने विचार को उसके अनुकूल बना लेते थे, और मानवीय आत्मा के भंगुर संतुलन को विनष्ट करने के स्थान पर वे उस संतुलन के उपादानों को उचित परिमाण में जुटाकर उसे सावधानी से प्रतिष्ठित करने का प्रयत्न करते थे। विभिन्न व्यक्तियों के मानसिक गठन के अनुसार वे अपनी शैली को इतनी जल्दी परिवर्तित कर लेते थे कि अनेक बार उनके विचार परस्पर विरोधी प्रतीत होने लगते थे।

---

१. श्री श्रीरामकृष्ण कथामृत, द्वितीय भाग, पृ० ४३७

२. श्री श्रीरामकृष्ण कथामृत, द्वितीय भाग।

३. मुकर्जी रचित पूर्वोक्त ग्रन्थ पृष्ठ १६१।

उन्होंने साधुवृत्ति योगानन्द को, जिसकी अति साधुता उसे गलत मार्ग पर ले जाती थी—शक्ति संचय का उपदेश दिया—"भक्त को मूर्ख नहीं होना चाहिए।" आत्मरक्षा का उपाय न जानने के कारण उन्होंने उसकी तीव्र भर्त्सना की। किन्तु दूसरी तरफ उन्होंने जोशीले निरंजनदास को, जो कि हर समय अपने शत्रुओं व अपना अपमान करने वालों पर आक्रमण करने के लिए तत्पर रहता था, उत्तेजक परिस्थिति में भी विनयशील व सहिष्णु होने का उपदेश दिया। अवश्य ही, वे अपने "वीरश्रेणी के" शिष्यों की कुछ दुर्बलताओं को जिन्हें कि वे दुर्बलतर शिष्यों में बर्दास्त न कर पाते थे, किसी अंश तक सहन कर लेते थे। कारण, पूर्वोक्त श्रेणी के शिष्यों में दुर्बलता हर समय नहीं रह सकती। वे प्रत्येक मनुष्य के अन्दर विद्यमान प्रतिक्रिया की शक्ति का सही-सही अन्दाजा अचूक कौशल के साथ लगा लेते थे।

एक ऐसा व्यक्ति जो निरन्तर, साधारण मनुष्यों की जीवन-यात्रा को नियंत्रित करने वाले नियमों से अतीत, परब्रह्म के अविच्छिन्न सान्निध्य में रहता है, उसके प्रति यह आशंका की जा सकती है कि वह दैनिक कर्मों के असंख्य सूक्ष्म-भेदों को समझने व उनका नेतृत्व करने में असमर्थ सिद्ध हो सकता है। परन्तु रामकृष्ण के बारे से सत्य सर्वथा इसके विपरीत था। माया के बंधनों से मुक्त हो जाने के कारण, उनके दृष्टिरोधक कुसंस्कार व धार्मिक असहिष्णुता का आवरण तथा मन और हृदय की संकुचितता पहले ही दूर हो चुके थे और उनके स्वतन्त्र व उदात्त विचार के मार्ग में कोई रुकावट न रहने के कारण वे प्रत्येक वस्तु व प्रत्येक मनुष्य के बारे में सहास्य सरल बुद्धि के साथ विचार करते थे। उनकी सुकरात की शैली से की हुई एक भी आलोचना आजकल के श्रोताओं को आश्चर्य में डाल सकती है। गैलिलीवासियों की अपेक्षा मोण्टेने व इरेस्मस के अधिक निकटतर है। उनकी व्यंग्यभंगी व आनन्ददायक विनोद मनुष्य को ताजगी व सजीवता प्रदान करते हैं। बंगाल की उष्ण आबोहवा ने स्वभावतः अतिभावुक नवयुवकों के मस्तिष्क पर उनके प्रभाव को अवश्य ही द्विगुणित कर दिया होगा। यहाँ मैं उनके केवल दो दृष्टान्त देता हूँ : हाथी और साँप की कहानियाँ। पहली कहानी में रामकृष्ण ने मनोरंजक व्यंग्य के साथ अपने शिष्यों को हिंसा व सर्वथा अप्रतिरोध की दो सर्वथा विरोधी चरमावस्थाओं के प्रति सतर्क किया है। दूसरी कहानी में वे अपने प्रति ही कटाक्ष करते प्रतीत होते हैं : उन्होंने अनैतिकता व कर्म के प्रति उदासीनता के खतरों को देखा था, जिनसे युवक मस्तिष्कों को विश्वव्यापी भगवान् के आतपाघात (Sun Stroke) होने का भय है। और उन्होंने व्यंग्य-परिहास के साथ हमारे चारों ओर व हमारे अन्दर भगवान् की सत्ता व उसके विभिन्न रूपों व नियमों की व्यापकता की थाह ली थी।

हाथी

"एक बार का जिक्र है कि जंगल में एक महात्मा रहते थे। उनके अनेक शिष्य थे। एक दिन उन्होंने अपने शिष्यों को निम्नलिखित उपदेश दिया : उन्होंने कहा, 'परमात्मा प्रत्येक पदार्थ में बसते हैं। इसलिए हमें संसार के प्रत्येक पदार्थ के आगे भक्तिपूर्वक प्रणाम करना चाहिए।' ऐसा मौका हुआ कि उनका एक शिष्य जंगल में समिधाएँ चुनने के लिए गया। अचानक उसने यह शोर सुना, 'हट जाओ! हट जाओ! एक पागल हाथी आ रहा है!' तत्काल सब इधर-उधर भाग गए, परन्तु वह अकेला इस प्रकार तर्क करने लगा, 'हाथी भी परमात्मा

का ही एक रूप है। तो मुझे क्यों भागना चाहिए?' इसलिए वह वहीं पर खड़ा रहा और हाथी को भगवान् के रूप में प्रणाम करके उसका स्तुतिगान करने लगा। महावत ने चिल्लाकर कहा, 'अपने आपको बचाओ! बचाओ!'........परन्तु शिष्य वहाँ से एक कदम भी न हटा। हाथी ने उसे अपनी सूँड़ से ऊपर उठाकर दूर फेंक दिया। बेचारा चोट खाकर व लहूलुहान होकर बेसुध व निश्चेष्ट पड़ा रहा। जब उसके गुरु ने यह संवाद सुना तो वह अपने शिष्यों के साथ भागे हुए उसकी सहायता के लिए घटनास्थल पर पहुँचे। वे उसे उठाकर घर के अन्दर ले गए और उसके घावों की मरहम-पट्टी की। जब उसे होश आया, तो उन्होंने उससे पूछा, 'जब तुमने महावत को चिल्लाते हुए सुना था, तो बचने का प्रयत्न क्यों नहीं किया?' युवक शिष्य ने उत्तर दिया, 'हमारे गुरु ने हमें अभी शिक्षा दी थी कि परमात्मा प्रत्येक जीवित प्राणी में विद्यमान है। इसलिए मैंने हाथी को भी परमात्मा ही समझकर उस स्थान को छोड़ना उचित न समझा।' गुरु ने उससे कहा, 'वत्स! यह ठीक है कि हाथी में भी परमात्मा प्रकट हुआ था। परन्तु क्या महावत-परमात्मा ने तुम्हें बचने के लिए नहीं कहा था? यह बिल्कुल ठीक है कि परमात्मा प्रत्येक वस्तु में विद्यमान है। परन्तु यदि वह हाथी में विद्यमान है, तो क्या वह यदि अधिक नहीं तो उतने ही परिमाण में महावत में विद्यमान नहीं है? तो तुमने उसकी चेतावनी पर ध्यान क्यों नहीं दिया?.....।''[१]

और नीचे तरुण विवेकानन्द के साथ ठाकुर के एक शरारतपूर्ण वार्तालाप का सार देता हूँ :

सर्प

श्रीरामकृष्ण : (सहास्य)....नरेन्द्र[२] तू क्या सोचता है। संसारी व्यक्ति प्रायः ईश्वर-भक्त पुरुषों के बारे में अनेक कटु बातें कहते हैं। किन्तु देख! जब हाथी चलता है तो उसके पीछे कुत्तों का झुंड व अन्य कितने जीव-जन्तु चीत्कार करते हुए भागते हैं। परन्तु वह एक बार भी पीछे फिर कर नहीं देखता, और सीधा अपने रास्ते पर आगे बढ़ता जाता है। वत्स! यदि तेरी पीठ के पीछे, मनुष्य तेरी निन्दा करें तो तू क्या करेगा?''

नरेन्द्र : (घृणापूर्वक) : 'मैं उन्हें सड़क में मेरे पीछे भौंकने वाले कुत्तों की तरह समझूँगा।'

श्रीरामकृष्ण : (हँसते हुए) : ''नहीं, नहीं, बेटा! इतनी दूर तक नहीं! याद रखो, जड़ व चेतन सभी रूपों में ईश्वर का वास है। इसलिये प्रत्येक वस्तु सम्मान के योग्य है। तथापि मनुष्यों से सम्बन्ध स्थापित करते समय हमें यह देखना चाहिए कि हम साधु पुरुषों की ही संगति करें, दुष्टों की नहीं। यह ठीक है कि ईश्वर व्याघ्र के अन्दर भी विद्यमान है। परन्तु इसका यह अर्थ नहीं कि हम व्याघ्र को अपने आलिंगन-पाश में बाँधकर हृदय से लगा लें!'' (शिष्य हँसने लगे)

नरेन्द्र : ''यदि दुष्ट लोग अपमान करें तब भी क्या चुप ही रहना चाहिए?''

---

१. **श्री श्रीरामकृष्ण कथामृत, प्रथम खण्ड, पृ० ५६।**

२. **नरेन्द्र विवेकानन्द का ही पहला असली नाम है।**

श्रीरामकृष्ण : ''एक समय कुछ ग्वाले एक मैदान में गायें चरा रहे थे। उस मैदान में एक भयानक जहरीला साँप रहता था। एक दिन एक महात्मा उस रास्ते से गुजर रहे थे। लड़के दौड़कर उनके पास आये और चिल्लाकर कहने लगे, 'महात्माजी, इधर से मत जाइए, उधर साँप रहता है!' महात्मा ने कहा, 'बच्चों! मैं तुम्हारे साँप से नहीं डरता। मैं वह मंत्र जानता हूँ जिससे मुझे किसी तरह की तकलीफ नहीं हो सकती।' यह कहकर वह अपने रास्ते पर आगे बढ़ चले।....साँप ने उन्हें देखा, और फण उठाकर उनकी तरफ लपका। महात्मा ने धीरे-धीरे एक वशीकरण मन्त्र पढ़ा, और साँप केंचुवे के समान निस्तेज व शक्तिहीन होकर चरणों में गिर पड़ा। महात्मा ने उससे कहा : 'तुम ऐसा क्यों करते हो? दूसरों को क्यों तकलीफ देते हो? मैं तुम्हें एक पवित्र मन्त्र (भगवान् का नाम) देता हूँ, इसका जाप करो, इससे तुम्हारी भगवान् में भक्ति होगी और अन्त में तुम उसके दर्शन कर सकोगे और दूसरों को तकलीफ पहुँचाने की इच्छा तुम्हारे अन्दर से दूर भाग जाएगी।' यह कहकर उन्होंने साँप के कान में पवित्र मंत्र का उच्चारण किया। साँप ने प्रणाम करके पूछा : 'हे गुरु! मैं आत्मरक्षा के लिए किस प्रकार साधना करूँ?' महात्मा ने उत्तर दिया, 'पवित्र मन्त्र का जप करो और किसी जीवित प्राणी की हिंसा मत करो! मैं कुछ दिन बाद यह देखने के लिए कि तुम कैसे काम करते हो, फिर आऊँगा।' इतना कहकर महात्मा विदा हो गये।....इस प्रकार कुछ दिन व्यतीत हो गये। ग्वाल बालकों ने देखा कि साँप ने काटना छोड़ दिया है। उन्होंने उसकी तरफ पत्थर फेंके। वह एक केंचुवे की तरह शान्त व अहिंसक बना रहा। एक शैतान ग्वाले ने उसे पूँछ से पकड़कर अपने सिर के चारों तरफ घुमाया और एक पत्थर पर कई बार पटक-पटककर मारा। साँप के मुँह से खून निकलने लगा और उसे मरा समझकर ग्वाले ने उसे एक तरफ फेंक दिया। रात्रि के समय उसे होश आया, और धीरे-धीरे किसी तरह घिसटकर वह अपने बिल तक पहुँच गया। उसका शरीर चोटों से चकनाचूर हो गया था। कुछ दिन बाद, अच्छा होने पर जब वह अस्थिचर्मावशेष मात्र रह गया, वह भोजन की खोज में बाहर निकला। ग्वालों के भय से वह केवल रात में ही बाहर निकलता था। महात्मा से दीक्षा लेने के बाद से उसने हिंसावृत्ति का त्याग कर दिया और जहाँ तक भी बन पड़ता था, वह पत्तियाँ, फल व मिट्टी वगैरह खाकर ही अपनी जीवन-यात्रा करता था। एक दिन महात्मा फिर उसी मार्ग से वापस आये और इधर-उधर साँप की खोज करने लगे। ग्वालों ने बताया कि वह मर गया है। महात्मा को यह सुनकर बड़ा आश्चर्य हुआ, क्योंकि वे जानते थे कि उन्होंने जो मन्त्र दिया है, उसमें यह आध्यात्मिक शक्ति है कि जब तक जीवन की समस्या हल नहीं हो जाती, अर्थात् ईश्वर के दर्शन नहीं हो जाते, तब तक मृत्यु असंभव है। उन्होंने साँप का नाम-ले-लेकर जोर से आवाजें लगाकर पुनः उसकी खोज प्रारम्भ की। गुरु की आवाज सुनकर साँप अपने बिल से बाहर निकल आया और गुरु को प्रणाम किया।

महात्मा ने पूछा : ''वत्स! कैसे हो?''

साँप ने उत्तर दिया : ''गुरुजी! धन्यवाद! ईश्वर की कृपा से अच्छी तरह हूँ।''

''गुरु : ''तो तुम्हारी हड्डी-पसली क्यों निकल रही है? तुम्हें क्या हो गया है?''

सर्प : ''गुरु! मैंने आपके आदेशानुसार प्राणि हिंसा त्याग दी है और केवल घास-पात खाकर ही जी रहा हूँ, इसीलिए मैं पहले से कमजोर दिखाई देता हूँ।''

गुरु : "नहीं, केवल भोजन के परिवर्तन से यह हालत संभव नहीं। कुछ न कुछ और कारण अवश्य है। मुझे साफ-साफ बताओ!"

सर्प : "ओह!.......शायद.....हाँ,.....मुझे याद आ गया, अवश्य और भी कारण है। एक दिन ग्वालों ने मुझे मारा था। उन्होंने पूँछ से पकड़कर मुझे कई बार जोर से पत्थर पर पटका था। गरीब बालक! नहीं जानते थे कि मेरे अन्दर क्या परिवर्तन हो गया है! उन्हें क्या पता था कि मैं आयन्दा किसी को न काटूँगा?"

गुरु : "परन्तु क्या पागलपन की बात है। क्या बेवकूफी है! तुम इतने मूर्ख हो कि अपनी रक्षा भी नहीं कर सकते!.....मैंने तुम्हें दूसरों को काटने से मना किया था; परन्तु जो तुम्हें मारना चाहते हैं, उन्हें डराने के लिए फुंकारें मारने से तो मना नहीं किया?...."

और यह कहकर रामकृष्ण चमत्कृत नेत्रों से अपने शिष्यों की ओर देखने लगे। "इसलिए अपना फण उठाकर फुंकार करो.....परन्तु काटो नहीं।"

समाज में रहने वाले प्रत्येक नागरिक विशेषत: एक परिवार के पिता को आत्मरक्षा के लिए हिंसा के विरोध का बाह्यप्रदर्शन आवश्यक है। परन्तु साथ ही उसे इस बात से सावधान रहना चाहिए कि वह हिंसा के प्रतिरोध के लिए प्रतिहिंसा को जागृत न होने दे।"

इस अन्तिम सूत्र में "यदि शान्ति चाहते हो तो युद्ध के लिए तत्पर रहो" इस प्रचलित कहावत की गन्ध विद्यमान है; परन्तु इस कहावत में जो हेत्वाभास है, उसे वर्तमान पीढ़ी को अपने-आपको हानि पहुँचाकर व्यक्त करना पड़ा है। इसलिए मैं इस सूत्र के व्यावहारिक व नैतिक उत्कर्ष की पुष्टि नहीं करता, परन्तु इस आध्यात्मिक कहानीकार के व्यंग्य-मिश्रित मृदु हास्य को, जो कि बरबस ला फौण्टेने[१] की याद दिला देता है, मैं सदा स्मरण रखूँगा। इसके अतिरिक्त हमें रामकृष्ण की उस शैली पर भी, जो कि विरोधी झंझावातों के आघातों से एक तट से दूसरे तट की तरफ बहते हुए व निरन्तर भयंकर रूप से दोलायमान, कर्म के महापोत में सहज बुद्धि द्वारा सन्तुलन स्थापित करती है, आवश्यक रूप से विचार करना चाहिए।

यह स्पष्ट है कि वह अहिंसा (किसी को कष्ट न पहुँचाओ) का उसी प्रकार पालन व प्रचार करते थे, जिस प्रकार महात्मा गांधी करते हैं। उनकी यह अहिंसा न केवल मनुष्यों तक ही सीमित थी, बल्कि उसमें प्राणिमात्र का समावेश था।[२]

---

१. सत्रहवीं शताब्दी का प्रसिद्ध फ्रांसीसी कहानीकार।

२. यहाँ पर कुछ अन्य सुन्दर कहानियों का गुलदस्ता है :

सर्वप्रथम यह सुन्दर नीतिगल्प : "भगवान् सब प्राणियों में निवास करते हैं" (श्री श्रीरामकृष्ण कथामृत, द्वितीय भाग, पृ० १२९)।

एक समय की बात है कि एक मठ के संन्यासी प्रतिदिन भिक्षा के लिए बाहर जाया करते थे। एक दिन संन्यासी ने भिक्षावृत्ति को जाते हुए मार्ग में एक जमींदार को एक गरीब मनुष्य को बुरी तरह पीटते हुए देखा.....यह देखकर संन्यासी ने उसे रोकना चाहा.....जमींदार ने अत्यन्त कुपित होकर अपना सारा क्रोध संन्यासी पर ही निकाला, और उसे यहाँ तक पीटा कि वह बेहोश हो गया। मठ के अन्य संन्यासियों को जब यह

परन्तु वह गांधी की अपेक्षा अधिक विनोदप्रिय व सर्वतोमुखी व्यक्ति थे। वह कभी कोई कठोर नियम बाँधने के लिए उत्सुक न दिखाई देते थे। परन्तु एक ही दृष्टि में किसी प्रश्न के

समाचार मिला, तो वे भागे हुए आये और उसे भूमि पर पड़ा देखकर, वहाँ से उसे सावधानी के साथ उठाकर मठ में ले गये और शय्या पर लिटा दिया। उसके चारों तरफ बैठकर वे उसकी सेवा-शुश्रूषा करने लगे और पंखा झलने लगे; उनमें से एक ने उसके मुख में चम्मच से थोड़ा-सा दूध दिया। कुछ समय बाद संन्यासी को होश आया, उसने अपने नेत्र खोले और चारों ओर देखने लगा। वह अपने गुरुभाइयों को पहचानता है या नहीं, यह जानने के लिए उसके एक साथी संन्यासी ने उसके कान में जोर से चिल्लाकर पूछा—'भाई, तुम्हें दूध किसने पिलाया है?' संन्यासी ने क्षीण स्वर में ही उत्तर दिया—'भाई, जिसने मुझे मारा था, उसने ही मुझे दूध पिलाया है।'....''

एक और क्षुद्र कहानी : (श्री श्रीरामकृष्ण जीवनी, पृ० ६२०) :

''युवक काली प्रतिदिन मछली पकड़ने जाता था। रामकृष्ण ने उससे पूछा—'तू इतना निष्ठुर क्यों है?' काली ने उत्तर दिया—''मैं कोई पाप-कार्य नहीं कर रहा हूँ। हम सब आत्मा हैं और आत्मा अमर है, इसलिए मैं वास्तव में मछलियों की हत्या नहीं करता।' प्रभु ने उससे कहा :—'वत्स! तुम अपने आपको धोखा देते हो। जिस मनुष्य ने भगवान् की उपलब्धि कर ली है (अर्थात् जिसने अपने अन्दर भगवान् का दर्शन किया है) वह कभी दूसरों के प्रति निर्दय नहीं हो सकता। उसके लिए यह कार्य असंभव है। वह कभी इसका विचार भी नहीं कर सकता।....''

(श्री श्रीरामकृष्ण जीवनी, पृ० ४१७ एवं श्री श्रीरामकृष्ण कथामृत, द्वितीय भाग, २७० पृष्ठ देखिए—रामकृष्ण स्वयं इस अवस्था में पहुँच गए थे कि वे पूजा के लिए पुष्प भी न तोड़ना चाहते थे)।

अन्त में निम्नलिखित हृदयग्राही दृश्य उपस्थित हुआ, जिसका स्वामी शारदानन्द ने उल्लेख किया :—

''एक दिन (सन् १८८४ में) रामकृष्ण अपने शिष्यों से वार्तालाप कर रहे थे। वह उनके सम्मुख वैष्णव धर्म के मूल सिद्धान्तों की व्याख्या कर रहे थे जिनमें 'सर्वभूत दया' भी एक मूल सिद्धान्त है। 'यह समस्त संसार कृष्ण का है। इस सत्य को अपने हृदय के अन्तरतम में अनुभव करो और सब प्राणियों पर दया करो।' 'सब प्राणियों पर दया करो' उन्होंने यह वाक्य दोहराया और समाधिस्थ हो गए। बाद में प्रकृतिस्थ होने पर अस्फुट स्वर में कहने लगे....सर्व भूत दया।....दया!...दया! ओ! क्षुद्रादपि क्षुद्र जीव! तुझे लज्जा नहीं आती! तुम दया करने वाले कौन होते हो? नहीं! नहीं! दया असंभव है। उन्हें शिव समझकर उनकी सेवा करो।....'

''बाद में नरेन्द्र (विवेकानन्द) ने अन्यान्य शिष्यों के साथ बाहर आकर उन्हें इन शब्दों का गम्भीर अर्थ, जिसे वह पूरी तरह न समझ पाए थे, समझाया। उसने सेवा के सिद्धान्त के प्रकाश में उन्हें उनका अर्थ बतलाया; कि लोकोपकारी सेवा द्वारा ही भगवान् के उत्कृष्ट प्रेम की प्राप्ति होती है।''

पूर्वापर को तोल लेते थे। इसी का यह परिणाम था कि परमात्मा के इस व्याकुल प्रेमी ने इस माया-जगत् में भी सब प्रश्नों के समाधान के लिए एक, सुन्दर स्वणीर्य मध्यमार्ग का अवलम्बन करने वाली उत्कृष्ट बुद्धि प्राप्त की थी। जगन्माता के समान वह आत्मारूपी पतंगों को आकाश के स्वर्गीय क्षेत्र में विचरण करने के लिए ऊपर उड़ा देता था, परन्तु यदि अभी उनका दूर उड़ने का समय नहीं आया है तो वह उन्हें सहज-बुद्धि की डोरी द्वारा पुनः पृथ्वीपर खींच लाता था।

वह संसार को भिक्षा देने के लिए, उन्हें संसार में रखते थे। परन्तु पहले उन्हें स्वयं शिक्षा प्राप्त करने की आवश्यकता थी, उन्हें अपनी तथा अपने चारों ओर रहने वाले मनुष्यों की प्रकृति और उन सबके अन्दर व्याप्त रहने वाले भागवत तत्व की पूर्ण जानकारी प्राप्त करना जरूरी था। उनमें से अधिकांश ने निरन्तर क्रमिक कठिन परिश्रम द्वारा ही उस ज्ञान को प्राप्त किया था। कारण यह ज्ञान उन्हें अपने ही परिश्रम द्वारा प्राप्त करना था, यद्यपि आवश्यकतावश वे गुरु की स्नेहमय सहायता भी ले सकते थे। परन्तु गुरु अपनी इच्छा को कभी उन पर जबर्दस्ती न लादते थे, वे केवल मार्ग प्रदर्शन द्वारा ही उनकी सहायता करते थे। प्राथमिक मंजिलों में जब शिष्यगण स्वयं अपने चरित्र का निर्माण करते थे, तब केवल कुछ विशेष अपवादों को छोड़कर[१] वे उनकी इच्छा में किसी प्रकार का दखल न देते थे। वे केवल अपने

---

१. यद्यपि सर्वदा नहीं, तथापि साधारणतया वे ऐसा करने से इनकार कर देते थे। (उन्होंने विवेकानन्द पर किस प्रकार विजय प्राप्त की, इसका विवरण आप आगे देखेंगे, परन्तु उस समय उस राजकीय शिकार को अपने वश में करना अत्यन्त आवश्यक था; इसके अतिरिक्त विवेकानन्द ने काफी विरोध भी किया, जैसा कि हम आगे देखेंगे)। यद्यपि रामकृष्ण अपने शिष्यों की स्वतन्त्रता को अक्षुण्ण रखना चाहते थे, तथापि क्या वे हमेशा ऐसा करने में सफल हो पाते थे? वे असाधारण व अद्भुत यौगिक शक्तियों के अधिकारी थे। परन्तु वह उनका कम से कम प्रयोग करते थे, क्योंकि वे रहस्यमय तरीकों को घृणा की दृष्टि से देखते थे, और अलौकिक चमत्कारों के पूर्ण विरोधी थे। अलौकिक चमत्कारों को वे असंभव न मानते थे, परन्तु उन्हें निरर्थक व हानिकारक समझते थे। ईसा के समान ही वे उनसे घृणा करते थे। तथाकथित अलौकिक शक्तियाँ उनकी दृष्टि में आध्यात्मिक पूर्णता के मार्ग में बाधक थीं। यह आध्यात्मिक पूर्णता उनके अनुसार हृदय के विकास का स्वाभाविक फल होनी चाहिए, परन्तु क्या उनका उपर्युक्त शक्तियों पर इतना आधिपत्य था कि वे कभी भी उन यौगिक शक्तियों का प्रयोग न करते? तुलसी (निर्मलानन्द) के साथ उनका तब तक साक्षात्कार न हुआ था। वह बरामदे में बैठकर उनकी प्रतीक्षा कर रहा था; उसने देखा कि उसके पास से एक आदमी अस्थिर गति से तन्मय अवस्था में गुजर गया है। इस आदमी ने (यह रामकृष्ण थे) बिना रुके ही उसकी तरफ एक दृष्टि-निक्षेप किया। तुलसी के हृदय में एक सरसराहट का अनुभव हुआ, और वह एक क्षण के लिए जड़वत् रह गया।—तारक (शिवानन्द) ने जब रामकृष्ण को देखा तो वे एकदम निश्चल व शान्त थे; प्रभु की दृष्टि उस पर पड़ते ही वह फूट-फूटकर रोने लगा और उसका अंग-अंग काँपने लगा।

—प्रथम साक्षात्कार के समय ही कालीप्रसाद (अभेदानन्द) ने रामकृष्ण को स्पर्श किया, और उन्हें छूते ही उसके समस्त देह में शक्ति की एक लहर दौड़ गई।

अन्यान्य अनेक समय ठाकुर अपनी इच्छापूर्वक अपने शिष्यों के अन्दर आन्तरिक शक्तियों को जागृत व उद्‌बुद्ध करते प्रतीत होते थे। जब वह यह देखते थे कि शिष्य अपनी इच्छानुसार पूर्णतया प्रयत्न कर रहे हैं तो वह उनकी सहायता करते थे। इसलिए जब उन्होंने देखा कि लाटू (अद्‌भुदानन्द) भक्ति की प्रबलता में अपने-आपको निःशेष किए दे रहा है तो उन्होंने माँ से प्रार्थना की कि वह उसकी पवित्र इच्छा पूर्ण कर दे और उसके कुछ ही दिन बाद ध्यान करते हुए लाटू समाधिस्थ हो गया।—जब सुबोध (सुबोधानन्द) ने दूसरी बार उनके दर्शन किए, तब उन्होंने उसके वक्ष को स्पर्श करते हुए कहा—''जागो, माँ जागो!'' और अपनी अंगुलि से उसकी जिह्वा पर कुछ लिख दिया। सुबोध ने अनुभव किया कि जैसे उसकी अन्तर्वर्ती सत्ता से कोई ज्योतिष्तरंग उसके मस्तिष्क की तरफ उठ रही है; देवी-देवताओं की मूर्तियाँ विद्युत के समान एक क्षण के लिए चमक कर अनन्त में विलीन हो गईं। उसे अपने व्यक्तित्व का कोई बोध न रहा। परन्तु दूसरे ही क्षण रामकृष्ण ने उसे पुनः जागृत कर दिया और वे स्वयं भी उसकी इस आकस्मिक प्रबल प्रतिक्रिया को देखकर विस्मित रह गए।—गंगाधर (अखण्डानन्द) का हाथ पकड़कर रामकृष्ण उसे काली के मन्दिर में ले गये और बोले—''जीवित शिव के दर्शन करो!'' और गंगाधर को साक्षात् शिव के दर्शन हो गए।

परन्तु पाठकों को किसी भ्रान्त धारणा से बचने के लिए सावधान रहने की आवश्यकता है। रामकृष्ण कभी अपने शिष्यों में किसी ऐसे विचार व दिव्य दर्शन की कल्पना को जबर्दस्ती न लादते थे, जो कि पहले से उनके अन्दर मौजूद न होते थे, अपितु वह केवल उन्हें उद्‌बुद्ध कर देते थे। जिनकी बुद्धि वृत्ति प्रबल होती थी, उन्हें दिव्य दृष्टिलाभ करने की चेष्टा से वे स्वयं पहले ही विरक्त कर देते थे। जब बाबूराम (परमानन्द) ने, जिसे वे बहुत प्यार करते थे, उनसे समाधि-सिद्धि प्राप्त करने के लिए प्रार्थना की, तो जगन्माता ने उन्हें सावधान कर दिया कि बाबूराम को ज्ञानयोग की प्राप्ति हो सकती है, भावयोग की नहीं।—बालक शरच्चन्द्र (शारदानन्द) से, जो कि उनका एक महान् बुद्धिवृत्ति सम्पन्न शिष्य होने वाला था, उन्होंने पूछा, ''तुम परमात्मा को किस रूप में प्राप्त करना चाहते हो? जब तुम ध्यान करते हो तो क्या दृश्य देखते हो?'' शरच्चन्द्र ने उत्तर दिया : ''दृश्य देखने के लिए मेरा कोई आग्रह नहीं है। जब मैं ध्यान करता हूँ तो परमात्मा के किसी विशेष रूप व मूर्ति का ध्यान नहीं करता। मैं पृथ्वी के प्रत्येक प्राणी में उसे ही प्रकट हुआ देखना चाहता हूँ।'' रामकृष्ण ने मुस्कराकर कहा : ''किन्तु यह तो आध्यात्मिकता का अन्तिम शब्द है। तुम प्रारम्भ में ही इसे प्राप्त नहीं कर सकते।'' शरच्चन्द्र ने उत्तर दिया—''मैं इससे लेशमात्र भी कम से सन्तुष्ट नहीं हो सकता।''

यहाँ तक कि, अत्यन्त अनुभूतिशील व्यक्तियों के लिए भी दृष्टिगत उपलब्धि एक

अन्तर्वर्ती सूर्यालोक से उन्हें पुष्ट करते थे और इस प्रकार उनकी शक्ति की दसगुनी वृद्धि कर देते थे। साधारणतया जब शिष्यगण अपने स्वतन्त्र प्रयत्नों द्वारा वीरतापूर्वक सारी चढ़ाई पार करके शिखरवर्ती मंजिल के आनन्द को प्राप्त कर लेते थे, केवल तभी रामकृष्ण उनके ऊपर अन्तिम आलोकपात करने के लिए सहमत होते थे। उस समय एक छोटी-सी वस्तु, एक शब्द, एक दृष्ट, एक स्पर्श ही पर्याप्त होता था, जो करुणा की विद्युत् धारा के समान कार्य

मंजिल मात्र थी, जिसे अतिक्रम करके उन्हें आगे बढ़ना था। अभेदानन्द ने ध्यानावस्था में देवी-देवताओं के दर्शन करने के बाद, एक दिन उन सब मूर्तियों को एक ज्योतिर्मय मूर्ति में विलीन होते हुए देखा। तब रामकृष्ण ने उससे कहा कि अब भविष्य में उसे यह दृष्टिगोचर न होंगे; उसने उस मंजिल को पार कर लिया है और वास्तव में ही उस दिन के बाद से अभेदानन्द को एक असीम व अनन्त चेतना के अतिरिक्त और किसी वस्तु की उपलब्धि न होती थी और इस चेतना द्वारा ही वह अन्त में निराकार ब्रह्म तक पहुँच गया। एक दिन जब रामकृष्ण ने सुना कि कोई एक व्यक्ति बाबूराम को गुरु से कुछ विशेष सिद्धियाँ प्राप्त करने के लिए प्रेरित कर रहा था तो रामकृष्ण ने बाबूराम को अपने पास बुलाकर, तिरस्कारपूर्वक कहा : ''तुम मेरे पास से और क्या चाहते हो! क्या जो कुछ मेरे पास है, वह तुम्हारा नहीं है? मैंने जो कुछ भी उपलब्धि के रूप में प्राप्त किया है, वह सब तुम्हारे ही लिए है। यह लो चाबी, ताला खोल लो, और सब कुछ ले लो।''

परन्तु उन्होंने वेदान्ती हरिनाथ (तुरीयानन्द) को कहा : ''यदि तुम सोचते हो कि तुम मुझसे दूर रहकर परमात्मा को ज्यादा अच्छी तरह प्राप्त कर सकते हो, तो जाओ! मेरी तो एकमात्र यही इच्छा है कि तुम इस पार्थिव दुःख-यंत्रणा से अपने आपको ऊँचे उठाकर दिव्य आनन्द का उपभोग करो।''

और इस प्रकार रामकृष्ण हजारों तरीकों से अपने तरुण शिष्यों को सत्य धर्मानुभूति के पथ पर चलाने व उनके अन्दर सत्यतम व उच्चतम व्यक्तित्व का विकास करने के लिए अपने समस्त प्रभाव का उपयोग करते थे। वे उन्हें अपने वश में करने की बात कभी स्वप्न में भी न सोचते थे। वे अपने आपको उन्हें सौंप देते थे। ''तुम्हें मेरे प्रति आत्मसमर्पण कर देना चाहिए'' यह बात वे न कभी सोचते ही थे और न कभी कहते थे। ईसा और रामकृष्ण के पथ-प्रदर्शन में यही एक मुख्य अन्तर है।

(उपरोक्त प्रसंग के लिए 'श्री रामकृष्ण जीवनी', पृ० ४७५, ४८८, ६०४, ६०६ और ३१५ देखिए।)

रामकृष्ण अपने परिपार्श्वस्थ व्यक्तियों पर किस प्रकार अपनी वैयक्तिक चेष्टाओं द्वारा प्रभाव डालते थे, इस पहलू पर मैंने अपने पाश्चात्य पाठकगण के लिए ही जोर देने की आवश्यकता अनुभव की है। पूर्वदेशीय पाठकों की दृष्टि में उनका जो महत्त्व है, वह मैं यहाँ नहीं दे रहा हूँ। इस सम्बन्ध में मैं शरच्चन्द्र (शारदानन्द) की सम्मति से सहमत हूँ : ''हमें और चाहिए। हम थोड़े से संतुष्ट नहीं हो सकते।'' आत्मा के सम्मुख प्रकट होने वाली साक्षी के मुकाबिले में आँखों की साक्षी अत्यन्त तुच्छ है।

करता था, परन्तु केवल उन्हीं आत्माओं पर जो कि पहले ही उर्ध्वलोक में पहुँच चुकी होती थीं। किसी नये ज्ञान का आविष्कार न होता था,[१] परन्तु इससे पूर्व ही वे जो कुछ जान चुके होते थे, जो ज्ञान का भण्डार उन्होंने धीरे-धीरे संचित किया होता था, वही एक क्षण में स्पर्शगोचर एवं जीवित सत्य में परिणत हो जाता था। ''उस समय तुम यह उपलब्धि कर सकते हो कि तुम्हारे अपने व्यक्तित्व की तरह अनेक वस्तु परमात्मा में ही रहती है। जो कुछ भी विद्यमान है, तुम उसकी इच्छा-शक्ति व चेतना में परिणत हो जाते हो। तुम्हारी इच्छा विश्व की इच्छा बन जाती है।''[२]

यह उपलब्धि, अन्तिम मंजिल है। कारण, इस सामयिक अभिव्यक्ति के परे ही परम उपलब्धि, परमसत्ता के साथ एकात्मकता, जो निर्विकल्प समाधि में प्राप्त होती है, रहती है।

---

१. जिन सब शिष्यों को यह अनुभव प्राप्त हुए हैं—उनमें से कुछ श्रेष्ठतम बुद्धिवादी इस समय भी जीवित हैं—और वे इस बात के साक्षी हैं कि इसमें उस सम्मोहन शक्ति का लेशमात्र भी कोई आभास नहीं था, जो कि इच्छा-शक्ति के ऊपर किसी बाहरी चेतना द्वारा शर्तों का आरोप करके इच्छा-शक्ति को विनष्ट कर देती है। अपितु यह एक पुष्टिकारक व उत्तेजक औषधि के समान प्रभावकारी था। इसके प्रभाव से मनुष्य अपने ही आदर्शों का स्पष्टतर रूप से देखने लगते थे। वर्तमान मठाध्यक्ष स्वामी विवेकानन्द ने मुझे लिखा :—

''रामकृष्ण अपनी आध्यात्मिक शक्ति को दूसरों के अन्दर संचारित करके उन्हें उर्ध्वतम चेतना तक पहुँचा देने की शक्ति रखते थे। वह अपने विचार की शक्ति व स्पर्श द्वारा यह कह देते थे। हममें से अनेकों को अपनी-अपनी योग्यता के अनुसार चेतना के ऊर्ध्वतर स्तरों पर पहुँचने का सुयोग प्राप्त हो चुका है। यह किसी प्रकार की सम्मोहनावस्था न थी और एक गंभीर निद्रा की अवस्था भी न थी। स्वयं मुझे भी उनकी इच्छा व स्पर्श की सहायता से तीन बार उच्च आध्यात्मिक चेतना लाभ करने का सौभाग्य प्राप्त हो चुका है। उनकी महान् आध्यात्मिक शक्ति की साक्षी देने के लिए मैं अब भी जीवित हूँ।''

योरोप के जो विद्वान्, रहस्यपूर्ण मनोविश्लेषण की समस्याओं के अध्ययन में व्यस्त हैं, उन्हें समय रहते इन जीवित साथियों के सम्पर्क में आना चाहिए। मैं फिर दोहराना चाहता हूँ कि मुझे इन सब घटनाओं के सम्बन्ध में जिनकी आन्तरिक सत्यता असन्दिग्ध है, कोई कौतूहल नहीं है, तथापि मैं अपना कर्तव्य समझकर ही उनका यहाँ वर्णन कर रहा हूँ। कारण, वे सब सच्चे विश्वास व विश्लेषणात्मक बुद्धि की बाड़ के अन्दर सुरक्षित हैं। महान् धार्मिक अन्तःअनुभूति (Intuition) के तथ्य में ही मेरी अधिक दिलचस्पी है, जो 'गुजर चुका है' उसकी उपेक्षा 'जो रहा है,' और जो कुछ थोड़े-से चुने हुए व्यक्तियों को ही सुप्राप्य है, उसकी अपेक्षा जो सभी व्यक्तियों के अन्दर विद्यमान है व हमेशा विद्यमान रह सकता है, उसमें ही मेरी अधिक रुचि है।

२. इसका यह अर्थ है कि हम विश्व की इच्छाशक्ति को ही अभिव्यक्त करते हैं, न कि अपनी इच्छाशक्ति को इसके ऊपर लादने की चेष्टा करें।

परन्तु वह अवस्था केवल उन्हीं मनुष्यों के लिए सुरक्षित है, जिन्होंने जीवन में अपने आदर्शों को पा लिया है। यह सबसे अन्तिम तथा निषिद्ध आनन्द है, कारण रामकृष्ण जैसे केवल कुछ विशेष अपवादों को छोड़कर उस अवस्था से पुनरावृत्ति नहीं होती। अपने शिष्यों के अनेक आग्रह व अनुरोध करने पर भी वे उन्हें इस अवस्था का आस्वाद न लेने देना चाहते थे, क्योंकि वे अभी इसके अधिकारी न थे। वे खूब अच्छी तरह जानते थे कि वह सब 'लवण मूर्तियाँ' समुद्र की प्रथम लहर के स्पर्श में ही विलीन हो जाएँगी। जो परम सत्ता के साथ एकात्मकता प्राप्त करना चाहता है, उसे वापसी का टिकट मिल जाना एक आश्चर्य की ही वस्तु है!

इसलिए उनके शिष्यों को उस अन्तिम मंजिल से पूर्व जिसमें कि समस्त सत्ता के साथ एकत्व बोध होता है, पूर्ववर्ती मंजिल में ही इस संसार में रहना पड़ा।[१] ठीक-ठीक कहा जाये तो यह प्रकाशलाभ करने की मंजिल है, जिसके लिए हम सब इच्छा कर सकते हैं, व अपने प्रयत्नों द्वारा उसे प्राप्त कर सकते हैं और अन्य व्यक्तियों का भी उसकी प्राप्ति के लिये पथप्रदर्शन कर सकते हैं।

और हमारे पश्चिम की वे स्वतन्त्र विचारक महान् आत्माएँ भी जिन्होंने कि तर्क व प्रेम द्वारा प्राणिमात्र के साथ एकत्व की उपलब्धि की है, इससे भिन्न और क्या करती है? क्या हमारे उन सब प्रयत्नों, हमें प्रेरणा देने वाले उन सब मानसिक आवेगों और हमारे उस गम्भीर विश्वास का, जिसके द्वारा कि हम जिंदा हैं और मनुष्यों के बीच घृणा तथा हिंसा के रक्त-समुद्र से अपने चरणों के तलवों को भी बिना डुबोये पार हो रहे हैं, वही अविराम लक्ष्य नहीं है? क्या हमारी यही एकमात्र कामना, एकमात्र दृढ़ विश्वास नहीं है कि जल्दी व देर से कभी न कभी वह अवस्था—जिसने सब राष्ट्रों, जातियों व धर्मों की एकता स्थापित होगी, अवश्य आएगी? और क्या इस बारे में हम सब, अज्ञातरूप में ही सही, रामकृष्ण के शिष्य नहीं हैं?.

१. यह संसार कर्मभूमि है, जिसमें मनुष्य उसी प्रकार काम करने के लिए आता है, जिस प्रकार आस-पास के गाँवों से कलकत्ता नगरी में लोग काम करने के लिए आते हैं।''
श्री श्रीरामकृष्ण कथामृत, द्वितीय भाग, पृ० १४७।

(स्वामी विवेकानन्द ने गुरु के जीवनकाल में ही निर्विकल्प समाधि अवस्था प्राप्त कर ली थी। और उनके कुछ अन्य शिष्यों ने यह सिद्धि प्राप्त न की थी, यह कहना सम्भव नहीं है—प्रकाशक का मन्तव्य)।

१०
प्रिय शिष्य नरेन्द्र

परन्तु रामकृष्ण के ऊपरली मंजिल के इन भारतीय शिष्यों में, जिन्होंने बाद में जैसा कि मैं आगे दिखलाऊँगा, अपने विश्वास व कर्मों द्वारा ख्याति प्राप्त की, एक असाधारण शिष्य था, जिसके साथ रामकृष्ण ने भी असाधारण ही व्यवहार किया। इस युवक के रामकृष्ण को जानने से पूर्व ही, रामकृष्ण ने प्रथम दृष्टिपात में ही यह समझ लिया था कि वह कौन है और क्या हो सकता है और उसे मानव जाति के आध्यात्मिक नेता के रूप में चुन लिया था। वह था नरेन्द्रनाथ दत्त, विवेकानन्द।

रामकृष्ण की प्रतिभा अन्त:अनुभूति द्वारा आत्माओं का निरीक्षण कर लेती थी। उसके लिए काल का कोई व्यवधान न था। वह एक फलक में ही भविष्य की धारा को जान लेते थे। इसलिए विवेकानन्द को चर्मचक्षुओं से देखने से पूर्व ही उन्हें यह विश्वास हो गया था कि उन्होंने गर्भस्थित उस महान् शिष्य को देख लिया।

मैं यहाँ उनके इस सुन्दर दिव्य-दर्शन का वर्णन देना चाहता हूँ। निस्सन्देह मैं साधारण तरीकों व किसी मनोवैज्ञानिक की शैली से भी इसकी व्याख्या करने का प्रयत्न कर सकता हूँ, परन्तु ऐसी व्याख्या निरर्थक है। हम जानते हैं कि एक शक्तिशाली दिव्य दर्शन, जो कुछ वह देखता है, उसे उत्पन्न कर देता है व उसका निर्माण कर लेता है। गम्भीर अर्थों में भविष्य-द्रष्टागण, जिसका अभी तक जन्म नहीं हुआ है, परन्तु जो कि जन्म के तट पर स्पन्दित हो रहा है, उसी के वास्तविक जन्मदाता होते हैं। जो प्रचण्ड स्रोत धारा विवेकानन्द के विलक्षण भविष्य का निर्माण कर रही थी, वह पृथ्वी के गर्भ में ही विलीन हो जाती, यदि रामकृष्ण की दृष्टि हथौड़े के समान उसके गतिरोधकारी प्रस्तर को चूर-चूर करके उसकी आत्मा की नदी के प्रवाह के लिए प्रशस्त मार्ग का निर्माण न कर देती।

"एक दिन मैंने समाधि में देखा कि मेरा मन एक आलोकित पथ पर ऊपर ही ऊपर उड़ा चला जा रहा है। वह जल्दी ही नक्षत्र-लोक को पार करके विचारों के सूक्ष्मतर क्षेत्र में प्रविष्ट हो गया। वह जैसे-जैसे ऊँचे-ऊँचे चढ़ने लगा, मार्ग के दोनों तरफ मैंने देवी-देवताओं की भावात्मक मूर्तियाँ देखीं, तब मेरा मन उस क्षेत्र की बाह्य सीमा पर पहुँच गया, जहाँ पर एक ज्योति प्राचीर 'परम' सत्ता के क्षेत्र से सापेक्ष सत्ता के लोक को पृथक करती थी। उस प्राचीर को पार करके मन उस परात्पर लोक में पहुँच गया, जहाँ पर किसी शरीरधारी व्यक्ति का अस्तित्व न था। देवतागण भी उस उत्कृष्ट लोक में झाँकने का साहस न करते थे, और अपने बहुत नीचे आसनों पर ही बैठने में संतोष का अनुभव करते थे। परन्तु अगले ही क्षण मैंने देखा कि वहाँ पर सात पूज्य ऋषिगण समाधि लगाए बैठे हैं। हठात् मेरे मन में यह विचार उत्पन्न हुआ कि

यह ऋषिगण ज्ञान में, पवित्रता में, त्याग में व प्रेम में न केवल मनुष्यों को ही अतिक्रान्त कर गए हैं, अपितु देवताओं से भी आगे बढ़ गए हैं। मैं उनकी शक्ति से मुग्ध होकर उनकी महानता पर विचार कर ही रहा था कि मैंने देखा कि इस अपृथकीकृत आलोकित लोक का एक अंश घनीभूत होकर एक देवशिशु में परिणत हो गया। उसके बाद देवशिशु एक ऋषि के समीप गया और अपनी सुन्दर सुकोमल बाहुओं से उसके कण्ठ का आवेष्टन कर मृदु कण्ठ से बातें करता हुआ समाधि अवस्था से उसके मन को नीचे लाने लगा। इस जादू-स्पर्श ने शीघ्र ही ऋषि को अतिचेतन अवस्था से जगा दिया, और वह अपने अर्द्ध उन्मुक्त नेत्रों से उस आश्चर्यजनक शिशु को देखने लगा। ऋषि के चेहरे से ऐसा प्रतीत होता था कि यह बालक उसकी आँखों का तारा है। खुश होकर इस विचित्र बालक ने ऋत्रि से कहा : 'मैं नीचे जा रहा हूँ। तुम्हें भी मेरे साथ चलना होगा।' ऋषि चुप रहे, परन्तु उनके चेहरे से यह स्पष्ट था कि वह उससे सहमत हैं। बालक की तरफ देखते ही देखते वे पुनः समाधिस्थ हो गए। मैंने आश्चर्यचकित होकर देखा कि उनके शरीर और मन का एक खण्ड एक उज्ज्वल प्रकाश के रूप में पृथ्वी पर अवतरित हो रहा है। नरेन्द्र को देखते ही मैंने पहचान लिया कि यही वह ऋषि है।''[१]

रामकृष्ण के यह न बतलाने पर भी कि वह बालक कौन था, हम उसका अनुमान कर सकते हैं। निस्सन्देह उन्होंने अपने शिष्यों के[२] सम्मुख यह स्वीकार किया था कि वह बालक वे स्वयं ही थे और निश्चय ही वे अपने समस्त जीवन भर बैम्बिनो[३] ही बने रहे, जिनके ओष्ठाधर निरन्तर माता का स्तन्यपान करते थे, और जिन्होंने अपने जीवन लक्ष्य को पूरा करने के लिए—जो लक्ष्य उनकी अपनी ही धारणा के अनुसार मनुष्य-जाति का नेतृत्व करने के लिए अपनी अपेक्षा एक योग्यतर व्यक्ति को संसार में आने के लिए प्रेरित करना था,—केवल कुछ क्षण के लिए माता के बाहुबन्धन से अपने को मुक्त किया था।

उनका निर्णय सर्वथा उपयुक्त था। उसके लिए एक बलिष्ठ देह, पृथ्वी को कर्षण करने में समर्थ बाहु, पर्यटन करने के लिए ताकतवर टाँगों, कार्यकर्ताओं की एक रक्षकसेना तथा उनको नियन्त्रण में रखने वाले मस्तिष्क और समस्त विश्व के प्रेम से परिपूर्ण विराट् हृदय की आवश्यकता थी। रामकृष्ण के ज्वलन्त विश्वास ने जो मूर्त रूप धारण कर लिया, इससे न केवल उनकी दूरदर्शिता व उनकी इच्छा-शक्ति की समर्थता ही सिद्ध होती है, अपितु उससे यह भी सिद्ध होता है कि बंगाल देश की भूमि भी उद्यत होकर व्याकुल मन से उनके आह्वान की प्रतीक्षा कर रही थी। प्रकृति ने स्वयं शिशु विवेकानन्द को जन्म देकर इस शताब्दी के वक्ष में डाल दिया था। कारण उस प्रकार की आत्मा के जन्मग्रहण का उपयुक्त अवसर उपस्थित हो गया था।

---

१. श्री श्रीरामकृष्ण जीवनी, पृ० ४३८।

२. शारदानन्द।

३. इटैलियन नवजागृति के युग में मेरी माता की गोदी में शिशु ईसा के चित्र को 'बैम्बिनो' नाम से पुकारा जाता है।

और नरेन्द्र जैसे एक हठी, अशान्त और झंझा-विताड़ित नवयुवक में, जैसा कि वह उस समय था, एक भविष्यत् नेता व अपनी आशा के सर्वथानुकूल प्रचारदूत का एकदम दर्शन भी रामकृष्ण की असाधारण बुद्धिमत्ता का ही सूचक है।

रामकृष्ण और विवेकानन्द की प्रथम मुलाकात की कथा विस्तारपूर्वक वर्णन करने लायक है। अपनी इच्छा न होने पर भी जो दुर्निवार आकर्षण नरेन्द्र ने अनुभव किया था और जिस आकर्षण के फलस्वरूप अपने शत-शत प्रतिरोध के बावजूद भी वह रामकृष्ण की इच्छानुसार उनसे मिलने के लिए बाध्य हुआ था, इसे पढ़कर पाठकगण स्वयं भी उसका अनुभव कर सकते हैं।

परन्तु इससे पूर्व जिस समय यह धूम्रकेतु रामकृष्ण के मार्ग में प्रविष्ट होकर उनमें विलीन हो गया, उस समय की उस तरुण प्रतिभा का चित्रण आवश्यक है।[१]

विवेकानन्द एक कुलीन क्षत्रिय परिवार के सदस्य थे। उनके समस्त जीवन में युद्ध-परायण क्षत्रिय जाति की छाप पाई जाती है। १२ जनवरी, सन् १८६३ को कलकत्ते में उनका जन्म हुआ। उनकी माता एक उच्चशिक्षिता व राजकीय आनबान की महिला थीं, जिनको वीर आत्मा महान् हिन्दू महाकाव्यों द्वारा परिपुष्ट हुई थी।[२] विवेकानन्द के पिता विलास वैभव के

---

१. विवेकानन्द के प्राच्य व पाश्चात्य शिष्यों ने हिमालयस्थ अद्वैत आश्रम से चार खण्डों में 'स्वामी विवेकानन्द की जीवनी' नामक जो वृहत् जीवनी प्रकाशित की है, उसी के आधार पर मैं यह विवरण दे रहा हूँ।

शारदानन्द ने स्वरचित रामकृष्ण की जीवनी में जो विशद वर्णन दिया है, उससे और विवेकानन्द की अमेरिकन शिष्या भगिनी क्रिस्टाइन की अप्रकाशित स्मृति-कथाओं से भी (जो कि कृपापूर्वक उन्होंने मुझे उपयोग के लिए दी थी) मैंने यहाँ कुछ अंश दिया है।

२. विवेकानन्द के ऊपर उनकी माता का प्रभाव सर्वदा स्मरणीय है। वह एक बड़ा जिद्दी व हठी लड़का था, जिसके पालन-पोषण में उसकी माँ को बहुत कष्ट उठाना पड़ा था। तथापि विवेकानन्द के हृदय में मृत्युपर्यन्त अपनी माता के लिए एक सुकोमल श्रद्धा का स्थान बना रहा। सन् १८९४ के अन्त में उन्होंने अमेरिका में भरी सभा में अपनी माता के प्रति श्रद्धांजलि अर्पित की थी। वे भारतीय नारी के सम्बन्ध में व्याख्यान देते समय प्रायः अपनी माता के आत्मसंयम, पवित्रता व उनके उच्च चरित्र की प्रशंसा किया करते थे। वे कहते थे : ''मेरी माता से ही मुझे अपने जीवन व कर्म की निरन्तर प्रेरणा मिली है।''

भगिनी क्रिस्टाइन के अप्रकाशित संस्मरणों से हम विवेकानन्द के माता-पिता के चरित्र की कुछ विशेषताओं को जान सकते हैं, जो कि विवेकानन्द की अमेरिका में उसके साथ हुई बातचीत के सिलसिले में उसने संगृहीत किए थे।

अपनी माता से विवेकानन्द ने राजकीय शानशौकत अनेक बौद्धिक गुण, असाधारण स्मृति शक्ति और नैतिक पवित्रता प्राप्त की थी।

बीच एक अस्थिर जीवन व्यतीत करते थे। उनकी मनोवृत्ति, अठारहवीं शताब्दी के एक फ्रांसीसी जागीरदार के समान, स्वच्छन्द थी और बहुत कुछ वोल्टेयर से मिलती-जुलती थी। उनके हृदय में जात-पाँत के प्रति उदासीनता का भाव था, कारण उनकी मनोवृत्ति उदार थी और अपनी उच्चता के प्रति उनके हृदय में एक हास्यमय चेतना थी। परन्तु उनके दादा ने जो कि समृद्धिशाली सुसंस्कृत व्यक्ति थे, पच्चीस वर्ष की आयु में ही अपनी पत्नी, बाल-बच्चों, ऐश्वर्य व मान-मर्यादा सबको लात मारकर 'जंगल' की शरण ले ली थी और संन्यास का व्रत धारण किया था और उस दिन के बाद वे फिर कभी दिखाई नहीं दिये।....

नवजागृति के कलाकार राजकुमार के समान विवेकानन्द का शैशव व किशोर काल व्यतीत हुआ था।[१] उसे जन्म से ही अनेक गुण प्राप्त हुए थे और उसने अभ्यास द्वारा उन सबको विकसित किया था। उसके देह में सिंह का पराक्रम व मृगशावक की चंचलता थी। उसके देह का गठन मल्लयोद्धा के सदृश हृष्ट-पुष्ट था और वह असीम साहस ने भरा हुआ था। वह सब शारीरिक व्यायामों का सिद्धहस्त मास्टर था। वह मुष्टियुद्ध करने, तैरने व नाव चलाने में कुशल था और घुड़सवारी का भी उसे शौक था। वह युवकों का प्रिय और फैशन का निर्णायक था। वह संकीर्तन में सुन्दर कलापूर्ण नृत्य करता धा। उनका कण्ठस्वर मधुर था, इसी ने बाद में रामकृष्ण को मुग्ध कर लिया था। उसने चार-पाँच वर्ष तक प्रसिद्ध हिन्दू व मुसलमान उस्तादों से गाने और बजाने की शिक्षा प्राप्त की थी। उसने स्वरलिपि की रचना की थी और भारतीय संगीत के विज्ञान व दर्शन के सम्बन्ध में एक प्रामाणिक प्रबन्ध भी प्रकाशित किया था। वास्तव में वह संगीत के बारे में सर्वत्र एक प्रामाणिक विचारक समझा जाता था। उसके निकट संगीत मन्दिर[२] प्रवेश का तोरण द्वार था और परमात्मा के प्रासाद में प्रवेश करने का पथ था। कालेज में वह अपनी तीव्र बुद्धि के लिए विख्यात था। भौतिक विज्ञान, ज्योतिषशास्त्र, गणित विद्या, दर्शनशास्त्र एवं भारतीय अथवा पाश्चात्य भाषाएँ सभी के लिए उसका उत्साह एक समान था। उसने अँगरेजी व संस्कृत कवियों का अध्ययन किया था। ग्रीन और गिबन के ऐतिहासिक ग्रन्थों का अच्छी तरह मनन किया था। फ्रांसीसी राज्यक्रान्ति एवं

अपने पिता से उन्होंने विचार शक्ति, कलात्मक अनुभूति और दया का सबक सीखा था। उनके पिता उस युग के मनुष्य थे, जबकि पाश्चात्य प्रत्यक्षवाद (Positivism) ने भारतीय नवयुवकों के हृदयों को अपनी बाढ़ में बहा दिया था। उसके फलस्वरूप धर्म में उनका विश्वास नष्ट हो चुका था। वह उसे अन्धविश्वास के अतिरिक्त और कुछ न समझते थे। वे हाफिज की कविता और बाइबिल की कलात्मक रचना की प्रशंसा किया करते थे। उन्होंने विवेकानन्द को न्यू टैस्टामैण्ट व ओल्ड टैस्टामैण्ट की तरफ निर्देश करते हुए विचित्र बात कही थी : ''यदि कोई धर्म है तो वह इस पुस्तक में है।'' परन्तु वे आत्मा और परलोक में विश्वास न करते थे। उनकी उदारता व दानशीनता फिजूलखर्ची की सीमा तक पहुँच जाती थी और वे एक मुस्कराते और संसारी संशयवाद के शिकार प्रतीत होते थे।

१. **अर्थात् इटैलियन नवजागृति के युग में।**

२. **देवी सरस्वती का मन्दिर।**

नैपोलियन की जीवनी ने उसके अन्दर एक नया जीवन भर दिया था। अन्यायन्य अनेक भारतीय बालकों के समान उसने बचपन से ही ध्यान करने का भी अभ्यास किया था। वह रात-रात भर जागकर 'इमिटेशन आफ जीसस क्राइस्ट' नामक पुस्तक व वेदान्त का अध्ययन किया करता था। दार्शनिक वाद-विवाद में उसकी रुचि थी। तर्क, समालोचना एवं विचार विभेद करने का उसे एक प्रकार का नशा था; इसी से बाद में वह विवेकानन्द नाम से प्रसिद्ध हुआ। वह ग्रीक सौन्दर्य के साथ भारतीय व जर्मन विचारों का संपूर्ण समन्वय घटाना चाहता था। उसका सार्वभौमवाद, जीवन के सब रूपों के ऊपर आध्यात्मिक साम्राज्य स्थापित करने की दृष्टि से लियोनार्दो[१] और एलबर्टी[२] के स्तर पर पहुँच गया था। यहीं तक नहीं, इस सार्वभौमवाद को एक धार्मिक आत्मा तथा पूर्ण विशुद्धता का मुकुट भी पहना दिया गया था। इस तरुण युवक ने, जिसे कि जीवन की सब सुख-सुविधाएँ व विलास-सामग्रियाँ प्राप्त थीं और जो कि स्वभावत: स्वच्छन्द व आवेगशील था, जानबूझकर कठोर ब्रह्मचर्य का व्रत ग्रहण किया था। किसी सम्प्रदाय से बद्ध हुए बिना ही तथा किसी धर्मविश्वास को ग्रहण करने से पूर्व ही उसके अन्दर यह भावना थी (यह भावना क्यों थी, इसके बारे में मैं गंभीर युक्ति बाद में दूँगा) कि देह और आत्मा की पवित्रता एक आध्यात्मिक शक्ति है—जिस आध्यात्मिक शक्ति की अग्नि जीवन के प्रत्येक पहलू में प्रविष्ट होती है, परन्तु अल्प मात्र अशुद्धि से ही वह अग्नि बुझ जाती है। इसके अतिरिक्त एक महान् नियति की छाया के ऊपर पड़ रही थी। और यद्यपि वह इस नियति की दिशा से अभी अनभिज्ञ था तथापि वह उसके योग्य बनने व उसकी उपलब्धि करने के लिए प्रयत्नशील था।

गुणों की अनेकता एवं विरोधी भावों की प्रबलता के कारण उसे अपने व्यक्तित्व के सुनिर्दिष्ट होने से पूर्व अनेक वर्षों तक आत्मा के कठिन द्वन्द्व में से गुजरना पड़ा। सत्रह वर्ष की आयु से इक्कीस वर्ष की आयु तक (सन् १८८० से १८८४ तक) विवेकानन्द को निरन्तर तीव्रतर मानसिक व बौद्धिक संकटों की शृंखला में से गुजरना पड़ा और अन्त में धार्मिक सुनिश्चितता द्वारा इन संकटों का अन्त हुआ।

पहले पहल वह जान स्टुअर्ट मिल के (Essays of Religion) (धर्म पर निबन्ध) को पढ़कर प्रभावित हुआ था। उससे फैशनेबुल ब्रह्मसमाजी क्षेत्र में जिस नींव रहित आशावादी ईश्वरवाद का महल खड़ा किया था, वह चकनाचूर हो गया। उसे प्रकृति में पाप का चेहरा दृष्टिगोचर होने लगा और वह उसके विरुद्ध उठ खड़ा हुआ। परन्तु वह (अलब्रेख्त ड्यूरर[३] के समान) उबा देने वाले नैराश्य एवं पुरातन विषण्णता[४] से आत्मरक्षा करने में असमर्थ था।

---

१. लियोनार्दो :—इटली का विख्यात चित्रकार (१४५२-१५१९)। —अनुवादक

२. एलबर्टी :—(१४०४-१४७२) इटली का विख्यात स्थपति, चित्रकार, कवि, दार्शनिक एवं संगीतज्ञ। —अनुवादक

३. अलब्रेख्त ड्यूरर—एक जर्मन चित्रकार व नक्काश (१४९१-१५२८) —अनुवादक

४. अलब्रेख्त ड्यूरर रचित 'विषण्णता' के एक उत्कीर्ण चित्र की तरफ निर्देश है, जिसमें एक निराश देवदूत विज्ञान की विशृंखलता (Chaos) के बीच खड़ा हुआ विषाद की मूर्ति का प्रतिनिधित्व करता है। उसके विषाद का भाव असाधारण है और उसमें

उसने हर्बर्ट स्पेन्सर से पत्र-व्यवहार किया[१] परन्तु उसके सिद्धान्तों से भी उसे सन्तोष न हो सका। उसने अपने कालेज की उच्च कक्षा के छात्रों से विशेषत: ब्रजेन्द्रनाथ शील से शंका समाधान का प्रयत्न किया।[२] उसने अपनी सब शंकाएँ बृजेन्द्र के सम्मुख खोलकर रख दीं और सत्य की खोज में उससे पथ-प्रदर्शन के लिए प्रार्थना की। बृजेन्द्रनाथ शील की ही प्रेरणा से उसने शैली का अध्ययन किया और अपनी जलती हुई आत्मा को कवियों के सर्वेश्वरवाद[३] (Pantheism) की हवाई लहरों में स्नान कराया। इसके बाद विवेकानन्द के इस तरुण परामर्शदाता ने उसे 'युक्ति-भगवान्' (God of reason) की सेवा के लिए आमंत्रित किया। परब्रह्म की यह धारणा बृजेन्द्र की अपनी ही निराली सूझ थी। उसके युक्तिवाद (Retionalism) में एक अद्‌भुत विशेषता थी। वह कहता था कि उसमें वेदान्त के विशुद्ध अद्वैतवाद, हीगल के परम विचार से सम्बन्धित तर्क (Dialectic of absolute idea) और फ्रान्सीसी क्रान्ति के सन्देश—समता, स्वाधीनता व भ्रातृत्व इन सबका समावेश है। उसका

निरर्थक बौद्धिक अनुसंधान से क्लान्त, विरक्त व विषण्ण एक आत्मा की ओर इंगित है।

१. ऐसा कहा जाता कि स्पेन्सर विवेकानन्द की दुस्साहसिक समालोचना को पढ़कर विस्मित रह गया और उसने उसकी अकाल विकसित दार्शनिक बुद्धि की बड़ी प्रशंसा की। शारदानन्द के मतानुसार नरेन्द्र ने सन् १८८१ में अपनी प्रथम परीक्षा से लेकर सन् १८८४ में अपनी अन्तिम परीक्षा तक, जो कि हमारे यहाँ की लाइसन्सियेट की डिग्री के समान है, पाश्चात्य दर्शन का खूब अध्ययन किया। उसने दकार्ते, काण्ट, फीश्टे, स्पिनोजा, हीगल, शोपनहार, आगस्ट काम्टे और डार्विन आदि सब दार्शनिकों के विचार पढ़े। परन्तु मुझे ऐसा प्रतीत होता है कि उसने इन सब लेखकों के विचार उनके सम्बन्ध में लिखित अगंभीर साधारण पुस्तिकाओं द्वारा ही पढ़े थे, उनकी असली मूल पुस्तकों का उसने अध्ययन नहीं किया। उसने कुछ दिन तक चिकित्साशास्त्र का भी अध्ययन किया, जिसमें मस्तिष्क व नाड़ी-संस्थान की रचना को विशेष रूप से पढ़ा। पाश्चात्य ''विश्लेषणात्मक एवं वैज्ञानिक शैली ने उसे अपने वश में कर लिया था, और इसलिए वह उसी शैली को हिन्दू धार्मिक विचारों के अध्ययन में भी प्रयुक्त करना चाहता था।'' (शारदानन्द)।

२. यह विख्यात मनीषी इस समय (मूल ग्रन्थ रचना के समय—अनुवादक) मैसूर विश्वविद्यालय में वाइस चांसलर हैं। वह भारतवर्ष के अन्यतम श्रेष्ठ पण्डित व दार्शनिक हैं। उन्होंने सन् १९०७ में 'प्रबुद्ध भारत' पत्रिका में प्रकाशित एक लेख में अपनी स्मृति से विवेकानन्द के सम्बन्ध में अनेक संस्मरण दिये हैं, जो कि बाद में ''स्वामी विवेकानन्द की जीवनी'' नामक ग्रन्थ के प्रथम खण्ड में १७२-१७७ पृष्ठ पर उद्‌धृत हुए हैं। कालेज में वे विवेकानन्द से ऊँची श्रेणी में पढ़ते थे, परन्तु आयु में विवेकानन्द इनसे बड़े थे।

३. उसने वड्‌र्सवर्थ का भी अध्ययन किया था। समस्त अँगरेज कवियों में वड्‌र्सवर्थ ही सुदूर प्राच्य कवियों के निकटतर प्रतीत होता है।

विश्वास था कि ''वैयक्तिकता'' या ''व्यष्टिवाद'' का सिद्धान्त ''पाप है और समष्टि बुद्धि (Universal reason) ही ''पुण्य'' है। इसलिए यह परम आवश्यक है कि विशुद्ध बुद्धि (Reason) को प्रकट किया जाए। यह एक महान् आधुनिक समस्या है और बृजेन्द्र क्रान्ति के द्वारा इसका समाधान करना चाहता था। बृजेन्द्र का क्रान्तिकारी शाही युक्तिवाद (Imperial Rationalism) विवेकानन्द की शासक प्रकृति के कुछ अंशों को अपील करता था। परन्तु उसके प्रचण्ड विक्षुब्ध व्यक्तित्व को ऐसी सीमाओं में रुद्ध रखना संभव न था। यद्यपि उसकी बुद्धि निस्सन्देह समष्टि बुद्धि अखण्ड की प्रभुता को स्वीकार करने और व्यक्तिवाद की अस्वीकृति को नैतिकता का आधार बनाने के लिए तत्पर थी, परन्तु उसका जीवन उससे सहमत न था। यह विश्व के सौंदर्य और उसके आवेगों से अत्यन्त आकृष्ट था। उसे उनके पृथक् करने का प्रयत्न एक जंगली हिंस्र पशु को निरामिषाहारी बनाने के प्रयास के समान था। उसकी विषण्णता और वेदना और भी बढ़ गई। उसे विश्वव्यापी बुद्धि व एक रक्तहीन परमात्मा को भोजन के रूप में देना एक परिहास के अतिरिक्त और क्या अर्थ रखता था? वास्तविक हिन्दू होने के कारण, उसके लिए जीवन सत्य की सारवस्तु न होने पर भी, वह उसका सर्वप्रथम गुण था। इसलिए उसे परमात्मा के एक जीवित प्रकाश की, परब्रह्म के स्थूल रूप की, विधाता निर्मित पुरुष की—एक ऐसे धर्मात्मा गुरु की आवश्यकता थी, जो उसे यह कह सकता: ''मैंने उसे (भगवान् को) देखा है। मैंने उसे छुआ है। मैं उसके साथ एकरूप हूँ।'' तथापि योरोपियन विचाराधारा में पली हुई उसकी बुद्धि और अपने पिता से विरासत में प्राप्त की हुई उसकी आलोचक मनोवृत्ति ने उसके हृदय और इन्द्रियों की आकांक्षा के विरुद्ध विद्रोह कर दिया। रामकृष्ण के साथ उसके प्रथम साक्षात्कार की प्रतिक्रियाओं से वह विद्रोह स्पष्ट प्रकट हो जाता है।

अपने समकालीन समस्त युवक मनीषियों के समान भी वह केशवचन्द्र सेन के विशुद्ध प्रकाश से आकृष्ट हुआ था। वह उस समय अपने उच्चतम शिखर पर था और नरेन्द्र को उससे ईर्ष्या होती थी। वह भी केशव बनना चाहता था। केशवचन्द्र के नवविधान के प्रति उसकी सहानुभूति स्वाभाविक थी, और उसने उसमें सहयोग दिया। नूतन ब्रह्मसमाज के सदस्यों की सूची में उसका भी नाम दर्ज हो गया।[१] रामकृष्ण मिशन के अनुयायी प्राय: यह कहते हैं कि विवेकानन्द ब्रह्मसमाज द्वारा प्रचारित ऐसे ऐकांतिक सुधारों से जो कि सनातन हिन्दूधर्म के अत्यन्त श्रद्धेय विश्वासों के सर्वथा विरोधी हैं, कभी पूर्ण सहमत न हो सकते थे। परंतु मैं इस

---

१. **स्वामी विवेकानन्द नाम से विख्यात होने के बहुत दिन बाद तक भी ब्रह्मसमाज की सदस्य सूची में उसका नाम लिखा रहा और उन्होंने अपने शिष्यों से कहा था कि उन्होंने अपना नाम कभी भी उक्त समाज की सूची से कटाया नहीं है। बाद में जब उनसे पूछा गया—''क्या आप ब्रह्मसमाज के विरुद्ध आक्रमण करते हैं?'' उन्होंने उत्तर दिया—''कदापि नहीं।'' वह ब्रह्मसमाज को हिन्दू-धर्म का एक उच्चरूप समझते थे। (स्वामी विवेकानन्द की जीवनी, प्रथम खण्ड, ब्रह्मसमाज के सम्बन्ध में लिखित ३८ परिच्छेद देखिए)। (वह साधारण ब्रह्मसमाज का सदस्य था, केशव के समाज का नहीं।—प्रकाशक)**

बारे में उनसे सहमत नहीं हूँ। युवक नरेन्द्र के दायित्वहीन चरित्र के लिए सामूहिक विध्वंस में एक विशेष आनन्द का अनुभव करना सर्वथा संभावित था और वह ऐसा व्यक्ति न था जो अपने नये साथियों का इस मूर्तिखण्डन के लिए तिरस्कार करता। केवल परवर्तीकाल में ही और वह भी बहुत अंश तक रामकृष्ण के प्रभाव के कारण वह हिन्दू धर्म के उन प्राचीन आचार व्यवहारों व विश्वासों को मानने व स्वीकार करने तथा उनके प्रति श्रद्धा व सम्मान का भाव प्रकट करने लगा था, जो कि दीर्घकालीन परम्परा से चले आ रहे थे और हिन्दू जाति के जीवन में घुलमिल गए थे।[१] परन्तु मेरा विश्वास है कि बिना कठिन संघर्ष के यह संभव नहीं हुआ और रामकृष्ण से शुरू में उसके पीछे हटने में यह बौद्धिक अविश्वास ही कारण था। जो भी हो, उस समय तरुण ब्रह्मसमाजियों ने जाति और धर्म के विचार को ताक में रखकर, समस्त हिन्दू जनता की शिक्षा व एकता के लिए बंगाल में जो आन्दोलन चलाया, उसने उसमें पूर्ण सहयोग दिया। उनमें से कुछ नौजवान सनातन हिन्दू धर्म के विरुद्ध कठोर आक्रमण करने में ईसाई मिशनरियों से भी आगे बढ़ गए थे। परन्तु नरेन्द्र की स्वतंत्र व सजीव बुद्धि ने विकृत धार्मिक जोश से पागल सब समालोचकों की मूर्खतापूर्ण संकीर्णता को शीघ्र ही अनुभव कर लिया और उसकी आत्मा और उसके जातीय अभिमान को इससे ठेस पहुँची। वह अर्धपक्व पश्चिमीय ज्ञान के आगे भारतीय विद्याबुद्धि को सिंहासनच्युत करने के लिए सहमत न हो सका।[२] तथापि वह ब्रह्मसमाज की गोष्ठियों में सम्मिलित होता रहा, परन्तु उसके हृदय में शान्ति न थी।

इसके बाद उसने एक तपोमय जीवन व्यतीत करना प्रारम्भ कर दिया। वह एक अँधेरे व सीलदार कमरे में रहने लगा, जमीन पर बिछौना डालकर उस पर सोने लगा। उसके बिछौने पर चारों तरफ पुस्तकें बिखरी पड़ी रहती थीं। वह फर्श पर ही स्वयं चाय बना लेता था और दिन-रात पढ़ने व ध्यान करने में मशगूल रहता था। उसके सिर में असह्य, घातक पीड़ा होती थी, परन्तु वह अपनी प्रकृति के उन विरोधी आवेगों में सामंजस्य स्थापित न कर पाता था, जिनका पारस्परिक संघर्ष नींद में भी उसका पीछा न छोड़ता था।

वह कहता है, ''मेरी जवानी के शुरू से ही प्रतिदिन रात्रि में जब मैं सो जाता था, मुझे दो स्वप्न आते थे। पहले स्वप्न में मैं अपने-आपको पृथ्वी के उन श्रेष्ठतम मनुष्यों में जिन्हें, सब प्रकार के ऐश्वर्य, सम्मान, शक्ति और यश प्राप्त हैं, बैठा हुआ पाता था और मैं अनुभव करता था मेरे अन्दर इन सब वस्तुओं को प्राप्त करने की शक्ति मौजूद है। परन्तु अगले ही क्षण दूसरे

---

१. **अपनी शक्तियों के परिपक्व हो जाने के बाद वे प्रायः कहा करते थे कि उनका सन्देश हिन्दू धर्म की अस्वीकृति नहीं है, अपितु उसकी परिपूर्णता हैं। वे आमूल सुधारों के पक्ष में थे। (तथापि वे चाहते थे कि यह सुधार अध्वंसात्मक शैली से ही अमल में लाएँ। (पूर्वोक्त पुस्तक देखिए)**

केशव के भी यह वास्तविक शब्द हैं—''हिन्दू सनातनता (Conservatism) का उदार भावना द्वारा प्रचार करो।'' (इण्डियन एम्पायर, १८८४)

२. **इससे यह प्रकट होता है कि नरेन्द्र ब्रह्मसमाज की ऐकान्तिक सुधार योजना से पूर्णतः सहमत न थे—प्रकाशक**

स्वप्न में मैं देखता था कि मैं सब सांसारिक ऐश्वर्यों का त्याग कर, एक कौपीन धारण कर भिक्षावृत्ति द्वारा अपना पालन करता हूँ और एक वृक्ष के नीचे मेरी शय्या है और मैं सोचता था कि प्राचीन ऋषियों की तरह इस प्रकार का जीवन भी मैं व्यतीत कर सकता हूँ। इन दोनों चित्रों में से दूसरा चित्र विजयी रहता था। मैं अनुभव करता था कि इसी के द्वारा मनुष्य को परमानन्द की प्राप्ति हो सकती है!...और उसका पूर्वास्वाद लेकर मैं फिर सो जाता था...रात यही स्वप्न पुनः नया होकर मेरे सामने आता था....।''[1]

जिस समय वह अपने भावी गुरु से मिलने के लिये जा रहा था, जो कि उसके समस्त आगामी जीवन का अधिनायक था, उस समय नरेन्द्र की ऐसी मानसिक दशा थी। उस महानगरी में, जहाँ भारत और योरोप का मेल होता है, उसने सब धार्मिक महापुरुषों[2] से एक-एक करके साक्षात्कार किया था, परन्तु उसे उससे शान्ति न मिल सकी। उसने व्यर्थ खोज की, आस्वाद लिया और फिर छोड़ दिया। इस प्रकार वह भटक रहा था....

उस समय उसकी आयु अट्ठारह वर्ष की थी और वह विश्वविद्यालय की प्रथम परीक्षा की तैयारी कर रहा था। सन् १८८० के नवम्बर मास में, रामकृष्ण के अन्यतम मित्र सुरेन्द्रनाथ मित्र के घर पर (जो कि एक धनी करसंग्रहीता थे और जिन्होंने भारतीय ईसाई धर्म में दीक्षा ली थी) एक छोटे से उत्सव में नरेन्द्र ने एक सुन्दर धार्मिक गाना गाया। इस स्थान पर रामकृष्ण की बाज-दृष्टि ने नरेन्द्र की आत्मा की गहराई को भेद करके देखा और उसे चुन लिया।[3] उन्होंने नरेन्द्र को दक्षिणेश्वर आने के लिए निमंत्रित किया—

युवक नरेन्द्र अपने उद्दण्ड व छिछोरे मित्रों के एक दल के साथ वहाँ पहुँच गया। वह अन्दर आकर उपस्थित हुआ। उसके चारों तरफ क्या हो रहा है। इसकी तरफ कोई दृष्टिपात न करते हुए, अपने ही विचारों से मग्न, वह आसन पर बैठ गया। रामकृष्ण ने गौर से उसकी तरफ देखते हुए उसे गाने के लिए कहा। नरेन्द्र ने आज्ञा का पालन किया। उसके गाने का स्वर इतना आकर्षक था कि रामकृष्ण जो कि नरेन्द्र के सृदश ही संगीत-प्रेमी थे, भावाविष्ट हो गए। मैं नरेन के ही शब्दों में आगे की घटना का वर्णन करता हूँ:

''मेरा गान समाप्त होने पर वे एकदम उठ खड़े हुए और मुझे हाथ से पकड़कर उत्तर की तरफ के बरामदे में ले गए और पीछे का दरवाजा बन्द कर दिया। हमारे समीप और कोई न था। हमें कोई देख भी न सकता था,...मेरे आश्चर्य का ठिकाना न रहा, जब मैंने उन्हें

---

१. शारदानन्द-लिखित रामकृष्ण की जीवनी (दिव्य भाव) का अन्तिम खण्ड, तृतीय परिच्छेद।

२. ऐसा कहा जाता है कि उसने अन्तिम प्रयत्न देवेन्द्रनाथ ठाकुर के साथ किया था। देवेन्द्रनाथ ने उसके महान् गुणों को स्वीकार किया है।

३. रामकृष्ण ने बाद में कहा—''मैंने उसके अन्दर देह के प्रति किसी प्रकार की ममता, कोई दम्भ व अंहकार तथा बाह्य वस्तुओं के प्रति कोई आकर्षण नहीं देखा और उसके नेत्र।....ऐसा प्रतीत होता था कि कोई शक्ति उसकी अन्तरात्मा को वश में किए हुए है...और मैंने सोचा.....ऐसा मनुष्य कलकत्ते में कैसे रह सकता है।'..........''

आनन्दविभोर होकर रोते देखा। उन्होंने मेरा हाथ पकड़कर जैसे मेरा पहले से ही उनसे दीर्घकाल से काफी घनिष्ठ परिचय हो, ऐसा भाव दर्शाते हुए स्नेहपूर्वक कहा: 'ओह! तू इतनी देर करके आया है! तू इतना निर्दय क्यों था, जो मुझे इतने दिन तक प्रतीक्षा करनी पड़ी? मेरे कान और मनुष्यों की निरर्थक बातें सुनते-सुनते पक गए हैं। ओह! मेरी कितनी साध है कि मैं अपने मन की कथा किसी ऐसे योग्य व्यक्ति के हृदय में डाल सकूँ, जो कि मेरे आन्तरिक अनुभवों को ग्रहण कर सके।

...'कुछ देर तक सुबकियाँ लेने के बाद वे फिर मेरे सम्मुख हाथ जोड़कर खड़े हो गए और फिर कहने लगे: 'प्रभु! मैं जानता हूँ कि तुम वही नारायण के अवतार प्राचीन ऋषि नर हो और मनुष्यों के दु:खों को दूर करने के लिए फिर पृथ्वी पर आये हो।'[१] मैं विस्मित रह गया। मैंने सोचा 'यह मैं क्या देख रहा हूँ?' 'इसे होश में लाना चाहिए। मैं विश्वनाथ दत्त की सन्तान हूँ, यह मुझे कैसे इस प्रकार कहने का साहस करता है?....' परन्तु मैं जाहिरा तौर पर चुप रहा और उन्हें अपनी बात जारी रखने दी। वे फिर मेरा हाथ अपने हाथ में लेकर बोले 'प्रतिज्ञा कर कि तू फिर जल्दी ही मुझे देखने के लिए अकेला आएगा।'..."

इस अद्‌भुत आतिथेय के हाथ से शीघ्र मुक्ति पाने के विचार से नरेन्द्र ने आने का वायदा कर लिया, परन्तु अपने दिल में उसने फिर कभी उधर न आने का निश्चय किया। इसके बाद वे बैठक में लौट आये, जहाँ और सब बैठे थे। नरेन्द्र एक तरफ बैठ गया और ध्यानपूर्वक रामकृष्ण की तरफ देखने लगा। उसे उनके शब्दों व कार्यों में कुछ भी विचित्र न मालूम हुआ; उसने उनके शब्दों में एक अन्तर्वर्ती तर्क को देखा और उसने यह अनुभव किया कि यह पूर्णत्याग और विस्मयकर सचाई के गम्भीर जीवन का ही फल है। उसने उन्हें कहते सुना (और ये शब्द नरेन्द्र के रात्रिकालीन अन्तर्द्वन्द्व का उत्तर थे):—"परमात्मा की उपलब्धि की जा सकती है। उसे उसी प्रकार देखा जा सकता है और उसके साथ उसी तरह बातें भी की जा सकती हैं, जिस प्रकार मैं तुम्हें देख रहा हूँ और तुमसे बातें कर रहा हूँ। परन्तु कौन ऐसा करने का कष्ट उठाता है? मनुष्य, स्त्री, बच्चे और अन्य सांसारिक पदार्थों के लिए आँसू बहाते हैं। परन्तु ईश्वर के प्रेम के लिए कौन रोता है? किन्तु यदि कोई सचमुच उसके लिए रोता है तो वह अवश्य उसे दर्शन देगा।"[२]

---

१. इस प्रकार अपने प्रलाप के प्रथम शब्दों में ही उन्होंने विवेकानन्द के लिए समाज-सेवा का आदर्श निर्धारित कर दिया जिसके लिए उसे अपना समस्त जीवन अर्पण करना था। यही आदर्श उसे भारत के अन्य ऋषियों से पृथक् करता है।

२. विवेकानन्द ने अपनी 'मेरे गुरुदेव' (My Master) शीर्षक वक्तृता में (स्वामी विवेकानन्द का जीवन, प्रथम खण्ड, २१२ पृष्ठ देखिए) जो विवरण दिया है, उसमें कहा है कि उसने ही पहले रामकृष्ण से बात प्रारम्भ की थी, और उसने जो सनातन प्रश्न एक-एक करके अन्य साधकों से पूछा था, वही उनसे भी पूछा था—"क्या आपने भगवान् के दर्शन किये हैं?" इस पर रामकृष्ण ने उत्तर दिया—"वत्स! मैंने भगवान् को देखा है। मैं उसे इसी प्रकार देखता हूँ, जैसे कि मैं तुम्हें अपने सम्मुख देख

और यह सर्वथा स्पष्ट था कि जो व्यक्ति यह कथा कह रहा है, उसके निकट वह एक अर्थहीन प्रलापमात्र नहीं है, उसने उसके सत्य को स्वयं प्रमाणित कर देखा है: कुछ क्षण पूर्व नरेन्द्र ने जो दृश्य देखा था, उसके साथ वह अपने सम्मुख स्थित इस सरल शान्त ऋषि के चित्र का मेल न मिला सका। वह मन ही मन कहने लगा: ''वह पागल है, परन्तु फिर भी साधारण मनुष्य नहीं है। संभव है वह पागल हो, परन्तु फिर भी श्रद्धा के योग्य है।'' विवेकानन्द इस विभ्रान्त मनोदशा में ही दक्षिणेश्वर से वापस आ गया, और यदि उससे उस समय यह प्रश्न पूछा जाता कि उसका रामकृष्ण से क्या सम्बन्ध होगा, तो वह निश्चय यही उत्तर देता कि वह यथापूर्व ही रहेगा।

परन्तु इस विचित्र 'दर्शन' ने उसके ऊपर अपना असर प्रारम्भ कर दिया। एक महीने बाद वह पैदल चलकर दक्षिणेश्वर आया।

''मैंने उन्हें अकेला अपनी छोटी-सी शय्या पर बैठे देखा। मुझे देखकर वे प्रसन्न हुए और मुझे स्नेहपूर्वक अपने बिछौने पर एक तरफ अपने समीप बैठा लिया। परन्तु एक ही क्षण बाद मैंने उन्हें आवेग से कम्पित होते देखा। उनकी आँखें मेरी तरफ लगी हुई थीं। और विरुद्ध निःश्वास के साथ अस्फुट स्वर में कुछ कहते हुए मेरे निकटतर आते जा रहे थे। मैंने सोचा कि वे पहले की तरह ही कुछ पागलपन की बात कहेंगे। परन्तु इससे पूर्व कि मैं उन्हें रोक सकूँ, उन्होंने अपना दायाँ पैर मेरे शरीर पर रख दिया। वह स्पर्श कितना भयानक था! मैं आँखें खोले-खोले ही देख रहा था कि कमरे की दीवारें व उसके अंदर की अन्य वस्तुएँ चक्कर लगा रही हैं और धीरे-धीरे शून्य में विलुप्त होती जा रही हैं।...समस्त संसार और मेरा अपना व्यक्तित्व भी उसी समय एक नामरहित शून्य में लीन हो गया। यह शून्यता, मानो प्रत्येक वस्तु को अपना ग्रास बना रही थी। मैं डर गया और मुझे ऐसा प्रतीत होने लगा कि मृत्यु मेरे सामने खड़ी है। मैं भय से चिल्ला उठा, 'आप क्या कर रहे हैं? घर पर मेरे माँ-बाप हैं....' तब वे हँसने लगे और मेरी छाती पर अपना हाथ फेरते हुए उन्होंने कहा: 'अच्छा! ठीक है। आज यहीं तक रहने दो! समय आने पर वह आ जायेगा।' उनके यह शब्द कहने के साथ ही वह सब विस्मयकर दृश्य लुप्त हो गया। मैं अपने-आप में आ गया, बाहर और भीतर सब चीजें पूर्ववत् हो गईं।''

मैंने यह आश्चर्यजनक विवरण बिना किसी निरर्थक टीका टिप्पणी के उद्धृत कर दिया है। पाश्चात्य विद्वान् चाहे कुछ भी क्यों न सोचें, परन्तु वे भारतीय आत्माओं की इस सम्मोहन-शक्ति से चकित हुए बिना नहीं रह सकते, जो कि शेक्सपियर के आवेगमय स्वप्न-द्रष्टाओं का स्मरण कराती है। यहाँ यह भी ध्यान देने योग्य है कि इस घटना में स्वप्नद्रष्टा एक दुर्बल, सहजविश्वासी या आलोचना शक्ति से शून्य आत्मा न थी। उसने स्वयं ही अपने

रहा हूँ। केवल मैं भगवान् को एक तीव्रतर अर्थ में देखता हूँ और मैं तुम्हें भी उसके दर्शन करा सकता हूँ।''

यह संभव है कि यह वार्तालाप विवेकानन्द के रामकृष्ण से अच्छी तरह परिचित हो जाने के किसी बाद की तारीख में हुआ हो।

इस दिव्य दर्शन के विरुद्ध विद्रोह किया। उसका प्रबल व्यक्तित्व, विपत्ति की गन्ध पाकर, सब प्रकार की सम्मोहन क्रियाओं का घोरतर विरोधी हो गया था और उसने अपने-आपसे सबसे पहला यही प्रश्न पूछा कि क्या वह किसी प्रकार के मैस्मरिज्म (वशीकरण) का शिकार तो नहीं हो गया है? परन्तु उसके ऊपर उसके कोई लक्षण दिखाई न देते थे। उसके ऊपर से जो तूफान अभी गुजर चुका था, उसके आघात से अभी तक काँपते हुए भी वह आत्म-रक्षा के लिए सतर्क हो गया। परन्तु केवल इस एक प्रचण्ड आघात के बाद शेष सब मुलाकात सामान्यरूप में हुई। रामकृष्ण ने अपने अतिथि के साथ इस तरह व स्नेहपूर्ण घनिष्ठता का व्यवहार किया, मानो कोई घटना घटित नहीं हुई।

संभवत: इसके एक सप्ताह बाद जब नरेन्द्र तीसरी बार उनसे मिलने के लिए आया तो उसने आत्मरक्षा की दृष्टि से अपनी समस्त विचार-शक्ति को जागृत किया हुआ था। उस दिन रामकृष्ण उसे एक पार्श्ववर्ती उद्यान में ले गए। कुछ देर इधर-उधर टहलने के बाद वे एकान्त गोष्ठी भवन में बैठ गए। शीघ्र ही रामकृष्ण भावाविष्ट हो गए। नरेन्द्र उनकी तरफ गौर से देख रहा था कि अकस्मात् ही रामकृष्ण ने उसे छू दिया। तत्काल ही नरेन्द्र की समस्त बाह्य चेतना विलुप्त हो गई। कुछ देर बाद जब वह होश में आया तो उसने देखा कि रामकृष्ण उसकी तरफ देख रहे थे और उसकी छाती पर धीरे-धीरे प्रहार कर रहे थे।

बाद के दिनों में गुरु ने अपने शिष्यों से कहा:—

"जब वह उस अवस्था में था, तो मैंने उससे अनेक प्रश्न पूछे। मैंने उससे पूछा कि वह पहले कौन था, अब उसकी क्या अवस्था है, इस पृथ्वी पर उसका क्या लक्ष्य है; और वह कब तक जीवित रहेगा। उसने गभीर में निमग्न होकर मेरे प्रश्नों का यथोचित उत्तर दिया। मैंने उसके बारे में जो कुछ देखा व अनुमान किया था, इन उत्तरों से उसकी पुष्टि हो गई। यह चीजें गोपनीय हैं। किन्तु मुझे मालूम हो गया कि वह एक ऋषि है, जिसे पूर्ण सिद्धि प्राप्त है और ध्यान की शक्ति पर उसका पूरा-पूरा अधिकार है। और जिस दिन वह अपनी सच्ची प्रकृति को जान जाएगा, वह अपनी इच्छा से ही शरीर का त्याग कर देगा....।"[१]

परन्तु उस समय रामकृष्ण ने नरेन्द्र को उस सम्बन्ध में कुछ नहीं कहा अलबत्ता! वह इस विशेष ज्ञान के आधार पर उससे व्यवहार करने लगे और नरेन्द्र को उनके शिष्यों में एक विशेष स्थान प्राप्त हो गया।

परन्तु नरेन्द्र ने अभी तक शिष्य की उपाधि धारण न की थी। वह किसी का शिष्य न होना चाहता था। वह रामकृष्ण की अनधिगम्य शक्ति से चकित हो गया था। चुम्बक जिस प्रकार लोहे को अपनी तरफ खींच लेता है, उसी प्रकार इसने उसे अपनी तरफ खींच लिया था, परन्तु वह स्वयं एक सुदृढ़ धातु का बना हुआ था। उसकी बुद्धि किसी का प्रभुत्व न मानना चाहती थी। जब कि कुछ ही दिन पूर्व बुद्धिवादी बृजेन्द्रनाथ शील के साथ उसके सम्पर्क के समय उसके हृदय ने उसकी बुद्धि के विरुद्ध विद्रोह किया था, वहाँ अब उसकी बुद्धि उसके हृदय को सन्देह की दृष्टि से देखने लगी। वह अपनी स्वतन्त्रता को कायम रखने

---

१. **श्री श्रीरामकृष्ण लीला प्रसंग, पृष्ठ ४३९।**

और जो वस्तु उनकी बुद्धि द्वारा नियन्त्रित थी, उसके अतिरिक्त गुरु की अन्य किसी बात को भी न मानने के लिए दृढ़-संकल्प था। अन्यान्य मनुष्यों का विचार शून्य विश्वास उसके हृदय में घृणा उत्पन्न कर देता था।

अब इस नवीन शिष्य और प्राचीन गुरु[१] में जो सम्बन्ध स्थापित हुआ, उससे विचित्र अन्य सम्बन्धों की कल्पना नहीं की जा सकती। नरेन्द्र अश्रुप्रवाह आदि स्त्री सुलभ दुर्बलता से युक्त भावप्रवण भक्ति से घृणा करता था। वह हरेक वस्तु को विचारपूर्वक देखता था। वह एक क्षण के लिए भी अपनी बुद्धि को सिंहासनच्युत न देख सकता था। अकेले वही ऐसा शिष्य था, जो कि रामकृष्ण के प्रत्येक शब्द को तौलता था, संदेह की दृष्टि से देखता था। परन्तु रामकृष्ण भी उत्तेजित व क्रुद्ध होने के स्थान पर इस बात के कारण उसे उतना ही अधिक चाहते थे। नरेन्द्र से मिलने से पूर्व रामकृष्ण को इस प्रकार प्रार्थना करते हुए सुना गया था:—

"माँ, मैंने जो कुछ उपलब्धि की है, उसमें सन्देह करने वाले किसी व्यक्ति को मेरे पास भेज दे।"

माँ ने उनकी प्रार्थना स्वीकार कर ली। नरेन्द्र जिस प्रकार हिन्दू देवी-देवताओं को अस्वीकार करता था, उसी प्रकार वह अद्वैतवाद का भी विरोधी था। वह अद्वैतवाद को अनीश्वरवाद कहकर पुकारता था।[२] वह हिन्दू धर्मशास्त्रों के आदेशों का खुले तौर पर मजाक उड़ाता था। उसने रामकृष्ण से कहा: "यदि लाखों मनुष्य आपको परमात्मा कहें, परन्तु यदि मुझे स्वयं उसका प्रमाण नहीं मिलता तो मैं कभी आपको वैसा न कहूँगा।"

रामकृष्ण ने हास्यपूर्वक नरेन्द्र का समर्थन किया और अपने शिष्यों से कहा:

"किसी भी वस्तु को केवल मेरे कहने के कारण स्वीकार न करो। स्वयं प्रत्येक वस्तु की परीक्षा करो।"

नरेन्द्र की तीव्र आलोचना और उसके आवेगमय तर्क उन्हें आनन्द से मग्न कर देते थे। नरेन्द्र की उज्ज्वल तर्कबुद्धि और सत्य के अनुसन्धान के लिए उसकी अथक निष्ठा के प्रति उनकी गहरी श्रद्धा थी, वे उसे शैव शक्ति का प्रकाश मानते थे और कहते थे कि यह शक्ति ही अन्त में माया को पराभूत करेगी। वह कहते थे:—

'देखो! देखो! कैसी अन्तर्भेदी दृष्टि है! यह एक प्रज्वलित अग्निशिखा है, जो कि समस्त अपवित्रताओं को भस्म कर देगी। महामाया, स्वयं भी उसके पास दस कदम के अन्दर तक नहीं घुस सकती। उसने उसे जो महिमा दी है, उसकी शक्ति ही उसे पीछे रोके रखती है।"

---

१. नरेन्द्र रामकृष्ण के साथ पाँच वर्ष तक रहा, परन्तु इस काल में कलकत्ता में भी उसका अपना एक घर था। वह सप्ताह में एक या दो बार दक्षिणेश्वर जाता था, और कभी-कभी चार-पाँच दिन तक भी अपने गुरु के पास ठहर जाता था। यदि वह कभी एक सप्ताह तक बाहर रहता तो रामकृष्ण उसे बुला भेजते।

२. यह ब्रह्मसमाज की मनोवृत्ति है।

नरेन्द्र का ज्ञान देखकर रामकृष्ण की प्रसन्नता इतनी तीव्र हो उठती थी कि वे बीच-बीच में भावाविष्ट हो जाते थे।

तथापि कभी-कभी जब उसकी आलोचना दूसरों का कोई ख्याल न करते हुए कठोर भाव से प्रयुक्त होती थी, तो उससे वृद्ध रामकृष्ण को दु:ख अनुभव होता था। नरेन्द्र ने रामकृष्ण के मुँह पर ही कहा:—

''आप कैसे जानते हैं कि आपकी उपलब्धियाँ केवल आपके अस्वस्थ मस्तिष्क की ही उपज या केवल दृष्टिभ्रम मात्र नहीं हैं?''

रामकृष्ण खिन्न होकर सान्त्वना प्राप्त करने के लिए वहाँ से उठकर माँ के चरणों में नतजानु होकर प्रार्थना करने लगे। माँ ने उन्हें सान्त्वना देते हुए कहा:—

''धैर्य रखो! जल्दी ही नरेन्द्र की आँखें खुल जाएँगी।''

कभी-कभी जब वे नरेन्द्र व अन्य शिष्यों के बीच कभी समाप्त न होने वाले वाद-विवाद से तंग[१] आ जाते तो वे माँ से प्रार्थना करते:—

''माँ! नरेन्द्र को अपनी थोड़ी सी माया दे दे, जिससे उसका बुद्धि विकार कुछ कम हो जाए और उसका हृदय भगवान् को छू सके।'' परन्तु विवेकानन्द की यन्त्रणा-कातर आत्मा आर्तनाद कर उठी—''मुझे भगवान् नहीं चाहिए। मुझे शान्ति की इच्छा है—अर्थात् परम सत्य, परम ज्ञान, परम असीमता की इच्छा है।''

वह यह नहीं देखता था कि उसकी यह इच्छा ही वृद्धि की सीमा से परे है और उसके हृदय की निश्चित युक्ति शून्यता को प्रकट करती है। उसके मन को भगवान् के सम्बन्ध में प्रमाण द्वारा सन्तुष्ट करना संभव न था। भारतीयों के समान ही वह कहता था:—

''यदि भगवान् वस्तुत: सत्य है तो उसका प्रत्यक्ष करना भी संभव है।''

परन्तु धीरे-धीरे उसे यह मालूम हो गया कि भावावेशों का शिकार वह व्यक्ति, जिसे कि वह पहले पूर्णतया केवल उसके हृदय की ताड़ना के ही वशीभूत समझता था, बुद्धि के क्षेत्र में भी उससे कहीं अधिक बढ़कर अधिकार प्राप्त किये हुए है। बाद में उसने रामकृष्ण के सम्बन्ध में कहा था:—

''बाहर से देखने में वे पूर्ण भक्त हैं, परन्तु अन्दर से पूर्ण ज्ञानी हैं....मैं सर्वथा उनके विपरीत हूँ।''

किन्तु इस बात को स्वीकार करने और स्वेच्छापूर्वक रामकृष्ण के हाथ में अपनी साभिमान स्वतन्त्रता को सौंपने से पूर्व वह बार-बार रामकृष्ण के निकट जाता था और फिर वहाँ से भाग आता था। और उन दोनों के बीच एक आवेगमय आकर्षण एवं गुप्त संघर्ष का

---

१. वे इन वाद-विवादों के सम्बन्ध में कहा करते थे—''शून्य पात्र में जल भरते हुए भक-भक आवाज होती है, परन्तु जब पात्र भर जाता है, कोई आवाज सुनाई नहीं देती। जिस मनुष्य ने भगवान् को नहीं पाया है, वह केवल भगवान् की सत्ता और उसके प्रयोजन को लेकर निरर्थक तर्क करता रहता है। परन्तु जिसने पा लिया है, वह मौन रहकर ही दिव्य आनन्द का भोग करता है।

पारस्परिक खेल जारी था। नरेन्द्र के निष्ठुर स्पष्ट भाषण, जिन वस्तुओं में उसका विश्वास न था, उनके प्रति उसकी सहानुभूति के अभाव, सब प्रकार के ज्ञान के मिथ्या आडम्बरों के प्रति उसकी दुर्दम संग्राम की घोषणा और दूसरों की सम्मतियों के प्रति उसकी अभिमानपूर्ण उदासीनता ने उसे अन्य लोगों की शत्रुता व निन्दा का पात्र बना दिया था। पर वह अपने अभिमान के नशे में उनकी कोई परवाह न करता था।[१]

परन्तु रामकृष्ण अपने सम्मुख कभी नरेन्द्र की निन्दा न होने देते थे। कारण, उन्हें नरेन्द्र के बारे में पूर्ण निश्चय था। वह कहते थे कि वह युवक विशुद्धतम स्वर्ण का बना हुआ है, और संसार की कोई मिलावट उसे दूषित नहीं कर सकती।[२] रामकृष्ण को एकमात्र यही भय था कि ऐसी प्रशंसनीय बुद्धि कहीं पीछे अपने मार्ग से भ्रष्ट न हो जाए और वह अपने अन्दर संघर्ष करने वाली अनेक शक्तियों को ऐक्य साधन के शुभ कार्य में न लगाकर किसी नये सम्प्रदाय व नये दल के निर्माण में उनका दुरुपयोग न करने लगे। उनके हृदय में नरेन्द्र के प्रति प्रगाढ़ स्नेह था, परन्तु जब नरेन्द्र दीर्घकाल तक उनसे दूर रहता था तो उनका सस्नेह उद्वेग प्रकाश नरेन्द्र को परेशान व उत्तेजित कर देता था। रामकृष्ण स्वयं भी उससे लज्जित होते थे, परन्तु वे वैसा किए बिना रह भी न सकते थे। आम जनसमुदाय के बीच, जब रामकृष्ण उसकी अतिशय प्रशंसा करते थे, दृष्टान्त के तौर पर जब वे केशवचन्द्र की सुप्रतिष्ठित ख्याति के मुकाबिले में तब तक कीर्तिहीन तरुण नरेन्द्र की भावी ख्याति की संभावना को उच्च स्थान देते

---

१. शारदानन्द ने, जो कि बाद में विवेकानन्द के अन्यतम मित्र व एकान्त अनुगत अनुचर बन गए थे और जिन्होंने रामकृष्ण के साथ उनके सम्बन्धों के बारे में सबसे श्रेष्ठ व विश्वसनीय विवरण दिया है, स्वीकार किया है कि जब पहले-पहल उन दोनों के एक मित्र के घर पर विवेकानन्द के साथ उसका प्रथम साक्षात्कार हुआ, उस समय उनके मन में भी उसके प्रति कोई सद्भावना विद्यमान न थी। नरेन्द्र सज-धजकर, बढ़िया पोशाक पहने हुए घृणा का भाव लिए हुए अन्दर प्रविष्ट हुआ। वह धीमे-धीमे अस्फुट स्वर में एक हिन्दी भजन गुन-गुनाता हुआ बैठ गया और उपस्थित व्यक्तियों को उपेक्षा की दृष्टि से देखता हुआ सिगरेट पीने लगा। परन्तु जब सम-सामयिक साहित्य की आलोचना का प्रसंग छिड़ा, तो उसने भी वाद-विवाद में भाग लिया और उससे उसकी नैतिक व सौन्दर्य की भावना की महत्ता और रामकृष्ण के प्रति उसका अनुराग प्रकट हो गया। उसने कहा कि रामकृष्ण ही एक ऐसे व्यक्ति हैं जो कि इस जीवन में अपने आन्तरिक आदर्श को बिना किसी समझौते के अमल में ला रहे हैं। (शारदानन्द रचित रामकृष्ण की श्रेष्ठ जीवनी 'दिव्य भाव' के अन्तिम खण्ड में 'विवेकानन्द और रामकृष्ण' शीर्षक परिच्छेद देखिए)।

२. वे नरेन्द्र के आत्मविश्वास को कभी धक्का न पहुँचाते थे अपितु उसे उत्साहित करते रहते थे। वे अन्य शिष्यों की अपेक्षा उसे विशेष सुयोग व सुविधा प्रदान करते थे। दृष्टान्त के तौर पर, उन्होंने नरेन्द्र को सब प्रकार के अखाद्य पदार्थों के भक्षण की भी अनुमति दे दी थी। कारण, वे कहते थे कि नरेन्द्र जैसे व्यक्ति के लिए यह नितान्त गौण वस्तुएँ हैं।

थे, तो उससे नरेन्द्र उनके प्रति क्रुद्ध हो उठता था। वे कलकत्ते की गलियों में और यहाँ तक कि साधारण ब्रह्मसमाज के मन्दिर में भी उसे खोजते फिरते थे। एक दफे वे इसी प्रकार साधारण ब्रह्मसमाज[१] की सभा में प्रार्थना के समय नरेन्द्र को ढूँढ़ते हुए घुस गए और उन्हें उस हालत में वहाँ देखकर लोग उनके विरुद्ध नाना प्रकार के कटु व निन्दापूर्ण आलोचना करने लगे। नरेन्द्र को इससे कष्ट भी हुआ, परन्तु साथ ही क्रोध भी हुआ और उसने इस पीछा किए जाने से मुक्ति पाने के लिए रामकृष्ण को कठोर शब्द भी कहे। उसने रामकृष्ण से कहा था कि किसी भी मनुष्य को दूसरे मनुष्य के प्रति इस प्रकार पागल न होना चाहिए और यदि वे उसे इतना अधिक प्यार करते हैं तो वे अपनी आध्यात्मिक महानता को गँवाकर उसके (नरेन्द्र के) ही स्तर पर आ जाएँगे। सरल व पवित्र रामकृष्ण ने भयपूर्वक नरेन्द्र के कथन को सुना और लौटकर माँ से सलाह पूछने लगे। परन्तु वे सान्त्वना पाकर फिर लौट आए। और नरेन्द्र से कहा:—

"ओ! अभागे! मैं तेरी बात नहीं सुन सकता। माँ ने मुझे कहा कि मैं तुझे इसलिए प्यार करता हूँ क्योंकि मैं तेरे अन्दर भगवान् को देखता हूँ। जिस दिन मैं तेरे अन्दर उसे न देख सकूँगा, उसी दिन मेरे लिए तुझे देखना असह्य हो जाएगा।"

शीघ्र ही उन दोनों की हालत विपरीत हो गई। अब वह समय आ गया जब कि नरेन्द्र की उपस्थिति को रामकृष्ण एकदम निर्लिप्त भाव से देखने लगे। वे इस प्रकार अन्य व्यक्तियों के साथ बातों में व्यस्त रहने लगे कि मानो उन्होंने नरेन्द्र को देखा ही नहीं है। कई सप्ताह तक यही क्रम जारी रहा। तथापि नरेन्द्र धैर्यपूर्वक चुपचाप आकर फिर-फिर उनके पास बैठ जाता। रामकृष्ण ने उससे पूछा कि जब वे उसके साथ बात नहीं करते तो वह क्यों आता है। नरेन्द्र ने उत्तर दिया: "मैं आपके शब्द सुनने के लिए यहाँ नहीं आता। मैं आपसे प्यार करता हूँ—और इसलिए आपको देखने के लिए आता हूँ।"

गुरु की आध्यात्मिक शक्ति ने धीरे-धीरे विद्रोही शिष्य को वश में कर लिया। नरेन्द्र ने व्यर्थ ही रामकृष्ण के विश्वासों—विशेषत: दो सर्वथा विपरीत विश्वासों—मूर्तिपूजा में निष्ठा और एक अद्वितीय एकत्व में विश्वास—का उपहास किया। भगवान् का जादू धीरे-धीरे अपना कार्य कर रहा था।

रामकृष्ण ने उससे पूछा: "यदि तुम मेरी माँ को नहीं मानते तो यहाँ क्यों आते हो?" नरेन्द्र ने उत्तर दिया: "क्या आने से ही मुझे उसे मानना होगा?"

गुरु ने कहा: "अच्छा! अब से कुछ ही दिन बाद न केवल तुम उसे मान ही लोगे, अपितु उसका नाम मात्र सुनकर रोने लगोगे।"[२]

---

१. **ब्रह्मसमाज का यह वर्ग केशवचन्द्र से अलग हो गया था, और जातीय हिन्दू दृष्टिकोण के साथ किसी प्रकार के समझौते का सर्वथा विरोधी था। यह उल्लेख योग्य है कि नरेन्द्र उन दिनों इस संस्था का सदस्य था। रामकृष्ण ने केशवचन्द्र के ऊपर प्रभाव के कारण अनजाने में ही इस वर्ग में अपने अनेक शत्रु पैदा कर लिए थे।**

२. **अन्धविश्वास और मूर्तिपूजा के घोरतर विरोधी एवं मूर्तिभंजक नरेन्द्र को काली और उसके पुरोहित के सम्मुख नतजानु होते हुए देखकर ब्रजेन्द्रनाथ शील को जो**

जब रामकृष्ण नरेन्द्र के लिए परमब्रह्म के साथ एकत्वसम्पादक अद्वैत वेदान्त का द्वार खोलना चाहते थे, तब भी वैसा ही हुआ। नरेन्द्र ने उनके इस विचार को धर्म का अपमान व

विस्मयकारी आघात पहुँचा, उसे उन्होंने स्वयं स्वीकार किया है। कौतूहल के वशवर्ती होकर स्वयं दक्षिणेश्वर जाने से पूर्व तक उन्होंने इसके लिए नरेन्द्र की कठोर शब्दों में भर्त्सना करनी प्रारम्भ कर दी थी। एक अपराह्न दक्षिणेश्वर में व्यतीत कर वे वहाँ से नैतिक व दैहिक विस्मय की दशा में वापस आये। उनकी समस्त पूर्ववर्ती धारणाएँ डगमगाने लगीं। अनजाने में ही वे उस आबोहवा के वशीभूत हो गए जो कि रामकृष्ण के देह से निकलती प्रतीत होती थी। इस विख्यात युक्तिवादी विद्वान् एवं विश्व-विद्यालय के उच्चपदस्थ व्यक्ति के ऊपर, जिसने कि अभी तक अपने विचार-स्वातन्त्र्य की रक्षा की थी, जो अपूर्वभावित प्रतिक्रिया दिखाई दी उसका वर्णन नितान्त मनोरंजक है—

"मेरे नेत्रों के सम्मुख जो परिवर्तन घटित हो रहा था, मैं निहायत दिलचस्पी के साथ उसे देख रहा था। मेरे जैसे एक घोरतर वेदान्ती, हीगेलियन व क्रान्तिकारी युवक की कालीपूजा व धार्मिक भावावेश के प्रति क्या भावना हो सकती है, यह सहज ही कल्पना की जा सकती है। परन्तु विवेकानन्द जो कि जन्म से ही एक मूर्ति-विध्वंसक स्वतन्त्र विचारक, निर्माण व शासन करने वाली बुद्धि का स्वामी और आत्माओं को वश में करने वाला था, वह कैसे यह अद्भुत अतिप्राकृतिक, रहस्यवाद की दलदल में फँस गया, यह दृश्य एक ऐसी पहेली थी जो उस समय मेरे विशुद्ध तर्क (Pure Reason) के दर्शनशास्त्र के लिए दुर्बोध्य प्रतीत होती थी।.........

"(रोगनिदान की उत्सुकता के वशवर्ती होकर) अन्त में मैं विवेकानन्द के गुरु को देखने व उसकी कथा सुनने के लिए दक्षिणेश्वर गया। वहाँ पर मन्दिर के प्रांगणस्थ उद्यान में निर्जन प्रशान्त वृक्षों की छाया में ग्रीष्म के सुदीर्घ दिन का अधिकांश समय व्यतीत कर जब घर लौटने लगा, तो भयंकर घनघोर वर्षा व आँधी-तूफान के अंधकार के बीच सूर्य अस्त हो रहा था। मैं एक नैतिक व दैहिक भ्रान्ति अनुभव करने लगा। मुझे इस प्रच्छन्न सत्य का भान होने लगा कि आपाततः उच्छृंखल व अनयन्त्रित दिखाई देने वाले पदार्थों को भी नियम का शाही बन्धन अपने नियन्त्रण में बाँधे हुए है, अनुभव-शक्ति अपनी समस्त भूल-भ्रान्तियों के साथ भी तर्क का ही प्रारम्भिक स्तर है और किसी बाह्य रक्षक शक्ति में विश्वास आत्मनिर्णय की प्रारम्भिक क्रिया का ही एक अस्पष्ट प्रतिबिम्ब मात्र है। और विवेकानन्द के परवर्ती जीवन में इस सत्य का एक महत्त्वपूर्ण समर्थन दिखाई देता है। कारण, विवेकानन्द जिस दृढ़ निश्चयता की खोज करता था, वह अपने गुरु के आशीर्वाद व शक्ति से उसे प्राप्त करके सार्वभौम मनुष्य और आत्मा की परम व अविच्छेद्य प्रभुता के मत का प्रचार करने के लिए बाहर निकल पड़ा।" (सन् १९०७ में 'प्रबुद्ध भारत' पत्रिका में प्रकाशित ब्रजेन्द्रनाथ शील का लेख। यह लेख 'स्वामी विवेकानन्द की जीवनी' ग्रन्थ के प्रथम भाग में १७७ पृष्ठ पर उद्धृत है।

पागलपन कहकर उड़ा दिया। वह इस विचार की हँसी उड़ाने का कोई भी अवसर हाथ से न जाने देता था और एक दिन वह और एक अन्य शिष्य इसकी युक्तिशून्यता पर व्यंग्य करते हुए हो-हो करके हँस रहे थे। वे कह रहे थे:—"यह लोटा भगवान् है!...यह मक्खियाँ भगवान् हैं।..." पार्श्ववर्ती कक्ष में रामकृष्ण ने हँसते हुए लड़कों की ध्वनि सुनी। वे अर्धचेतन अवस्था में चुपचाप कमरे के अन्दर आये और नरेन्द्र को स्पर्श किया।[१] स्पर्शमात्र से फिर एक आध्यात्मिक तूफान उसके ऊपर से गुजर गया। मुहूर्त भर में नरेन्द्र की आँखों में हरेक वस्तु परिवर्तित हो गई। उसने विस्मय के साथ देखा कि ईश्वर के अतिरिक्त अन्य किसी भी वस्तु का अस्तित्व नहीं है। वह लौटकर अपने घर चला गया। परन्तु वह जिस वस्तु को देखता, छूता व खाता था, वह सब कुछ भगवान् ही थी।...सार्वभौम शक्ति से उन्मत्त होकर उसने सब काम करना छोड़ दिया। उसके माता-पिता उसकी यह अवस्था देखकर चिन्तातुर हो गए और उसे बीमार ख्याल करने लगे। कुछ दिन तक वह इसी दशा में रहा। उसके बाद स्वप्न लुप्त हो गया। परन्तु उसकी स्मृति, अद्वैतिक अवस्था के पूर्वास्वाद के रूप में नरेन्द्र के हृदय में बनी रही और उसके बाद उसने फिर कभी उसके अस्तित्व से इनकार नहीं किया।

उसके बाद वह रहस्यमय तूफानों की एक श्रृंखला में से गुजरा। वह एक पागल की तरह "शिव!...शिव!..." रटने लगा। रामकृष्ण करुणापूर्ण दृष्टि से उसे लक्ष्य करने लगे:

"हाँ! मैं भी बारह वर्ष तक इसी अवस्था में रहा हूँ।"

विवेकानन्द की प्रकृति सिंह के सदृश थी, वह एक ही छलांग में व्यंग्यपूर्ण अस्वीकार से उपलब्धि के क्षेत्र में पहुँच गया। परन्तु यदि अन्दर से बारूद की सुरंग न बिछाकर केवल बाहर से ही उसके दुर्ग पर आक्रमण किया जाता तो उसमें कभी ऐसा स्थायी रूपान्तर न आ सकता। वेदना के तात्कालिक तीव्र कशाघात ने उसे आरामदेह सन्देह और बुद्धिवादिता के विलास से, जिनका कि उसे अभिमान था, मुक्त कर दिया और उसे पाप व अस्तित्व की दुःखदायक समस्या के सम्मुख लाकर खड़ा कर दिया।

सन् १८८४ के प्रारम्भ में उसके लापरवाह और अमितव्ययी पिता का अकस्मात् हृदय की गति के रुक जाने से देहान्त हो गया और सारे परिवार के सम्मुख विनाश आ खड़ा हुआ। छः-सात व्यक्तियों के लिए अन्न जुटाने का प्रश्न था, इसके अतिरिक्त कर्जख्वाहों की भीड़ थी। उस दिन से नरेन्द्र को दरिद्रता का स्वाद मिला, नौकरी के लिए निरर्थक खोज और मित्रों की विमुखता का ज्ञान हुआ। उसने अपनी इस विपत्ति का वर्णन कई पृष्ठों में किया है, जो कि

---

१. **जो वैज्ञानिकगण मनो-दैहिक समस्याओं का अध्ययन करते हैं, उनके लिए यह ध्यान देने योग्य है कि रामकृष्ण जिन स्पर्शों द्वारा अन्य व्यक्तियों के अन्दर परिवर्तित अवस्थाओं का तात्कालिक अनुभव उत्पन्न करते थे, वे प्रायः हमेशा (यदि सर्वदा नहीं) उस समय किए जाते थे जब कि रामकृष्ण अर्धचेतन या पूर्ण अचेतन अवस्था में होते थे। इसलिए इच्छा द्वारा संपन्न की जाने वाली किसी क्रिया के साथ उसका लेश मात्र भी सादृश्य नहीं है। जिस गह्वर में उन्होंने स्वयं पहले अवतरण किया था, उसमें बलप्रयोगपूर्वक किसी अन्य को भी उतार देने के साथ उसकी बहुत-कुछ तुलना की जा सकती है।**

अत्यन्त मार्मिक स्वीकारोक्तियाँ हैं[१] :—

"मैं भूख से मरा जा रहा था। नंगे पैर में एक दफ्तर से दूसरे दफ्तर तक दौड़ता, परन्तु सब तरफ से घृणा के अतिरिक्त और कुछ न मिलता। मैंने मनुष्य की सहानुभूति का अनुभव प्राप्त किया। जीवन की वास्तविकताओं के साथ यह मेरा प्रथम संपर्क था। मैंने देखा कि इस जगह दुर्बल, गरीब एवं परित्यक्तों के लिए कोई स्थान नहीं है। वे व्यक्ति जो कुछ ही दिन पूर्व मेरी सहायता करने में गर्व का अनुभव करते थे, उन्होंने सहायता करने की शक्ति के विद्यमान रहने पर भी अपने मुख फेर लिए। यह संसार मुझे शैतान की सृष्टि दिखाई देने लगा। एक दिन जलती हुई दोपहरी में जब मैं मुश्किल से अपने पैरों पर खड़ा हो सकता था, मैं एक स्मारक की छाया में बैठ गया। वहाँ पर मेरे कई मित्र भी थे और उनमें से एक मित्र भगवान् की अपार करुणा का गीत गाने लगा। यह गान मुझे अपने सिर पर जानबूझकर किए गए एक यष्टिप्रहार के समान प्रतीत हुआ। अपनी माता और भाइयों की असहाय अवस्था को याद कर मैं चिल्ला उठा: 'यह गाना बन्द करो! जो लोग अमीरों के घर में पैदा हुए हैं और जिनके माता-पिता भूख से नहीं मर रहे हैं, उनके कानों में यह गान सुधावर्षण कर सकता है। हाँ! एक समय था, जबकि मैं भी इसी प्रकार सोचा करता था! परन्तु अब, जब कि मैं जीवन की निष्ठुरताओं के सम्मुख खड़ा हुआ हूँ, यह गाना मेरे कानों में एक भयानक उपहास के समान चोट करता है।' मेरे मित्र को इससे चोट पहुँची। उसे मेरी भयानक आपत्ति का ज्ञान न था। अनेक बार जब मैं देखता था कि घर में खाने को पर्याप्त भोजन नहीं है, मैं अपनी माँ से यह बहाना करके कि मुझे एक दोस्त ने निमंत्रित किया है, भूखा रह जाता था। मेरे धनी मित्र मुझे कभी-कभी अपने घरों पर गाने के लिए आमंत्रित करते थे, परन्तु उनमें से एक ने भी कभी मेरे दुर्भाग्य के बारे में कोई कौतूहल व चिन्ता प्रकट नहीं की। पर मैं अपनी इस दुरवस्था को किसी पर प्रकट न करता था..."

इन दिनों नरेन्द्र प्रतिदिन प्रातःकाल ईश्वर से प्रार्थना किया करता था। एक दिन उसकी माँ ने, जिसकी भक्ति व श्रद्धा अपनी इस महान् विपत्ति के कारण बुरी तरह विचलित हो गई थी, नरेन्द्र को प्रार्थना करते सुना और उसने उससे कहा: "मूर्ख! चुप रहो! तुमने बचपन से लेकर आज तक भगवान् का नाम ले लेकर अपना गला फाड़ लिया है! परन्तु भगवान् ने तेरे लिए क्या किया है?" ....यह सुनकर नरेन्द्र का दिल भी भगवान् के प्रति क्रोध से भर गया। वह उसकी आर्त प्रार्थनाओं को क्यों नहीं सुनता? उसने संसार में इतना कष्ट क्यों दिया? और उस समय पंडित विद्यासागर के यह कटु शब्द उसे याद आ गए—

"यदि भगवान् इतने मंगलमय व करुणामय हैं तो आज एक-एक ग्रास अन्न के लिए लाखों आदमी क्यों भूखे मर रहे हैं।"[२]

---

१. **यह विवरण 'श्री श्रीरामकृष्ण लीला प्रसंग' ग्रन्थ के ४२८ व तत्परवर्ती पृष्ठ से उद्धृत किया गया है।**

२. **पंडित विद्यासागर (ईश्वरचन्द्र, १८२०-१८९१) एक समाज-सुधारक थे। वे कलकत्ता के संस्कृत कालेज के डायरेक्टर थे। रामकृष्ण के साथ उनका परिचय था। उनकी**

एक प्रचण्ड विद्रोह की आग उसके अन्दर भड़क उठी। उसने भगवान् के विरुद्ध युद्ध की घोषणा कर दी।

उसने अपने विचारों को कभी किसी से छिपाने की चेष्टा नहीं की और अब वह साफ तौर पर भगवान् के विरुद्ध प्रचार करने लगा। वह सिद्ध करने लगा कि या तो भगवान् का अस्तित्व ही नहीं है अथवा वह पापी है। एक नास्तिक के रूप में सर्वत्र उसकी कुख्याति फैल गई। और जैसी कि श्रद्धालु व्यक्तियों की सब जगह प्रकृति होती है, वे नरेन्द्र के विश्वास को अकथनीय बुरी भावनाओं के प्रेरित तथा उसके कार्यों को विद्वेषयुक्त कहकर सर्वत्र उसकी निन्दा करने लगे। इस बेईमानी से विवेकानन्द का हृदय और कठोर हो गया और वह सबके सामने गर्वपूर्वक यह कहने लगा कि इस घृणित संसार में जो कोई व्यक्ति उसके समान दुर्भाग्य के शिकार हैं, उन्हें जिस किसी उपाय से भी वे प्राप्त कर सकें, मुहूर्त भर के लिये आनन्द प्राप्त करने का अधिकार है। और वह यह भी कहने लगा कि यदि वह स्वयं किसी उपाय को आनन्दप्राप्ति के लिये उपयोगी समझेगा तो वह किसी के भय से उसे ग्रहण करने से कभी न चूकेगा। रामकृष्ण के कुछ शिष्य, जिन्होंने उसके इन विचारों पर धर्म के भय से आपत्ति प्रकट की, उन्हें उसने उत्तर दिया कि केवल कायर पुरुष ही भय के कारण, ईश्वर में विश्वास करते हैं। यह कहकर उसने उन्हें विदा कर दिया। उसी समय उसके मन में यह सोचकर पीड़ा होने लगी कि शायद रामकृष्ण भी उसे दोषी समझें। परन्तु उसके गर्व ने पुनः विद्रोह किया : ''इसकी क्या परवाह है! यदि किसी मनुष्य की ख्याति इतनी कमजोर बुनियाद पर प्रतिष्ठित है, तो मुझे उसकी चिंता नहीं। मैं उसे लात मारता हूँ।!....''

दक्षिणेश्वर आश्रम में रामकृष्ण को छोड़कर सबने उसकी आशा त्याग दी।

किन्तु नरेन्द्र के लिए रामकृष्ण का विश्वास नष्ट नहीं हुआ।[१] पर वे एक मनोवैज्ञानिक मुहूर्त की प्रतीक्षा में थे। वे जानते थे कि नरेन्द्र की मुक्ति केवल उन्हीं के द्वारा संभव है।

विद्या की अपेक्षा, उनके मानव-प्रेम के कारण ही लोग श्रद्धा के साथ उनका नाम स्मरण करते हैं। सन् १८६४ में दुर्भिक्ष में एक लाख से ऊपर व्यक्ति काल के ग्रास बने थे, जिसे असहाय की तरह देखकर उनका विश्वास ईश्वर से हट गया था, और उन्होंने अपना समस्त जीवन मानव जाति की सेवा में लगा दिया था। सन् १८९८ में कश्मीर यात्रा के समय विवेकानन्द ने विद्यासागर के सम्बन्ध में अत्यन्त श्रद्धा व सम्मान का प्रदर्शन किया था; उनके विरुद्ध उसने कभी एक शब्द भी नहीं कहा। भगिनी निवेदिता ने स्वामी विवेकानन्द के साथ अपने आलाप के विवरण में इसका उल्लेख किया है। (स्वामी विवेकानन्द के साथ कुछ यात्राओं के नोट्स, उद्बोधन कार्यालय, कलकत्ता)

१. **परवर्ती समय में विवेकानन्द ने कहा था, ''रामकृष्ण ही एक ऐसे व्यक्ति थे, जिनका मुझ पर अटूट विश्वास था। मेरी माता और मेरे भाइयों के दिल में भी मेरे लिये इतना विश्वास न था। उनके इस अटल विश्वास ने ही मुझे हमेशा के लिये उनसे मिला दिया। केवल वे ही प्रेम के असली अर्थ को समझते थे।''**

ग्रीष्म ऋतु समाप्त हो गई। नरेन्द्र आजीविका के लिये अपनी कष्टदायक खोज में लगा रहा। एक दिन संध्या के समय, अनाहार के कारण अवसन्न देह के साथ रोते-रोते वह सड़क के किनारे एक घर के सामने बैठ गया। उसके भूलुण्ठित देह में ज्वरविकार प्रबल हो उठा। अचानक ऐसा प्रतीत होने लगा कि उसकी आत्मा को ढकने वाले पर्दे फट गये हैं, और एक प्रकाश[१] का उदय हुआ है। उसके समस्त अतीत संशय अपने-आप मिट गये। अब वह सचमुच यह कह सकता था: ''मैं देखता हूँ, मैं जानता हूँ, मैं विश्वास करता हूँ, मेरा भ्रम दूर हो गया है।...''

उसके देह और मन हो शान्ति प्राप्त हो गई। उसने घर जाकर सारी रात ध्यान में व्यतीत कर दी। प्रात:काल के समय उसका मन स्थिर हो गया। उसने निश्चय कर लिया कि अपने पितामह के सदृश वह भी संसार का त्याग कर देगा। कब करेगा, उसकी तिथि भी उसने निश्चित कर ली।

उसी दिन रामकृष्ण इन सब बातों को बिना जाने ही, अचानक कलकत्ता आ गये और उन्होंने नरेन्द्र से उस रात के लिये अपने साथ दक्षिणेश्वर चलने का आग्रह किया। नरेन्द्र ने भाग निकलने की काफी चेष्टा की, पर सफल न हो सका और उसे गुरु के साथ चलना पड़ा। उस रात, नरेन्द्र के साथ एक ही बंद कमरे के अंदर रामकृष्ण भजन गाने लगे, उनके सुन्दर मधुर स्वर को सुनकर नरेन्द्र के आँसू बहने लगे। कारण, नरेन्द्र को मालूम हो गया था कि गुरुदेव ने उसका अभिप्राय समझ लिया है। रामकृष्ण ने उससे कहा:—

''मैं जानता हूँ कि तुम इस संसार में नहीं रह सकते। परंतु, जब तक मैं इस संसार में हूँ, मेरे लिए तुम भी इसमें रहो।''

नरेन्द्र घर लौट आया। उसे एक अनुवाद के दफ्तर व एक वकील के कार्यालय में कुछ काम मिल गया था, परंतु उसे कोई स्थिर कार्य न मिला था और इसलिए उसके परिवार का भविष्य एक दिन से अधिक के लिए अनिश्चित था। उसने रामकृष्ण से अपने व अपने परिवार के लिए प्रार्थना करने के लिए कहा। रामकृष्ण ने कहा: ''वत्स! मैं यह प्रार्थनाएँ नहीं कर सकता। तुम अपने-आप वैसा क्यों नहीं करते?''

नरेन्द्र माँ के मन्दिर में गया। वह अपने-आपमें अत्यन्त प्रसन्न व उत्साहित अनुभव करता था। उसके अन्दर प्रेम और विश्वास की धारा बह रही थी। परंतु जब वह लौटकर आया और रामकृष्ण ने उससे पूछा कि उसने अपने कष्टों से मुक्ति के लिए प्रार्थना की या नहीं, तो उसने उत्तर दिया कि वह भूल गया था। रामकृष्ण ने उसे फिर जाने के लिये कहा। वह दुबारा और तिबारा भी जाकर लौट आया। ज्यों ही वह मन्दिर के अन्दर प्रवेश करता था, त्यों ही प्रार्थना करने का लक्ष्य उसकी आँखों के आगे से लुप्त हो जाता था। तीसरी बार उसे निस्संदेह अपने आने का प्रयोजन स्मरण रहा, परंतु वह शर्म के मारे कुछ कह न सका। ''ये

---

१. **जिस समय जीवनी-शक्ति अपनी चरम सीमा पर पहुँच जाती है और इच्छा-शक्ति के संघर्ष करने के अंतिम सुरक्षित साधन भी समाप्त हो जाते हैं, उस समय एक यांत्रिक प्रक्रिया द्वारा इस दैवीय प्रकाश का उद्‌घाटन होता है।**

कितने क्षुद्र स्वार्थ हैं! इनके लिये मैं माँ से प्रार्थना करूँ।'' इसके स्थान पर उसने प्रार्थना की—''माँ! मैं जानने और विश्वास करने के अतिरिक्त और कुछ नहीं चाहता।''

उस दिन से उसके लिये एक नवजीवन का सूत्रपात हो गया। वह जान गया और उसे विश्वास प्राप्त हो गया। उसके विश्वास का जन्म गेटे के वृद्ध वीण-वादक[१] के सदृश वेदना के बीच हुआ था, इसलिये वह अश्रुसिक्त रोटी के स्वाद को और अपने उन यंत्रणापीड़ित भाइयों को, जिन्होंने कि उन टुकड़ों में हिस्सा बटाया था, कभी न भूल सका। एक गंभीर नाद ने विश्व के सम्मुख उसके विश्वास की घोषणा कर दी:—

''जिस परमात्मा में मैं विश्वास करता हूँ, वह केवल समस्त आत्माओं की समष्टि है और सबसे बढ़कर मैं सब देशों और सब जातियों के पापी भगवान् में, दरिद्र भगवान् में और पतित भगवान् में विश्वास करता हूँ।...........''

गैलीलियन की ही विजय हुई।[२] बंगाल के दयालु ईसा (रामकृष्ण) ने अपने भक्त के दर्प के प्रतिरोध को चूर्ण कर दिया था। भविष्य में रामकृष्ण को शासन करने के लिए उत्पन्न इस क्षत्रिय सन्तान की अपेक्षा अधिक आज्ञाकारी व अनुगत अन्य कोई सन्तान न मिल सकी। उनका मेल इतना पूर्ण हो गया कि वे एक-दूसरे से सर्वथा अभिन्न प्रतीत होने लगे। इस भावप्रवण उद्वेगशील आत्मा पर, जो कि यह न जानती थी कि थोड़ा-थोड़ा देने का क्या अर्थ है, एक नियामक प्रभाव की आवश्यकता थी। रामकृष्ण उसके खतरों को जानते थे। उसकी घोर रवयुक्त तूफानी गति, युक्ति की सारी सीमाओं को एक छलांग में लाँघकर ज्ञान से प्रेम, और ध्यान की पूर्ण उपयोगिता से कर्म की पूर्ण उपयोगिता पर पहुँच गई। वह प्रत्येक वस्तु को एक ही आलिंगन में आबद्ध करने के लिए व्याकुल हो उठी। रामकृष्ण के जीवन के अन्तिम दिनों में हम नरेन्द्र को प्रायः उनसे यह अनुरोध करते हुए देखते हैं कि वे उसे उस ऊर्ध्वतम अतिचेतन दिव्यप्रकाश तक, उस निर्विकल्प समाधि तक पहुँचा दें जिससे कि पुनः संसार में नहीं लौटना पड़ता। परन्तु रामकृष्ण इसके लिये किसी प्रकार भी सहमत न हुए।

शिवानन्द ने मुझे बतलाया कि एक दिन कलकत्ता के निकट कोसीपुर के उद्यान में नरेन्द्र को वास्तव में उक्त समाधि अवस्था प्राप्त हो गई। उस समय शिवानन्द भी वहीं मौजूद थे। ''उसे अचेतन अवस्था में पाकर और उसके शरीर को शव की तरह ठंडा देखकर हम उद्विग्न होकर गुरु के पास भागे और उनसे सब समाचार कह सुनाया। गुरु ने कोई उत्सुकता न प्रकट की, केवल मन्द-मन्द मुस्कराने लगे और कहा :'बहुत अच्छा!' और फिर चुप हो गए। कुछ देर बाद नरेन्द्र बाह्य चेतना को पाकर गुरु के पास आया। गुरु ने उससे कहा : 'अच्छा! अब तो तुम समझते हो?' यह (उच्चतम उपलब्धि) अब से ताला-चाबी के भीतर रहेगी। तुम्हें माँ का कार्य पूर्ण करना है। कार्य समाप्त हो जाने पर वे खुद ही ताला खोल देंगी। नरेन्द्र ने कहा :

---

१. **'विल्हेम मीस्टर' में गेटे के सर्वोत्कृष्ट गानों की तरफ निर्देश है। शूबर्ट, ह्यूगो वुल्फ प्रभृति समस्त श्रेष्ठ योरोपियन संगीतज्ञों ने इन गानों को गाया है।**

२. **ईसा के विरुद्ध वृथा युद्ध करने के बाद, मृत्यु-शय्या पर सम्राट जूलियन यह कहकर चिल्लाए थे।**

'गुरु! मैं समाधि में अत्यन्त सुखी था। अपने असीम आनन्द में मैं बाह्य संसार को एकदम भूल गया था। मैं चाहता हूँ कि आप मुझे इसी अवस्था में रहने दें!' गुरु ने चीत्कार कर कहा : 'कितनी शर्म की बात है! तुम कैसे इन चीजों को चाहते हो? मैं तो सोचता था कि तू एक विराट् पात्र है, जो समस्त जीवन को अपने अन्दर भरे रहना चाहता है?...जा, तू देखेगा कि माँ के आशीर्वाद से तेरे लिए यह उपलब्धि इतनी स्वाभाविक हो जायेगी कि तू अपनी साधारण अवस्था में भी समस्त जीवों के बीच उसी एक भगवान् को देखेगा। तू संसार में महान् कार्य करेगा, तू मनुष्यों में आध्यात्मिक चेतना लाएगा और दीन व दु:खियों के कष्टों को दूर करेगा।''[१]

विवेकानन्द के जीवन का क्या प्रयोजन है, रामकृष्ण ने उसे जान लिया था और विवेकानन्द की इच्छा न होते हुए भी उन्होंने उसे उसी कार्य में लगाया था।

उन्होंने कहा : साधारण आत्माएँ संसार को शिक्षा देने का दायित्व अपने ऊपर लेने से डरती हैं। एक क्षुद्र तिनका अपने-आप तैर सकता है, परन्तु यदि कोई पक्षी उसके ऊपर बैठ जाता है, तो वह तत्काल डूब जाता है। परन्तु नरेन्द्र भिन्न प्रकार की वस्तु है। वह एक महान् वृक्ष के तने के सदृश है, जो गंगा के वक्ष पर मनुष्यों और पशुओं को अपने ऊपर लादकर पार ले जाता है।[२] उन्होंने उस महापुरुष (विराट्काय दानव) के माथे पर सेण्ट क्रिस्टोफर[३]—मनुष्यवाहक का चिह्न अंकित हुआ देखा था।

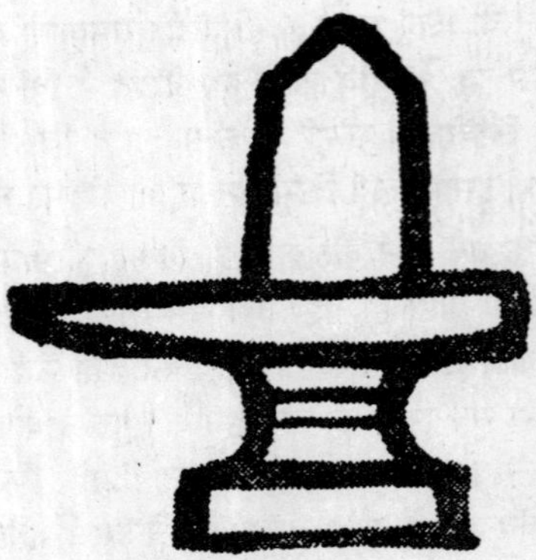

१. ७ दिसम्बर, सन् १९२७ का पत्र।

२. श्री श्रीरामकृष्ण कथामृत, द्वितीय खण्ड, पृ० ४२।

३. सेण्ट क्रिस्टोफर के सम्बन्ध में प्रचलित एक ईसाई पौराणिक कथा की तरफ निर्देश है। (क्रिस्टोफर का अर्थ है, ईसा को ले जाने वाला, जो कि एक दानव था) वह अपने कन्धों पर मनुष्यों को नदी के पार ले जाया करता था। और एक दिन बालक ईसा उसके पास आया। ('जीन क्रिस्टोफर' उपन्यास का अन्तिम पृष्ठ देखिए)।

११
सांध्य संगीत

इस प्रकार रामकृष्ण सन् १८८१ से दक्षिणेश्वर में वास करते थे, जहाँ हर समय शिष्यगण उन्हें घेरे रहते थे। यह शिष्य पिता के समान उन्हें चाहते थे। और सुमधुर कलकल ध्वनि से गंगा उन्हें लोरियाँ देती थीं। बल खाती हुई और उत्तर की तरफ बहती हुई, नदी में मध्याह्न के समय ज्वार की लहरें उसके दोनों कूलों को आप्लावित कर देती थीं उस नदी का अविच्छिन्न अविराम संगीत इस सुन्दर साहचर्य की अलक्षित अन्तर्धारा थी। प्रातः और सायंकाल के समय देवी-देवताओं की दिनचर्या[१] को लक्ष्य करके जो घण्टे बजते थे, शंखध्वनि होती थी, वंशी व मृदंग की सुरीली तान उठती थी, खड़ताल बजते थे व मन्दिर में आरती गान होता था, वह सब जाह्नवी के कलरव के साथ मिल मिल जाते थे। वायु के झोंकों के साथ पवित्र उद्यान से धूपगन्ध के समान मस्त करने वाली सुगन्ध उड़कर आती थी। चन्दोवे व झालरों से सुसज्जित

---

१. **श्री श्रीरामकृष्ण कथामृत पुस्तक के प्रत्येक कथा प्रसंग में परिपार्श्व व आबोहवा का वर्णन है।**

प्रभात होने से पूर्व ही मृदु घण्टा-ध्वनि के साथ प्रातः कृत्य की घोषणा होती थी। दीपावली जल उठती थी। नाट्य मन्दिर में वंशी, मृदंग व करताल के साथ स्तोत्र पाठ होता था। पूर्व दिशा में आकाश के रक्तिम होने से पहले ही उद्यान से देवता के अर्घ्य के लिए पत्र-पुष्प चुने जाते थे। जो सब शिष्य रात्रि में ठाकुर के पास रहते थे, वे उनकी शय्या के समीप बैठकर ध्यान करते थे। रामकृष्ण अर्धनग्न अवस्था में ही उठकर इधर-उधर टहलते हुए मधुर स्वर में गान करते थे और माँ के साथ कितनी ही देर तक प्रेमपूर्वक बातें करते थे। इसके अनन्तर समस्त वाद्ययन्त्र एक साथ बजते थे। शिष्यगण स्नानादि से निवृत्त होकर बरामदे में खड़े हुए रामकृष्ण के समीप आ जाते थे और गंगा की तरफ मुँह करके उनमें कथोपकथन प्रारंभ हो जाता था।

मध्याह्न में काली, विष्णु और बारह शिव के मन्दिरों में घण्टा ध्वनि के साथ पूजा की समाप्ति की घोषणा की जाती थी। आकाश में सूर्य तपने लगता था। दक्षिण बयार बहने लगती थी, नदी के ज्वार की लहरें उठने लगती थीं। भोजन के बाद गुरु कुछ देर तक विश्राम करते थे। उसके बाद फिर वार्तालाप प्रारम्भ हो जाता था।

रात्रि के समय मन्दिर में रोशनी करने वाला आकर मन्दिर की बत्तियाँ जला देता था। एक लैम्प रामकृष्ण के कक्ष में, जहाँ बैठकर वे ध्यान करते थे, वहाँ भी जला दिया जाता था। शंख और घण्टों की ध्वनि से सान्ध्य कृत्य की घोषणा होती थी। पूर्ण चन्द्रमा के आलोक में वार्तालाप जारी रहता था।

अर्धवृत्ताकार बरामदे के खम्भों के बीच से सनातन (Eternity) की मूर्ति रूप नदी में से गुजरते हुए रंग-बिरंगे जहाज तितलियों के झुण्ड के समान दिखाई देते थे।

परन्तु मन्दिर का प्रांगण एक विभिन्न प्रकार की मानव-नदी की अविराम लहरों से स्पन्दित रहता था। यह नदी, उन तीर्थयात्री, पुजारी, पण्डित तथा सब तरह के धार्मिक व कौतूहलपूर्ण मनुष्यों की नदी थी, जो कि भारत के विभिन्न भागों से व समीपवर्ती नगरी से उस आश्चर्यजनक मनुष्य को देखने व प्रश्नों द्वारा परेशान करने के लिए आते थे, जो कि अभी तक अपने-आपको अत्यन्त साधारण आदमी समझता था। रामकृष्ण अक्लान्त धैर्य के साथ मधुर ग्राम्य भाषा में उनके सब प्रश्नों का उत्तर देते थे। उनकी बोली में एक घनिष्ठ सरल सौन्दर्य था। साथ ही उसमें गम्भीर वास्तविकता के साथ आत्मीयता का भी पूर्ण समावेश था। उनकी दृष्टि के आगे कोई भी दृश्य या कोई भी व्यक्ति अलक्षित नहीं रह सकता था। वह बालक के समान क्रीड़ा कर सकते थे, और एक सन्त के समान विचार कर सकते थे। यह सम्पूर्ण हास्यमय, स्नेहमय, अन्तर्भेदी स्वतः स्फूर्ति ही उनकी सम्मोहन शक्ति थी। इसके सम्मुख कोई भी मानवीय वस्तु अपरिचित न रह सकती थी। वास्तव में वह सन्त हमारे पाश्चात्य ईसाई सन्तों से सर्वथा भिन्न थे। उन्होंने दुःख का सन्धान किया था, दुःख को अपने अन्दर ग्रहण किया था, किन्तु दुःख उनके अन्दर जाकर विलुप्त हो गया था। उनके अन्दर कुछ भी विषादमय, कठोर व विरूप वस्तु पैदा नहीं हो सकती थी। वे मनुष्यों के एक महान् शुद्धिकर्ता थे। वे मनुष्य की आत्मा को उसके स्वेदसिक्त आवरण से मुक्त करके, उसे नहला-धुलाकर निष्कलंक बना देते थे। क्षमा व स्नेहमय मृदु हास्य के बल से ही उन्होंने गिरीश के सदृश पापी मनुष्य को सन्त बनाया था। दक्षिणेश्वर की गुलाब और रजनीगन्धा की सुवास से आमोदित सुन्दर उद्यान की आबोहवा में वे अपनी प्रशान्त व अन्तर्भेदी दृष्टि से पाप के लज्जायुक्त रुग्ण विचार को कभी प्रविष्ट न होने देते थे। वे कहते थे :

"कोई-कोई ईसाई व ब्रह्मसमाजी पापबोध में ही धर्म का सार देखते हैं। उनके विचार से वही व्यक्ति सबसे बड़े धर्मात्मा हैं जो कि इस प्रकार प्रार्थना करते हैं "हे प्रभु मैं एक पापी हूँ![१] मेरे पापों को क्षमा कर दो।...." वे यह भूल जाते हैं कि पापबोध आध्यात्मिक उन्नति की प्रथम परन्तु सबसे निचली सीढ़ी है। वे अभ्यास की शक्ति को नहीं देखते। तुम यदि चिरकाल तक यही कहते रहोगे कि "मैं पापी हूँ" तो तुम हमेशा के लिये पापी ही बने रहोगे।...इसके

---

१. **यदि वे सत्रहवीं शताब्दी के फ्रैंकोयस दी क्लग्नी (१६३७-१६९४) की रचनाओं को, जिन्हें ऐबे ब्रेमण्ड ने पुनरुज्जीवित किया था—जानते होते तो वे क्या कहते? फ्रैंकोयस दी क्लग्नी पाप की अवस्था में ही आनन्दबोध करते थे और पापबोध को पूर्ण रूप से विकसित करना ही उनके जीवन का एकमात्र लक्ष्य था। उन्होंने पाप की खोज पर तीन पुस्तकें लिखी हैं—यद्यपि वे सर्वथा रहस्यपूर्ण व निर्दोष भावना में ही लिखी गई हैं। वे पुस्तकें निम्न हैं :—**

(१) एक पापी द्वारा पापियों का भक्तिभाव, (२) एक पापी द्वारा पापियों की हस्त-पुस्तक, (३) एक पापी द्वारा पापियों की प्रार्थना के बारे में। (हेनरी ब्रेमण्ड रचित 'ला मैटाफिजिक्स दी सेण्ट्स') ग्रन्थ से तुलना कीजिए।

स्थान पर तुम्हें कहना चाहिए 'मैं बद्ध नहीं हूँ। मैं बद्ध नहीं हूँ।...मुझे कौन बाँध सकता है? मैं उस भगवान् का पुत्र हूँ, जो कि राजाओं का महाराजा है।...' अपनी इच्छा-शक्ति का उपयोग करो, और तुम स्वतन्त्र हो जाओगे! वह मूर्ख आदमी जो निरन्तर यह कहता है कि 'मैं एक गुलाम हूँ' अन्त में वास्तव में ही गुलाम हो जाता है। इसी प्रकार वह अभागा मनुष्य जो बराबर यह कहता रहता है कि 'मैं एक पापी हूँ' वह वास्तव में ही पापी हो जाता है। परन्तु वह मनुष्य मुक्त है, जो यह कहता है कि "मैं संसार के बन्धन से मुक्त हूँ। मैं स्वतन्त्र हूँ। क्या भगवान् हमारा पिता नहीं है?..." बन्धन मन का ही है। परन्तु स्वतन्त्रता भी मन की है..."[१]

वे अपने चारों तरफ आनन्द और मुक्ति की वायु प्रवाहित होने देते थे। जहाँ उष्ण आकाश के भार से दबी हुई विषण्ण आत्माओं की मुरझाई हुई पत्तियों के स्थान पर नई हरी पत्तियाँ उगने लगती थीं। वे निराशतम को भी इन शब्दों से आश्वासन देते थे : "भय क्या है? धैर्य रखो। वर्षा अवश्य होगी और तुम पुनः हरे-भरे व तरोताजा हो जाओगे।"

यह मुक्त आत्माओं का आश्रय स्थल था। जो मुक्त थे—या जो मुक्त होंगे—कारण, भारत में काल की कोई बाधा नहीं है। रविवार का समागम बहुत कुछ छोटे-मोटे उत्सव व संकीर्तन के रूप में होता था। अन्य साधारण दिनों में शिष्यों के साथ उनका वार्तालाप कभी मतवाद सम्बन्धी शिक्षा का रूप न लेता था। मतवाद का वहाँ कोई मूल्य न था। वहाँ मूल्यवान् वस्तु केवल वह अभ्यास व अनुशीलन था, जो कि प्रत्येक अवस्था में प्रत्येक आत्मा के जीवन की सारवस्तु को बाहर लाने के उद्देश्य से किया जाता था, जब कि वह आत्मा की पूर्ण स्वतन्त्रता को अक्षुण्ण बनाए रखते थे। अन्तर्मुखी ध्यान, बुद्धि, का स्वतन्त्र प्रयोग, संक्षिप्त भावावेश (Ecstaries), समृद्ध नीतिगल्प, हास्यमय कथाएँ और यहाँ तक कि तीक्ष्ण परिहासमय दृष्टि से विश्व के प्रहसन का अवलोकन, ये सभी उसके उत्तम साधन थे।

गुरु अपनी छोटी-सी शय्या पर बैठते थे और शिष्यों के मन की बातें सुनते थे। वे उनकी छोटी मोटी सब चिन्ताओं व घरेलू बातों में हिस्सा लेते थे; वे निरीह योगानन्द को स्नेहपूर्वक अंकुश लगाते थे, दुर्दान्त व चंचल विवेकानन्द को काबू में रखते थे और निरंजनानन्द के अन्धविश्वासपूर्ण भूतों का परिहास करते थे। वे घरबार छोड़कर आये हुए इन अनाड़ी अश्वशावकों को एक-दूसरे के विरुद्ध दौड़ने में रस लेते थे। और फिर जब उनके बीच उत्तेजित तर्क का झंझावात गड़बड़ मचा देता था—तो वे कोई ज्ञान गर्भित मजाकिया चुटकुला छोड़ देते थे, जिससे उन्हें मार्ग-बोध होता था और वे पुनः अपने गन्तव्य स्थल पर आ जाते थे। जाहिरा तौर पर लगाम का उपयोग न करते हुए भी वे उस कला को जानते थे जिससे कि बहुत तेज चलने वाले तथा अत्यन्त मन्द गति वालों को स्वर्णिम मध्यम मार्ग पर लाया जाता है; जिससे सुस्त आत्माओं को चुस्त बनाया जाता है और अति-उत्साहियों को काबू किया जाता

---

१. **श्री श्रीरामकृष्ण कथामृत, प्रथम भाग, देखिए प्रथम खण्ड, पृ० २९३, १७८।**

रामकृष्ण ने बार-बार यह महामन्त्र उच्चारण किया जिसे कि मैं प्रत्येक विश्वासी के हृदय पर अंकित कर देना चाहता हूँ :—"जहाँ लज्जा, घृणा और भय है, वहाँ भगवान् कभी प्रकट नहीं होते।" (श्री श्रीरामकृष्ण उपदेशावलि, खंड १, पृ० ३१६)

है। रामकृष्ण जिस प्रकार अपने सेण्ट जोन[१] प्रेमानन्द (बाबूराम) के मुख पर—जिसे कि वे नित्य सिद्ध[२] अर्थात जन्म के पूर्व से ही पूर्ण तथा शुद्ध मानते थे—और जिसे किसी प्रकार की शिक्षा की आवश्यकता न थी, अपनी स्नेहस्निग्ध दृष्टि रखते थे, उसी प्रकार जब वे अतिकृच्छ्र शुद्धाचारवादियों के सम्मुख आते तो उन पर व्यंग्य कसने से न चूकते थे।

"बाह्याचार की पवित्रता पर अत्यधिक आग्रह भी एक प्रकार की भयानक बीमारी है। इस रोग के मरीज व्यक्तियों की भगवान् व मनुष्य की सेवा के लिए समय नहीं मिलता।"

वे नवदीक्षितों को राजयोग की निरर्थक व खतरनाक साधनाओं से दूर रखते थे।[३] प्रति पद पर भगवान् को देखने के लिए केवल चक्षु व हृदय को उन्मुख रखने की आवश्यकता है। फिर जीवन और स्वास्थ्य को खतरे में डालने से क्या फायदा है?

"अर्जुन श्रीकृष्ण को परब्रह्म के रूप में देखना चाहते थे।....कृष्ण ने उनसे कहा : 'अच्छा इधर आओ! देखो मैं कैसा लगता हूँ?' वे उन्हें एक विशेष स्थान पर ले जाकर बोले : 'क्या देखते हो?' अर्जुन ने कहा : 'एक बड़ा वृक्ष है जिस पर गोल-गोल फल लगे हुए हैं।' श्रीकृष्ण ने कहा : 'पास आकर देखो, ये फल नहीं हैं, ये असंख्य श्रीकृष्ण हैं।'....[४]

और तीर्थयात्रा का कोई प्रयोजन है?

"मनुष्यों की पवित्रता से ही स्थानों की पवित्रता होती है, अन्यथा कोई स्थान मनुष्य को किस तरह पवित्र बना सकता है?"

भगवान् सर्वत्र विद्यमान हैं। वह हमारे अन्दर भी मौजूद हैं। यह विश्व और जीवन उसका ही स्वप्न है।

---

१. सेण्ट, जोन, ईसा का अन्यतम प्रचारक शिष्य व जीवनी रचयिता। —अनुवादक

२. नरेन्द्र, राखाल और भवनाथ भी इसी श्रेणी के निर्वाचित शिष्य थे। (श्री श्रीरामकृष्ण कथामृत, प्रथम भाग, पृ० २३८ द्रष्टव्य)। यह ध्यान देने योग्य है कि उसकी आत्मगत विशेषताओं के साथ इस निर्वाचन का कोई सम्बन्ध नहीं है। बाबूलाल एक पूर्व निर्दिष्ट ज्ञानी थे, वे भक्त न थे।

३. शारदानन्द रचित ग्रन्थ देखिए : रामकृष्ण ने अपने शिष्यों को कहा :—"ये सब कठिन अभ्यास कठोर कलियुग के लिए नहीं हैं, जिसमें कि मनुष्य अत्यन्त दुर्बल व अल्पायु होते हैं। उन्हें इतना अधिक खतरा उठाने का समय नहीं है और इसकी आवश्यकता भी नहीं है। इन सब साधनाओं का केवल मात्र लक्ष्य मन को एकाग्र करना है और जो मनुष्य शुद्ध भक्ति-भाव से ध्यान करते हैं, वे उसे बड़ी सुगमता से प्राप्त कर लेते हैं। भगवान् की कृपा से सिद्धि का पथ सहज हो गया है। आवश्यकता केवल इस बात की है कि जो स्नेह हम अपने आस-पास रहने वालों व्यक्तियों पर वर्णन करते हैं, उस स्नेह शक्ति को हम भगवान् की तरफ लगाएँ" (एक संक्षिप्त स्वतन्त्र अनुवाद)।

४. श्री श्रीरामकृष्ण कथामृत, द्वितीय भाग, पृ० १६।

परन्तु कामारपुकुर का ही यह क्षुद्रकाय, ग्राम्य, अशिक्षित मनुष्य, जिसमें मार्था और मेरी[१] की दोनों प्रकृतियाँ मिश्रित हुई थीं, जब अपनी उँगलियों द्वारा इस सनातन विषय पर नीतिगल्पों[२] की चित्रकारी का निर्माण करता था तो वह इसके साथ ही साथ दैनंदनिक पारिवारिक जीवन व अन्य क्षुद्र व्यावहारिक कार्यों के प्रति भी अपने शिष्यों का ध्यान आकर्षित करना न भूलता था। वह आलस्य अपवित्रता, अव्यवस्था को बर्दाश्त न करता था और इस बारे में वह उच्च मध्यश्रेणी की सन्तानों को भी शिक्षा दे सकता था। वह अपने घर और बगीचे को स्वयं साफ करके इसका दृष्टान्त उपस्थित करता था।

उसकी आँखों से कोई बात छिपी न रहती थी। वह कल्पना करता था, देखता था, कार्य करता था और उसकी प्रसन्न बुद्धि उसके शिशु-सुलभ हास्य को अक्षुण्ण बनाए रखती थी। वह संसारी व मिथ्या-अत्युत्साहियों की नकल कर इस प्रकार अपना मनोरंजन करता था :

"ठाकुर ने एक दिन एक कीर्तनी की नकल कर अपने शिष्यों का खूब मनोरंजन किया। कीर्तनी अपने दल बल के साथ गोष्ठी में घुस आई। उसने कीमती पोशाक पहनी हुई थी और एक चमकीले रंग का रूमाल उसके हाथ में था। यदि कोई श्रद्धेय मान्य व्यक्ति आता तो गाना गाते-गाते ही वह उसकी अभ्यर्थना करती और उससे कहती 'आइए विराजिए।' बीच-बीच में वह अपनी भुजा पर से साड़ी को हटा देती, ताकि उसको शोभित करने वाले आभूषण सबको दिखाई दे सकें। ठाकुर की नकल को देखकर शिष्यगण हो-हो करके फूट-फूटकर हँसने लगे। पल्टू तो जमीन पर लोट-पोट गया। ठाकुर ने उसकी तरफ मुसकराते हुए कहा : 'तू कैसा लड़का है पल्टू! घर-जाकर बाप से यह मत कहना, वरना जो थोड़ा बहुत वह मेरा आदर करता है, वह भी खत्म हो जायेगा। वह तो एकदम अंग्रेज साहब बहादुर हो गया है!...''

रामकृष्ण ने और भी कई प्रकार के मनुष्यों के वर्णन किये हैं :—

रामकृष्ण ने कहा :—"कुछ इस तरह के आदमी हैं कि जो दैनिक पूजा के समय जितना शोरगुल करते हैं, उतना और किसी समय नहीं करते। और बोलने से मना करने पर वे इशारों से व बन्द होंठों से ही मुँह बनाकर फिस-फिस करते हैं : 'शू! शू! मुझे यह दो!...मुझे वह

---

१. सेण्ट ल्यूक रचित 'ईसा की जीवनी' के दशम अध्याय में वर्णित मार्था और मेरी।

२. अनेक सुन्दर दृष्टान्तों में से यहाँ एक उद्धृत करता हूँ :—

"एक लकड़हारा सोते हुए स्वप्न देख रहा था। उसके एक मित्र ने आकर उसे जगा दिया। लकड़हारे ने कहा : "ओह! तुमने मुझे क्यों जगा दिया? मैं तो एक राजा बन गया था। मेरे सात बच्चे थे, जो सब वीरता और पाण्डित्य में पूर्ण थे। मैं राजसिंहासन पर बैठकर राज-कार्य करता था। कैसा सुन्दर संसार था! आह, तुमने मेरा वह सुख-स्वप्न क्यों भंग कर दिया?

मित्र ने उत्तर दिया : "मैंने क्या बुरा किया है? यह तो केवल सपना ही था!"

लकड़हारे ने कहा : "तुम नहीं समझते, स्वप्न में राजा होना भी उतना ही सत्य है जितना कि लकड़हारा होना। यदि लकड़हारा होना सत्य है तो स्वप्न में राजा होना भी सत्य है।" (श्री श्रीरामकृष्ण कथामृत, द्वितीय भाग, पृ० २३५)।

दो...चट! चट!...' कोई अपनी माला जपता है; परन्तु ऐसा करते हुए वह मछली बेचने वाले को देखता है, और जब माला के मनके उसकी उँगलियों के नीचे फिर रहे होते हैं, मछुआरा उसे मछली दिखलाता है....। एक स्त्री गंगा पर स्नान के लिए गई। उसे उस समय परमात्मा का चिन्तन करना चाहिए था, परन्तु वह इस तरह गप्पें हाँक रही थी : "वे तुम्हारे लड़के को कौन-कौन सा जेवर देंगे?...अमुक-अमुक आदमी बीमार हैं...अमुक-अमुक आदमी उसकी भावी पत्नी को देखने गए हैं...और क्या तुम्हारा ख्याल है कि वे काफी दहेज देंगे?...हरीश मुझे प्यार करता है, वह एक क्षण भी मेरे बिना नहीं रह सकता।....मैं बहुत दिनों से नहीं आ सकी, अमुक-अमुक की लड़कियों की सगाई हो चुकी है और मैं बहुत व्यस्त थी!'........ देखो तो! वह गंगा-स्नान को आई थी, परन्तु उसका उसे कुछ भी ध्यान नहीं है, और इधर-उधर की बातों में मशगूल है।..."

इस समय उनकी दृष्टि एक श्रोता पर पड़ी और वे एकदम समाधिस्थ हो गए।[१]

जब उन्हें पुनः चैतन्य लाभ हुआ, तो वे पुनः पूर्व आलोचना का छिन्न सूत्र पकड़कर आगे उपदेश करने लगे अथवा नीलवर्णा माँ या श्यामवर्ण कृष्ण की स्तुति में कोई भजन गाने लगे।[२]

"इस विपिन में वंशी बज रही है। मैं वहाँ बिना जाये नहीं रह सकता। मेरे प्यारे श्याम पथ में खड़े मेरी प्रतीक्षा कर रहे हैं। ओ! मेरे मित्रो, क्या तुम मेरे साथ न जाओगे!....ओ! मेरे प्रियतम!......तुम्हारे लिए श्याम एक काल्पनिक वस्तु है, एक निरर्थक शब्द है....परन्तु मेरे लिए वह मेरा हृदय है, मेरी आत्मा है, मेरा जीवन है!...."

"ओ! मेरी आत्मा! अन्तस्तल में निमग्न हो जा! निमग्न हो जा! सौन्दर्य के सागर में डूब जा!...जाओ! जाओ! और समुद्र की गहराई से भी गंभीरतर क्षेत्रों की खोज करो! तुम्हें रत्न,—प्रेम रत्न—(ईश्वरीय प्रेम) प्राप्त होगा। तेरे हृदय में ही प्रेम के भगवान् का वृन्दावन है। जाओ और खोज करो! जाओ और खोज करो! तुम्हें वह अवश्य मिलेगा। तब ज्ञान का दीपक अविच्छिन्न रूप से तुम्हारे हृदय में प्रदीप्त होगा। वह कौन व्यक्ति है, जो पृथ्वी पर—पृथ्वी पर—स्थूल पृथ्वी पर नाव को चला रहा है?..."

"शिव की संगिनी ओ माँ! तू क्रीड़ा के आनन्द में मग्न है!...आनन्द की मदिरा से मस्त है। तेरे पैर काँप रहे हैं, परन्तु वे कभी अपना संतुलन नहीं खोते! तेरा पति परब्रह्म शिव निश्चेष्ट हो तेरे पार्श्व में पड़ा है। तू उसे अपने आलिंगन में लेकर अपनी सुध-बुध खो देती है! तेरे पैरों के नीचे यह पृथ्वी डगमग करती है। तेरी आँखों में, तेरे पति की आँखों में मस्ती का नशा छाया हुआ है।...वास्तव में यह संसार एक आनन्द की वस्तु है।....ओ! मेरी श्यामा माँ!..."

रामकृष्ण के गानों में भी माँ को पागल बना देने वाली प्रेम सुधा मिश्रित थी।

---

१. श्री श्रीरामकृष्ण कथामृत, द्वितीय भाग, पृ० २८५-२८६।

२. इन रंगों में रामकृष्ण एक प्रतीक का सन्धान पाते थे। माँ का गाढ़ नीलवर्ण उनके मन में आकाश की गहराइयों को जागृत कर देता था।

विवेकानन्द ने एक दफे कहा था : ''उनका एक दृष्टिपात ही समस्त जीवन को बदल सकता था।''

उसने यह बात अपने अनुभव के आधार पर कही थी। इस नरेन्द्र ने एक समय रामकृष्ण के विरुद्ध अपने दार्शनिक सन्देहों को घोरतर विद्रोह के साथ उपस्थित किया था परन्तु अन्त में उसने यह अनुभव किया कि रामकृष्ण की अनिर्वाण अग्नि के स्पर्श से वह विगलित हो गया है और उसने अपनी पराजय स्वीकार की। रामकृष्ण कहते थे कि ''किसी जीवित विश्वास को एक स्थूलरूप में दिया व ग्रहण किया जा सकता है और इस दान व ग्रहण के समान सत्य वस्तु दुनिया में और कोई नहीं है।'' विवेकानन्द ने उनकी इस वाणी को सत्य सिद्ध किया था। रामकृष्ण का विश्वास इतना कोमल परन्तु इतना सुदृढ़ था कि अपने विश्वास के विरुद्ध इन सब नवयुवकों का कठिन प्रतिवाद पाकर भी वे केवल मुस्करा देते थे। उन्हें पूर्ण निश्चय था कि उनका यह अविश्वास प्रभातकालीन कोहरे के सदृश मध्याह्नकालीन सूर्य के अविर्भाव के साथ-ही-साथ छिन्न-भिन्न हो जाएगा। जब कालीप्रसाद निरन्तर अस्वीकार द्वारा रामकृष्ण पर आक्रमण करने लगा तो उन्होंने कहा :

''वत्स! तुम भगवान् पर विश्वास करते हो?''

''नहीं।''

''क्या तुम धर्म में विश्वास करते हो?''

''नहीं! मैं न वेदों में विश्वास करता हूँ, न शास्त्रों में। मैं किसी भी आध्यात्मिक वस्तु में विश्वास नहीं करता।''

गुरु ने स्नेहपूर्वक उत्तर दिया :

''वत्स! यदि तुम किसी अन्य गुरु के सम्मुख ऐसा कहते तो तुम्हारी क्या दशा होती? परन्तु जाओ शान्त हो! मैं जानता हूँ कि इस प्रकार की परीक्षा में से तुमसे पहले और भी गुजरे हैं। नरेन्द्र की ही तरफ देखो! वह विश्वास करता है। तुम्हारे सन्देह भी अवश्य दूर हो जाएँगे। तुम विश्वास करोगे।''

और वही कालीप्रसाद में अभेदानन्द नाम से उनके उपदेशों का प्रचारक हुआ।

बहुत से विश्वविद्यालय के शिक्षाप्राप्त, सन्देहवादी व अनीश्वरवादी व्यक्ति इस क्षुद्र से मनुष्य के संपर्क में आकर, जो कि साधारण सी बातों को अपनी ग्राम्य भाषा में कहता था व जिसका अन्तर्वर्ती प्रकाश मनुष्य की आत्मा के अन्दर तक घुस जाता था, इसी प्रकार प्रभावित हुए थे। उसके निकट जो दर्शकगण आते थे, उन्हें अपने मुख से कुछ कहने की आवश्यकता न होती थी।

वे कहा करते थे: ''नेत्र आत्मा के झरोखे हैं।'' वे प्रथम दृष्टि में ही आँखें देखकर सब कुछ जान लेते थे। जब कभी किसी जनसमुदाय के अन्दर कोई लज्जाशील व्यक्ति अपने आपको उनसे छिपाने की चेष्टा करता था, तो वे सीधे उसके पास जाकर उसके सन्देह, उसकी वेदना और उसके गुप्त घाव पर अँगुली रख देते थे। वे कभी व्याख्यान न देते थे। वहाँ न कोई आत्मा की खोज थी, न उदासी थी। उनका केवल एक शब्द, एक मुस्कान, उनके हाथ का एक स्पर्श ही वर्णनातीत शान्ति व चिरवांछित आनन्द प्रदान कर देता था। ऐसा सुना जाता है

कि एक नवयुवक, जिस पर कि उनकी दृष्टि कुछ देर के लिए रुक गई थी, एक वर्ष से भी अधिक समय तक समाधिस्थ अवस्था में रहा, जिसमें कि वह ''प्रभु! हे प्रभु! मेरे प्यारे! मेरे प्यारे प्रभु'' इन शब्दों के अतिरिक्त और कुछ न बोलता था।

रामकृष्ण सभी बातों के लिए क्षमा कर देते थे। कारण, वे अनन्त करुणा में विश्वास करते थे। जब कोई ऐसे व्यक्ति जिनके भाग्य में इस जीवन में ईश्वर की प्राप्ति नहीं लिखी होती, उनसे ईश्वर प्राप्ति के लिए सहायता माँगते थे, तो वे कम-से-कम उन्हें उस दिव्यानन्द का पूर्वास्वाद अवश्य दे देते थे।

उनके निकट कोई शब्द केवल शब्द मात्र न था, वह एक कार्य, एक वास्तविकता थी।

वे कहते :—

''भाई को प्रेम करने की बात मत कहो! उसे अनुभव करो मतवाद व धर्म को लेकर वाद-विवाद मत करो। सब धर्म एक ही हैं। सारी नदियाँ समुद्र की तरफ जाती हैं। तुम भी उसी तरफ बहो, और दूसरे को भी बहने दो! प्रत्येक महाप्रवाह भूमि के ढाल के अनुसार—जाति, समय और स्वभाव के अनुसार—अपने पृथक् मार्ग का निर्माण कर लेता है। परन्तु सारे प्रवाह ही जलप्रवाह हैं।...बढ़े चलो...समुद्र की तरफ बहे चलो!

रामकृष्ण की आनन्दमय प्रवाहधारा, सब आत्माओं के लिए सुलभ थी। वही शक्ति थी, वही ढलान था, वही जलधारा थी; और अन्य नदी-नाले उस महानदी की तरफ खिंचे चले आते थे। वह स्वयं जाह्नवी रूप थे।

१२
नदी का समुद्र में पुनः प्रवेश

रामकृष्ण क्रमशः समुद्र के निकट पहुँच रहे थे अन्त समीप आ रहा था। उनका दुर्बल देह प्रायः प्रतिदिन समाधि की अग्नि में दग्ध होता जा रहा था और क्षुधित जनता के प्रति निरन्तर आत्मदान द्वारा क्षीण हो चुका था। कभी-कभी वे विरक्त होकर क्रोधी बालक के समान माँ से इस प्रकार दिन-रात उनका भक्षण करने वाले जनसमुदाय की शिकायत करने लगते थे। अपनी विनोदमयी शैली में वे माँ से कहते थे[१] :

"माँ, तुम इन सब मनुष्यों को यहाँ क्यों लाती हो? यह तो अपने से पाँच गुना पानी मिले हुए दूध के समान है। मेरी आँखें इनका पानी सुखाने के लिए आग में मुँह मारते-मारते नष्ट हो गई हैं। मेरा स्वास्थ्य खत्म हो गया है। यह मेरी ताकत से बाहर है। यदि तुम यह करना चाहती हो, तो अपने-आप करो। (अपने शरीर की ओर निर्देश करते हुए) यह तो फूटा ढोल है, यदि तुम इसे दिन-रात बजाए जाओगी तो यह कितने दिन ठहर सकता है?"[२]

तथापि उन्होंने किसी व्यक्ति को निराश नहीं किया। वे कहते थे—

"यदि किसी एक व्यक्ति की सहायता के लिए मुझे बार-बार जन्म धारण करना पड़े, और चाहे वह कुत्ते की योनि में ही क्यों न हो, तो भी मुझे पुनः पुनः जन्म लेने दो।"

और पुनः "मैं केवल एक व्यक्ति की सहायता के लिए भी ऐसे बीसों हजार शरीर त्याग कर सकता हूँ। एक व्यक्ति की मदद कर सकना भी कितना गौरवास्पद है।"[३] वे अपनी समाधियों के लिए भी प्रायः अपना तिरस्कार किया करते थे, क्योंकि उनमें वह कीमती समय, जो दूसरों के उपयोग में आ सकता था, नष्ट होता था :

"माँ! मुझे इस आनन्द के उपभोग से मुक्त कर दो। मुझे अपनी स्वाभाविक स्थिति में रहने दो, ताकि मैं जगत् के लिए और अधिक उपयोगी हो सकूँ।"

अपने जीवन के अन्तिम दिनों में, जब उनके शिष्य, उनकी इच्छा के विरुद्ध उन्हें भक्तों की भीड़ से बचाने का प्रयत्न करते थे, तब कहते थे—

"आज कोई मेरी सहायता नहीं लेता, यह क्या कम कष्ट है?"[४] उनके घनिष्ठ मित्र,

---

१. **मुझे यह पूर्ण निश्चय है कि पिकार्डी के निवासी, आदि मध्ययुग के कुछ श्रेष्ठ धर्मविश्वासी भी कभी-कभी अवश्य ऐसा ही कहते होंगे।**

२. **श्री श्रीरामकृष्ण लीला प्रसंग; पृ० ६९४।**

३. **विवेकानन्द रचित : 'My Master' ग्रन्थ।**

४. **धनगोपाल मुखोपाध्याय रचित ग्रन्थ।**

ब्रह्मसमाज के विख्यात नेता केशवचन्द्र सेन का देहावसान उनसे पूर्व हो चुका था। सन् १८८४ में उनकी मृत्यु हुई थी। उनकी मृत्यु से कुछ समय पूर्व आर्द नेत्रों से रामकृष्ण ने कहा था : "माली गुलाब के पौधे को उखाड़कर दूसरी जगह लगा रहा है, क्योंकि उससे सुन्दर-सुन्दर फूलों की बहार पैदा होगी।"

पुनः उन्होंने कहा : "मेरा अर्धांश मर चुका है।"

परन्तु उनका अपर अर्धांश, यदि वह कथन सुसंगत हो, दीन-दुःखी जनसाधारण थे। पण्डितों के लिए जितने सहज प्राप्य थे, जनसाधारण के लिए भी वह यदि उनसे अधिक नहीं, तो उतने ही सुलभ थे। अपने जीवन के अन्तिम वर्षों में वे इन दीन-दुःखी धर्मानुरक्त जनसाधारण को अपने प्रिय शिष्यों के समान ही प्यार करते थे। गोपाल की माँ भी इनमें से एक थीं, जिसकी सीधी-सादी कहानी फ्रांसीस्कन पौराणिक कथाओं में स्थान पाने के योग्य है :

"साठ वर्ष की वृद्धा, बालविधवा गोपाल की माँ ने अपना जीवन ईश्वर के चरणों में अर्पण कर दिया था। निरन्तर तीस वर्ष तक अतृप्त मातृत्व की क्षुधा के फलस्वरूप उसने बालक कृष्ण, गोपाल को अपने पोष्यपुत्र के रूप में स्वीकार कर लिया था और अन्त में हालत यहाँ तक पहुँची कि वह उसके पीछे एकदम पागल हो गई। परन्तु रामकृष्ण के साथ गोपाल की माँ के प्रथम साक्षात्कार में ही रामकृष्ण की भगवत्पूर्ण दृष्टि के निक्षेप-मात्र से कृष्ण गोपाल बालरूप में पैदा हो गए। ठाकुर की स्नेहमय करुणा ने, जो कि अपने आश्रय में आने वालों की गुप्त इच्छाओं व कष्टों की उनकी अपनी ही इच्छा व कष्ट बना देती थी, सन्तानहीन माता के अतृप्त स्वप्न को मूर्तरूप देकर उसकी गोद को बाल-भगवान् से भर दिया। उसके बाद से बालक गोपाल ने भी अपनी माता को कभी नहीं छोड़ा। तब से गोपाल की माँ ने प्रार्थना छोड़ दिया, उसे प्रार्थना की आवश्यकता ही न रही, कारण वह निरन्तर भगवान् के अविच्छिन्न सान्निध्य में ही रहने लगी। उसने अपनी माला नदी में फेंक दी और दिन-रात बालक के साथ बातों में मग्न रहने लगी। दो मास तक यही अवस्था रही, उसके बाद धीरे-धीरे उसमें शिथिलता आने लगी। अब उसे केवल ध्यान के समय ही बालगोपाल के दर्शन होने लगे। परन्तु वृद्धा माता का हृदय आनन्द से परिपूर्ण था और रामकृष्ण स्नेहपूर्वक उसकी इस अवस्था को लक्ष्य करते थे। लेकिन उनकी विनोदप्रियता ने एक दिन वृद्धा माता से अपनी कथा नरेन्द्र को कहने के लिए आग्रह किया। नरेन्द्र अभिमानी व अपनी तर्कमय विचारबुद्धि पर गर्व करने वाला व्यक्ति था; वह ऐसे दिव्यदर्शनों को मूर्खतापूर्ण व अवस्थ दृष्टिभ्रम कहकर उनका उपहास किया करता था। वृद्धा,शान्तभाव से पुत्र के साथ अपने वार्तालाप को रोककर और नरेन्द्र को ही निर्णायक मानकर उसे सम्बोधित कर कहने लगी—

"बेटा! मैं एक मूर्ख स्त्री हूँ। मैं कुछ भी ठीक तरह नहीं समझ सकती; तुम एक शिक्षित व्यक्ति हो! तुम्हीं बताओ कि क्या यह ठीक है?"

नरेन्द्र अत्यन्त प्रभावित हुआ और कहने लगा :

"हाँ! माता! यह बिल्कुल ठीक है।"

सन् १८८४ में रामकृष्ण का स्वास्थ्य एकदम भयानक रूप से खराब हो गया। समाधि की अवस्था में उनका बायाँ हाथ टूट गया और उसकी यन्त्रणा असह्य हो उठी। उनके अन्दर एक

महान् परिवर्तन हो गया। उन्होंने अपने दुर्बल देह और भ्रमणशील आत्मा को दो भागों में विभक्त कर दिया। उन्होंने 'मैं' कहना छोड़ दिया। उनके लिए 'मेरा' व 'मुझे' का कोई अस्तित्व नहीं रहा। वह अपने आपको 'यह' कहकर सम्बोधन करने लगे। रुग्ण अवस्था में रामकृष्ण पहले की अपेक्षा बहुत अधिक तीव्ररूप में "लीला...क्रीड़ा...भगवान् जो मनुष्यों के अन्दर अपनी क्रीड़ा कर रहा है...। यह देखने लगे।..."उन्होंने अपनी वास्तविक सत्ता को दृढ़तापूर्वक पकड़ लिया और मौन आश्चर्य में निमग्न हो गए, उनके आनन्द का पारावार न था, मानो उन्हें अचानक ही किसी आशातीत प्रियजन के दर्शन हो गए थे!...जब शिव ने अपने असली स्वरूप को देखा तो वह चिल्लाकर कहने लगा 'मेरा यही रूप है! मेरा यही रूप है!' और आनन्द में विभोकर होकर नाचने लगा।"

अगले वर्ष अप्रैल[१] के महीने में उनका गला सूज गया। निरन्तर बोलना तथा भयानक समाधियों का अतिश्रम जिनसे कि गले की तरफ रक्त का प्रवाह तीव्र हो गया था, वह भी निश्चितरूप से उसके कारण थे।[२] डाक्टरों ने उन्हें समाधि व बोलने से मना किया, परन्तु

---

१. **बहुत संभवतः जून में—प्रकाशक**

२. **परन्तु इसमें इससे भी कुछ अधिक कारण था। कुछ प्रसिद्ध रहस्यवादी ईसाइयों की तरह वे भी दूसरों की बीमारी अपने ऊपर लेकर उन्हें स्वस्थ कर देते थे। एक दिव्य-दर्शन में रामकृष्ण ने देखा कि उनका सम्पूर्ण शरीर फोड़ों से—दूसरों के पापों से—भरा हुआ है। "वे दूसरों के कर्मों को अपने ऊपर ले लेते थे।" और उनकी यह अन्तिम व्याधि उसी का परिणाम थी। वह मानवता के पापों के बोझ को अपने ऊपर ढो रहे थे।**

अपने शरीर में दूसरों की व्याधि को ग्रहण करने तथा पवित्रता की एक विशेष मात्रा तक पहुँच जाने पर उन्हें रोगमुक्त करने का विचार भारतवासियों के लिए बहुत प्राचीन है। इस सम्बन्ध में स्वामी अशोकानन्द के पूछने पर उन्होंने मुझे कई धार्मिक पुस्तकों से (महाभारत, आदिपर्व, अध्याय ८४ एवं शान्ति पर्व, अध्याय २८१) तथा महात्मा बुद्ध की वाणी से तथा पन्द्रहवीं शताब्दी में श्री चैतन्य के जीवन से इस सम्बन्ध में अनेक उल्लेख योग्य दृष्टान्त दिए हैं। सब आध्यात्मिक साधकों में यह शक्ति नहीं होती। धर्मशास्त्रों के अनुसार वह शक्ति केवल अवतारों व उनके सेवक चुनी हुई आत्माओं, तक ही सीमित होती है। साधक और साधु-सन्तों के ईश्वरोपलब्धि कर लेने पर भी उन्हें यह शक्ति प्राप्त नहीं होती, यद्यपि आजकल अन्धविश्वास के वशीभूत होकर जन-साधारण सब साधु-सन्तों में इस शक्ति की विद्यमानता पर विश्वास करते हैं, और अपनी दैहिक व मानसिक व्याधियों को उनके ऊपर डालकर रोगमुक्त होने की आशा से उनके चरणों में आते हैं। ईसा के साथ भी ऐसा ही हुआ था। भारतवर्ष में जन-साधारण का अब भी ऐसा ही विश्वास है। तथाकथित गुरुवाद इसी का एक स्वाभाविक परिणाम है। जब कोई आध्यात्मिक साधक किसी व्यक्ति को शिष्य रूप में ग्रहण करता है, तो वह न केवल उसे आध्यात्मिक शिक्षा ही प्रदान करता है, अपितु वह अपने शिष्य के कर्मफल में जो कुछ भी उसके मार्ग में बाधक होता है—अर्थात् उसके सब पापों को भी, अपने ऊपर ले लेता है। इस प्रकार गुरु को अपने शिष्य के

उन्होंने उनकी सलाह पर कोई ध्यान नहीं दिया। वैष्णवों के एक महोत्सव में उन्होंने इस प्रकार योगदान किया कि वे चकनाचूर हो गए और फलतः उनकी बीमारी और अधिक बढ़ गई। यहाँ तक कि उनके लिए भोजन ग्रहण करना भी असंभव हो गया तथापि उन्होंने आगन्तुक अतिथियों के साथ साक्षात्कार बन्द नहीं किया और उनके साथ दिन-रात उसी तरह वार्तालाप करते रहे। एक दिन उनके गले से रक्त का बहुत मात्रा में स्राव हुआ। डाक्टरों ने देखकर कैन्सर बतलाया। उनके प्रमुख शिष्यों ने उनसे कलकत्ता के प्रसिद्ध डाक्टर महेन्द्रपाल सरकार का इलाज करने के लिए अनुरोध किया। सन् १८८५ के सितम्बर मास में एक छोटा-सा घर किराए पर लिया गया, उनकी धर्मपत्नी ने भी उसके एक कोने में स्वामी की देखभाल के

कर्मों का फल भुगतना पड़ता है, कारण बिना भोग के कर्मफल को कोई विनष्ट नहीं कर सकता, उसे केवल स्थानान्तरित किया जा सकता है। आधुनिक भारतवर्ष के श्रेष्ठतम मनीषियों में भी दूसरे के द्वारा पाप मुक्ति की यह धारणा कहाँ तक बद्धमूल है, यह दिखाने के लिए अशोकानन्द ने लिखा है : ''हमारे लिए यह केवल कल्पना मात्र नहीं है। हमने इसके प्रत्यक्ष उदाहरण देखे हैं। रामकृष्ण के व्यक्तिगत शिष्यों ने भी गुरु रूप में अथवा केवल साधारण स्पर्श द्वारा दूसरों के कष्टों को अपने ऊपर लिया है। और इस प्रकार उन्हें जो यन्त्रणा भुगतनी पड़ी है, उसके बारे में उन्होंने प्रायः जिक्र किया है।''

उदाहरण के तौर पर, सेण्ट लिड्वाइन जिन्होंने दूसरों की दैहिक पीड़ा अपने ऊपर ली थी और सेण्ट मार्गुराइट-मेरी ने वैतरणी में वेदनाकातर आत्माओं की यंत्रणा अपने ऊपर ली थी। सीना के सेण्ट कैथराइन और मेरी डी वैलीस ने दूसरों को नरक में पतित होने से बचाने के लिए उनकी नरक यन्त्रणा को अपने ऊपर लेने की प्रार्थना की थी। इसी प्रकार सेण्ट वीन्सैण्ट डी० पाल एक नास्तिक के हृदय में विश्वास उत्पन्न करने के लिए सात वर्ष तक स्वयं धर्मविश्वास से वंचित रहे थे।

किसी एजेण्ट द्वारा इस प्रकार के त्याग की भावना, विशुद्ध ईसाई कैथोलिक मतवाद के अनुसार, जो कि मानवता को ईसा का रहस्यमय शरीर मानता है, सर्वथा अनुकूल है। ईसा ने स्वयं ही इसका उदाहरण पेश किया है। ऋषि ईसाइया ने पहले ही मसीहा (त्राणकर्ता) के बारे में भविष्यत् वाणी कर दी थी। (तरेपन, ४५) उनसे कहा था—''वह हमारे दुःखों और कष्टों का वहनकर्ता है।......वही हमारे अपराधों के लिए आहत हुआ है।........हमारे शान्ति नष्ट करने के अपराध का दण्ड उसे अपनी शान्ति का विनाश कर भुगतना पड़ा है और उसके कोड़ों से हम स्वस्थ हुए हैं।'' क्रास के बलिदान को कैथोलिक मतवादी हमेशा एक सम्पूर्ण व सार्वभौम प्रायश्चित मानते आए हैं। इस प्रकार प्राचीन भारत व पैगम्बरों व ईसा की जूडिया में एक ही समान विचारधारा है, जो कि आत्मा की सार्वभौम प्रेरणा से उत्पन्न व मानव प्रकृति की अनन्त गंभीरता से सम्बद्ध है। (प्रभु के भोज का अनुष्ठान करते समय ईसा के शब्दों से तुलना कीजिए—''यह मेरा रक्त है....जो कि अनेकों को पाप से मुक्त करने के लिए बहाया गया है। सेण्ट मैथ्यू, छब्बीस, २८।)

लिए अपना आसन लगा लिया। रात्रि के समय अन्तरंग शिष्य उनकी देखभाल करते थे। उनमें से अधिकतर शिष्यों की आर्थिक स्थिति अच्छी न थी। वे अपनी सम्पत्ति बन्धक रखकर, उधार लेकर व घर की वस्तुएँ गिरवी रखकर ठाकुर की चिकित्सा कराने लगे। इससे उनका पारस्परिक संपर्क घनिष्ठतर हो गया। डाक्टर सरकार बुद्धिवादी थे। वे रामकृष्ण के धार्मिक विचारों से सहमत न थे और इस बात को वे छिपाते न थे। परन्तु अपने रोगी के सम्बन्ध में उनका परिचय जितना ही अधिक बढ़ता गया, उसके प्रति उनकी श्रद्धा भी उसी अनुपात में बढ़ती गयी और अन्त में वे बिना कुछ लिये ही उनकी चिकित्सा करने लगे। वे दिन में तीन बार रोगी को देखने के लिए आते थे और कई कई घण्टे तक उनके पास बैठे रहते थे।[१] (इस प्रसंग में यह अवश्य कहा जा सकता है कि रोगी के स्वास्थ्य की दृष्टि से शायद यह बेहतर उपाय न था।) डाक्टर सरकार ने रामकृष्ण से कहा :—

"आपकी ऐकान्तिक सत्यनिष्ठा के कारण ही मैं आपसे इतना प्रेम करता हूँ। आप जिस वस्तु को सत्य समझकर-विश्वास करते हैं, एक क्षण के लिए भी उनसे विच्युत नहीं होते। .....यह मत समझिए कि मैं आपकी खुशामद कर रहा हूँ; यदि मेरे पिता भी गलत मार्ग पर हों तो मुझे उन्हें वैसा कहने में कोई संकोच न होगा।"

परन्तु उनके शिष्य जिस धार्मिक भक्ति-भावना से उनकी पूजा करते थे, उसकी डाक्टर सरकार ने स्पष्ट शब्दों में निन्दा की है :—

"यह कहना कि निराकार भगवान् ने मनुष्य के रूप में अवतार धारण किया है, समस्त धर्मों का ही विनाश है।"

रामकृष्ण मृदु हास्य के साथ चुप रहे। परन्तु उनके शिष्यों ने इस सब आलोचना से आग्रहपूर्वक योग दिया, जिससे उनकी पारस्परिक श्रद्धा और अधिक बढ़ गई और अपने गुरु के प्रति, जो कि शारीरिक यन्त्रणा द्वारा और भी उद्दीप्त होते जा रहे थे, उनका विश्वास पहले से भी दृढ़तर हो गया। उन्होंने इस बात को समझने की पूरी कोशिश की कि उनके गुरु को ऐसी कठिन परीक्षा में से क्यों गुजरना पड़ रहा है और इस वारे में उनमें दो विभिन्न दल हो गए। पाप से उद्धार प्राप्त गिरीशचन्द्र के नेतृत्व में एक श्रद्धालु दल ने घोषणा की कि ठाकुर ने स्वेच्छापूर्वक यह रोग अपने ऊपर लिया है, जिससे कि उनके सन्देह का प्रचार करने वाले शिष्यों में घनिष्ठ एकता की स्थापना हो सके। दूसरी तरफ युक्तिवादी दल ने, जिसका नेता नरेन्द्र था, यह अभिमत प्रकट किया कि गुरु का शरीर भी अन्य मनुष्यों के शरीर की भाँति प्रकृति के नियमों के अधीन है। परन्तु दोनों ही दलों के अनुयायी इस मुमूर्ष व्यक्ति के अन्दर एक दिव्य सत्ता की उपस्थिति को स्वीकार करते थे और वार्षिक कालीपूजा के दिन जब कि रामकृष्ण ने उन्हें बिना किसी प्रकार की पूर्व सूचना दिए समाधि में सारा दिन व्यतीत किया तो

---

१. **वह कई समाधियों के समय भी उपस्थित थे, और एक चिकित्सक की दृष्टि से उनका अध्ययन करते थे। इस सम्बन्ध में डाक्टर सरकार का जो सब 'नोट' लिख गए हैं, वे योरोपीय विज्ञान के लिए अत्यन्त उपयोगी सिद्ध हो सकते हैं। समाधि अवस्था में स्टैथस्कोप द्वारा छाती की परीक्षा व आँखों की परीक्षा से यह जाना गया है कि उस अवस्था में मृत्यु के सब लक्षण उपस्थित होते हैं।**

उन्होंने आश्चर्यपूर्वक इस बात का अनुभव किया कि जगन्माता उनके अन्दर वास कर रही हैं।[१] इस विश्वास से उनमें जिस आनन्दातिरेक का उदय हुआ वह खतरे से खाली न था और विकृत भावप्रवणता की उत्पत्ति ही सबसे मुख्य खतरा थी। वे उच्च हास्य व क्रन्दन एवं गान के साथ दिव्य दर्शन व समाधि लाभ करने या उसका दिखावा करने लगे! उस समय नरेन्द्र ने पहली दफे अपनी इच्छा-शक्ति व तर्क के सामर्थ्य का प्रदर्शन किया। उसने घृणा के साथ उनका तिरस्कार करते हुए उन्हें कहा :—"गुरु ने वीरतापूर्ण तपोमय जीवन और ज्ञान प्राप्ति के लिए प्राणपण संघर्ष का मूल्य देकर समाधि-शक्ति को प्राप्त किया है; और तुम्हारे उत्तेजित भावावेश यदि मिथ्या नहीं, तो रुग्ण कल्पनाओं की वाष्पराशि के अतिरिक्त और कुछ नहीं है। रुग्ण व्यक्तियों को अपने स्वास्थ्य के लिए और अधिक सावधान रहने की आवश्यकता है! उन्हें अधिक मात्रा में आहार करने और नारीसुलभ हास्यास्पद हिस्टीरिया के से दौरों के विरुद्ध संग्राम करने की जरूरत है। सावधान हो जाओ! जो लोग दिखावटी भावावेश के धर्म को प्रोत्साहन देते हैं, उनमें से अस्सी फीसदी बदमाश और पंद्रह फीसदी पागल हो जाते हैं।" उसके शब्दों ने रामबाण औषध का चमत्कार दिखाया। वे लज्जित हुए और उनमें से अधिकांश ने नम्रतापूर्वक यह स्वीकार किया कि उनकी समाधि केवल दिखावटी थी। नरेन्द्र का कार्य यहीं समाप्त नहीं हुआ। उसने उन सब नवयुवकों को संगठित किया और उन्हें कठोर संयम का जीवन व्यतीत करने के लिए बाधिक किया। कर्मक्षेत्र में उसने उन्हें किसी एक निश्चित लक्ष्य को लेकर कर्म करने की प्रेरणा की। इस प्रकार इस सिंहशावक ने रामकृष्ण मिशन के भावी सम्राट् के रूप में अपने-आपको प्रकट करना प्रारम्भ किया, यद्यपि अभी तक वह स्वयं

---

१. **इस भगवत्-दीप्त मनुष्य के दर्शन के लिए अब भी मनुष्यों की भीड़ लगी रहती थी। सन् १८८५ की ३१ अक्टूबर को उत्तरी भारत में प्रभुदयाल मिश्र नामक एक ईसाई उनके दर्शन के लिए आया। रामकृष्ण के साथ उसकी मुलाकात हुई। यह मुलाकात इस बात का ज्वलन्त उदाहरण है कि जाहिरा तौर पर विरुद्ध-मतावलम्बी मनुष्यों की स्वीकारोक्तियाँ भी जब इस भारतीय आत्मा के बीच से छनती थीं तो किस प्रकार उसकी समन्वय-प्रवण आत्मा उन्हें अपने अनुकूल वातावरण से आच्छन्न कर देती थी। इस भारतीय ईसाई को यह बात समझ में आ गई थी कि एक ही समय में ईसा और रामकृष्ण दोनों में विश्वास करना संभव है! उनके निम्नलिखित पारस्परिक संवाद के समय अन्य व्यक्ति भी उपस्थित थे :**

ईसाई—"समस्त प्राणियों के मध्य भगवान् ही अपनी ज्योति विकीर्ण कर रहे हैं!"

रामकृष्ण—"भगवान् एक है। परन्तु उसे हजारों नामों से पुकारा जाता है।

ईसाई—"ईसा न केवल मेरी का पुत्र है, वह स्वयं परमात्मा है। (और फिर उसने शिष्यगण की तरफ मुखातिब होकर रामकृष्ण की तरफ संकेत किया) और यह मनुष्य जिसे कि आप अपने सम्मुख देखते हैं, यह भी बीच-बीच में भगवान् के अतिरिक्त और कुछ नहीं है। किन्तु उस भगवान् को आप पहचानते नहीं हैं।"

मुलाकात के बाद रामकृष्ण ने उससे कहा कि भगवान् को पाने की उसकी इच्छा पूर्ण होगी। एवं उस ईसाई ने रामकृष्ण के चरणों में अपने-आप को अर्पण कर दिया।

अपनी कठिनाइयों व संग्रामों से मुक्त न हो पाया था। उसके निकट यह दिन निराशापूर्ण संकट के दिन थे; उसे अपनी प्रकृति की परस्परविरोधी शक्तियों के बीच अन्तिम चुनाव करना था—इसलिए यह दिन उसके लिए हल चलाने, बीज बोने व अपनी आत्मा को भावी फसल के लिए तैयार करने के दिन थे।

रामकृष्ण की अवस्था दिन-प्रतिदिन बिगड़ती गई। डाक्टर सरकार ने उन्हें कलकत्ते से गाँव में ले जाने का परामर्श दिया। सन् १८८५ के दिसम्बर के मध्य में उन्हें नगर के समीप कोसीपुर के एक सुरम्य उद्यान में ले जाया गया और अपने मर्त्यजीवन के शेष अन्तिम आठ मास उन्होंने वहीं पर व्यतीत किए। उनके बारह चुने हुए अन्तरंग शिष्य अन्त समय तक उनके साथ रहे।[१] नरेन्द्र उनके समस्त कार्यों व उपासना आदि धार्मिक कृत्यों की देखभाल करता था। उन्होंने गुरु से प्रार्थना की कि वे भी उनके साथ अपने स्वास्थ्य लाभ की प्रार्थना में सम्मिलित हो जाएँ। इसी समय उनके मत से सहमत एक पण्डित रामकृष्ण के दर्शनों के लिए आये, फलतः रामकृष्ण के शिष्यों ने समय पाकर अपनी प्रार्थना को पुनः दोहराया!

पंडित ने रामकृष्ण से कहा :—

''धर्मशास्त्र कहते हैं कि आप जैसे महात्मा अपनी इच्छा-शक्ति से ही अपने-आपको रोगमुक्त कर सकते हैं।''

रामकृष्ण ने उत्तर दिया :

''मैंने अपना मन हमेशा के लिए भगवान् को अर्पण कर दिया है। क्या तुम चाहते हो कि मैं उसे फिर वापस माँगूँ?''

उनके शिष्यों ने अपने स्वास्थ्य लाभ के लिए इच्छा न करने पर रामकृष्ण का तिरस्कार किया। रामकृष्ण ने कहा :—

''क्या तुम सोचते हो कि मैं जान-बूझकर कष्ट भोग रहा हूँ? मैं चाहता हूँ कि मैं अच्छा हो जाऊँ, परन्तु यह सब माँ की इच्छा पर निर्भर है।''

''तो उससे प्रार्थना कीजिए।''

''तुम्हारे लिए यह कह देना ही बहुत सहज है। परन्तु मैं तो अपने मुँह से कुछ नहीं कह सकता।''

नरेन्द्र ने कहा :—

''परन्तु हमारे लिए।''

गुरु ने मधुर स्वर में कहा, ''बहुत अच्छा। मैं यत्न करके देखूँगा कि मैं क्या कर सकता हूँ!''

शिष्यगण उन्हें कुछ घण्टों के लिए अकेला छोड़कर चले गए। जब वे वापस आये तो गुरु ने कहा :—

---

१. नरेन्द्र, राखाल, बाबूराम, निरंजन, योगीन, लाटू, तारक, दोनों गोपाल, काली, शशि और शरत। रामकृष्ण कहते थे कि उनकी बीमारी ने उनके शिष्यों को दो दलों ('अन्तरंग शिष्य' व 'बहिरंग शिष्य') में विभक्त कर दिया है।

''मैंने माँ से कहा था : 'माँ मैं तकलीफ के कारण कुछ नहीं खा सकता। ऐसा कर दो कि मैं कुछ खा सकूँ!' उसने तुम सबकी तरफ निर्देश करके मुझे उत्तर दिया : 'क्यों! क्या तू इन सब मुखों से नहीं खा सकता! मैं लज्जित हो गया, और कुछ न कह सका।'

कुछ दिन बाद उन्होंने कहा[1] : ''मेरी शिक्षा प्रायः समाप्त हो चुकी है। लोगों को सिखाने के लायक अब मेरे पास कुछ नहीं रहा है। कारण मैं समस्त विश्व में भगवान् को व्याप्त देखता हूँ : तो मैं किसे शिक्षा दे सकता हूँ?''

१ जनवरी, सन् १८८६ को वे कुछ स्वस्थ प्रतीत हुए और उन्होंने कुछ दूर तक उद्यान में भ्रमण भी किया। वहाँ उन्होंने अपने शिष्यों को आशीर्वाद दिया।[2] शिष्यों के ऊपर उनके आशीर्वाद का प्रभाव भिन्न-भिन्न रूप में प्रकट हुआ। कुछ में नीरव समाधि के रूप में एवं अन्यों पर सरस आनन्दोच्छ्वास के रूप में। परन्तु इस विषय में सब एकमत थे कि इस आशीर्वाद को उन्होंने एक वैद्युतिक धक्के के समान, एक शक्ति के प्रवेश के रूप में ग्रहण किया है, जिससे कि प्रत्येक ने अपने आदर्श को निःसन्दिग्ध रूप में उपलब्ध कर लिया है। (एक धार्मिक गुरु के रूप में रामकृष्ण की यह असाधारण विशेषता थी कि वे किसी सुनिर्दिष्ट विश्वास का दान न करते थे, अपितु विश्वास के लिए आवश्यक शक्ति प्रदान किया करते थे। यदि मैं ऐसा कह सकूँ, तो वे एक वृहत् शक्तिशाली आध्यात्मिक डायनमो का कार्य करते थे) बाग में ठाकुर के अपने शिष्यों को आशीर्वाद देने पर उन शिष्यों ने आनन्दातिरेक के वशवर्ती हो अन्य व्यक्तियों को भी, जो कि घर के अन्दर कार्य कर रहे थे, उस आशीर्वाद का आनन्दोपभोग करने के लिए बाहर बुला लिया। इस प्रसंग में एक ऐसी घटना घटी जो कि ईसा की जीवन-लीला में स्थान पाने योग्य है :

ठाकुर की अनुपस्थिति का लाभ उठाकर विनम्र लाटू और शरत् ब्राह्मण उनके कमरे की सफाई व बिस्तरे को ठीक-ठाक कर रहे थे। उन्होंने नीचे से पुकार सुनी और सारे दृश्य को ऊपर से देखा; परन्तु अपने आनन्द के हिस्से को छोड़कर अपने स्नेहमय सेवा के कार्य को जारी रखा।

अकेला नरेन्द्र ही असन्तुष्ट रहा। उसके पिता की मृत्यु, सांसारिक चिन्ताओं और उसके हृदय की ज्वाला ने उसे खोखला बना दिया था। उसने अन्य सबको परिपूर्णता लाभ करते देखा, और अपने-आपको परित्यक्त-सा अनुभव करने लगा उसकी वेदना को सान्त्वना प्रदान करने लायक कोई आशाजनक किरण दिखाई न देती थी। उसने रामकृष्ण से विनती की कि वे कुछ दिनों के लिए उसे समाधिस्थ करके उसके कष्टों का निवारण कर दें। परन्तु गुरु ने कठोरतापूर्वक उसकी भर्त्सना की। (वे जिनसे सर्वापेक्षा कम आशा करते थे, उनके लिए ही सबसे अधिक स्नेहभाव रखते थे) और इन ''तुच्छ विचारों'' के लिए उसे डाँटा। उन्होंने कहा

---

१. **महेन्द्रनाथ गुप्त के मतानुसार यह घटना २३ दिसम्बर, सन् १८८५ को घटित हुई थी। उन्होंने श्री श्रीरामकृष्ण कथामृत के द्वितीय भाग, पृ० ३५४ पर यह घटना लिपिबद्ध की है।**

२. **प्रत्येक ने यथायोग्य आशीर्वाद प्राप्त किया, ऐसा सुना जाता है।**

कि उसे अपने परिवार के पोषण के लिए कुछ प्रबन्ध करना चाहिए, तब उसके कष्ट दूर हो जाएँगे और उसे सब कुछ प्राप्त हो जायेगा। नरेन्द्र एक पथभ्रष्ट मेमने के समान रुदन करने लगा और मलिन व अपरिष्कृत वेश में इधर-उधर भटकने लगा। वह यन्त्रणाकातर होकर आर्त्तनाद करने लगा। एक अनधिगम्य को प्राप्त करने की तीव्र वासना से उसका देह और मन जलने लगा और उसकी आत्मा को कहीं शान्ति न मिल सकी। रामकृष्ण दूर से ही उसकी इस उद्भ्रान्त गतिविधि को सस्नेह करुणापूर्वक लक्ष्य करते रहे। वे अच्छी तरह जानते थे कि दिव्य शिकार को वशीभूत करने से पूर्व उसकी गन्ध पाना आवश्यक है। उन्होंने अनुभव किया कि नरेन्द्र की अवस्था में उद्वेगजनक कोई लक्षण नहीं है, कारण अपने अविश्वास के सम्बन्ध में कितनी ही शेखी बघारने पर भी वह असीम व अनन्त की प्राप्ति के लिए व्याकुल है। उसने मनुष्यों के बीच देवताओं का वर लाभ किया है—इस बात को रामकृष्ण जानते थे। रामकृष्ण ने अन्य शिष्यों की उपस्थिति में स्नेहपूर्वक नरेन्द्र का मुख चूम लिया। वे उसमें भक्ति के—प्रेम के द्वारा ज्ञान प्राप्ति के—समस्त चिह्नों को प्रत्यक्ष देखते थे। भक्तगण ज्ञानियों के सदृश (आत्मज्ञान द्वारा मुक्ति चाहने वाले) मुक्ति की कामना नहीं करते। उन्हें मनुष्य-जाति के कल्याण के लिए पुनः-पुनः जन्म धारण करना पड़ता है। कारण वे मनुष्य-जाति के प्रेम व सेवा के लिए ही बनाए गए हैं। जब तक वासना का एक कण भी विद्यमान है, उन्हें पुनर्जन्म धारण करना होगा। जब मनुष्य-जाति के हृदय से वासनाओं का समूल नाश हो जाएगा, तभी वे अंत में मुक्त हो सकेंगे। परन्तु भक्तगण स्वयं कभी उसकी इच्छा नहीं करते और इसीलिए वह स्नेहमय गुरु जिसके हृदय में प्राणिमात्र के प्रति स्नेह की धारा बहती थी और जो उन्हें कभी भूल न सकता था, हमेशा भक्तों के प्रति विशेष आदरभाव रखता था। और नरेन्द्र उन भक्तों में सर्वश्रेष्ठ था।[१]

---

१. **''ज्ञानी माया का त्याग करता है। माया एक आवरण के सदृश है (जिसे वह दूर फेंक देता है)। देखो, जब मैं दीपक के सामने रूमाल कर देता हूँ तो तुम उसके प्रकाश को नहीं देख सकते।'' तब गुरु ने अपने व शिष्यों के बीच रूमाल की आड़ करते हुए कहा—''अब तुम मेरा चेहरा नहीं देख सकते।''**

''भक्त माया का त्याग नहीं करता। वह महामाया की पूजा करता है। वह अपने-आपको उसके चरणों में अर्पण कर देता है और प्रार्थना करता है, 'माँ! मेरे मार्ग से हट जाओ। तुम्हारे मार्ग से हट जाने पर ही ब्रह्म तक पहुँच सकता हूँ।''

''ज्ञानी जाग्रत, स्वप्न, सुषुप्ति, इन तीनों अवस्थाओं से इनकार करता है। किन्तु भक्त इन सभी अवस्थाओं को स्वीकार करता है!''

इसलिए स्वाभाविक रूप से रामकृष्ण उन्हीं मनुष्यों को अधिक पसन्द करते थे, उन्हीं से अधिक स्नेह करते थे, जो प्रत्येक वस्तु को यहाँ तक कि माया को भी, स्वीकार करते थे, जो हर चीज मानते व उससे प्यार करते थे, जो किसी भी वस्तु को अस्वीकार न करते थे। कारण, पाप और माया भी स्वयं भगवान् की ही है।

''प्रारम्भ से ही यह कहना ठीक नहीं है कि 'मैं निराकार ब्रह्म को देखता हूँ।' मनुष्य स्त्री, पशु, पुष्प, वृक्ष आदि प्रत्येक वस्तु—जो भी मैं देखता हूँ—सभी परमात्मा है।''

रामकृष्ण ने इस बात को कभी नहीं छुपाया कि वे नरेन्द्र को अपना उत्तराधिकारी समझते हैं। उन्होंने एक दिन उससे कहा :—"मैं इन तरुण युवकों को तुम्हारे सुपुर्द करता हूँ। तुम इनकी आध्यात्मिकता को उन्नत करने में लग जाओ।"

और उन्हें आश्रम-जीवन के योग्य बनाने के लिए रामकृष्ण ने अपने शिष्यों को जाति का कोई ख्याल न करते हुए सबके द्वार से भिक्षा माँगने का आदेश दिया। मार्च मास के अन्त के लगभग उन्होंने उन्हें संन्यासी का वेश, गेरुवे वस्त्र धारण कराए तथा एक प्रकार की आश्रम-जीवन की दीक्षा दी।

अभिमानी नरेन्द्र ने त्याग का दृष्टान्त पेश किया। परन्तु वह अपने आध्यात्मिक अहंकार को बड़ी कठिनाई के साथ त्याग सका। शैतान यदि उसे समग्र पृथ्वी का साम्राज्य देकर भी (जैसा कि उसने ईसा को देना चाहा था) बदले में उससे उसकी आत्मा पर अधिकार चाहता, तो वह उसे दूर फेंक देता। एक दिन नरेन्द्र ने अपनी आध्यात्मिक शक्ति की परीक्षा करने के लिए, अपने साथी कालीप्रसाद से कहा कि जब मैं ध्यान-मग्न अवस्था में हूँ, तब वह उसका स्पर्श करे। काली ने वैसा ही किया और वह भी तत्काल उसी अवस्था को प्राप्त हो गया। रामकृष्ण ने जब यह समाचार सुना, तो नरेन्द्र को तुच्छ से उद्देश्य के लिए अपना बीज जमीन में फेंकने के लिए बुरी तरह फटकारा और विचारों को इस प्रकार दूसरे के अन्दर संक्रमित करने का पूर्णरूप से निषेध किया। आत्मा की पूर्ण स्वतन्त्रता के विरुद्ध कोई भी प्रयास एक अभिशाप है। तुम्हें दूसरों की सहायता करनी चाहिए, परन्तु अपने विचारों को दूसरों के ऊपर आरोपित नहीं करना चाहिए।

कुछ समय के अनन्तर ध्यान करते समय नरेन्द्र ने अनुभव किया कि उसके मस्तिष्क के पश्चाद्वर्ती प्रदेश में एक ज्योति चमक रही है। अकस्मात् उसकी चेतना लुप्त हो गई और वह परब्रह्म में लीन हो गया। वह उस भयानक निर्विकल्प समाधि की गहराई में डूब गया, जिसे कि वह इतने दिन से पाना चाहता था, परन्तु रामकृष्ण ने उसे देने से इन्कार कर दिया था। दीर्घकाल के बाद जब उसे पुनः चैतन्यलाभ हुआ, तो उसे ऐसा प्रतीत होने लगा कि उसके कोई देह नहीं है, वह केवल एक मुखमण्डल मात्र है, और वह चिल्ला उठा, "मेरा शरीर कहाँ है?" उसके साथी अन्य शिष्य डर गए और गुरु के पास भागे गए, परन्तु रामकृष्ण ने शान्तिपूर्वक उत्तर दिया :

"अच्छा है! उसे कुछ देर तक इसी हालत में रहने दो! उसने मुझे बहुत दिनों तक परेशान किया है।"

आवरण के साथ माया की जो तुलना की है, उसे अन्य स्थान पर राम और सीता की सुन्दर शिक्षाप्रद कहानी द्वारा भी प्रकट किया है।

"राम, लक्ष्मण और सीता वन में भ्रमण कर रहे थे। आगे-आगे राम, बीच में सीता और सबसे पीछे लक्ष्मण थे। सीता दोनों भाइयों के बीच में थीं, इसलिए लक्ष्मण राम को न देख सकते थे। परन्तु सीता यह जानकर कि राम के अदर्शन से लक्ष्मण को कितनी व्यथा पहुँच रही है, करुणा व स्नेहवश मार्ग में चलते हुए बीच-बीच में कभी-कभी रास्ते के एक तरफ हट जाती थीं, जिससे कि लक्ष्मण रामचन्द्र को देख सकें।"

जब नरेन्द्र पूर्णरूप से पुनः पृथ्वी पर आ गया, तब वह एक अनिर्वचनीय शान्ति में स्नान कर चुका था। वह गुरु के समीप गया। रामकृष्ण ने उससे कहा :—

''अब तो माँ ने तुझे सब कुछ दिखा दिया है। परन्तु जो कुछ देखा है, वह ताले के अन्दर बन्द रहेगा और उसकी चाभी मेरे पास रहेगी। जब तुम माँ का कार्य समाप्त कर लोगे तो तुम्हें यह खजाना फिर मिल जाएगा।''

और उन्होंने इसके बाद उसे अपने स्वास्थ्य की रक्षा के लिए कुछ दिन तक क्या करना चाहिए, इस बारे में कुछ आवश्यक परामर्श दिये।

रामकृष्ण का अन्त समय जितना ही निकट आता जाता था, वह उतने ही निर्लिप्त होते जाते थे और अपने शिष्यों की वेदना के ऊपर अपनी शान्ति के स्वर्ग को बिछा रहे थे। 'कथामृत' जो कि एक प्रकार से उनकी मृत्यु-शय्या के पास ही लिखी गई थी, उसमें रात्रि के समय शिष्यों की भाराक्रान्त निस्तब्धता के बीच, इस प्रवहमान आत्मा की मर्मर-ध्वनि का ही संगीत लिपिबद्ध है, जब कि उद्यान में चन्द्रमा की चाँदनी में उष्ण दक्षिण समीर वृक्षों की शाखा-प्रशाखाओं को धीरे-धीरे मर्मरित करता था। उनके मित्र व स्नेही जब उनके वियोग[१] के विचार मात्र से ही व्याकुल थे और किसी प्रकार सान्त्वना न कर पाते थे, तब उन्होंने उन्हें अस्फुट स्वर में कहा :—

''राधा ने कृष्ण को कहा : 'ऐ मेरे प्यारे! तुम मेरे मन में ही वास करो, और मनुष्य के रूप में पुनः मत जाओ!' परन्तु थोड़ी ही देर बाद वह अपने प्रियतम के मानवीय रूप के दर्शन के लिए व्याकुल हो उठी। परन्तु भगवान् की इच्छा पूर्ण होनी थी, और कृष्ण चिरकाल तक मानवीय रूप में प्रकट न हुए...उसके बाद प्रभु आये और मनुष्य के रूप में अवतरित हुए और

---

१. **नरेन्द्र की आवेशमय अनुभूतिशील आत्मा के लिए कष्ट के इस नियम के विरुद्ध विद्रोह से विरत रहना सहज कार्य न था। (हीरानन्द के साथ २२ अप्रैल की तिथि में उनका कथोपकथन देखिए)।**

''इस जगत् की परिकल्पना शैतानी से पूर्ण है। मैं इससे कहीं बेहतर संसार की रचना कर सकता हूँ। यह विश्वास ही हमारी एकमात्र सान्त्वना है कि मैं ही सब कुछ कर सकता हूँ।''

हीरानन्द ने विनीत स्वर में उत्तर दिया :—

''करने की अपेक्षा कहना बहुत सरल है।'' और भक्तिपूर्ण स्वर से पुनः पुनः कहा :

''प्रभु तुम्हीं सब कुछ हो। मैं नहीं, तुम्हीं हो।''

किन्तु अभिमानी व जोशीले नरेन्द्र ने तत्काल उत्तर दिया :—

''तुम ही मैं हूँ, और मैं ही तुम हो। मैं के अतिरिक्त और कुछ नहीं है।''

रामकृष्ण नीरव हास्य के साथ सारी चर्चा सुन रहे थे। उन्होंने नरेन्द्र की तरफ इशारा करके कहा: —

''यह एक नंगी तलवार हाथ में लेकर संसार में घूम रहा है।''

तब वे अपने शिष्यों[१] के साथ दिव्य माँ की गोद में वापस आ गए।''

राखाल चीत्कार कर उठा : ''तो जब तक हम नहीं जाते, तब तक आप भी न जायें।''

रामकृष्ण मुस्कराए और मृदु स्वर में कहने लगे :—

''बउलों[२] का एक दल अकस्मात् एक घर में घुस गया। वे भगवान् का नाम ले-लेकर आनन्दविभोर होकर नाचने लगे और फिर उन्होंने जिस प्रकार अकस्मात् ही घर में प्रवेश किया था, उसी प्रकार अकस्मात् ही घर छोड़कर बाहर चले गए। परन्तु घर के स्वामियों को यह भी पता न लग सका कि वे कौन थे...।''

यह कहकर उन्होंने एक विषादपूर्ण आह भरी।

''कभी-कभी मैं भगवान् से यह प्रार्थना करता हूँ कि वे मुझे पुनः इस पृथ्वी पर न भेजें।'' परन्तु उन्होंने अपना कथन जारी रखा :—

''वह (भगवान्) उन भक्तों के प्रेम के वशीभूत होकर, जो कि भगवान् को प्यार करते हैं, बार-बार मानवीय शरीर का चोला धारण करते हैं।''

यह कहकर वे एक अवर्णनीय स्नेह के साथ नरेन्द्र की तरफ ताकने लगे।

९ अप्रैल को रात्रि के समय गर्मी के कारण पंखे को इधर-उधर हिलाते हुए उसकी तरफ देखकर रामकृष्ण कहने लगे :—

ठीक इसी तरह जैसे कि अपने सम्मुख अपने हाथ में इस पंखे को देख रहा हूँ, उसी प्रकार मैंने परमात्मा को भी देखा है...और मैं देखता हूँ...।'' उन्होंने बहुत ही क्षीण स्वर में कहा और अपना हाथ नरेन्द्र के हाथ पर रखते हुए पूछने लगे : ''मैंने क्या कहा है?''

नरेन्द्र ने कहा, ''मुझे कुछ साफ नहीं सुनाई दिया।''

तब रामकृष्ण ने संकेत से कहा, ''वह, (परमात्मा) और उनकी अपनी सत्ता अभिन्न है।''

''हाँ'' नरेन्द्र ने कहा, ''मैं वह हूँ।''

ठाकुर बोले, ''तथापि परमानन्द के उपभोग के लिए—केवल एक रेखा बीच में दखल दिये हुए है।''

शिष्य ने कहा : ''परन्तु महापुरुष अपनी मुक्ति के बाद भी संसार में रहते हैं। वे मानव-जाति की मुक्ति के लिए अपने 'अहम्' व उसकी यन्त्रणा को कायम रखते हैं।''

कुछ देर तक पूर्ण निस्तब्धता के बाद ठाकुर ने फिर कहा—''घर की छत[३] मनुष्य को

---

१. **हिन्दुओं का विश्वास है कि प्रत्येक अवतार के साथ चुनी हुई आत्माओं का एक दल, शिष्य रूप में उसके साथ आता है।**

२. **भगवत् उन्मत्त हिन्दुओं का एक सम्प्रदाय है, जिन्होंने संसार त्याग कर दिया है।**

३. **छत की उपमा रामकृष्ण ने अनेक बार प्रयोग की है :—**

''अवतारी पुरुष समाधि में हमेशा ब्रह्मज्ञान प्राप्त कर सकते हैं। इसके साथ ही वे ऊपर से नर वेश में धरा पर अवतीर्ण हो सकते हैं, ताकि वे पिता व माता के रूप से भगवान् को प्यार कर सकें। जब वे 'नेति' 'नेति' कहते हैं तो वे सीढ़ी के एक-एक

दिखलाई देती है, परन्तु उस तक पहुँचना बहुत कठिन है।...परन्तु जो उस पर पहुँच जाता है, वह नीचे रस्सा लटकाकर दूसरों को भी अपने पास ऊपर खींच सकता है।''

यह उन दिनों में से एक दिन था जब कि उन्होंने एक 'परमसत्ता में ही सबके अस्तित्व की पूर्णतया उपलब्धि की थी, जब कि उन्होंने देखा कि बलिपशु, यूपकाष्ठ व जल्लाद—यह तीनों एक ही वस्तु हैं। और यह देखकर वे दुर्बलकण्ठ से चिल्ला उठे : 'हे भगवान् यह क्या दृश्य है?'' यह कहकर वे भावाविष्ट होकर मूर्च्छित हो गये, परन्तु जब उन्हें चैतन्य लाभ हुआ तो फिर कहने लगे, ''मैं स्वस्थ हूँ; मैं कभी भी इतना स्वस्थ नहीं था।''[१]

जो लोग यह जानते हैं कि गले के फोड़े की बीमारी (कैंसर) जिसने कि उनकी मृत्यु हुई, कितनी भयानक होती है, वे उनकी उस कभी न मिटने वाली करुणा व स्नेहार्द्र हँसी को, जो उनके मुख पर हर समय खेलती रहती थी, देखकर आश्चर्यित हो जाते थे। भारतीय भक्तों के इस ईसा के सूली पर चढ़कर मृत्यु को वरण करने के गौरव से वंचित होने पर भी, उसकी यन्त्रणा सूली की यन्त्रणा से कम न थी।[२] तथापि उन्होंने कहा :—''देह ही केवल कष्ट पाता है। जब मन भगवान् के साथ संयुक्त हो जाता है, तो उसे कष्ट का अनुभव नहीं हो सकता।'' और पुन: ''देह और उसकी यन्त्रणा को परस्पर एक-दूसरे में व्यस्त रहने दो। मेरे मन, तुम आनन्द में मग्न रहो। अब मैं और मेरी दिव्य माँ चिरकाल के लिए एक हो गए हैं।''[३]

कदम को पीछे छोड़ते जाते हैं, ताकि वे छत पर पहुँच जाएँ। और फिर छत पर पहुँचकर वे कहते हैं 'इति' (वह यह है) परन्तु शीघ्र ही उन्हें यह मालूम होता है कि जिस ईंट व चूने से छत का निर्माण हुआ है, सीढ़ी के कदम भी उसी के बने हुए हैं। तब वे सीढ़ी के द्वारा कभी ऊपर छत पर व कभी नीचे जमीन पर चढ़-उतर सकते हैं। परब्रह्म ही वह छत है, और यह लीलाजगत ही सीढ़ी है। (श्री श्रीरामकृष्ण कथामृत, प्रथम भाग, पृ० ३२४)।

१. शिष्य रामकृष्णानन्द जो कि उनकी सेवा में थे, उसने कहा है: ''उनकी प्रफुल्लता कभी विनष्ट न होती थी। वे हमेशा यही कहते थे कि वे स्वस्थ एवं प्रसन्न हैं। (रामकृष्णानन्द के अप्रकाशित संस्मरणों से)।

२. स्वामी अशोकानन्द ने मुझे लिखा है कि रामकृष्ण की मृत्यु के तत्काल उपरान्त उनका जो फोटोग्राफ लिया गया था, उसकी एक कापी मद्रास के मठ में है। उस समय ठाकुर का देह रोग के आक्रमण से इतना विकृत व विनष्ट हो गया था कि उसका पुन: मुद्रण नहीं किया गया। वह दृश्य एकदम भयानक व असह्य था।

३. रामकृष्ण के इस तथ्य को स्वीकार करने में सर्वथा अनिच्छुक होने पर भी, अपनी मृत्यु से दो दिन पूर्व नरेन्द्र की अप्रकट इच्छा के उत्तर में उन्होंने कहा था :—

''वह जो राम था, जो कृष्ण था, वही आज रामकृष्ण के रूप में इस शरीर में अवतीर्ण हुआ है।''

परन्तु उन्होंने साथ ही कहा :—

मृत्यु से तीन-चार दिन पूर्व उन्होंने नरेन्द्र को अपने समीप बुलाकर, उसके साथ एकान्त में रहने की इच्छा प्रकट की। उन्होंने स्नेहमय-दृष्टि से उसकी तरफ देखा और समाधिस्थ हो गए। इसने नरेन्द्र को भी अपने प्रभाव से आच्छन्न कर लिया। जब वह उसके प्रभाव से मुक्त हुआ, उसने रामकृष्ण को अश्रुमोचन करते हुए देखा। गुरु ने उससे कहा—''आज मैंने तुम्हें अपना सब कुछ दे दिया है और अब मैं सर्वस्वहीन एक गरीब फकीर मात्र हूँ। इस शक्ति से तुम संसार का महान् कल्याण कर सकते हो और जब तक तुम वह सम्पादन न कर लोगे, तब तक तुम न लौटोगे।''[१]

''परन्तु तुम्हारे वेदान्तिक अर्थ में नहीं'' (अर्थात् परब्रह्म के साथ 'अहम्' का ऐक्य है, इस अर्थ में नहीं, अपितु अवतार अर्थ में)।

मैं अवतारों में हिन्दुओं के विश्वास के सम्बन्ध में कोई आलोचना नहीं करना चाहता। विश्वासों की आलोचना नहीं की जा सकती और यह विश्वास भी ईसाइयों के भगवत्-मनुष्य (God-man) के विश्वास के सदृश ही एक विश्वास है। तथापि मैं पाश्चात्य देशीय पाठकों के मन से इस भावना को दूर कर देना चाहता हूँ कि रामकृष्ण जैसे उन सीधे-सादे व्यक्तियों में, जो कि यह विश्वास करते थे कि उनके अन्दर भगवान् का अस्तित्व है, किसी प्रकार के राक्षसी गर्व की भी गन्ध थी। अन्य अवसरों पर जैसे कि एक बार सन् १८८४ में जब कि उनके एक भक्त ने उनसे कहा था कि : ''जब मैं आपको देखता हूँ तो मैं भगवान् को देखता हूँ।'' उन्होंने उसकी इस प्रकार भर्त्सना की थी : ''कभी ऐसा मत कहो। लहर गंगा का एक अंश मात्र है, गंगा लहर का अंश नहीं है।'' (श्री श्रीरामकृष्ण कथामृत, द्वितीय भाग, पृ० १८१) ''समुद्र के मुकाबले में लहरों का तो स्थान है, ब्रह्म के मुकाबले में अवतारों का भी वही स्थान है।'' (श्री श्रीरामकृष्णेर उपदेशावलि)। रामकृष्ण यह सोचते थे कि उनके अन्दर भगवान् का वास है, और भगवान् उनके नश्वर शरीर के आवरण के अन्दर छिपकर क्रीड़ा कर रहे हैं। ''ईश्वरीय अवतार को समझना आसान नहीं है।—यह असीम व शान्त के ऊपर असीम व अनन्त की क्रीड़ा मात्र है।'' (पूर्वोल्लिखित पुस्तक, पृ० ३६९)। अधिकांश मनुष्यों में, ''और तो क्या, साधु सन्तों में भी'' यह दिव्य अतिथि (Divine visitor) फूलों में मधु के समान ''अपने आपको आंशिक रूप में प्रकट करता है। तुम फूल को चूसकर थोड़ा सा मधु का स्वाद ले सकते हो—परन्तु अवतार में सब मधु ही मधु है।'' (पूर्वोल्लिखित ग्रन्थ, पृ० ३६७)। समस्त वस्तु एक ही है, कारण ''अवतार सर्वदा एक ही होता है, परन्तु वह कभी यहाँ और कभी वहाँ, भिन्न चेहरों व नामों में प्रकट होता रहता है, जैसे कृष्ण व ईसा इत्यादि।'' (पूर्वोल्लिखित पुस्तक, पृ० ३५७)। ईसा का नाम हमें एक और नैतिक पहलू का स्मरण कराता है, जो कि हमेशा अवतार का एक अंश है। 'फूल', 'मधु' और 'आनन्द' इन शब्दों में हमें विभ्रान्त न होना चाहिए। भगवान् जब अवतार लेते हैं, तब हमेशा ही दिव्य बलिदान का तत्व विद्यमान रहता है, जैसा कि ईसा के बारे में था। (पूर्वोक्त ग्रन्थ, पृ० ३५८)।

१. **''परम ब्रह्म को'' यह अभिप्रेत है।**

उसी क्षण से उनकी सारी शक्तियाँ नरेन्द्र के अन्दर संक्रान्त हो गईं। गुरु और शिष्य एक हो गए।

१५ अगस्त सन् १८८६ इतवार का दिन।...अन्तिम दिन।

उस दिन अपराह्न समय में भी उनके अन्दर आश्चर्यजनक शक्ति थी। क्षत-पीड़ित कण्ठ होते हुए भी उन्होंने शिष्यों के साथ लगभग दो घण्टे तक वार्तालाप किया[१]। रात्रि के समागम में उनकी संज्ञा लुप्त हो गई। शिष्यों ने समझा कि वे मर गए हैं, परन्तु अर्धरात्रि के लगभग वे पुनः सचेत हो गए। शिष्य रामकृष्णानंद के देह के सहारे रखे पाँच-छः तकियों का सहारा लिये वे अन्तिम क्षण तक नरेन्द्र के साथ आलाप करते रहे और क्षीणस्वर में उसे अपना अन्तिम उपदेश दिया। इसके अनन्तर उन्होंने अस्फुट स्वर में तीन बार अपनी दिव्य माँ का सर्वप्रिय 'काली' नाम उच्चारण किया और लेट गए अन्तिम समाधि प्रारम्भ हो गई। वे मध्याह्न से आध घण्टा पूर्व तक, जब कि उनका देहावसान हुआ, उसी अवस्था में रहे।[२] उनके अपने शब्दों में "वे एक कमरे से दूसरे कमरे में प्रविष्ट हो गए।" और उनके शिष्य ने चीत्कार किया :—

"जय! ठाकुर की जय।"[३]

---

१. योग के विषय में।

२. सरकार की साक्षी के अनुसार। रामकृष्णानन्द के अप्रकाशित संस्मरण देखिए :

"उस अन्तिम रात्रि में रामकृष्ण अन्त तक हमसे बातें करते रहे।...वे पाँच-छः तकियों के सहारे बैठे हुए थे, जिन्हें मैंने अपने शरीर से थामा हुआ था और साथ ही मैं उन्हें पंखा भी कर रहा था...नरेन्द्र उनके पैरों को दबा रहा था, और रामकृष्ण उसे उसके भावी कर्तव्यों का उपदेश दे रहे थे। उन्होंने बार-बार कहा : 'इन बालकों की हिफाजत रखो।'...इसके बाद वे लेट गए। एक बजे के लगभग वे अचानक एक पार्श्व पर लेट गए और उनके गले से घड़घड़ स्वर होने लगा।...नरेन्द्र ने यह देखकर उनके पैर गद्दे पर रख दिए और फौरन सीढ़ियों से उतरकर नीचे चला गया—वह इस दृश्य को सहन न कर सकता था। एक डाक्टर....जो उनकी नब्ज की परीक्षा कर रहा था, उसने देखा कि नाड़ी गति बन्द हो गई है।...हम सबने यही समझा कि यह केवल समाधि है।" (श्री रामकृष्ण जीवनी, पृ० ५९५,६) "अचानक एक बजकर दो मिनट गुजरने पर गुरु के शरीर में एक कम्पन्न हुआ जिससे उनके रोम खड़े हो गए।...गुरु समाधि में लीन हो गए। यह परम समाधि थी, क्योंकि इसके बाद उन्हें संज्ञालाभ नहीं हुआ। इस प्रकार १६ अगस्त १८८६ को श्री रामकृष्ण इस संसार से विदा हो गए।

३. उस दिन जब उसके शिष्य उनके शव का दाह करने के लिए उसे श्मशान भूमि में ले जा रहे थे तब वे उच्च स्वर से बोल रहे थे : "जय! भगवन् रामकृष्ण की जय!"

उपसंहार

वे मनुष्य शरीर में अब नहीं रहे थे। उनकी आत्मा मानवता के समष्टि जीवन की शिरा-उपशिराओं में प्रवाहित होने के लिए यात्रा करने के लिए चल पड़ी थी।

अविलम्ब ही शिष्यगण संघबद्ध हो गए। गुरु को उनके अन्तिम महीनों में देखने के बाद युवक शिष्यों के लिए पुनः संसार में जाना असम्भव हो गया। उनके पास आर्थिक साधनों का अभाव था। परन्तु बलराम बोस, जिसे सामयिक रूप से रामकृष्ण के अवशेष सौंपे गए थे, सुरेन्द्रनाथ मित्र, महेन्द्रनाथ गुप्त और नाटककार व अभिनेता गिरीशचन्द्र इन चारों शिष्यों ने अन्य शिष्यों को एक आश्रम निर्माण करने के लिए प्रोत्साहन व सहायता प्रदान की। सुरेन्द्रनाथ मित्र ने गंगा के तट पर बारानगर में एक अर्धभग्न घर को किराये पर लेने के लिए रुपया दिया। यही शिष्यों का प्रथम मठ व आश्रम था। एक दर्जन व उससे कुछ अधिक शिष्यों ने संन्यासियों के नाम ग्रहण कर आश्रम में प्रवेश किया, जिससे उनके प्रकृत नाम जनसाधारण के निकट अज्ञात रह गए। नरेन को, जो कि विवेकानन्द[१] के नाम से प्रसिद्ध था व हमेशा रहेगा, सर्वसम्मति से उन्होंने अपना नेता चुना। वह उन सबसे अधिक उत्साही, सबसे अधिक शक्तिशाली, और सबसे अधिक बुद्धिमान था—और गुरु ने स्वयं उसे इस पद के लिए चुना था। अन्यायन्य सकल शिष्य स्मृति और शोक के नशे में अभिभूत होकर अपने-आपको एकान्त में ही रखने के लिए प्रलुब्ध हो गए। किन्तु महान् शिष्य विवेकानन्द में, जो कि इस प्रलोभन के मोह तथा उससे आने वाले खतरे को उनकी अपेक्षा अच्छी तरह जानता था, अपने-आपको उनकी शिक्षा व मार्ग-प्रदर्शन में लगा दिया। वह इन तपस्वी संन्यासियों के बीच एक आग के तूफान के समान था। उसने उन्हें शोक व समाधि की तन्द्रा से जागृत किया; बाह्य जगत् के विचारों को सीखने के लिये बाध्य किया; अपनी विराट बुद्धि की अमृत वर्षा से अप्लावित किया; और ज्ञानवृक्ष की समस्त शाखाओं—तुलनात्मक धर्मशास्त्र, विज्ञान, इतिहास, समाजशास्त्र आदि फलों का आस्वाद कराया। वह चाहता था कि वे सार्वभौम दृष्टिकोण को ग्रहण करें; इसलिए वह पवित्र अग्निशिखा को एक क्षण के लिए भी विराम न देकर निरन्तर उन्हें लाभप्रद विवाद व आलोचनाओं में लगाये रखता था।

सन् १८८६ के बड़े दिन (क्रिसमस के दिनों में) भगवत्-मानवों के जन्म का विधिवत संस्कार हुआ। यह एक बड़ी रोचक कथा है; कारण, इसमें पाश्चात्यों के, "बो दिऊ"[२] और

---

१. उसने कई वर्ष बाद यह नाम ग्रहण किया था। दूसरे खण्ड में मैं इसकी जन्मकथा का वर्णन करूँगा।

२. इसका शब्दार्थ है, "सुन्दर भगवान्"। फ्रांस के जनसाधारण अमीन्स के गोथिक गिरजे के तोरण पर अवस्थित ईसा की प्रस्तर-मूर्ति को इस नाम से पुकारते हैं।

भारत की वाणी का रात्रि में एक अपूर्वसम्भावित मिलन है।

वे सब अन्तपुर में शिष्य बाबूराम की माता के घर पर एकत्रित हुए।

"रात काफी जा चुकी थी। सारे संन्यासीगण अग्नि के चारों तरफ बैठ गए। वे बड़ी-बड़ी लकड़ियाँ लेकर आए थे, जो उन्होंने धूनी में जला रखी थीं। शीघ्र ही एक सुदीप्त अग्निशिखा आकाश की तरफ उठने लगी, जो चारों तरफ दूर तक फैले हुए अन्धकार के विपरीत अत्यन्त सुन्दर प्रतीत होने लगी। सिरों के ऊपर भारतीय रात्रि का आकाश चन्दोवे के रूप में दूर तक फैला हुआ था, और दूर-दूर तक चारों तरफ एक अवर्णनीय ग्राम्य शान्ति विराज रही थी। बहुत देर तक सब ध्यान में मग्न रहे। उसके बाद उनके नेता (विवेकानन्द) ने ईसा[१] की कहानी से उस शान्ति को भंग किया। बिल्कुल प्रारम्भ से, जन्म के विस्मयकारक रहस्य से उसने कथा प्रारम्भ की। परित्राता ईसा के आविर्भाव की कथा सुनकर कुमारी मेरी को जो आनन्द प्राप्त हुआ था, संन्यासियों ने भी उसमें हिस्सा लिया।......ईसा के शैशव के दिनों में वे उसके साथ रहे। मिस्र में भी वे ईसा के साथ गये। ईसा के साथ वे यहूदी पण्डितों द्वारा चारों तरफ से घिरे हुए उस मन्दिर में गये, जहाँ कि ईसा उन पण्डितों के प्रश्नों का उत्तर दे रहा था। इसके बाद जब उसने अपने प्रथम शिष्यों का संग्रह किया, तब भी वे ईसा के साथ ही बने रहे और उन्होंने उसका उसी प्रकार भक्तिपूर्वक सम्मान किया जिस प्रकार कि वे अपने गुरु का करते थे।[२] ईसा और रामकृष्ण के बीच विचार और कार्यों तथा शिष्यों के साथ उनके सम्बन्ध में जो अत्यधिक समानता थी, उसने संन्यासी-गण के मन में रामकृष्ण के साथ दिव्य आनन्द के उन प्राचीन दिनों की स्मृति को जागृत कर दिया। परित्राता ईसा के शब्द उनके कानों को चिरपरिचित प्रतीत होने लगे।"

ईसा के वेदनावहन और क्रौस-विन्धन की कहानी ने उन्हे ध्यान-समुद्र में मग्न कर दिया। नरेन्द्र की उदात्त भाषा ने उन्हें प्रचारक शिष्यों की उस मंडली में पहुँचा दिया—जहाँ पाल ईसा की जीवन लीला का वर्णन कर रहे थे। पेण्टकोस्ट उत्सव की अग्निशिखा उनकी आत्माओं को बंगाल के एक प्रशान्तल ग्राम्याञ्चल में उत्तप्त करने लगी और ईसा और रामकृष्ण दोनों के मिश्रित नामों की ध्वनि नैश वायु में स्पन्दित होने लगी।

उसके बाद विवेकानन्द ने संन्यासियों को सम्बोधन करके कहा कि वे भी एक-एक करके ईसा में परिणत होने की चेष्टा करें, संसार के त्राण के लिए कार्य करें, ईसा के समान सर्वस्व त्याग करें और इस प्रकार भगवान् की प्राप्ति करें। धूनी की वह्निशिखा के सम्मुख खड़े होकर प्रत्येक संन्यासी ने भगवान् और अपने साथियों को साक्षी करके, हमेशा के लिये संन्यासव्रत ग्रहण करने की शपथ ली। लपलपाती वह्निशिखा से उनके मुखमण्डल उद्दीप्त हो रहे थे। प्रज्वलित काष्ठखण्डों से होने वाली चड़-चड़ ध्वनि ही केवलमात्र उनके विचार की

---

१. **विवेकानन्द ईसा को अत्यन्त श्रद्धा की दृष्टि से देखते थे। रामकृष्ण ने भी ईसा को ईश्वर का अवतार माना था।**

२. **इनमें से शशिभूषण (रामकृष्णानन्द) और शरच्चन्द्र (शारदानन्द) इन दोनों के सम्बन्ध में रामकृष्ण कहा करते थे कि वे पूर्वजन्म में ईशा के भक्त थे।**

शान्ति को बीच-बीच में भंग कर देती थी :

शपथ-ग्रहण का यह समस्त अनुष्ठान समाप्त होने पर ही संन्यासियों को यह ध्यान आया कि यह रात्रि ईसा के शुभ जन्म का पूर्वदिन[१] (क्रिसमस ईव) है। अब तक उन्हें इस बात का कोई ध्यान ही न था।

इस प्रकार भगवान् के एक नव जन्मदिन की घोषणा करके यह सभा उस दिन एक गम्भीर अर्थमय सुन्दर रूपक में परिणत हो गई।

किन्तु योरोपवासियों को इस कहानी को पढ़कर विभ्रान्त न होना चाहिए। यह 'जोर्डान'[२] में प्रत्यावर्तन नहीं है। अपितु यह जोर्डान और जाह्नवी का शुभ संगम है। यह दोनों महानदियाँ परस्पर सम्मिलित होकर अपने विस्तृततर वक्ष के साथ बही चली जा रही हैं।

प्रारम्भ से ही इस नवीन संघ में एक अभूतपूर्व विशेषता थी। इस संघ में न केवल प्राच्य और प्रतीच्य की विश्वास शक्ति मिश्रित थी, न केवल विज्ञान के विश्वकौशिक ज्ञान के साथ धर्ममूलक ध्यान और विचार का सम्मिश्रण था, अपितु इसमें गम्भीर चिन्तन के आदर्श के साथ मानवसेवा का भी आदर्श भी सम्मिलित था। प्रारम्भ से ही रामकृष्ण के आध्यात्मिक शिष्यों को आश्रम की चहारदीवारी में ही बन्द रहने की इजाजत न थी। एक-एक करके वे भिक्षुओं के समान विश्व में पर्यटन करने के लिए बाहर चले गये। केवल एक रामकृष्णानन्द (शशिभूषण) जिन्हें रामकृष्ण के अवशेषों की रक्षा का दायित्व सौंपा गया था, आश्रम को छोड़कर कहीं बाहर नहीं गए। बाहर घूमने वाले संन्यासी बीच-बीच में विश्राम के लिए आश्रम में आ जाते थे। गुरु के जीवन के अन्तिम दिनों में मार्था की सेवा का विनीत आदर्श ग्रहण किया था। रुग्ण गुरुदेव की सेवा द्वारा अथवा जिनकी आत्मा भगवान् में लिप्त है और जो भगवान् के निकट प्रार्थना करते हैं, उनके शरीर की सेवा द्वारा उन्होंने इसका क्रियात्मक रूप में अभ्यास किया। यह सेवा उनके गुरु का 'भगवत्प्राप्ति' का अपना मार्ग था। और यदि वृद्ध टालस्टाय जीवित होते तो वह भी इसे श्रेष्ठतर मार्ग बतलाते।

परन्तु प्रत्येक को अपना-अपना हिस्सा अदा करना था। कारण, प्रत्येक अपने भिन्न स्वभाव के अनुसार अज्ञातरूप में रामकृष्ण के बहुमुखी व्यक्तित्व के एक-एक रूप या एक-एक अंश का प्रतिनिधित्व करता था। जब वे सब एकत्रित हो जाते थे, तो रामकृष्ण को समग्र रूप में पाया जाता था।

उनके शक्तिशाली प्रवक्ता विवेकानन्द को, उन सबकी तरफ से विश्व में अपने उस गुरु की वाणी का प्रचार करना था, जिसे वह भारतवर्ष की समस्त, आध्यात्मिक शक्तियों का जीवित समन्वय कहता था :—

"मुझे एक ऐसे महापुरुष के चरणों में बैठने का सौभाग्य प्राप्त हुआ है—जिसका जीवन उसकी समस्त शिक्षाओं व उपदेशों की अपेक्षाकृत हजारों गुणा अधिक उपनिषदों की वाणी की

---

१. स्वामी विवेकानन्द की जीवनी, द्वितीय खण्ड, देखिए।

२. जोर्डान—हिन्दुओं के निकट गंगा के समान ईसाइयों के लिए यह एक अत्यन्त पवित्र नदी है। (अनुवादक)

एक उत्कृष्ट जीवित व्याख्या है, जो वास्तव में मानवरूप में उपनिषदों की एक जीवित आत्मा है...जो भारत के विभिन्न विचारों का समन्वय है...भारत-भूमि हमेशा विचारकों और ऋषियों से समृद्ध रही है...शंकर के पास एक महान् मस्तिष्क था और चैतन्य के पास एक विशाल हृदय था और अब वह समय आ गया था जब मस्तिष्क और हृदय इन दोनों के एक समन्वित मूर्तरूप की आवश्यकता थी.......एक ऐसे व्यक्ति की आवश्यकता थी, जिसके अन्दर एक ही शरीर में शंकर के चमत्कारिक मस्तिष्क और चैतन्य के आश्चर्यजनक रूप से उदार व विशाल हृदय का समावेश हो, जो प्रत्येक सम्प्रदाय में एक ही आत्मा, एक ही परमात्मा को कार्य करते हुए देखता हो : जो प्रत्येक वस्तु के अन्दर भगवान् को देखता हो, जिसका हृदय इस संसार में भारतवर्ष व उसके बाहर, सब जगह समस्त दीन-दु:खियों, दुर्बलों पददलितों और पीड़ितों के लिए आर्तनाद करता हो और इसके साथ ही जिसकी विशाल तीव्र बुद्धि परस्पर विरोधी विभिन्न सम्प्रदायों के बीच संगति स्थापित करने वाले उदार विचारों की कल्पना करती हो...और उनमें संगति स्थापित करके मस्तिष्क और हृदय के एक सार्वभौम धर्म को जन्म देने वाली हो; ऐसे मनुष्य ने जन्म लिया था।...समय उसके अनुकूल था; यह आवश्यक था कि ऐसे मनुष्य का जन्म हो, और वह आया था; और सबसे आश्चर्यजनक बात यह है कि उसका कर्मक्षेत्र एक ऐसी नगरी के निकट था, पाश्चात्य विचारों से पूर्ण थी, जो नगरी पश्चिमीय विचारों के पीछे पागल हो उठी थी और जिस नगरी ने भारत के अन्य सब नगरों की अपेक्षा कहीं अधिक आचार-विचारों को अपनाया था। ऐसे स्थान में, बिना किसी किताबी विद्या के ज्ञान के वह रहता था; इस महान् मनीषी को अपना नाम तक भी लिखना न आता था, परन्तु हमारे विश्वविद्यालयों के बड़े-बड़े प्रतिभाशाली स्नातक उसकी बुद्धि की विराट शक्ति[१] को

---

१. **वर्तमान भारत के (पुस्तक लिखते समय, सन् १९२८) अन्यतम श्रेष्ठ दार्शनिक और धार्मिक विद्वान श्री अरविन्द घोष ने रामकृष्ण की प्रतिभा के प्रति एक सुन्दर श्रद्धांजलि अर्पित की है। उसमें रामकृष्ण की बहुमुखी आध्यात्मिक शक्ति, और उस समस्त शक्ति को परिचालित करने में समर्थ एक असाधारण आत्मा का वर्णन है :—**

''हम रामकृष्ण के निकटवर्ती जीवन में विराट आध्यात्मिक शक्ति का एक असाधारण दृष्टांत देखते हैं। उन्होंने इतनी जल्दी ब्रह्मत्व की प्राप्ति कर ली थी कि मानो बल-प्रयोग द्वारा उन्होंने स्वर्ग के राज्य को छीन लिया था और उसके बाद उन्होंने एक-एक करके विभिन्न यौगिक क्रियाओं को अविश्वसनीय शीघ्रता के साथ वश करके उसमें से सारवस्तु को ग्रहण कर लिया था। अन्त: उत्पन्न आध्यात्मिका के विभिन्न अनुभवों में विस्तार द्वारा और अन्त: अनुभूतिजन्य ज्ञान की स्वाभाविक क्रीड़ा द्वारा वे हमेशा प्रेम के द्वारा भगवत् उपलब्धि व प्राप्ति के सारभूत परिणाम पर ही पहुँचते थे। ऐसा दृष्टांत व्यापक रूप में नहीं मिल सकता। इसका उद्देश्य भी विशेष व सामयिक था। दीर्घकाल से परस्पर संघर्षरत सम्प्रदायों व दलों में विभक्त संसार को ऐसे परम सत्य की आवश्यकता थी, जिसे पाने के लिए मानव समाज प्राणपण से चेष्टा कर रहा था। 'समस्त सम्प्रदाय एक ही पूर्ण सत्य के अंश व अंग हैं और समस्त साधनाओं का लक्ष्य अपने-अपने भिन्न पथ द्वारा उसी एक परम अनुभव को प्राप्त करना है' यही वह परम

देखकर दंग रह जाते थे...वह अपने समय का महान् ऋषि था, जिसकी शिक्षाएँ वर्तमान समय के लिए सबसे अधिक लाभदायक हैं।...यदि मैं आपको एक भी सत्य बात कहता हूँ तो वह उसकी और केवल उसकी है और यदि मैंने आपसे कोई भ्रान्तिपूर्ण या गलत बातें कहीं हैं.... तो वे सब मेरी अपनी हैं, उनका उत्तरदायित्व मेरे ऊपर है।''[१]

इस प्रकार आधुनिक भारत के महान् धार्मिक नेताओं में सर्वापेक्षा बुद्धिमान्, सर्वापेक्षा शक्तिशाली, और सर्वापेक्षा अभिमानी नेता ने अपने-आपको इस सरल साधारण मनुष्य के चरणों में नत किया था। वह बंगाल के इस मसीहा का प्रचारदूत सेण्ट पाल था। वही उसके आश्रम और उसके सिद्धान्त का संस्थापक था। उसने समस्त संसार का पर्यटन किया था। वह एक ऐसी जलप्रणाली थी, जिसके द्वारा योरोपीय विचारधारा भारत में और भारतीय विचारधारा योरोप व अमेरिका में आती-जाती थी और इस प्रकार वैज्ञानिक तर्क के साथ वैदान्तिक विश्वास को एवं भूतकाल के साथ भविष्य को मिलाती है।

सत्य है। इस सत्य को किसी एक महात्मा के निर्णायक महान् अनुभव द्वारा दृष्टांत रूप में उपस्थित करने की आवश्यकता थी। ब्रह्म को जानना, तद्रूप होना व उसे धारण करना ही एक आवश्यक वस्तु है, अन्य सब वस्तुएँ इसी के अन्तर्गत आ जाती हैं।... अन्य समस्त आवश्यक नाम व रूप आदि जिन्हें ईश्वरीय इच्छा हमारे लिए चुनती हैं, इसी में समाविष्ट हो जाते हैं। (''योग समन्वय'' आर्य, पाण्डिचेरी, नं० ५, दिसम्बर १९१४)। रामकृष्ण के व्यक्तित्व व जीवन के वास्तविक महत्त्व को भारतवर्ष के एक आधुनिक अध्यात्मवेत्ता गुरु ने इस प्रकार अनुभव किया है।

१. कलकत्ता और मद्रास में व्याख्यान : ''वेदान्त के विभिन्न स्तर और भारत के ऋषिगण''